Medienöffentlichkeit des Strafverfahrens

Europäische Hochschulschriften Recht

European University Studies in Law

Publications Universitaires Européennes de Droit

Band/Volume **6131**

Linda-Sue Blazko

Medienöffentlichkeit des Strafverfahrens

Betrachtung des Öffentlichkeitsgrundsatzes im Lichte des gesellschaftlichen und straftheoretischen Wandels

PETER LANG

Bibliografische Information der Deutschen Nationalbibliothek
Die Deutsche Nationalbibliothek verzeichnet diese Publikation in der Deutschen Nationalbibliografie; detaillierte bibliografische Daten sind im Internet über http://dnb.d-nb.de abrufbar.

Zugl.: Köln, Univ., Diss., 2018

D 38
ISSN 0531-7312
ISBN 978-3-631-80125-3 (Print)
E-ISBN 978-3-631-80756-9 (E-PDF)
E-ISBN 978-3-631-80757-6 (EPUB)
E-ISBN 978-3-631-80758-3 (MOBI)
DOI 10.3726/b16373

Peter Lang – Berlin · Bern · Bruxelles · New York · Oxford · Warszawa · Wien

Diese Publikation wurde begutachtet.

www.peterlang.com

Meinem Ehemann und meinen Eltern

Vorwort

Die vorliegende Arbeit wurde im Wintersemester 2018/2019 von der Rechtswissenschaftlichen Fakultät der Universität zu Köln als Dissertation angenommen. Rechtsprechung und Literatur wurden bis März 2018 – in den Fußnoten noch bis April 2019 – berücksichtigt.

Mein herzlicher Dank gebührt meinem Doktorvater, Prof. Dr. Dr. hc. Michael Kubiciel, für die Begleitung meiner Arbeit. Seine wertvollen Denkanstöße, aber auch die gewährten Freiheiten haben mir die Durchführung des Dissertationsvorhabens ermöglicht. Zudem hat mich die Tätigkeit an seinem Lehrstuhl an der Universität zu Köln in persönlicher und fachlicher Hinsicht geprägt.

Herrn Prof. Dr. Waßmer danke ich für die zügige Erstellung des Zweitgutachtens.

Ein ganz besonderer Dank gilt meiner Lehrstuhlkollegin und Freundin Dr. Juliane Prömper, die trotz der Entfernung und der beruflichen Weiterentwicklung meine Arbeit so konstant und sorgfältig begleitet hat. Sie hat durch ihre Hilfe wesentlich zum Gelingen der Arbeit beigetragen.

Auch bei meinen Freunden möchte ich mich für die Unterstützung und Motivation in den Jahren des Dissertationsvorhabens und des Studiums bedanken, stellvertretend sei hier Sabrina Siber genannt.

Großer Dank gebührt meinen lieben Eltern, Detlef und Beate Dobbrunz, für die uneingeschränkte Unterstützung sowie Motivation und das liebevolle Verständnis in allen Phasen meines Lebens. Sie haben mir nicht nur beruflich viel ermöglicht und sind ein großer Rückhalt für mich.

Auch meinen Geschwistern, Matthias Dobbrunz und Dionne Schoger, danke ich für die interessierte Begleitung meines Promotionsvorhabens.

Mein herzlichster Dank gilt schließlich meinem Ehemann, Thomas Blazko, der mir unsagbar viel Kraft und Rückhalt gegeben hat und immer an den erfolgreichen Abschluss des Vorhabens geglaubt hat. Er stand mir mit Rat und Tat zur Seite und hat mir immer wieder geholfen einen neuen Blick auf die Arbeit zu finden. Seine Unterstützung hat das Gelingen der Arbeit möglich gemacht.

Gewidmet ist die Arbeit meinem Ehemann und meinen Eltern.

Linda-Sue Blazko

Schwenningen, im April 2019.

Inhaltsverzeichnis

Abkürzungsverzeichnis

a.A.	andere Ansicht
Abs.	Absatz
AE	Alternativ-Entwurf
AfP	Archiv für Presserecht
abgedr.	abgedruckt
Anm.	Anmerkung
AnwBl	Anwaltsblatt
ArbGG	Arbeitsgerichtsgesetz
Art.	Artikel
BAnz AT	Bundesanzeiger amtlicher Teil
BArchG	Bundesarchivgesetz
Bd.	Band
BeckOK	Beck'scher Online-Kommentar
Beschl.	Beschluss
BGBl	Bundesgesetzblatt
BGH	Bundesgerichtshof
BGHSt	Entscheidungen des Bundesgerichtshofs in Strafsachen
BRAK-Mitt.	Bundesrechtsanwaltskammer Mitteilungen
BT-Drucks.	Bundestagsdrucksache
BVerfG	Bundesverfassungsgerich
BVerfGE	Entscheidungen des Bundesverfassungsgerichts
BVerfGG	Bundesverfassungsgerichtsgesetz
BVerwG	Bundesverwaltungsgericht
BVerwGE	Entscheidungen des Bundesverwaltungsgerichts
ders.	derselbe
dies.	dieselbe/dieselben
DJT	Deutscher Juristentag
DÖV	Die Öffentliche Verwaltung
DRB	Deutscher Richterbund
DRiZ	Deutsche Richterzeitung
EGGVG	Einführungsgesetz zum Gerichtsverfassungsgesetz
EGMR	Europäischer Gerichtshof für Menschenrechte
EMöGG	Gesetz zur Erweiterung der Medienöffentlichkeit in Gerichtsverfahren und zur Verbesserung der Kommunikationshilfen für Sprach und Hörbehinderte

EMRK	Europäische Menschenrechtskonvention
EuGH	Europäischer Gerichtshof
EuGRZ	Europäische Grundrechte-Zeitschrift
f./ff.	folgend/folgende
FAZ	Frankfurter Allgemeine Zeitung
FG	Freundesgabe/Festgabe
FGO	Finanzgerichtsordnung
FH	Festheft
Fn.	Fußnote
FS	Festschrift
FSM	Freiwillige Selbstkontrolle Multimedia-Diensteanbieter
GA	Goltdammers Archiv
GG	Grundgesetz
GRUR	Gewerblicher Rechtsschutz und Urheberrecht
GRUR-Prax	Gewerblicher Rechtsschutz und Urheberrecht, Praxis im Immaterialgüter- und Wettbewerbsrecht
GS	Gedächtnisschrift
GVG	Gerichtsverfassungsgesetz
Hrsg.	Herausgeber
Hs.	Halbsatz
ITU	Internationale Fernmeldeunion
i. S. d.	im Sinne des/der
i.V.m.	in Verbindung mit
JA	Juristische Arbeitsblätter
jm	juris – Die Monatszeitschrift
JM	Justizministerium
JMBl NW	Justizministerialblatt für das Land Nordrhein-Westfalen
JR	Juristische Rundschau
Jura	Juritische Ausbildung
jurisPR	juris PraxisReport
jurisPR-ITR	juris PraxisReport IT-Recht
JuS	Juristische Schulung
JZ	Juristenzeitung
KuR	Kommunikation & Recht
Kap.	Kapitel
krit.	Kritisch
KUG	Gesetz betreffend das Urheberrecht an Werken der bildenden Künste und der Photographie, Kunsturhebergesetz
LG	Landgericht

lit.	Buchstabe
LTO	Legal Tribune Online
MMR	Multimedia und Recht
m.w.N.	mit weiteren Nachweisen
n.F.	neue Fassung
NJW	Neue Juristische Wochenschrift
NJW-RR	Rechtsprechungsreport Zivilrecht
NK	Neue Kriminalpolitik
Nr.	Nummer
NStZ	Neue Zeitschrit für Strafrecht
NVwZ	Neue Zeitschrift für Verwaltungsrecht
o.Ä.	oder Ähnliches
OLG	Oberlandesgericht
OVG	Oberverwaltungsgericht
Rn.	Randnummer
RW	Zeitschrift für rechtswissenschaftliche Forschung
S.	Seite
SGG	Sozialgerichtsgesetz
SK-StPO	Systematischer Kommentar zur Strafprozessordnung
StGB	Strafgesetzbuch
StPÄG	Gesetz zur Änderung der Strafprozeßordnung und des Gerichtsverfassungsgesetzes
StPO	Strafprozessordnung
u. a.	unter anderem
Urt.	Urteil
v.	vom
VG	Verwaltungsgericht
vgl.	vergleiche
VwGO	Verwaltungsgerichtsordnung
ZfpP	Zeitschrift für praktische Philosophie
ZG	Zeitschrift für Gesetzgebung
zit.	zitiert
ZPO	Zivilprozessordnung
ZRP	Zeitschrift für Rechtspolitik
ZStW	Zeitschrift für die gesamte Strafrechtswissenschaft
ZUM	Zeitschrift für Urheber- und Medienrecht

A. Einleitung

I. Anlass und Ziel der Arbeit

Die Öffentlichkeit von Strafverfahren ist ein durch die Aufklärung erkämpfter und im demokratischen Rechtsstaat unumstößlicher Verfahrensgrundsatz.[1] Indes flammt die Kontroverse rund um die Ausgestaltung des Öffentlichkeitsgrundsatzes in regelmäßigen Abständen immer wieder auf. Diese Verfahrensmaxime ist zugleich ein Thema der Rechtspflege, welches wie kein zweites über die Fachkreise hinausgreift.[2] Die kontinuierliche Aktualität der Thematik beruht auf den gegensätzlichen Positionen, welche im Rahmen der Öffentlichkeit von Strafverfahren kollidieren. Einerseits wird gegen die Ausweitung des Öffentlichkeitsverständnisses die Befürchtung angeführt, dass das Strafverfahren vom „Tribunal zur Szene“ werde und somit die Beeinträchtigung der Funktionsfähigkeit der Strafrechtspflege.[3] Andererseits ist für eine funktionstüchtige und der Bevölkerung gegenüber gerechtfertigte Strafrechtspflege die Vermittlung ihrer Inhalte notwendig. Auf Verfassungsebene treffen weitere Belange scheinbar diametral aufeinander, wie das Allgemeine Persönlichkeitsrecht und die Kommunikationsfreiheiten.

Medienträchtige Verfahren, wie das sogenannte NSU-Verfahren vor dem OLG München,[4] haben der Diskussion um die Öffentlichkeit der Gerichtsverfahren neuen Schwung gegeben. Diese Verfahren haben augenscheinlich gemacht, dass bzgl. der Öffentlichkeit des Strafprozesses Handlungs- oder zumindest Klärungsbedarf besteht. Es stellten sich insbesondere die Fragen, wie mit enormem Platzmangel umzugehen ist, wie Sitzplätze zu verteilen sind, ob es eine Dokumentation geschichtlich bedeutender Strafverfahren geben sollte und wie die Justiz mit Medien umgehen sollte. Im Rahmen der Debatte wurde deutlich, „dass die Vorschriften des GVG über ‚Öffentlichkeit und Sitzungspolizei‘

---

1 BGH, Urt. v. 23.05.1956 – 6 StR 14/56, BGHSt 9, 280 (281); Urt. v. 10.06.1966 – 4 StR 72/66, BGHSt 21, 72 (72 f.); *Kissel/Mayer*, GVG, § 169 Rn. 4; KK-*Diemer*, StPO, § 169 GVG Rn. 1.

2 *Heger*, FS Beulke, S. 759; *Walther*, JZ 1998, 1145 (1145).

3 *Bockelmann*, NJW 1960, 217 (219 f.); *Campe*, GA 1929 (Bd. 73), 242 (242 f.); *Britz*, jm 2015, 127 (128); *Stieper*, JZ 2014, 271 (271); wobei sich bereits die Frage stellt, ob die Einordnung eines Gerichtsverfahrens als Tribunal wünschenswert ist, kritisch hierzu *Vismann*, Medien, S. 150 f.

4 OLG München – 6 St 3/12.

(§§ 169–183 GVG) nicht so behäbig regulieren wie sie klingen: Sie sind fundamental und in ständiger Bewegung; sie sind nicht weniger als ein Maßstab einer rechtsstaatlichen und zugleich modernen Rechtspflege."[5] Mit diesem Satz bringt es Hassemer auf den Punkt. Der Öffentlichkeitsgrundsatz befindet sich, wie das Recht im Gesamten, mit der Gesellschaft in einem dynamischen Entwicklungsprozess.[6] Was Öffentlichkeit bedeutet und wie weit diese reicht, ist eine Wertungsfrage. Um diese Wertungsfrage auszufüllen, kommt es auf die Funktion des Öffentlichkeitsgrundsatzes im Allgemeinen und im spezifischen Verfahren an. Konsequent wäre daher eine fortschreitende Änderung des Verständnisses und somit des Inhalts des Öffentlichkeitsgrundsatzes. Legislatorische Anpassungen wären unausweichlich. Die Realität sieht hingegen anders aus. In Bezug auf den Öffentlichkeitsgrundsatz herrschte von 1964 bis 2017 gesetzgeberischer Stillstand. Der Umkehrschluss wäre, dass über fünf Jahrzehnte keine Fortentwicklung der Gesellschaft im medialen Bereich stattfand. Ganz im Gegenteil haben indes Digitalisierung und Medialisierung zu starken gesellschaftlichen Veränderungen geführt, welche der historische Gesetzgeber nicht ermessen konnte. Das Ausmaß des bisherigen Versäumnisses wird besonders deutlich, da bereits im Jahre 1960 Bockelmann für den Öffentlichkeitsgrundsatz attestierte: „Kein Satz ist so unangefochten in deutschen Gesetzen wie dieser. (...) [D]er Begriff der Öffentlichkeit ist nicht einheitlich. Er ändert sich je nach dem Wirkungsbereich, in dem er auftritt(...)."[7] Vor allem die (Fort-)Entwicklung der Internet-Technologie der letzten Jahrzehnte hat die Gesellschaft und die Medienwelt grundlegend verändert. „Das ist mehr als ein evolutionärer Schritt. Hier zeichnet sich ein grundlegender Paradigmen-Wechsel ab: Fast nichts wird so bleiben wie bisher, auch wenn es auf der Oberfläche (noch) anders scheinen mag."[8] Lange fand diese Veränderung in Bezug auf den Öffentlichkeitsgrundsatz keinen Widerhall im Gesetz.

Zuletzt wurden die bisher bestehenden Versäumnisse im EU-Justizbarometer 2017 sichtbar. Das Justizbarometer gibt einen Überblick über Qualität, Unabhängigkeit und Effizienz der Justizsysteme der Mitgliedsstaaten der Europäischen Union. Die Bundesrepublik Deutschland hat hiernach vor allem bezüglich

---

5 *Hassemer*, ZRP 2013, 149 (149).

6 Dies konstatierte bereits Plato für die Verfassung, welche aus der Gesinnung derer Folge, die sich zum Staate zusammenschließen; Vgl. bei *Scholler*, Öffentlichkeit, S. 43.

7 *Bockelmann*, NJW 1960, 217 (217).

8 *Hoffmann-Riem*, Wandel, S. 139; vgl. *Gerhardt*, Verfassungsmäßigkeit, S. 115.

der Verwendung von Medien und Kommunikationstechnologie Nachholbedarf.[9] Die gravierenden Änderungen durch die Digitalisierung und der damit einhergegangenen Medialisierung hat der Gesetzgeber nunmehr erkannt. Der Koalitionsvertrag der 18. Legislaturperiode enthielt bereits unter dem Titel „Moderner Staat, innere Sicherheit und Bürgerrechte“ folgenden Satz zur gegenständlichen Frage: „Wir prüfen, inwieweit dem öffentlichen Interesse an einem Gerichtsverfahren durch eine erweiterte Saalöffentlichkeit Rechnung getragen werden kann.“[10] Diese Prüfung wurde kurz vor Ende der Legislaturperiode, abgeschlossen und ein Gesetzentwurf verabschiedet.[11] Am 22.06.2017 wurde ein Gesetz zur Erweiterung der Medienöffentlichkeit in Gerichtsverfahren beschlossen, welches den Stillstand beendet und einen ersten Schritt in die Richtung der Entwicklung der Gesellschaft macht. Allerdings ist weiter unbeachtet geblieben, dass die gegenüberstehenden Positionen je nach Verfahrensart unterschiedlich intensiv aufeinandertreffen. Mit der Forderung eines verfahrensspezifischen Verständnisses von Öffentlichkeit geht einher, dass die Grundlagen des jeweiligen Verfahrens zur Bestimmung des Inhalts herangezogen werden müssen. Im Strafverfahren sind daher dessen Grundlagen ebenso in den Blick zu nehmen wie straftheoretische Grundüberlegungen. Es überrascht, dass in den intensiven Diskussionen um die Öffentlichkeit und deren Ausmaß bislang der Aspekt kaum Beachtung gefunden hat. Daher sollen in dieser Arbeit die Bezüge zwischen dem veränderten Verständnis von Öffentlichkeit und dem Zweck der Strafe sowie des Strafverfahrens herausgearbeitet werden, um hieraus Schlüsse für die Handhabung der Verfahrensmaxime zu ziehen.

Auf die Problematik der Fernsehaufnahmen in Gerichtsverhandlungen wird nur im Gesamtkontext eingegangen, soweit es für das Verständnis notwendig ist. Diese Problematik ist bereits umfänglich von der Literatur und Rechtsprechung bearbeitet worden.[12]

---

9 The 2017 EU-Justice Scoreboard, S. 20 f., abrufbar unter https://ec.europa.eu/germany/news/eu-justizbarometer-2017-justizsysteme-werden-effektiver_de, zuletzt aufgerufen am 25.06.2017; vgl. bereits 2015 *Lijenden*, LTO 11.03.2015, http://www.lto.de/persistent/a_id/14918/, zuletzt aufgerufen am 25.06.2017.

10 S. 146 des Koalitionsvertrags: Deutschland Zukunft gestalten, zwischen CDU, CSU, SPD, 18. Legislaturperiode abrufbar unter http://www.bundesregierung.de/Content/DE/_Anlagen/2013/2013-12-17-koalitionsvertrag.pdf?__blob=publicationFile, zuletzt aufgerufen am 14.03.2017.

11 Vgl. BT-Drucks. 18/10144.

12 *Britz*, Fernsehaufnahmen; *Fink*, Bild- und Tonaufnahmen; *Franke*, Bildberichterstattung; *Vogel*, Fernsehübertragungen; *Olbertz*, Fernsehöffentlichkeit; *Gerhardt*, Verfassungsmäßigkeit.

II. Gang der Untersuchung

Die Untersuchung will ihr Ziel, zur Klärung des strafverfahrensrechtlichen Öffentlichkeitsverständnisses beizutragen in drei Schritten erreichen. Als erstes wird erarbeitet, von welchem historischen, begrifflichen und funktionellem Hintergrund sowie von welchen Rechtsquellen auszugehen ist. Der zweite Schritt dient dazu, die Ansatzpunkte zur Präzisierung des wertungsoffenen Begriffs der Öffentlichkeit herauszuarbeiten. Abschließend setzt der dritte Schritt die zuvor gewonnenen Erkenntnisse um.

Der erste Teil der Bearbeitung beschäftigt sich mit den Grundlagen des Öffentlichkeitsgrundsatzes und den Auswirkungen des Wandels zur Informationsgesellschaft auf diesen. Aufgrund neuer technischer Möglichkeiten scheint es kaum vorstellbar, dass der 1871 normierte Grundsatz der heutigen Medien- und Informationsgesellschaft noch gerecht werden kann. Zu Beginn zeigt der historische Abriss der Verfahrensmaxime, dass sich das Öffentlichkeitsverständnis bereits mehrfach verändert hat und eng mit dem Geist der jeweiligen Zeit verbunden ist. Hierauf aufbauend werden das gegenwärtige Verständnis von Verfahrensöffentlichkeit, deren Funktionen und Rechtsquellen in den Blick genommen. Es zeigt sich, dass die Klärung dieser Hintergründe notwendig ist, um den Inhalt des Öffentlichkeitsgrundsatzes zu präzisieren.

Auf dieser Grundlage kann im zweiten Teil die Frage geklärt werden, wie der wertungsoffene Begriff der Öffentlichkeit anhand der vorherrschenden gesellschaftlichen Bedingungen und mit welchen Mitteln, zu präzisieren ist. Es zeigt sich, dass der Öffentlichkeitsgrundsatz verschiedenste Elemente der Verfassung tangiert und die Kollision von Kommunikationsfreiheiten mit dem Allgemeinen Persönlichkeitsrecht evident ist. Zugleich wird deutlich, dass dies im Besonderen für das persönlichkeitsnahe und medienträchtige Strafverfahren gilt. Die Konsequenz hieraus ist die Forderung eines verfahrensspezifischen Verständnisses des Öffentlichkeitsgrundsatzes. Schlussfolgern lässt sich hieraus, dass die Zwecke des Strafverfahrens und somit auch die Straftheorien für die Bestimmung des Öffentlichkeitsgrundsatzes heranzuziehen sind. Ausgehend von einer modernen repressiv-kommunikativen straftheoretischen Grundlage wird ein Öffentlichkeitsverständnis herausgebildet, welches sich als regulierte Medienöffentlichkeit oder erweiterte Öffentlichkeit bezeichnen lässt. Eine Forderung hieraus ist die Videoübertragung der Verhandlung in einen Medienarbeitsraum für alle medienträchtigen Strafverfahren.

Abschließend ist der dritte Teil eine Einordnung des gefunden Öffentlichkeitsverständnisses. Nachdem die Frage, ob eine erweiterte Medienöffentlichkeit mit der Gesetzeslage in Einklag steht verneint werden muss, folgen Forderungen de lege ferenda. Da im Laufe der Bearbeitung das Gesetz über Erweiterung der Medienöffentlichkeit in Gerichtsverfahren verabschiedet wurde und in Kraft getreten ist, werden die hiermit einhergehenden Regelungen ebenfalls in den Blick genommen. Der Gesetzgeber macht durch die Ergänzung von § 169 GVG einen ersten Schritt hin zu dem gefundenen Verständnis einer Medienöffentlichkeit des Strafverfahrens. Es zeigt sich aber, dass weitere Schritte folgen müssen.

B. Regelungshintergrund des Öffentlichkeitsgrundsatzes

Der in § 169 S. 1 GVG normierte Öffentlichkeitsgrundsatz ist ein verfahrensleitendes Prinzip. Ungeachtet seiner von § 2 EGGVG angeordneten Geltung für die ordentliche Gerichtsbarkeit, findet er verfahrensübergreifende Anwendung. Nicht nur im Strafverfahren, sondern auch im arbeitsgerichtlichen (§ 52 ArbGG), finanzgerichtlichen (§ 52 FGO) und sozialgerichtlichen (§ 202 SGG) Verfahren, im Verwaltungsprozess (§§ 55, 138 Nr. 5 VwGO) sowie in Verfahren vor dem Bundesverfassungsgericht (§ 17 BVerfGG) ist er eine fest verankerte Verfahrensmaxime. Das Öffentlichkeitsprinzip gilt als unverzichtbarer Bestandteil jeder rechtsstaatlichen und demokratischen Grundordnung. Es „zählt zu den Grundlagen des Strafverfahrens" und zu „den grundlegenden Einrichtungen des Rechtstaates".[13] Im deutschen Strafprozess wird das Gewicht des Öffentlichkeitsgrundsatzes durch die Statuierung eines absoluten Revisionsgrundes nach § 338 Nr. 6 StPO bei dessen Verletzung verdeutlicht.

Um die Bedeutung dieses Grundsatzes besser zu verstehen und die Präzisierung des Begriffs „Öffentlichkeit" in Zusammenhang mit dem heutigen Verständnis zu ermöglichen, ist es zunächst erforderlich, auf den Regelungshintergrund einzugehen. Hierzu bedarf es eines Blickes auf die geschichtliche Entwicklung, die Funktionen, die Rechtsquellen und das heutige begriffliche Verständnis von Öffentlichkeit in Strafverfahren.

I. Historie

Die Öffentlichkeit gerichtlicher Verfahren ist in der heutigen Gesellschaft derart selbstverständlich geworden, dass leicht vergessen wird, welche Entwicklung dieser Grundsatz genommen hat. Keineswegs ist es seit jeher unbestritten, dass Gerichtsverfahren öffentlich sind. Die historische Entwicklung des Öffentlichkeitsgrundsatzes kann als eine Pendelbewegung beschrieben werden. Zu Beginn schlug sie stark aus in Richtung vollständiger Öffentlichkeit und kam über eine langsame Absenkung zum entgegenliegenden Punkt: dem generellen Ausschluss der Öffentlichkeit. Der historische Abriss zeigt, dass sich die Amplitude des Pendelschlags immer weiter verkleinerte und in den letzten Jahrzehnten – bis zum

---

13 BGH, Urt. v. 25.09.1951 – 1 StR 464/51, BGHSt 1, 334 (335); BGH, Urt. v. 18.12.1968 – 3 StR 297/68, BGHSt 22, 297 (301); Vgl. *Kortz*, AfP 1997, 443 (443).

Gesetzgebungsverfahren 2016 – zum Stillstand gekommen war. Systematisch von Interesse ist vor allem, dass sich diese Entwicklung nicht willkürlich vollzog, sondern in engem Zusammenhang mit dem tiefer liegenden Verständnis des Strafverfahrens der jeweiligen Epochen stand.

1. Von den Germanen bis ins 19. Jahrhundert

Die Phase von der Zeit der germanischen Stämme bis zur Aufklärung kann als die Bewegung der Öffentlichkeitsbeteiligung an Gerichtsverfahren von einem Extrem zum anderen charakterisiert werden. Denn von der notwendigen Teilnahme und der allumfassenden Öffentlichkeit, vollzog sich die Entwicklung hin zum vollständig geheimen Verfahren. Das Pendel schlug in dieser Zeit somit jeweils bis zur Waagerechten aus.

Der Grundsatz der Öffentlichkeit kann auf das antike römische Recht zurückgeführt werden.[14] Von den Zeiten des „germanischen Rechts"[15] bis hin zum „fränkischen Verfahren" bestand die Öffentlichkeit in Form der aktiven, notwendigen Teilnahme des Volkes (der Männer) am Prozess.[16] Der Prozess fand in der Regel an frei zugänglichen, erhöhten, zum Teil heiligen Stätten und somit zumeist unter freiem Himmel statt, so dass jedermann teilnehmen konnte.[17] Die Gerichtsgemeinde fällte das Urteil und musste daher zur Durchführung des Verfahrens anwesend sein. Es bestand die sog. Dingpflicht.[18] Das Ding oder auch Thing genannt, war nicht nur eine Gerichtsversammlung, hier wurden auch Anführer gewählt und alle Probleme der Gemeinschaft erörtert. Eine Unterscheidung von Publikum und Gericht existierte nicht, da der König/Graf nur die formelle Leitung des „Dinges" inne hatte und die Gemeinde das Urteil vorschlug und aussprach.[19] Die Verfolgung bzw. die Befassung der Versammlung

---

14 *Bernheimer*, Öffentlichkeit, S. 4; *Witzler*, Personale Öffentlichkeit, S. 5.

15 *Das* germanische Recht im Sinne einer einheitlichen Rechtsordnung gab es nicht. Es existierten viele verschiedene Stämme mit unterschiedlichsten Ritualen und „Rechtssystemen", von Überschneidungen ist aber schon wegen der ähnlichen Strukturen der Stämme auszugehen.

16 *Bernheimer*, Öffentlichkeit, S. 6; *Kern*, Gerichtsverfassungsrecht, S. 1; *Kujath*, Laienjournalismus, S. 25; *Rohde*, Öffentlichkeit, S. 51.

17 *Feuerbach*, Betrachtungen Bd. 1, S. 32; *Schild*, Folter, S. 53; *Schuckert*, Volksöffentlichkeit, S. 5, *Witzler*, Personale Öffentlichkeit, S. 17.

18 *Alber*, Geschichte, S. 12; *Feuerbach*, Betrachtungen, Bd. 1, S. 32, *Witzler*, Personale Öffentlichkeit, S. 17 f.

19 *Kern*, Gerichtsverfassungsrecht, S. 1; *Rohde*, Öffentlichkeit, S. 52; *Schuckert*, Volksöffentlichkeit, S. 6; *Vismann*, Medien, S. 20; *Witzler*, Personale Öffentlichkeit, S. 18.

mit dem „Ding“ oblag dem Verletzten.[20] Diese Art des Gerichtshaltens hängt damit zusammen, dass die meisten germanischen Stämme, Recht für etwas Vorgegebenes, Ungeschriebenes hielten, das aus dem Gesamtwissen des Volkes und dessen Rechtsgefühl von Fall zu Fall gefunden werden müsse.[21] Grund des Strafens waren die (Blut-)Rache und die Sühne.[22]

Karl der Große führte im Jahr 508 die lex salica ein, um in seinem Reich eine möglichst umfassende Rechtseinheit zu erreichen. Nunmehr war nicht der einzelne Bürger zur Rechtsprechung berufen und notwendig, da dies fortan beamteten Schöffen übertragen war. Die Verhandlungen blieben dennoch öffentlich.[23] Das gerichtliche Verfahren wurde verstaatlicht und institutionalisiert. Hierzu gehörte, dass etwa im Jahre 818 durch ein Königsgesetz Ludwigs des Frommen, der Bau von Gerichtsgebäuden beschlossen wurde.[24] Mittels dieses Gesetzes wurde zum ersten Mal in der Geschichte Deutschlands die freie Zugänglichkeit der Bevölkerung zum Prozess räumlich beschränkt.[25] Fortan hatte die Öffentlichkeit nicht mehr die Rolle eines aktiv am Prozess Beteiligten inne, sondern wurde in die passive Rolle eines Zuschauers verdrängt.[26] Mit der Übertragung des Strafens auf die Hoheitsgewalt des Staates ging einher, dass neben die Rache zunehmend der Gedanke der Abschreckung durch drakonische Strafen als Strafzweck trat.[27]

Ab dem 12. Jahrhundert wurde die Rechtsfindung dem Volk gänzlich entzogen durch die Ernennung von Berufsrichtern.[28] Hier zeigt sich bereits der Zusammenhang zwischen Öffentlichkeit und dem Verständnis von Recht als solchem. Denn im 12. Jahrhundert hat sich die Entwicklung vom Volksrecht zum Amtsrecht auf den Öffentlichkeitsgrundsatz ausgewirkt.[29] Der Zweck der

---

20 *Kujath,* Laienjournalismus, S. 26; *Sellert/Rüping,* Strafrechtspflege, S. 63.

21 *Coelln,* Medienöffentlichkeit, S. 49; *Kern,* Gerichtsverfassungsrecht, S. 1; *Witzler,* Personale Öffentlichkeit, S. 17.

22 *Grommes,* Sühnebegriff, S. 74; *Weitzel,* Strafgedanke, S. 28 f.

23 *Alber,* Geschichte, S. 20; *Kern,* Gerichtsverfassungsrecht, S. 6 f.; *Schuckert,* Volksöffentlichkeit, S. 6.

24 *Alber,* Geschichte, S. 21; *Coelln,* Medienöffentlichkeit, S. 54.

25 In Rom gab es bereits in der Kaiserzeit richterliche Amtsgebäude (auditoria/secretaria); Vgl. *Bernheimer,* Öffentlichkeit, S. 5.

26 *Rohde,* Öffentlichkeit, S. 52; *Schuckert,* Volksöffentlichkeit, S. 6; *Witzler,* Personale Öffentlichkeit, S. 21.

27 *Weitzel,* Strafgedanke, S. 34.

28 *Rohde,* Öffentlichkeit, S. 52; *Vismann,* Medien, S. 22; *Witzler,* Personale Öffentlichkeit, S. 23.

29 *Kern,* Gerichtsverfassungsrecht, S. 7; *Witzler,* Personale Öffentlichkeit, S. 21.

Öffentlichkeit der Verfahren war es, der überwiegend analphabetischen Bevölkerung das geschriebene Recht verständlich zu machen. Neben diesem belehrenden Charakter sollte die öffentliche Vollstreckung zudem abschreckend auf die Bevölkerung wirken. Der Hauptgrund der Strafe war indes (nach wie vor) die Vergeltung.[30]

Die Zersplitterung des Landes und somit des Rechts durch die Territorialfürsten und das an immer größerem Einfluss gewinnende kanonische Recht drängten die Öffentlichkeit weiter in den Hintergrund.[31] Das eigene Gerichtsverfahren war für die Fürsten Ausdruck der Macht gegenüber dem Kaiser. Die Herausbildung der Stände und ihrer unterschiedlichen Privilegien verstärkten die Zersplitterung und die Ausgrenzung der Mehrheit der Bevölkerung vom Verfahren.[32] Der stärkere Einfluss des kanonischen Rechts lässt sich auf die gewachsene Bedeutung der Kirche im Mittelalter zurückführen, sie verdrängte alten Aberglauben und Bräuche.[33] Durch die blühende Kirchenrechtswissenschaft wurden Richterstellen zunehmend mit Juristen besetzt, die in Italien nach dem Kirchenrecht ausgebildeten waren.[34] Im Ergebnis setzte sich das kanonische Recht durch und die Öffentlichkeit des Verfahrens geriet ins Hintertreffen. So verlief der Inquisitionsprozess, in welchem Strafverfolgung und Verurteilung durch eine Person erfolgten und das Abpressen von Geständnissen durch Folter die Regel war, vordringlich hinter verschlossenen Türen, im Geheimen.[35] Im kirchlichen Bereich sollte dies dazu dienen, besser gegen den korrupten Klerus vorgehen zu können.[36] Die Übernahme durch die weltliche Gerichtsbarkeit lässt sich durch den Einfluss des Kirchenrechts und der Kirche auf das Leben der Menschen erklären.

---

30 *Grommes*, Sühnebegriff, S. 75; *Witzler*, Personale Öffentlichkeit, S. 22.

31 *Alber*, Geschichte, S. 14 f.; *Beese*, Öffentlichkeit, S. 12; *Bernheimer*, Öffentlichkeit, S. 7; *Kern*, Gerichtsverfassungsrecht, S. 7, 18; *Sellert/Rüping*, Strafrechtspflege, S. 193.

32 *Beese*, Öffentlichkeit, S. 12; *Kern*, Gerichtsverfassungsrecht, S. 7; *Witzler*, Personale Öffentlichkeit, S. 23.

33 Eindrücklich zur Verbindung von Glaube, Recht und Gesellschaft: *Schild*, Folter, S. 10 f.

34 *Beese*, Öffentlichkeit, S. 13; *Neuß*, Strafzweck, S. 5; *Witzler*, Personale Öffentlichkeit, S. 24.

35 *Bernheimer*, Öffentlichkeit, S. 7; *Hassemer*, Einfluß, S. 62; *Heger*, FS Beulke, S. 760; *Mittermaier*, Oeffentlichkeit, S. 6 f.; *Schild*, Folter, S. 42, 85; *Stutz*, Zurückdrängung, S. 5; *Tag*, Öffentlichkeit, S. 2; *Vogel*, Fernsehübertragungen, S. 15; *Wettstein*, Öffentlichkeitsgrundsatz, S. 23.

36 *Schild*, Folter, S. 82; *Jerouschek*, ZStW 104 (1992), der als Grund hierfür die Wahrung des Ansehens der Kirche nennt und nicht die Verfolgung des korrupten Klerus, 328 (341).

Die Öffentlichkeit wurde immer weiter zurückgedrängt. Dies gipfelte in der Abschaffung des „entlichen Rechtstages",[37] an welchem Urteile noch öffentlich verkündet und vollstreckt wurden. Der Sinn und Zweck des „entlichen Rechtstages" bestand in der Abschreckung der übrigen, des Lesens unkundigen Bevölkerung.[38] Daneben sollte Gottes Zorn vergolten werden.[39] Mit der Abschaffung dieses Instituts ging der vollständige Ausschluss der Öffentlichkeit von Gerichtsverfahren einher. Nunmehr wurde ein rein schriftliches, geheimes Verfahren – in weiten Landesteilen – die Regel.[40] Der zunehmenden Zurückdrängung der Öffentlichkeit lagen in erster Hinsicht praktische Erwägungen zugrunde. So sollten die Fälle der Justizbeeinflussung durch das Auftreten zahlreicher Bewaffneter während der Verhandlung verhindert und der starke Anstieg an Kriminalität bewältigt werden.[41] Überlegungen zur Wirkung des Verfahrens und der Strafe standen im Hintergrund. Vorrangig war die Vergeltung entsprechend dem christlich verankerten Talionsprinzip der Zweck der Strafe. Die Strafe sollte der Gerechtigkeit und dem Gemeinnutz dienen.[42]

2. Die Aufklärung

Die Geheimjustiz hatte Bestand bis mit dem politischen Liberalismus die Gedanken der Aufklärung aus Frankreich ins Land strömten.[43] Der geheime Inquisitionsprozess geriet zunehmend in die Kritik. Bereits im 18. Jahrhundert wurden erste Forderungen nach einem öffentlichen Verfahren gestellt,[44] welche schließlich insbesondere durch Feuerbach und Mittermaier[45] auch in

---

37 Vgl. Art. 78 der Constitutio Criminalis Carolina aus dem Jahr 1532.

38 *Schild*, Folter, S. 47 f. Zur Abschreckung als Strafzweck des Hochmittelalters: *Pufendorf*, De Jure, S. 51, 54. Dieser führt aber auch bereits die Spezialprävention als Strafgrund an und lässt Vergeltung nicht genügen, ebd. S. 59 f. Vgl. *Grommes*, Sühnebegriff, S. 83.

39 *Beese*, Öffentlichkeit, S. 14; *Fischer*, Medienöffentlichkeit, S. 46; *Schild*, Folter, S. 12 f.; *Witzler*, Personale Öffentlichkeit, S. 25.

40 Zu keiner Verdrängung der Öffentlichkeit kam es bis ins 19. Jhdt. z.B. in Hessen; *Alber*, Geschichte, S. 14, 60; *Bernheimer*, Öffentlichkeit, S. 7; *Coelln*, Medienöffentlichkeit, S. 58; *Haber*, Aufklärung, S. 22; *Kern*, Gerichtsverfassungsrecht, S. 37; *Klein*, Öffentliche Verhandlung, S. 2; *Schild*, „entliche Rechtstag", S. 143 f.

41 *Alber*, Geschichte, S. 14; *Coelln*, Medienöffentlichkeit, S. 53 f.; *Laue*, Öffentlichkeit, S. 137.

42 *Birr*, Kriminalstrafe, S. 62; *Klug*, Rechtsphilosophie, S. 4.

43 Zur literarischen Auseinandersetzung dieser Zeit: *Haber*, Aufklärung, S. 72–156; *Schuckert*, Volksöffentlichkeit, S. 10; *Wettstein*, Öffentlichkeitsgrundsatz, S. 24.

44 *Beccaria*, Verbrechen und Strafe, S. 38, 96; *Klein*, Öffentliche Verhandlung, S. 27.

45 *Feuerbach*, Betrachtungen Bd. 1 S. 1 f.; *Mittermaier*, Oeffentlichkeit, S. 7, 227.

Deutschland laut wurden.[46] So sah Feuerbach „das Verlangen nach Öffentlichkeit“ als Ausdruck „des Geistes unserer Zeit“ an.[47] Nach Mittermaier „fordert das Gerechtigkeitsprinzip (...), dass das gefällte Urteil als ein gerechtes erscheine und insbesondere die erkannte Strafe als gerecht sich verkündige. Dies kann aber nur (...) durch die Öffentlichkeit der Verhandlung selbst erreicht werden.“[48] Der Einzelne wurde nunmehr als selbstbestimmtes und eigenständiges Individuum mit eigenen Rechten begriffen und nicht länger als Objekt des Staates. Leitgedanke war die Autonomie der menschlichen Vernunft und das Instrument der Vernunft war: die Kritik.[49] Nach Feuerbach folgt aus diesem neuen Verständnis „das Bedürfnis und das Recht, den Zustand und die Verfahrungsweise seiner Gerichte und deren Verhältnis zu ihm selbst, wie zur höchsten Staatsgewalt“ zu kennen „und die Frage [zu stellen] ob und wie weit alles jenes mit den Ansprüchen eines gesetzmäßigen freien Volkes im Widerspruch oder Einklang stehe?“[50] Anders gewendet war die Öffentlichkeit notwendiger Bestandteil zur Liberalisierung des Staates, denn nur so konnte nach damaliger Vorstellung jeder Einzelne seine Rechte kennen lernen, wahrnehmen und durchsetzen.[51] Die Öffentlichkeit sollte den Einzelnen vor der Willkür des Staates schützen, dessen Kontrolle ermöglichen und das Vertrauen in die Justiz stärken.[52] Nicht zu verhehlen ist das

---

46 Vgl. BVerfG, Urt. v. 24.01.2001 - 1 BvR 2623/95; BVerfGE 103, 40 (63); BVerfG, Beschl. v. 15.01.2015 - 2 BvR 878/14, NStZ 2015, 170 (171); *Franke,* Bildberichterstattung, S. 29, 33; *Gierhake,* JZ 2013, 1030 (1032); *Zipf,* Gutachten C, S. 13; Nach *Haas,* Strafprozessrecht, S. 417, wollte Feuerbach trotz der Kritik am Inquisitionsprozess festhalten. Für ihn war die einzige Alternative der Geschworenenprozess und dies sei ein politisches Institut, welches eine republikanische Staatsform voraussetze. Diese war zu jener Zeit aber nicht existent.

47 *Feuerbach,* Betrachtungen Bd. 1, S. 1.

48 *Mittermaier,* Oeffentlichkeit, S. 336.

49 *Kant,* Rechtslehre, S. 214; vgl. auch: *Coelln,* Medienöffentlichkeit, S. 60; *Gierhake,* Strafe, S. 58; *Hassemer,* Einfluß, S. 63 f.

50 *Feuerbach,* Betrachtungen Bd. 1. S. 3. Klammerzusatz durch Verfasserin.

51 *Feuerbach,* Betrachtungen Bd. 1. S. 1 f.; *Franke,* Bildberichterstattung, S. 32; *Kern,* Gerichtsverfassungsrecht, S. 60; *Klein,* Öffentliche Verhandlung, S. 27; *Mittermaier,* Oeffentlichkeit, S. 7.

52 BVerfG, Urt. v. 24.01.2001 - 1 BvR 2623/95, 622/99, BVerfGE 103, 44 (64); BVerfG, Beschl. v. 15.01.2015, - 2 BvR 878/14, NStZ 2015, 170 (171); *Gierhake,* JZ 2013, 1030 (1032); *Hassemer,* Einfluß, S. 64; *Klein,* Öffentliche Verhandlung, S. 6 f.; *Kujath,* Laienjournalismus, S. 28; Tag, Öffentlichkeit, S. 4; *Feuerbach,* Betrachtungen Bd. 1, S. 26 f., 90 f.; Wettstein, Öffentlichkeitsgrundsatz, S. 26.

daneben bestehende eigene Interesse der Obrigkeit, das Volk zu einer Abkehr der Stilisierung von „Täter-Helden“ zu bringen.[53]

Der Wandel in der Gesellschaft und des Strafverfahrens zeigt sich auch in der Auseinandersetzung mit den Straftheorien. Neben dem zu dieser Zeit noch vorherrschenden Strafzweck der Vergeltung[54] traten zunehmend präventive Aspekte der Strafe in den Vordergrund.[55] Diese wurden zum Teil auch in Bezug auf den verfahrensrechtlichen Öffentlichkeitsgrundsatz diskutiert. So forderte Mittermaier, dass die abschreckende Wirkung der Strafe allein durch öffentliche Verfahren greifen könne; die bloße Bekanntgabe der Verurteilung reiche nicht aus. Nur so könne das Volk die Schuld anhand vorgetragener Tatsachen und Beweise nachvollziehen und sich eines gründlichen Verfahrens sicher sein.[56] Feuerbachs Straftheorie des psychologischen Zwangs, welche die Abschreckungswirkung der Strafandrohung fokussierte, setzte notwendig die Kenntnis des Rechts und seiner Durchsetzung voraus. Der kausal, deterministisch Handelnde musste zum einen wissen, welche Handlungen unter das Gesetz fallen.[57] Zum anderen ist das Wissen, dass dieses Recht tatsächlich umgesetzt wird erforderlich. Für dieses Wissen war die Kenntnis der Rechtsprechung zwingende Voraussetzung und somit die Forderung nach Gerichtsöffentlichkeit die denknotwendige Folge. Weitere Elemente des Liberalisierungs- und Demokratisierungsprozesses waren die Abschaffung der Folter, die Trennung von Ankläger und Richter sowie die Einführung von Laienrichtern aus dem „einfachen“ Volk.[58] Kein Gehör fanden die vor allem in der Richterschaft anzutreffenden Gegenstimmen. Sie stützten sich auf die Ungebildetheit des Volkes und der damit einhergehenden Unfähigkeit, gebildete Richter zu kontrollieren, sowie auf die mögliche Beeinflussung der Unabhängigkeit und Wahrheitsfindung durch die anwesende Öffentlichkeit.[59]

---

53 *Foucault*, Überwachen, S. 144; *Vismann*, Medien, S. 131.

54 Diese Straftheorie wurde zu jener Zeit maßgeblich durch *Kant*, Metaphysik der Sitten, S. 196 f. und *Hegel*, Grundlinien, §§ 82–104 verbreitet, wobei beide unterschiedliche Schwerpunkte setzten. Hierzu unter C. II. 2.

55 *Feuerbach*, Revision, S. 373 f.; vgl. *Frisch*, Feuerbachs Straftheorie, S. 191 (202).

56 *Mittermaier*, Oeffentlichkeit, S. 335.

57 Vgl. *Eb. Schmidt*, Geschichte, § 234; S. 245.

58 Löwe/Rosenberg-*Wickern*, StPO, Vor § 169 GVG Rn. 2; *Sellert/Rüping*, Strafrechtspflege, S. 377.

59 *Schuckert*, Volksöffentlichkeit, S. 13; *Klein*, sieht die gleichen Gefahren im schriftlichen Verfahren, Öffentliche Verhandlung, S. 40 f.

Wiederum in Frankreich findet sich aus dieser Zeit die erste Normierung einer unbegrenzten Öffentlichkeitsmaxime.[60] Durch die französische Besatzung seit 1794 galt diese auch für einige der Rheinbundstaaten. Die Herrschenden versuchten zwar das Aufblühen des Bürgertums und somit auch die Abkehr vom Inquisitionsprozess zu unterdrücken.[61] Dennoch setzte sich die Idee nach und nach durch, ungeachtet dessen, dass die Öffentlichkeit von Verfahren auf den „Erzfeind" Frankreich zurückzuführen war.[62] Die große Bedeutung des Öffentlichkeitsprinzips von Gerichtsverfahren zur damaligen Zeit zeigt sich darin, dass es nach der Märzrevolution anno 1848 in § 178 der (nie in Kraft getretenen) Paulskirchenverfassung aufgenommen wurde.[63] Der Grundsatz der Öffentlichkeit des Verfahrens breitete sich – zum Teil mit Einschränkungen – in Deutschland aus, was durch die bereits existierende Tendenz zur Öffnung des Verfahrens beschleunigt wurde.[64] Die rechtspolitische Diskussion um die Maxime ebbte in den folgenden Jahren ab, da die absolutistische durch die liberale Staatstheorie verdrängt und mithin das Ziel der Bewegung erreicht war.[65] Das Öffentlichkeitsprinzip hatte sich als wichtiger Verfahrensgrundsatz durchgesetzt und es folgte die nahezu unumstrittene legislative Fundierung in § 170 des Gerichtsverfassungsgesetzes des Deutschen Reiches, welches am 1. Oktober 1879 in Kraft trat.[66]

---

60 Z.B. Tit. II Art. 14, 15 des Gerichtsverfassungsgesetzes von 1790, Art. 153 des Code d'instruction criminelle von 1808: „L'instruction de chaque affaire sera publique à peine de nullité."; vgl. *Alber*, Geschichte, S. 30.

61 *Alber*, Geschichte, S. 32, 73; *Franke*, Bildberichterstattung, S. 31; *Fögen*, Gerichtsöffentlichkeit, S. 16 f.; *Mittermaier*, Oeffentlichkeit, S. 4; *Schuckert*, Volksöffentlichkeit, S. 13; *Stutz*, Zurückdrängung, S. 6.

62 *Fögen*, Gerichtsöffentlichkeit, S. 20.

63 Art. 178 lautete: „Das Gerichtsverfahren soll öffentlich und mündlich sein. Ausnahmen von der Öffentlichkeit bestimmt im Interesse der Sittlichkeit das Gesetz."; *Bernheimer*, Öffentlichkeit, S. 11; *Coelln*, Medienöffentlichkeit, S. 80; *Fögen*, Gerichtsöffentlichkeit, S. 20; *Kern*, Gerichtsverfassungsrecht, S. 69; *Rohde*, Öffentlichkeit, S. 51; *Stutz*, Zurückdrängung, S. 12; *Vismann*, Medien, S. 130.

64 *Bernheimer*, Öffentlichkeit, S. 11; *Franke*, Bildberichterstattung, S. 26; *Fögen*, Gerichtsöffentlichkeit, S. 20; *Rohde*, Öffentlichkeit, S. 59; *Schuckert*, Volksöffentlichkeit, S. 13, 14.

65 *Stutz*, Zurückdrängung, S. 12, der die Aufnahme in die geplante Verfassung als Höhepunkt des Öffentlichkeitsgrundsatzes beschreibt.

66 RGBl. 1877 S. 41; *Alber*, Geschichte, S. 160; Bernheimer, Öffentlichkeit, S. 16; *Heger*, FS Beulke, S. 759; *Hillermeier*, DRiZ 1982, 281 (282); Löwe/Rosenberg-*Wickern*, StPO, Vor § 169 GVG Rn. 2; *Rohde*, Öffentlichkeit, S. 63; *Vismann*, Medien, S. 130; *Zipf*, Gutachten C, S. 14.

Die zunächst geforderte umfassende sachliche Öffentlichkeit[67] wurde aufgrund vieler Bedenken ebenso wenig realisiert wie die personelle Begrenzung auf achtbare Ehrenmänner.[68] Dass die Öffentlichkeit dennoch die Regel und deren Ausschluss oder Beschränkung die Ausnahme sein sollte, fand seinen Niederschlag in den §§ 170–173 GVG a.F. Dem zufolge konnte die Öffentlichkeit unter anderem bei Gefährdung der Ordnung und Sittlichkeit ausgeschlossen werden und die Abstimmung und Beratung des Gerichts blieb geheim.[69] Vor allem die öffentliche Urteilsverkündung samt Begründung wurde kontrovers diskutiert, schließlich aber gesetzlich verankert.[70]

Eine erste Anpassung erfuhr das Gesetz bereits im Jahr 1888. Damit erhielten die §§ 173–175, 195 GVG im Wesentlichen ihre heutige Form. Seither ist der Grundsatz der Öffentlichkeit in § 169 GVG normiert. Bestandteil dieser Reform waren insbesondere Begrenzungen der Öffentlichkeit, denn inzwischen traten etwaige Gefahren in den Vordergrund.[71] So wurde die Möglichkeit die Öffentlichkeit bei der Verkündung des Urteils auszuschließen geschaffen und zum ersten Mal der Ausschluss im Hinblick auf das Wohl einzelner Verfahrensbeteiligter und des Staates normiert.[72] Straftheoretisch kann diese Reform mit dem durch Franz von Liszt publiziertem Gedanken der Spezialprävention in Zusammenhang gebracht werden.[73] Die Beschränkung der Öffentlichkeit sollte vor allem die Resozialisierung des Angeklagten fördern.

Die Einschränkungen wurden indes durch die Rechtsprechung des Reichsgerichts etwas eingedämmt, da sich dieses streng an die Öffentlichkeit hielt und sie so unmittelbar wie möglich gewährleisten wollte. Dies führte dazu, dass sogar formelle Fehler, wenn sie die Öffentlichkeit des Verfahrens betrafen, absolute Revisionsgründe sein konnten.[74] 1898 wurde schließlich auch das

---

67 In Abgrenzung zur personellen Öffentlichkeit.

68 Dies forderte vor allem *Feuerbach,* Betrachtungen Bd. 1, S. 30, 191; dagegen bereits *Mittermaier*, Oeffentlichkeit, S. 356 f.; vgl. *Alber,* Geschichte, S. 133; *Fögen,* Gerichtsöffentlichkeit, S. 9; *Stutz,* Zurückdrängung, S. 9.

69 *Alber*, Geschichte, S. 124 f., 159; *Haber*, Aufklärung, S. 245; *Kuß*, Öffentlichkeitsmaxime, S. 26; *Wettstein*, Öffentlichkeitsgrundsatz, S. 31; *Hahn*, Materialien zum GVG, Bd. 1, S. 81.

70 *Stutz,* Zurückdrängung, S. 15; *Hahn,* Materialien zum GVG, Bd. 1, 198 f.

71 *Kern*, Gerichtsverfassungsrecht, S. 69; *Rohde*, Öffentlichkeit, S. 66.

72 *Bernheimer*, Öffentlichkeit, S. 16; *Kern*, Gerichtsverfassungsrecht, S. 130; *Schuckert*, Volksöffentlichkeit, S. 18.

73 *Liszt*, ZStW 3 (1883), 1 (36).

74 *Rohde*, Öffentlichkeit, S. 77 f.; *Stutz,* Zurückdrängung, S. 31.

Militärstrafverfahren durch §§ 282§ 288 MStGB (später § 204) der Öffentlichkeit zugänglich gemacht. Bis zu diesem Zeitpunkt waren diese Verfahren noch geheim, da das Militär als selbständiger Teil des Staates gesehen wurde.[75]

3. Der Beginn des 20. Jahrhunderts

Die Entwicklung des 20. Jahrhunderts zeichnet sich durch eine stärkere Binnendifferenzierung aus. Die Öffentlichkeit wurde nicht mehr als umfassende Teilnahme angesehen und Einschränkungen wurden in den Blick genommen. Der aufkeimende Gedanke des Persönlichkeitsschutzes und die Verbindung von Strafzwecken mit der Frage der Öffentlichkeit spielten hierbei eine zentrale Rolle.

Nach Einführung der öffentlichen Verhandlung kam es in der folgenden Zeit – aus unterschiedlichsten Gründen – zu weiteren Einschränkungen des durch die Aufklärung wiedergewonnen Prozessgrundsatzes. Erste, dahinzielende Reformansätze finden sich im Jahre 1908. Der Ansatz schlug vor, bei Beleidigungsdelikten die Öffentlichkeit auszuschließen.[76] Das Spannungsverhältnis zwischen Öffentlichkeit und Persönlichkeitsschutz trat mit den Reformbestrebungen um eine Beschränkung der Öffentlichkeit in den Jahren 1909 und 1919/1920 besonders in den Fokus.[77] So sollte die Öffentlichkeit bei allen Antragsdelikten, welche häusliche Verhältnisse oder sonstige privaten Umstände öffentlich gemacht hätten, ausgeschlossen werden. Zu einer Umsetzung kam es zunächst aber nicht.[78]

Legislative Einschränkungen brachte die Reform 1921, welche das Strafbefehlsverfahren sowie Privatklagedelikte ausdehnte und somit zwangsläufig die Öffentlichkeit beschränkte.[79] Bedenken bestanden gegen die allgemeine Zugänglichkeit der Verhandlung bei Strafverhandlungen gegen Jugendliche. Im Jugendstrafverfahren steht der Erziehungsgedanke im Vordergrund, welchem eine öffentliche Verhandlung oft zuwiderläuft.[80] Zum Schutz der Persönlichkeitsrechte wurde durch § 23 Reichsjugendgerichtsgesetz des Jahres 1923 die

75 *Franke*, Bildberichterstattung, S. 26 f.; Gerichtsverfassungsrecht, S. 302; *Schuckert*, Volksöffentlichkeit, S. 19; *Stutz*, Zurückdrängung, S. 18.

76 *Alber*, Geschichte, S. 131 *Bernheimer*, Öffentlichkeit, S. 103; *Rohde*, Öffentlichkeit, S. 67; *Stutz*, Zurückdrängung, S. 31.

77 *Campe*, GA 1929 (Bd. 73), 242 (242 f.); *Kuß*, Öffentlichkeitsmaxime, S. 27; *Schuckert*, Volksöffentlichkeit, S. 13; *Zipf*, Gutachten C, S. 14.

78 *Rohde*, Öffentlichkeit, S. 67; *Stutz*, Zurückdrängung, S. 32; *Witzler*, Personale Öffentlichkeit, S. 39.

79 RGBl 1921, Nr. 29, 229 (231); *Kern*, Gerichtsverfassungsrecht, S. 155; *Witzler*, Personale Öffentlichkeit, S. 39.

80 § 2 Abs. 1 S. 2 des Jugendgerichtsgesetzes.

Öffentlichkeit bei Verfahren gegen Jugendliche ausgeschlossen.[81] Dem jugendlichen Delinquenten sollte so ermöglicht werden, die psychischen Belastungen besser zu verarbeiten. Zugleich sollte ihm aber auch die Gelegenheit der Selbstinszenierung genommen werden. Damit wurde zum Ausdruck gebracht, dass die Öffentlichkeit der Ermittlung der Wahrheit auch entgegenstehen kann. Durch diese Reform wurde erstmals der Verbindung von Öffentlichkeit, Strafzweck und Strafjustiz Rechnung getragen.[82] Die Vorarbeit hierzu leisteten maßgeblich Jhering und Liszt. Jhering stellte die ausdrückliche Verknüpfung von Zweck und Strafe in den Mittelpunkt.[83] Dessen Schüler, Franz von Liszt, nahm diesen Gedanken auf. Er forderte, dass mit der Strafe ein Zweck verfolgt werden müsse, denn erst hierdurch werde „die blinde zügellose Reaktion zur Rechtsstrafe, die Triebhandlung zur Willenshandlung".[84] Der Schutz des Jugendlichen – bezüglich der Öffentlichkeit – diente straftheoretisch gesehen zuvorderst der durch Liszt bereits 1883 entwickelte positive Spezialprävention, d.h. dessen Besserung durch Erziehung.[85]

Angesichts der Hyperinflation des Vorjahres kam es durch die Emminger'sche Justizreform 1924 zu einer weiteren Expansion des Strafbefehlsverfahren. Zweck dieser Reform war es die Gerichte und die Finanzen zu entlasten. Noch einschneidender für die Öffentlichkeitsmaxime war die Lockerung des Legalitätsprinzips durch Einführung bzw. Ausdehnung der Einstellungsmöglichkeiten aus Opportunitätsgründen.[86] Straftheoretisch kann diese Reform mit dem nunmehr aufblühenden Gedanken Liszts zur Spezialprävention in Verbindung gebracht werden.[87] Denn der Täter und dessen Besserung standen im Fokus, nicht die Tat und die Allgemeinheit.

---

81 RGBl. 1923, Nr. 14, 135 (137); *Britz*, Fernsehaufnahmen, S. 28; *Rohde*, Öffentlichkeit, S. 70; *Sprenger*, Ausschluss, S. 2; *Stutz*, Zurückdrängung, S. 36; *Vormbaum*, Emminger, S. 41; dies forderte bereits 1914 *Bernheim*er, Öffentlichkeit, S. 91 f.

82 *Rohde*, Öffentlichkeit, S. 70; *Stutz*, Zurückdrängung, S. 37; *Witzler*, Personale Öffentlichkeit, S. 40.

83 *Jhering*, Der Zweck im Recht; auszugsweise abgedruckt in *Vormbaum*, Strafrechtdenker, S. 199 f.

84 *Liszt*, ZStW 3 (1883), 1 (23).

85 *Liszt*, ZStW 3 (1883), 1 (33). Vgl. auch *Franke*, Bildberichterstattung, S. 64; *Günzel*, Jugendstrafrecht, S. 32 f.; *Rohde*, Öffentlichkeit, S. 141.

86 *Kern*, Gerichtsverfassungsrecht, S. 162; *Vormbaum*, Emminger, S. 41, 163; zur politischen Lage während der Hyperinflation und dem Ruhrkampf, *ders.*, S. 21–29; *Witzler*, Personale Öffentlichkeit, S. 41.

87 *Deiters*, Legalitätsprinzip, S. 50.

Eine weitere Beschränkungsmöglichkeit wurde 1932 eingeführt. Die Notverordnung des Reichspräsidenten normierte den Ausschluss zum Schutz von Betriebs- und Geschäftsgeheimnissen (§ 172 GVG).[88] Dies fügt sich in das Bild der fortschreitenden Binnendifferenzierung und Beschränkung der Öffentlichkeit zum Schutz anderer Belange ein und entspricht wiederum dem vordringenden Strafzweck der positiven Spezialprävention.

4. Die Zeit des NS-Regimes

Im Jahre 1933 wurde der Ausschluss der Öffentlichkeit in Unterbringungssachen (§ 171a GVG) durch das Ausführungsgesetz zum Gewohnheitsverbrechergesetz eingeführt.[89] Diese Beschränkung besteht heute noch unverändert fort. Im Vordergrund sollten Belange des Staates stehen und nicht die der Verfahrensbeteiligten. Unterbringungssachen sollten so ohne öffentliche Kontrolle und schnell durchführbar werden.[90] Indes zielt dieser Ausschlussgrund auch auf den Schutz des Angeklagten und ist daher spezialpräventiv ausgerichtet. Dies erklärt sich dadurch, dass das Gesetz kurz nach der Machtergreifung verabschiedet wurde, als der Einfluss der Weimarer Zeit noch spürbar war. Das Gesetz beruhte im Wesentlichen auf den Reformüberlegungen der Jahre 1919/1920.[91]

Während der NS-Diktatur wurde die Öffentlichkeit des Verfahrens politisiert und zur Erreichung politischer Zwecke instrumentalisiert. Wie viele Rechts- und Verfahrensgrundsätze der Weimarer Republik, blieb der Öffentlichkeitsgrundsatz formal bestehen. Durch die nationalsozialistische Herrschaft veränderte sich das Verständnis von Öffentlichkeit und deren Funktion indes grundlegend.[92] Das Recht sollte zur Erhaltung der Gemeinschaft „Artgleicher" dienen. Um jedes gemeinschädliche Verhalten zu erfassen, wurden u.a. das Analogieverbot und Schutzmechanismen des Strafverfahrens zugunsten eines „gerechten" Verfahrensausgangs aufgegeben.[93] Es sollte an die Wurzeln des germanischen

---

88 VO v. 09.03.1932, RGBl. 1932 Nr. 15, 121 (124); *Britz*, Fernsehaufnahmen, S. 28; *Kern*, Gerichtsverfassungsrecht, S. 175.

89 VO v. 09.03.1932, RGBl. 1932 Nr. 15, 121 (124); RGBl. 1933 Nr. 133, 995 (1000); *Britz*, Fernsehaufnahmen, S. 28; *Kern*, Gerichtsverfassungsrecht, S. 175; *Rohde*, Öffentlichkeit, S. 72.

90 *Rohde*, Öffentlichkeit, S. 72; *Schuckert*, Volksöffentlichkeit, S. 38; SK-*Velten*, § 171a GVG Rn. 1.

91 *Stutz*, Zurückdrängung, S. 42.

92 *Britz*, Fernsehaufnahmen, S. 29; *Kujath*, Laienjournalismus, S. 34; *Kuß*, Öffentlichkeitsmaxime, S. 28; *Schuckert*, Volksöffentlichkeit, S. 72; *Willies*, Öffentlichkeit, S. 55 f., 60.

93 *Rüping*, GA 1984, 297 (298 f.); *Specht*, Strafzweck, S. 42 f.

Prozesses angeknüpft werden. Unter Öffentlichkeit verstanden die Nationalsozialisten fortan nur die „Mitglieder der Volksgemeinschaft“, wodurch Juden und Ausländern als „schlechte Auslese des Volkes“ der Zutritt versagt blieb.[94] Dies ging sogar so weit, dass vorgeschlagen wurde zum sicheren Ausschluss dieser „schlechten Auslese“, die Nichtöffentlichkeit einzuführen und nur „guten Volksgenossen“ den Zutritt zu gewähren.[95] Der Angeklagte wurde nicht mehr als eigenständiges Individuum betrachtet, sondern als Gemeinschaftsmitglied, das sich von dem gegen ihn erhobenen Vorwurf befreien müsse.[96] Sinn und Zweck der Öffentlichkeit war die Prangerwirkung. Dem Täter sollte seine Schuld vor der „Volksgemeinschaft“ vor Augen geführt werden. Die Kontrolle der Justiz spielte keine Rolle mehr. Auserwählte Zuschauer trugen zur Inszenierung der Prozesse bei.[97] Ferner sollte nach Beese der „Volksgemeinschaft ein Gefühl von Geborgenheit vor dem Rechtsbrecher verliehen werden.“[98] Die Öffentlichkeit von Strafverfahren verfolgte somit, parallel zum Strafrecht als solchem, vordringlich Zwecke der Vergeltung und Generalprävention. Straftheoretisch betrachtet spielte zu dieser Zeit noch der Gedanke der Sühne als Einsicht des Täters in sein Unrecht und der Versöhnung mit der Gesellschaft eine Rolle. Der Sühnegedanke beherrschte vor allem den Strafvollzug.[99]

Im Übrigen dominierten generalpräventive Zwecke, vor allem der Schutzgedanke. Nach dem Blutrichter und Vorsitzenden des Volksgerichtshofs Roland Freisler, stand der Schutz der Volksgemeinschaft als „völkisches Lebewesen“ im Mittelpunkt des Strafrechts.[100] Durch die Öffentlichkeit sollte der Rest der Volksgemeinschaft in der eigenen Normtreue bestärkt, das Rechtsbewusstsein wieder aufgerichtet und vor Verletzungen abgeschreckt werden.[101] Spezialpräventive

---

94 *Beese*, Öffentlichkeit, S. 25; *Kujath*, Laienjournalismus, S. 34; *Kuß*, Öffentlichkeitsmaxime, S. 29; *Rohde*, Öffentlichkeit, S. 73; *Schuckert*, Volksöffentlichkeit, S. 23; *Stutz*, Zurückdrängung, S. 43; *Willies*, Öffentlichkeit, S. 58 f.

95 *Willies*, Öffentlichkeit, S. 63 f.

96 *Fischer*, Medienöffentlichkeit, S. 48; *Rüping*, GA 1984, 297 (297); *Scholler*, Öffentlichkeit, S. 48; *Willies*, Öffentlichkeit, S. 55.

97 *Beese*, Öffentlichkeit, S. 19; *Britz*, Fernsehaufnahmen, S. 28; *Heger*, FS Beulke, S. 762; *Kuß*, Öffentlichkeitsmaxime, S. 28; *Rohde*, Öffentlichkeit, S. 73; *Willies*, Öffentlichkeit, S. 52.

98 *Beese*, Öffentlichkeit, S. 20.

99 *Seidl*, Strafzweck, S. 34; zu den straftheoretischen Ansätzen dieser Zeit vgl. *Specht*, Strafzweck, S. 40 f.; der 1933 selbst ein „nationalsozialistisch spezialpräventives Strafrecht“ fordert, aaO S. 58.

100 *Freisler*, DJ 1935, 1247 (1249); vgl. *Klug*, Schutzgedanken, S. 50.

101 *Beese*, Öffentlichkeit, S. 20; vgl. bei *Seidl*, Strafzweck, S. 34.

Aspekte wurden hinsichtlich der Besserung des Täters verworfen.[102] Allerdings lässt sich keine einheitliche Straftheorie bestimmen.[103]

Im weiteren Verlauf der nationalsozialistischen Willkürherrschaft in Deutschland wurde die Öffentlichkeit des Strafverfahrens zunehmend für kriminalpolitische Zwecke instrumentalisiert. Einschränkung und Ausdehnung der Öffentlichkeit hingen von willkürlichen Entscheidungen der Machthaber ab. Größtenteils wurde die Öffentlichkeit beschränkt, z.B. durch die Schaffung von Sondergerichten wie dem Volksgerichtshof oder durch die Beschränkung von Rechtsmitteln.[104] Dies diente zum einen der Beschleunigung von Verfahren, um deren Vielzahl zu bewältigen. Zum anderen der Verschleierung der zumeist nicht verfahrensrechtskonformen Vorgehensweisen der Richter, wie z.B. die Diffamierungen und Wutausbrüche des Vorsitzenden des Volksgerichtshofs Roland Freislers gegenüber den Angeklagten.

Die Prozessmaxime wurde aber auch als Propagandainstrument missbraucht, was die Schauprozesse anlässlich des Reichstagbrands oder des Attentats vom 20. Juli 1944 verdeutlichen, welche im Rundfunk übertragen wurden.[105] Die Prozesse sollten der Erziehung des Volkes dienen und wurden so selbst Manipulationsinstrument.[106] In den Kriegsjahren verlor die Bevölkerung durch die faktische Abschaffung von Schöffen jeglichen Einfluss auf die Rechtsprechung.[107] Die einstige Kontrollfunktion zum Schutz des Einzelnen vor staatlicher Willkür war der Öffentlichkeitsmaxime vollständig abgesprochen worden. Sie sei aufgrund der „besonderen Auslese der Richter im Dritten Reich" überflüssig geworden.[108] Tatsächlich war der Öffentlichkeitsgrundsatz in das Gegenteil seiner eigentlichen Funktion verkehrt worden. Er diente den Nationalsozialisten zur Durchsetzung und Festigung ihrer Willkürherrschaft.

---

102 *Grommes*, Sühnebegriff, S. 98; *Seidl*, Strafzweck, S. 33.

103 *Grommes*, Sühnebegriff, S. 101.

104 RGBl. I 1934, S. 341 (345); *Fischer*, Medienöffentlichkeit, S. 48; *Kujath*, Laienjournalismus, S. 34 f.; *Witzler*, Personale Öffentlichkeit, S. 43 f. Für die Einstufung des VolksGH als Sondergericht auch *Rüping*, GA 1984, 297 (303 f.); *Jahntz/Kähne*, Volksgerichtshof, S. 45 f.; wohl a.A. BGH, Urt. v. 30.04.1968 – 5 StR 670/67, NJW 1968, 1339 (1340).

105 *Marxen*, Inszenierungen, S. 28; *Müller*, Furchtbare Juristen, S. 40; *Rohde*, Öffentlichkeit, S. 73; *Pfeifle*, ZG 2010, 283 (284); *Sarstedt*, JR 1956, 121 (124); *Stutz*, Zurückdrängung, S. 45; *Witzler*, Personale Öffentlichkeit, S. 45.

106 *Kujath*, Laienjournalismus, S. 35; *Kuß*, Öffentlichkeitsmaxime, S. 29.

107 *Kern*, Gerichtsverfassungsrecht, S. 243.

108 *Beese*, Öffentlichkeit S. 20; *Kuß*, Öffentlichkeitsmaxime, S. 29; *Willies*, Öffentlichkeit, S. 56.

5. Neuere Entwicklung bis heute

Nach Ende des Zweiten Weltkrieges erhielt die Öffentlichkeitsmaxime ihre eigentliche Funktion und Bedeutung zurück. Anknüpfend an die Rechtsprechung vor 1933 lebte der strenge Schutz des Öffentlichkeitsprinzips wieder auf.[109] Als Teil der Entnazifizierung und zugleich als Stärkung des Öffentlichkeitsgrundsatzes wurden die Sondergerichte (auch der Volksgerichtshof) von den Siegermächten abgeschafft.[110] Zunächst führten die Alliierten eine eigene strafrechtliche Besatzungsgerichtsbarkeit ein und schlossen alle bestehenden Gerichte.[111] Da vereinbartes Ziel der meisten Siegermächte stets der Aufbau einer demokratischen Rechtspflege im Land war, sollten die Gerichte so schnell wie möglich mit neuen, unbelasteten Richtern besetzt und wieder eröffnet werden.[112] Dieser Versuch, die deutschen Gerichte mit einer neuen, „nazifreien“ Generation zu besetzen, scheiterte und es wurden überwiegend alte Juristen aus Zeiten der NS-Diktatur „entnazifiziert“[113] oder mittels „Huckepack-Verfahren“[114] zurück in Amt und Würde gesetzt. Teil dieses Versuchs der „Entnazifizierung“ war es auch, Gesetze aus allen Rechtsgebieten aufzuheben und inhaltlich zu prüfen. Hiervon war allerdings die politisch neutrale Öffentlichkeit des Verfahrens nicht betroffen. Die Alliierten verwendeten die Öffentlichkeit des Prozesses zur Umerziehung der Bevölkerung und zur Vermittlung von Demokratie.[115]

Auch internationale Einflüsse gewannen an Bedeutung für die Prozessmaxime. Vor allem Art. 6 Abs. 1 S. 2 der Europäischen Menschenrechtskonvention von 1950 (EMRK) beeinflusste die Entwicklung des Öffentlichkeitsgrundsatzes. Zwar ähneln sich die Einschränkungen des GVG und der EMRK stark, jedoch taucht in der EMRK zudem der Gesichtspunkt des „Schutzes des privaten

---

109 *Stutz,* Zurückdrängung, S. 63.

110 *Caesar,* NJW 1995, 1246 (1247); *Kern,* Gerichtsverfassungsrecht, S. 286; *Zentz,* Besatzungspolitik, S. 26 f.

111 *Caesar,* NJW 1995, 1246 (1247); *Kern,* Gerichtsverfassungsrecht, S. 286; *Zentz,* Besatzungspolitik, S. 58 f.

112 *Kern,* Gerichtsverfassungsrecht, S. 287; *Zentz,* Besatzungspolitik, S. 56.

113 Zur Entnazifizierung musste ein Fragebogen ausgefüllt werden, dessen Antworten durch Aussagen Dritter glaubhaft gemacht werden konnten. Zudem folgten bald die Entnazifizierungsschlussgesetze *Goddau-Schüttke,* Entnazifizierung, S. 191 f; *Rautenberg,* GA 2012, 32 (33).

114 Danach konnte für jeden formell entlasteten (huckepack) ein formell belasteter Richter eingestellt werden, *Friedrich,* Kalte Amnestie, S. 159; *Goddau-Schüttke,* Entnazifizierung, S. 191 f.

115 *Kujath,* Laienjournalismus, S. 35; *Zentz,* Besatzungspolitik, S. 261.

Lebens der Prozessparteien“ auf, welcher fortan das deutsche Verständnis von Verfahrensöffentlichkeit mitprägte.[116] Bislang war der Schutz der Prozessbeteiligten nur im Jugendgerichtsverfahren, vor allem der Schutz des angeklagten Jugendlichen, auch legislativ anerkannt.[117] Die EMRK wurde als einfaches Bundesrecht in Deutschland umgesetzt. Umstritten waren die Konsequenzen für das deutsche Verfahren. Nach der Rechtsprechung konnte Art. 6 EMRK nicht als Ausschlussgrund der Öffentlichkeit herangezogen werden.[118] Hingegen räumte die Literatur der Vorschrift den Vorrang ein, da sie als lex posterior und als Bundesrecht dem GVG vorgehe und der Richter sie daher unmittelbar anzuwenden habe.[119] Streitig war zudem ob Art. 6 EMRK eine zwingende Norm ist[120] oder nur Grundlage einer Ermessensentscheidung[121]. Das heutige Verständnis der Konvention geht überwiegend dahin, dass die EMRK bei Ermessensentscheidungen heranzuziehen und sie somit keine zwingende Norm ist.[122] Einerseits enthält Art. 6 EMRK demnach – unabhängig von der Art der Geltung – eine weitere Begrenzung der Öffentlichkeit. Andererseits wird, neben der Öffentlichkeit im Allgemeinen, auch die Presse in Art. 6 Abs. 1 S. 2 EMRK genannt und folglich die Medienöffentlichkeit anerkannt. Hierdurch werden die gewachsene Bedeutung der Medienöffentlichkeit und eine Verlagerung zur mittelbaren Öffentlichkeit angezeigt. Die internationale Anerkennung des Öffentlichkeitsgrundsatzes bestärkte ferner die Aufnahme in Art. 14 des Internationalen Pakts über bürgerliche und politische Rechte (IPbpR).[123]

Mit der technischen Fortentwicklung von Rundfunk, Ton- und Bildaufnahmen in den 1950er-Jahren gewann die mittelbare – durch Medien vermittelte – Öffentlichkeit zunehmend an Bedeutung und hierdurch die Verfahrensmaxime als solche.[124] Die Information einer breiten Öffentlichkeit über alle Verfahren im Bundesgebiet war nun möglich. Die Vertreter der Medien nahmen an

---

116 *Sprenger,* Ausschluss, S. 34 f.; *Schorn,* DRiZ 1963, 339 (340); *Stutz,* Zurückdrängung, S. 58; *Zipf,* Gutachten C, S. 15, 21.

117 Siehe hierzu die Ausführung zur Reform des JGG 1923, Fn. 80 f.

118 BGH, Urt. v. 02.07.1969 – 4 StR 226/69, JZ 1970, 34 f.

119 *Humborg,* NJW 1966, 1015 (1016); *Müller-Gindullis,* NJW 1973, 1218 (1219); *Rohde,* Öffentlichkeit, S. 217 f.; *Eb. Schmidt,* JZ 1970, 35 (36); *Schorn,* DRiZ 1963, 339 (340).

120 So *Herbst,* NJW 1969, 546 (547).

121 So *Eb. Schmidt,* JZ 1970, 35 (36); vgl. *Stutz,* Zurückdrängung, S. 58.

122 *Meyer-Ladewig,* EMRK, Art. 1 Rn. 4; Sodan/Ziekow-*Dörr,* VwGO, EVR Rn. 285 f.

123 BGBl. 1973 II, Nr. 60, S. 1533; Gesetz v. 15.11.1973.

124 *Stutz,* Zurückdrängung, S. 50; *Hillermeier,* DRiZ 1982, 281 (282); *Witzler,* Personale Öffentlichkeit, S. 46.

Verhandlungen teil und berichteten anschließend mittels Ton- und Bildaufnahmen aus der Verhandlung. Auch direkte Rundfunk- und Fernsehübertragungen aus den Gerichtssälen häuften sich.[125] Nunmehr rückten wieder zunehmend negative Folgen der umfassenden Öffentlichkeit des Gerichtsverfahrens in den Mittelpunkt der Diskussion. So wurde die Gefahr der Beeinträchtigung von Zeugen und somit der Wahrheitsfindung ebenso thematisiert, wie die, die Resozialisierung des Angeklagten gefährdende, Prangerwirkung.[126] Das Hauptaugenmerk richtete sich auf die Beeinträchtigung des Persönlichkeitsrechts der Prozessbeteiligten. Der Interessenskollision wurde nunmehr zunehmend einseitig Rechnung getragen.

Es verbreitete sich der Gedanke, dass der Angeklagte nicht länger *durch* die Öffentlichkeit geschützt werde, sondern vielmehr *vor* ihr zu schützen sei.[127]

Mit dieser Entwicklung geht die Ausrichtung auf die relativen Straftheorien einher. Diese ist vornehmlich auf die Debatte rund um die Große Strafrechtsreform in den 1950er- und 1960er-Jahren zurückzuführen.[128] Der erste Reformentwurf aus dem Jahre 1962 bekannte sich klar zum Vergeltungsgedanken, was einen Aufschrei der Empörung in der Rechtswissenschaft nach sich zog. Der Entwurf wurde als antiquiert und archaisch abgetan.[129] Der Kreis der „Alternativen-Professoren" stellte diesem einen schwerpunktmäßig auf die Resozialisierung gestützten Alternativ-Entwurf (AE) entgegen.[130] Die Verbindung zu Liszts Strafbegründung ist offenkundig. Mit den Worten Claus Roxins: „Der AE steht in einer historischen Linie, die auf Franz *von Liszt* zurückführt."[131] Der AE ließ indes die schon von Liszt selbst gesehenen Schwächen einer rein präventiv

---

125 *Kohlhaas,* DRiZ 1956, 2 (3); *Kuß,* Öffentlichkeitsmaxime, S. 29; *Rohde,* Öffentlichkeit, S. 75; *Stutz,* Zurückdrängung, S. 50.

126 BGH, Urt. v. 23.05.1956 - 6 StR 14/56, BGHSt 9, 280 (283 f.); *Stutz,* Zurückdrängung, S. 51.

127 BVerfG, Urt. v. 05.06.1973 - 1 BvR 536/72, BVerfGE 35, 202 (226 f.); BGH, Urt. v. 08.02.1957 - 1 StR 375/56, NJW 1957, 881 f.; *Coelln,* Medienöffentlichkeit, S. 82; *Fögen,* Gerichtsöffentlichkeit, S. 118; *Kohlhaas,* DRiZ 1956, 2 (4); *Kuß,* Öffentlichkeitsmaxime, S. 32; *Pfeifle,* ZG 2010, 283 (284); *Rohde,* Öffentlichkeit, S. 68; *Sprenger,* Ausschluss, S. 2; *Stutz,* Zurückdrängung, S. 57; *Witzler,* Personale Öffentlichkeit, S. 47; a.A. *Arndt,* NJW 1960, 423 (424).

128 Hierzu instruktiv: *Kubiciel,* Vergeltung, S. 217 f.

129 *Baumann,* Strafrechtsreform, S. 29; *Schünemann* bezeichnete den Entwurf als völlig überaltert, Schuldprinzip, S. 158.

130 Alternativ-Entwurf eines Strafgesetzbuches, AT 1966, S. 29 zu § 2.

131 *Roxin,* GS Liszt, S. 70 (Hervorhebung im Original).

begründeten Strafe außer Acht.[132] Dieser zweite Entwurf gab den Impuls, das Strafrecht (weitergehend) spezialpräventiv auszurichten.[133]

Mit Art. 11 Ziff. 5 des Gesetzes zur Änderung der Strafprozessordnung und des Gerichtsverfassungsgesetzes von 1964 (StPÄG)[134] wurde als Folge daraus § 169 S. 2 GVG, das Verbot von Film- und Tonaufnahmen zum Zwecke der öffentlichen Vorführung oder Veröffentlichung, eingeführt.[135] Die im Gesetzentwurf enthaltene Regelung, wonach der Vorsitzende aus wichtigem Grund Ausnahmen zulassen können sollte, wurde aufgrund heftiger Kritik seitens des Schrifttums nicht Teil des Gesetzes.[136] Die Durchsetzung des allgemeinen Persönlichkeitsrechts und die stärkere Gewichtung spezialpräventiver Aspekte des Strafverfahrens führten zu weiteren Einschränkungen des Öffentlichkeitsgrundsatzes. Hierbei stand nicht nur das allgemeine Persönlichkeitsrecht des Angeklagten, sondern aller Beteiligten im Fokus. Mit den Änderungen der §§ 172, 174 GVG wurde im Jahre 1975 die Möglichkeit des Öffentlichkeitsausschlusses zugunsten der Privatsphäre Beteiligter erweitert.[137] Reformüberlegungen gingen vor allem in die Richtung der Begrenzung der Öffentlichkeit, wie z.B. durch die Ausdehnung nichtöffentlicher Verfahren bei Bagatelldelikten oder die Differenzierung zwischen öffentlichem Tatinterlokut und nicht öffentlichem Schuldinterlokut.[138] Zum Teil wurde eine richterliche Rechtsfortbildung der bestehenden Regelungen als ausreichend erachtet.[139] Andere wiederum sahen die Lösung in

---

132 *Kubiciel*, Vergeltung, S. 224.

133 *Eser*, FS Peters, S. 505; *Kubiciel*, Vergeltung, S. 218; *Meier*, Sanktionen, S. 26; *Müller*, Generalprävention, S. 18; *Rohde*, Öffentlichkeit, S. 143; *Walther*, JZ 1998, 1145 (1145).

134 BGBl. 1964, Nr. 63, S. 1065 (1080).

135 *Britz*, Fernsehaufnahmen, S. 16; *Kaulbach*, ZRP 2009, 236 (236); *Kujath*, Laienjournalismus, S. 36; *Kuß*, Öffentlichkeitsmaxime, S. 30, 126 f.; *Rohde*, Öffentlichkeit, S. 75; *Witzler*, Personale Öffentlichkeit, S. 47.

136 BT-Drucks. IV/1020 vom 01.03.1963, S. 34; Kritiker waren u.a.: *Dahs*, NJW 1961, 1755 (1757); *Eb. Schmidt*, Sache, S. 28; vgl. *Gündisch/Dany*, NJW 1999, 256 (258).

137 BGBl. 1975 Nr. 53, 1077 (1098 f.) zur Begründung: BT-Drucks. VII/550, S. 321; dies wurde im Schrifttum schon länger gefordert vgl. *Herbst*, NJW 1969, 546 (548); *Kühne*, NJW 1971, 224 (227); *Schorn*, DRiZ 1963, 339 (340).

138 *Beulke*, JR 1982, 309 (315); *Naucke*, Gutachten D, S. 116 f.; *Stutz*, Zurückdrängung, S. 129; *Volk*, Wahrheit, S. 21 f.; dies forderte wieder *Prantl*, DRiZ 2016, 298 (298); krit. *Gribbohm*, ZRP 1982, 55 (55).

139 *Kühne*, NJW 1971, 224 (227); vgl. *Scherer*, Medienöffentlichkeit, S. 193; *Sprenger*, Ausschluss, S. 62 f.

einer Reform des gesamten Straf- und Strafverfahrensrechts.[140] Allen Vorschlägen gemein war die Eindämmung der Öffentlichkeit.[141]

Mit Art. 2 des Opferschutzgesetztes vom 18.12.1986[142] wurde der ehemalige § 172 Nr. 2 GVG in einer eigenen Norm (§ 171b GVG) verselbständigt und so dem Persönlichkeitsschutz stärkeres Gewicht beigemessen.[143] Durch die umfangreichen Ausschlussmöglichkeiten könnte sogar von der Umkehr des Regel-Ausnahme-Verhältnisses gesprochen werden.[144]

In jüngerer Zeit flammte immer wieder die Diskussion, um eine Fernsehöffentlichkeit auf. Zuletzt wurde hierüber in der Literatur ausführlich Mitte der 1990er-Jahre aus Anlass des Politbüro-[145] sowie des Honeckerverfahrens[146] diskutiert.[147] Dieser Auseinandersetzung folgte eine deutlich auf dem Ausschluss des Fernsehens bestehende Entscheidung des Bundesverfassungsgerichts;[148] jedoch keinerlei Reaktion der Legislative.

Zuletzt erfolgten nur kleine Änderungen der Paragrafen, welche vor allem der Klarstellung dienten. So wurde z.B. der Ausschlussgrund der Personengefährdung mit dem Gesetz zur Bekämpfung des Rauschgifthandels und anderer Erscheinungsformen der Organisierten Kriminalität[149] aus der öffentlichen Ordnung des § 172 Nr. 1 GVG in den § 172 Nr. 1a GVG separiert. Ferner wurde durch das Gesetz zur Stärkung der Rechte von Verletzten und Zeugen im Strafverfahren vom 29.7.2009[150] die Altersangabe in § 172 Nr. 4 GVG von 16 auf 18 Jahre angehoben.

6. Fazit

Die historische Entwicklung verdeutlicht, wie sehr das Verständnis und die Reichweite des Öffentlichkeitsgrundsatzes von dem dahinterstehenden Verfahrensverständnis sowie der jeweiligen Gesellschaftsstruktur abhängen. Diesen

---

140 *Naucke,* Gutachten D, S. 122; *Zipf,* Gutachten C, S. 98.

141 *Kohlmann* forderte einen generellen Verzicht auf die Öffentlichkeit bei Vergehen, JA 1981, 581 (586).

142 BGBl. 1986, Nr. 68, 2496 (2499).

143 *Kujath,* Laienjournalismus, S. 36; *Kuß,* Öffentlichkeitsmaxime, S. 31; *Sprenger,* Ausschluss, S. 62; *Witzler,* Personale Öffentlichkeit, S. 61.

144 *Stutz,* Zurückdrängung, S. 93; *Walther,* JZ 1998, 1145 (1146).

145 BGH, Urt. v. 06.11.2002 – 5 StR 281/01; NStZ 2003, 141.

146 BVerfG, Beschl. v. 11.11.1992 – 1 BvR 1595/92, NStZ 1993, 89.

147 Vgl. *Britz,* Fernsehaufnahmen; *Fink,* Bild- und Tonaufnahmen; *Kortz,* AfP 1997, 443; *Olbertz,* Fernsehöffentlichkeit; *Vogel,* Fernsehübertragungen; *Walther,* JZ 1998, 1145.

148 BVerfG, Urt. v. 24.01.2001 – 1 BvR 2623/95, 622/99, BVerfGE 103, 40.

149 BGBl. 1992 Nr. 34, 1302 (1310).

150 BGBl. 2009 Nr. 48, 2280 (2284).

Zusammenhang erkannte bereits Mittermaier, indem er in Bezug auf das Verfahrensrecht ausführt: „Das Recht eines Volkes muss in dem innersten Wesen desselben, in seinem Bewusstsein und seiner Auffassung des Vernünftigen wurzeln.“[151] Die Metapher des Pendels verdeutlicht die Tatsache, dass das Recht (genauer der Öffentlichkeitsgrundsatz) und seine Entwicklung ständig in Bewegung sind, genauso wie die Gesellschaft selbst. Keineswegs folgt aus der großen Bedeutung der Verfahrensmaxime, deren Unumstößlichkeit. Auch bestehende Rechtsinstitute müssen sich dem herrschenden gesellschaftlichen Verständnis anpassen lassen.[152]

Bezogen auf den Öffentlichkeitsgrundsatz, können die extremen Amplituden des Pendels von der „Dingpflicht“ der Germanen zum Inquisitionsprozess mit der Verstaatlichung und Institutionalisierung des Strafverfahrens kontextualisiert werden. Mit dem Weg vom absoluten Staatsdenken zu den individualistischen Denkern der Aufklärung bewegt sich das Pendel wieder stark zurück in Richtung seiner Ausgangsstellung und somit zur Öffnung des Verfahrens. Dieser Ausschlag nahm im Laufe der Zeit durch verschiedenste Einschränkungen des Öffentlichkeitsgrundsatzes erneut ab. Der Rückgang kann mit dem fortschreitenden Persönlichkeitsschutz und dem straftheoretischen Ansatz der Spezialprävention in Verbindung gebracht werden. Eine aufeinander bezogene oder gleichförmige Entwicklung kann jedoch nicht attestiert werden.

Die Zeit der NS-Diktatur ist mit einer konstanten Pendelbewegung nicht zu erklären. Vielmehr schlägt hier das Pendel zwischen vollständiger Öffentlichkeit und Ausschluss derselben willkürlich hin und her. Die vor der Herrschaft der Nationalsozialisten geschilderte Tendenz zur Einschränkung der Öffentlichkeit setzt sich nach dem Zweiten Weltkrieg fort. Die Einschränkung der mittelbaren Öffentlichkeit durch § 169 S. 2 GVG fügt sich in den Rückgang der umfassenden Öffentlichkeit ein. Diese abgeschwächte, da in kürzeren Zeitabschnitten zu beobachtende, Bewegung des Öffentlichkeitsgrundsatzes scheint seither jedoch zum Erliegen gekommen zu sein. Letzteres kann mit einer im Wesentlichen gleichgebliebenen Gesellschaftsstruktur aber nicht in Verbindung gebracht werden.

Es ist zu konstatieren, dass seit der Einführung des Grundsatzes und dem Verbot der Bild- und Tonaufnahmen (1964) an ihm selbst keinerlei Anpassungen vorgenommen wurden. Der Öffentlichkeitsgrundsatz steht daher seit 1879 unverändert in deutschen Gesetzbüchern. Auch die letzte Ergänzung durch

---

151 *Mittermaier*, Oeffentlichkeit, S. 334.

152 So auch *Gierhake*, JZ 2013, 1030 (1031); *Tag*, Öffentlichkeit, S. 40 f.; *Marxen*, GA 2013, 99 (107 f.).

das Opferschutzgesetz vom 18.12.1986 liegt mittlerweile über 30 Jahre zurück. Die Gesellschaft und die Medienlandschaft haben sich in Deutschland in dieser Zeit, nicht zuletzt durch die Verbreitung und Fortentwicklung des Internets, grundlegend verändert.[153] Ebenso haben sich das Verständnis des Einzelnen von Öffentlichkeit und Persönlichkeitsschutz sowie die straftheoretische Grundlage des Verfahrens gewandelt. Der Entwicklung zur Informations- und Multimediagesellschaft hat der Gesetzgeber bislang nur im Bereich des Bundesverfassungsgerichts Rechnung getragen.[154] Durch den 1998 eingeführten § 17a BVerfGG ist die Medienöffentlichkeit bei Verfahren vor dem Bundesverfassungsgericht in der mündlichen Verhandlung (bis das Gericht die Anwesenheit der Beteiligten festgestellt hat) und bei der öffentlichen Verkündung von Entscheidungen zugelassen.[155] Dies hat der Gesetzgeber mit den Besonderheiten des Verfahrens und der herausragenden Bedeutung des Bundesverfassungsgerichts für den Rechtsstaat begründet. Daneben auch mit der weniger intensiven Belastung des Persönlichkeitsrechts der Beteiligten.[156] Ferner war die Zulassung der Medien bei Verkündung des Urteilstenors bereits zuvor geübte Praxis.[157] Für die Verfahren vor allen übrigen Gerichten fand hingegen keinerlei Änderung statt. In der Debatte, um die Zulassung von Fernsehübertagungen, wurden bereits viele Argumente von Befürwortern und Gegnern vorgebracht. Letztlich hat der Gesetzgeber in diesem Verhältnis aber doch dem Persönlichkeitsschutz Vorrang gewährt. Zuletzt warfen medienwirksame Strafprozesse wie der des Meteorologen Kachelmann[158], der rechtsextremen Terrorvereinigung „NSU“[159] oder des Präsidenten des FC Bayern Münchens Ulrich Hoeneß[160] die Frage nach möglichen Änderungen der Öffentlichkeitsmaxime auf. Das Maß ebenso wie die Art und Weise der Medienpräsenz sind hierbei ins Blickfeld geraten. Aktuell wird vor allem die Möglichkeit einer Videoübertragung in einen weiteren Gerichtssaal diskutiert. Das Gesetz

153 Zu dieser Entwicklung: *Hoffmann-Riem*, Wandel der Medienordnung.

154 BVerfG, Urt. v. 24.01.2001 – 1 BvR 2623/95, 622/99, BVerfGE 103, 40 (78) Sondervotum.

155 BGBl. 1998 Nr. 45, 1823; vgl. *Britz*, jm 2015, 127 (129); *Gündisch/Dany*, NJW 1999, 256 (256); ausführlich hierzu: *Coelln*, Medienöffentlichkeit, S. 460 f.

156 BTDrucks 13/7673, S. 6 f.; vgl. *Gündisch/Dany*, NJW 1999, 256 (256).

157 § 24a GeschOBVerfG; *Gündisch/Dany*, NJW 1999, 256 (257).

158 BGH, Urt. v. 19.03.2013 – VI ZR 93/12, NJW 2013, 1681; LG Mannheim, Urt. v. 31.05.2011 – 5 KLs 404 Js 3608/10.

159 OLG München – 6 St 3/12.

160 LG München II, 13.03.2014 – W5 KLs 68 Js 3284/13.

hat den gesellschaftlichen Wandel der letzten Jahrzehnte nicht mitvollzogen und so bleibt die Frage nach einer möglichen Änderung durchaus berechtigt.

Festzuhalten ist: Der Öffentlichkeitsgrundsatz ist ein historisches Prinzip. „Er sollte aber [gerade] nicht wie ein Museumsstück konserviert werden“[161], sondern mit der Gesellschaft in ständiger Bewegung und auf Augenhöhe bleiben.

II. Begriffsbestimmung

Bezugnehmend auf den dargestellten historischen Abriss des Grundsatzes der Öffentlichkeit, wird nunmehr die Entwicklung des Begriffs und dessen Verständnis in der Gesellschaft erläutert. Als Ausgangspunkt für das im Strafverfahren vorherrschende Verständnis von Öffentlichkeit ist zunächst auf das Wort- bzw. Alltagsverständnis einzugehen. Dies erfolgt überblicksartig, da eine umfängliche Diskussion für die verfolgten Zwecke nicht erforderlich und aufgrund der Vielschichtigkeit des Begriffs nicht zu leisten ist.[162] Es zeigt sich, dass der Begriff der Öffentlichkeit ebenso wie der verfahrensrechtliche Grundsatz von der Bestimmung durch die Gesellschaft abhängig ist. Es handelt sich nicht um einen feststehenden Begriff, daher ist „Öffentlichkeit“ offen für Wertungen und Ausgestaltungen.[163]

1. Wortverständnis

Im allgemeinen Sprachverständnis können den Begriffen „öffentlich“ und „Öffentlichkeit“ diverse Inhalte beigemessen werden. „Öffentlichkeit“ wurde etymologisch aus dem schon zuvor bestehenden Begriff „öffentlich“ herausgebildet, so dass zunächst letztgenannter in Augenschein genommen wird.

a) „Öffentlich“

Etymologisch ist das Wort „öffentlich“ als eine Fortentwicklung des Wortes „offen“ in der Bedeutung „vor Augen liegen“ anzusehen.[164] Das Adjektiv „öffentlich“ kann bedeuten: für jeden hörbar und sichtbar, nicht geheim/privat, für die Allgemeinheit zugänglich, benutzbar.[165] Zusammengefasst umschreibt es die

161 *Alwart*, JZ 1990, 883 (886).

162 Als Beispiel für den Umfang: *Martens*, Rechtsbegriff, S. 1 f.

163 So auch *Schmidthals*, Verfahrensöffentlichkeit, S. 26.

164 *Coelln*, Medienöffentlichkeit, S. 11; *Kuß*, Öffentlichkeitsmaxime, S. 33; *Martens*, Rechtsbegriff, S. 24.

165 http://www.duden.de/rechtschreibung/oeffentlich zuletzt aufgerufen am 08.08.2017; *Smend*, GS Jellinek, S. 12.

Gelegenheit der sinnlichen Wahrnehmung für einen unbegrenzten Personenbereich in Abgrenzung zu „privat" und „geheim".

Umfassender betrachtet und von der Nomenklatur gelöst gehört „transparent" ebenfalls zum Bedeutungsgehalt des Wortes „öffentlich" im Sinne von Einsicht, Kontrolle und Nachvollziehbarkeit.[166] Denn einem geheimen Verfahren stünde z.B. ein Verfahren in einer unverständlichen Sprache oder Handlungen ohne jegliche Begründung gleich. Es würde der Allgemeinheit dann gerade nicht vor Augen liegen.[167] Das Wort „transparent" verdeutlicht daneben die Politisierungstendenzen bei offenen Begriffen, denn nach dem heutigen Verständnis ist dies ein politischer, genauer normativer Begriff. Folglich sind auch der wertungsoffene Begriff „öffentlich" und dessen inhaltliche Konturierung immanent politisch.[168]

In einem anderen Bedeutungszusammenhang steht „öffentlich" für eine Zuordnung zum Staat. Es hat den zuvor gängigen Begriff „gemein" abgelöst und Niederschlag im Gesetz gefunden.[169] Dies zeigt sich darin, dass das Adjektiv mit elementaren, rechtsstaatlichen Grundprinzipien und Rechten verbunden wird, wie z.B. öffentliche Versammlung, öffentliche Diskussion, öffentliche Meinung. In diese Reihe fällt auch die Bezeichnung des öffentlichen Rechts. Dieser Teil der Rechtsordnung gilt begrifflich daher für jeden Bürger gleichermaßen und regelt sein Verhältnis zum Staat, der öffentlichen Gewalt. So ist ein öffentliches Gebäude nicht nur der Allgemeinheit zugänglich, sondern wird zumeist auch vom Staat unterhalten.[170] Hieran zeigt sich erneut die Weite des Begriffs und die Mannigfaltigkeit seiner Bedeutung.

b) „Öffentlichkeit"

Das Adjektiv „öffentlich" setzte sich durch, so dass im späten 18. Jahrhundert das Substantiv „Öffentlichkeit" entwickelt wurde und den bis dahin gängigen Begriff der Publizität ablöste.[171] Aus dieser entwicklungsgeschichtlichen Betrachtung

---

166 Transparent als Synonym verwendete jüngst BVerfG, Beschl. v. 15.01.2015 – 2 BvR 878/14, NStZ 2015, 170 (171).

167 *Kuß*, Öffentlichkeitsmaxime, S. 34; *Neuling*, Inquisition, S. 53; *Scherer*, Medienöffentlichkeit, S. 4; a.A. *Witzler*, Personale Öffentlichkeit, S. 11.

168 Zu diesem Zusammenhang bereits *Scholler*, Öffentlichkeit, S. 74 f.

169 *Coelln*, Medienöffentlichkeit, S. 12; *Martens*, Rechtsbegriff, S. 25, 34, einschlägige Beispiele auf S. 169 f.; *Neuling*, Inquisition, S. 52.

170 *Habermas*, Strukturwandel, S. 11; *Martens*, Rechtsbegriff, S. 82 f.

171 *Coelln*, Medienöffentlichkeit, S. 14; *Habermas*, Strukturwandel, S. 12; *Martens*, Rechtsbegriff, S. 44; *Neuling*, Inquisition, S. 51; *Smend*, GS Jellinek, S. 12.

sei, so Habermas, auf den Zusammenhang zur bürgerlichen Gesellschaft zu schließen, welche sich zur selben Zeit entwickelt habe.[172]

Dem Substantiv „Öffentlichkeit" kommen folgende Wortbedeutungen zu: als Gesamtheit gesehener Bereich von Menschen, in dem etwas allgemein bekannt (geworden) und allen tatsächlich zugänglich ist, das Offensein, das Zugelassensein für die Öffentlichkeit.[173] Öffentlichkeit ist daher auch die Beschreibung einer Personenmehrheit und kann synonym zu Publikum verwendet werden. Im Zuge der Aufklärung wurde dem Begriff eine soziale und politische Deutungsebene zuteil.[174] Daneben bezeichnet das Substantiv eine soziale Sphäre der Gesellschaft, in welcher sich der Einzelne aufhalten und entfalten kann. Der entgegenstehende Begriff ist die Privatsphäre.[175]

Das heute oft entsprechend benutzte Wort der „Transparenz" verdeutlicht erneut die Politisierungstendenz. Mit Transparenz wird die Durchsichtigkeit von politischen – hier: gerichtlichen – Entscheidungsprozessen gefordert.[176]

c) Fazit

Aus der reinen Wortbedeutung lassen sich keine konkreten Aussagen treffen, was unter einer „öffentlichen Verhandlung" zu verstehen ist. Vielmehr wird der Begriff „öffentlich" in unterschiedlichsten Zusammenhängen – rechtlich wie tatsächlich – verwendet und beinhaltet in den weitaus häufigsten Fällen ein nicht übersehbares Element der Unbestimmtheit. Es handelt sich folglich um einen wertungsoffenen und entwicklungsabhängigen Begriff, der durch das jeweilige gesellschaftliche Verständnis ausgefüllt wird.[177] Daher gilt es im politischen und rechtlichen Bereich zwei begriffliche Sphären voneinander abzugrenzen: die Öffentlichkeit und die Privatsphäre. Eine Grenze lässt sich aber nicht räumlich- gegenständlich und unabhängig voneinander bestimmen, sie ist vielmehr durch eine Wertung festzulegen. Zu einem vergleichbaren Ergebnis aus

---

172 *Habermas,* Strukturwandel, S. 12 f.

173 http://www.duden.de/rechtschreibung/Oeffentlichkeit, zuletzt aufgerufen am 17.06.2017.

174 *Britz,* Fernsehaufnahmen, S. 184; *Martens,* Rechtsbegriff, S. 44; *Neuling,* Inquisition, S. 53; *Schmidthals,* Verfahrensöffentlichkeit, S. 227; *Rohde,* Öffentlichkeit, S. 165 f.; *Wettstein,* Öffentlichkeitsgrundsatz, S. 64.

175 *Habermas,* Strukturwandel, S. 157; *Kuß,* Öffentlichkeitsmaxime, S. 33; *Martens,* Rechtsbegriff, S. 33 f.; *Schmidthals,* Verfahrensöffentlichkeit, S. 22; *Scholler,* Öffentlichkeit, S. 81, 90 f.

176 *Neuling,* Inquisition, S. 54; *Scherer,* Medienöffentlichkeit, S. 4.

177 So bereits *Gräditz,* FS Paeffgen, S. 440; vgl. auch *Blazko,* (Medien-)Öffentlichkeit, S. 28.

sozialwissenschaftlicher Perspektive kommt Bruno Latour. Er konstatiert: „als ob man wüsste, was die Öffentlichkeit ist!“[178] Sie setze sich vielmehr aus der Vielzahl einzelner Kommunikationsakte zusammen und sei wie alles andere ein emergentes Kompositum, das der ständigen Rekomposition bedürfe.[179] Öffentlichkeit ist daher nicht eindimensional zu verstehen, sondern als Verbindung verschiedenster sozialer und kultureller Ebenen.[180]

Die Grenzen und Inhalte der Begriffe Öffentlichkeit und Privatheit neu auszuhandeln ist ein Erfordernis unserer Zeit.[181] Hierbei stellt sich die Frage, nach welchen Maximen diese Wertung vorgenommen werden muss und wer diese bestimmt. Im Kern handelt es sich hierbei um einen politischen Akt.

2. Bedeutung im Strafverfahren

Nachdem das reine Begriffsverständnis erörtert wurde, soll im Weiteren das begriffliche Verständnis von Öffentlichkeit in Zusammenhang mit dem Strafverfahren betrachtet werden.

Die Öffentlichkeit im Zusammenhang mit gerichtlichen Verfahren beschreibt auf den ersten Blick die Möglichkeit eines Jeden an einer Verhandlung als Zuschauer oder Zuhörer teilzunehmen.[182] Strafprozessual betrachtet sind aber einzelne Personen, wie Zeugen, hiervon bereits auszunehmen. Sie sind bereits kein Teil der strafprozessualen Öffentlichkeit.[183] Denn Zeugen würden durch andere Aussagen in ihrer eigenen beeinflusst, könnten sie diese mitverfolgen.

Seinen strafverfahrensrechtlichen Gehalt erhält der Begriff der Öffentlichkeit durch die Auslegung und somit letztlich mitels einer Wertung. Wie die historische Entwicklung des Öffentlichkeitsgrundsatzes gezeigt hat, kann die Öffentlichkeit einer Verhandlung unterschiedlichste Bedeutungsgehalte haben. Die erweiterte Bedeutung als „Transparenz“ aufgreifend, umschreibt die Öffentlichkeit die nachvollziehbare gerichtliche Entscheidungsfindung.[184]

Die Öffentlichkeit des Verfahrens kann in eine unmittelbare und eine mittelbare unterteilt werden. Anders als bei der unmittelbaren, gewährleistet die mittelbare Öffentlichkeit nicht die tatsächliche Teilnahme an der Verhandlung

---

178 *Latour,* ZTS 2013, 8 (29); in diesem Sinne auch *Martens,* Rechtsbegriff, S. 59.
179 *Latour,* ZTS, 2013, 8 (29); vgl. auch *Kersten,* JuS 2014, 673 (677).
180 *Gostomzyk,* Öffentlichkeitsverantwortung, S. 123.
181 So auch *Vacca,* Jura 2013, 594 (595).
182 So auch *Alwart,* JZ 1990, 883 (886).
183 *Mitsch,* ZRP 2014, 137 (138).
184 *Scherer,* Medienöffentlichkeit, S. 4.

durch Anwesenheit im Saal (Saalöffentlichkeit). Die mittelbare Öffentlichkeit ist vielmehr, die durch die Berichterstattung der Medien an die Allgemeinheit vermittelte, auch als Medienöffentlichkeit bezeichnete Öffentlichkeit.[185] Dieses Verständnis hat sich mittlerweile durchgesetzt, obwohl der Berichterstatter unmittelbar an der Verhandlung teilnimmt und daher auch Teil der unmittelbaren Öffentlichkeit ist.[186] Die Differenzierung ist durch die mediale Entwicklung nicht obsolet geworden.[187] Im Gegenteil: Die unmittelbare Öffentlichkeit beschreibt die Möglichkeit der tatsächlichen, direkten Teilhabe jedes Einzelnen – unabhängig von bestimmten Eigenschaften oder der Zugehörigkeit zu einer bestimmten Bevölkerungsgruppe – an einem Strafverfahren. Die freie Zugänglichkeit wird durch die Kapazität des Verhandlungssaals begrenzt.[188] Die unmittelbare Öffentlichkeit folgt direkt aus dem oben aufgezeigten Begriffsverständnis, wonach eine Verhandlung öffentlich ist, wenn jeder zuhören und zuschauen kann. Allerdings kommt dieser Form der Öffentlichkeit nur noch geringe Bedeutung zu.

Der Bedeutungsverlust der unmittelbaren Öffentlichkeit hat sich bereits im historischen Abriss angedeutet. Zu Zeiten Karls des Großen und des fränkischen Verfahrens war die unmittelbare Teilnahme der Öffentlichkeit an einer Verhandlung unentbehrlich, da nur durch sie ein Urteil gefällt werden konnte. Nachdem die Aufklärer das öffentliche Verfahren wieder durchsetzen konnten und den geheimen Inquisitionsprozess verdrängten, überwog zwar immer noch die Bedeutung der tatsächlichen Teilnahme gegenüber der vermittelten, jedoch gewann die damals durch die Presse vermittelte Öffentlichkeit zunehmend an Gewicht.[189] Feuerbach sah noch die unmittelbare Teilnahme als wichtiger an, da die mittelbare, nur schriftliche Information nicht geeignet sei, das allgemeine Misstrauen gegen die Richter zu beseitigen. Zudem würde die Allgemeinheit nur über die Ergebnisse informiert, nicht aber wie es dazu gekommen sei.[190]

185 *Kissel/Mayer,* GVG, § 169 Rn. 3; *Scherer,* Medienöffentlichkeit, S. 4; *Wettstein,* Öffentlichkeitsgrundsatz, S. 32.

186 *Lippe,* Gerichtsberichterstatter, S. 127; Anders noch *Eb. Schmidt*, Sache, S. 16, 26; *Rohde,* Öffentlichkeit, S. 17 f.

187 A.A. *Britz,* Fernsehaufnahmen, S. 126.

188 BGH, Urt. v. 10.06.1966 – 4 StR 72/66, BGHSt 21, 72 (73); Urt. v. 17.02.1989 – 2 StR 402/88, NJW 1989, 1741 (1743); *Gierhake,* JZ 2013, 1030 (1030); *Kujath,* Laienjournalismus, S. 41; *Tag,* Öffentlichkeit, S. 5.

189 Vgl. Unter A) I. die Ausführungen zur Historie, so auch *Jescheck,* ZStW 71 (1959), 1 (4 f.); *Pfeifle,* ZG 2010, 283 (285).

190 *Feuerbach,* Betrachtungen Bd. 1, S. 26 f.; *Kujath,* Laienjournalismus, S. 43.

Feuerbachs Forderung nach einer weitestgehenden unmittelbaren Öffentlichkeit, war schon zu seiner Zeit sehr idealisierend und fand im Zuge der weiteren Entwicklung immer weniger Wiederhall in der Gesellschaft. Heute nimmt kaum ein Bürger je an einer Verhandlung teil. Daher hat die unmittelbare Öffentlichkeit einen enormen Bedeutungsverlust erlitten. Ausnahmen kommen in den Fällen vor, wenn der Bürger selbst in irgendeiner Weise betroffen ist oder es sich um einen besonders brisanten, aufsehenerregenden Sachverhalt handelt.[191] Dies liegt zum einen daran, dass ein Misstrauen in der Breite der Bevölkerung gegen die Justiz nicht mehr vorherrscht.[192] Zum anderen sind Fernsehen und Internet Teil des Alltags der Menschen geworden, was seinen aktuellen Höhepunkt in Smartphone, -watch, -home etc. genommen hat und dessen Fortgang bei weitem noch nicht absehbar ist. Sie haben Zeitungen als Informationsquellen überwiegend abgelöst. Über das mobile Internet besteht die Möglichkeit sich zu jeder Zeit an jedem Ort über alles zu informieren. Für viele Personen hat die direkte Information daher nur noch subsidiäre Bedeutung. Mithin wird – zum Teil auch schon vor dieser Medienrevolution – vertreten, dass die „wirkliche" Öffentlichkeit des Verfahrens die Medienöffentlichkeit sei.[193] Dass allein audiovisuelle Medien eine echte mittelbare Öffentlichkeit gewährleisten können, da nur so ein Zuhören und Zuschauen ermöglicht werden könne, ist indes zu bezweifeln. Die mittelbare Öffentlichkeit setzt eben nicht ein eigenes Zuhören und Zuschauen voraus, sondern gerade die Informationsvermittlung.[194] In der heutigen Multimediagesellschaft ist es nicht von der Hand zu weisen, dass die mittelbare Öffentlichkeit dominiert und auch weiter dominieren wird. Unter keinen Umständen genügt der einstige Gedanke der „offenen Tür" dem Informationsbedürfnis der Gesellschaft von heute.[195] Dennoch ist die Möglichkeit der Anwesenheit für jeden Einzelnen bereits begrifflich unentbehrlich. Ein begrenztes Öffentlichkeitsverständnis, welches allein die mittelbare Öffentlichkeit umfasst, wäre nicht mit der geschilderten Bedeutung der allgemeinen Zugänglichkeit vereinbar. Nicht nur Medienvertretern darf es gestattet sein sich einen ungetrübten Eindruck von

---

191 *Gostomzyk*, Öffentlichkeitsverantwortung, S. 126; *Hassemer*, Einfluß, S. 66; *Walther*, JZ 1998, 1145 (1147).

192 *Köcher*, FAZ Nr. 192, 20.08.2014, Originalmanuskript unter: http://www.ifd-allensbach.de/uploads/tx_reportsndocs/FAZ_August_Justiz.pdf, S. 2 und Tabelle A1), zuletzt aufgerufen am 15.08.2017.

193 BVerfG, Urt. v. 05.06.1973 – 1 BvR 536/72, BVerfGE 35, 202 (230 f.); *Kujath*, Laienjournalismus, S. 43; *Stürner*, JZ 2001, 699 (700); *Zuck*, NJW 1995, 2082 (2083).

194 A.A. *Krausnick*, ZUM 2001, 230 (231); *Dieckmann*, NJW 2001, 2451 (2452).

195 So auch schon *Gerhardt*, Verfassungsmäßigkeit, S. 114; *Kaulbach*, ZRP 2009, 236 (237).

einer Verhandlung und den agierenden Beteiligten zu machen. Die Begrenzung auf die mittelbare Öffentlichkeit, wäre somit eine enorme Einschränkung des begrifflichen und rechtlichen Verständnisses der Öffentlichkeitsmaxime.

Im Verfahren ist Öffentlichkeit folglich als mittelbare und unmittelbare Öffentlichkeit zu verstehen. Diese Erkenntnis kann den Begriff der Öffentlichkeit indes nicht ausfüllen, sondern nur eine Leitlinie des Wertungsvorgangs für das Strafverfahren bieten, indem die Bedeutung der Medien deutlich wird.

3. Fazit

Im Ergebnis bleibt festzuhalten, dass das Verständnis von Öffentlichkeit sich sprachlich und verfahrensspezifisch verändert hat. Das weitergehende Verständnis ist inzwischen geprägt von den Medien und deren Vermittlungstätigkeit. Hierdurch hat das Verständnis eine strukturelle Änderung erfahren. Dennoch lässt sich ein weiterer, präziser Bedeutungsgehalt aus der reinen Begrifflichkeit nicht gewinnen. „Die Öffentlichkeit" lässt sich als solche nicht bestimmen; sowohl im Alltagsverständnis als auch im Strafverfahren ist der Begriff wertungsoffen, politisch und sozial gebunden. Er ist vom jeweiligen Wirkbereich abhängig und nur ein Maßstab.[196]

III. Funktionen

Ein Element zur Konturierung des Öffentlichkeitsgrundsatzes ist die Frage, welche Funktionen diesem zugeschrieben werden. Aus der Wertungsoffenheit folgt zugleich, „Öffentlichkeit ist niemals Selbstzweck"[197]. Die Klärung der Aufgabe der Öffentlichkeitsmaxime in der heutigen Gesellschaft ist daher notwendig, um eine erste und eine darauf aufbauende genauere Präzisierung zu ermöglichen. Denn von ihrer Funktion hängt es ab, mit welchem Ziel die festgestellte Wertungsoffenheit des Begriffs heute auszufüllen ist.

Auch in den Funktionen spiegelt sich die im historischen Abriss aufgezeigte Entwicklung wieder. Zudem zeigt sich ebenfalls die Verbindung zu den gesellschaftlichen Verhältnissen und dem Grundverständnis des Strafverfahrens. So hat in der Mediengesellschaft die Informationsfunktion, die Kontrolle als wichtigste Funktion abgelöst.

Bereits bei den gängigen Zwecksetzungen, die dem Öffentlichkeitsgrundsatz zugeschrieben werden, scheinen straftheoretische Erwägungen auf. Diese stehen

---

196 *Bockelmann*, NJW 1960, 217 (217); *Hassemer*, ZRP 2013, 149 (149).

197 *Campe*, GA 1929 (Bd. 73), 242 (242).

jedoch selten im Vordergrund und werden dann nicht immer systematisch stringent durchgeführt. Aufgrund dessen wird hierauf nur kurz eingegangen. Welche Bedeutung den Straftheorien darüber hinaus beizumessen ist, wird im Rahmen der Frage nach den Möglichkeiten einer Präzisierung zu erörtern sein.

Eine klare Trennung der einzelnen Funktionen kann nicht erfolgen. Vielmehr zeigt sich, dass diese ineinander übergehen und sich ergänzen oder verstärken.

1. Gerechtigkeit und Kontrolle

Der ursprünglichen, auf die Aufklärer[198] zurückgehenden Funktion der Öffentlichkeit, den Staat – genauer die Justiz – zu kontrollieren und den Einzelnen vor Willkür zu schützen, kommt heute kaum noch Bedeutung zu. Vor allem der damit einhergehende Gedanke, dass Öffentlichkeit Gerechtigkeit gewährt, ist zu idealisierend und scheint widerlegt.

Zu Beginn der Forderung nach Öffentlichkeit wurde diese noch als wesentlicher Teil der Gerechtigkeit gesehen. Dahingehend ist die Aussage Feuerbachs zu verstehen, dass Heimlichkeit in jeder Beziehung der Natur der Gerechtigkeit zuwider sei.[199]

Dass die Öffentlichkeit des Verfahrens den Anspruch eines gerecht(er)en Verfahrens transportiert, ist nicht zu leugnen. Die Öffentlichkeit kann aber nicht Garantin der Gerechtigkeit sein. Dies zeigen die vielzähligen Einschränkungen der Maxime. Zudem hat sich gezeigt, dass (wieder eingeführte) nicht öffentliche Verfahren, wie das Jugendgerichtsverfahren, keineswegs weniger gerecht sind, als öffentliche Strafverfahren gegen Erwachsene.[200] Durch die rechtsstaatliche Verfassung des Grundgesetztes, bedarf es einer idealisierenden Betrachtung der Verfahrensöffentlichkeit nicht mehr. Es ist sogar zu bezweifeln, ob bei den heutigen Entwicklungen die Öffentlichkeit des Verfahrens überhaupt einen Beitrag zur gerechten Aburteilung leisten kann oder dieser nicht sogar – aufgrund tendenziöser, hetzender Berichterstattung – entgegenwirkt.[201]

Anders ist die Kontrollfunktion zu bewerten. Die Möglichkeit der Kontrolle staatlicher Gewalt ist die Konsequenz eines demokratischen Staates und

---

198 Vergleiche oben unter B. I. 2. Fn. 47 f.

199 *Feuerbach*, Betrachtungen Bd. 1, S. 89.

200 *Franke*, Bildberichterstattung, S. 27; a.A. *Alwart*, JZ 1990, 883 (883): Öffentlichkeit verwirkliche eine Art struktureller Gerechtigkeit.

201 *Bäumler*, JR 1978, 317 (319); *Marxen*, GA 2013, 99 (108).

der Gewaltenteilung.[202] Unter „Kontrolle" kann indes nicht verstanden werden, dass die Allgemeinheit jedes Urteil auf seine Richtigkeit überprüft. Für eine derartige Kontrolle fehlt es zumeist tatsächlich an einer dem juristisch ausgebildeten Richtern vergleichbaren Fachkenntnis und an dem Interesse für jeden, auch unspektakulären Fall.[203] Vielmehr geht es darum, dass die Öffentlichkeit Gerichte und Richter über einen längeren Zeitraum beobachtet und insgesamt kritisiert oder akzeptiert und so durch ihre Wahlentscheidung jedenfalls mittelbar lenkt.[204] Ferner verfehlt das Gefühl der Beteiligten kontrolliert zu werden oder werden zu können sicherlich nicht seine psychologische Wirkung.[205] Die Kontrolle üben im Strafverfahren vorwiegend die Schöffen aus, welche bei der Urteilsfindung den „gesunden Menschenverstand" einbringen sollen, und welche aktiv beteiligt sind. Aber auch der Allgemeinheit als solcher, wird eine Art der Kontrolle ermöglicht.[206] Bäumler schlussfolgert aus dieser Kontrollfunktion der Öffentlichkeit, dass dem Einzelnen ein subjektiv öffentliches Recht auf Teilnahme zustehe. Flankierend begründet er dies mit der Informationsfreiheit aus Art. 5 Abs. 1 GG.[207]

Durch den medialen Fortschritt wurde die Kontrollfunktion noch verstärkt und ist nicht etwa durch vielfältige andere rechtsstaatliche Sicherungsmaßnamen und mangels tatsächlicher Teilnahme der Bevölkerung an Prozessen entbehrlich geworden. Vor allem im Strafprozess, welcher die „Ultima Ratio" – das Strafrecht – umsetzt und so erhebliche Grundrechtsbeeinträchtigungen verursacht, kann die Bedeutung dieser Funktion der Öffentlichkeit nicht als überflüssig

---

202 *Bäumler,* JR 1978, 317 (320); *Fink,* Bild- und Tonaufnahmen, S. 62; *Hanske/Lauber-Rönsberg,* ZUM 2013, 264 (264 f.); *Kujath,* Laienjournalismus, S. 39; *Kühl,* FS Müller-Dietz, S. 405; *Pfeifle,* ZG 2010, 283 (292); *Roxin,* FS Peters, S. 396.

203 *Bäumler,* JR 1978, 317 (320); *Britz,* Fernsehaufnahmen, S. 198; *Fögen,* Gerichtsöffentlichkeit, S. 25; *Feuerbach,* Betrachtungen Bd. 1, S. 148 f.; *Martens,* Rechtsbegriff, S. 74.

204 *Bockelmann,* NJW 1960, 217 (217); *Luhmann,* Legitimation, S. 32; *Pernice,* Öffentlichkeit, S. 34; *Ranft,* Jura 1995, 573 (574); *Stutz,* Zurückdrängung, S. 11 f.; *Zipf,* Gutachten C, S. 41.

205 *Bamberger,* ZUM 2001, 373 (376); *Pfeifle,* ZG 2010, 283 (292); *Wettstein,* Öffentlichkeitsgrundsatz, S. 42 f.

206 BVerfG, Beschl. v. 19.12.2007 – 1 BvR 620/07, BVerfGE 119, 309 (319); BVerfG, Beschl. v. 15.01.2015, – 2 BvR 878/14, NStZ 2015, 170 (171); BGH, Beschl. v. 10.01.2006 – 1 StR 527/05, NJW 2006, 1220 (1221); *Gräditz,* FS Paeffgen, S. 477; *Kujath,* Laienjournalismus, S. 44.

207 *Bäumler,* JR 1978, 317 (321).

erachtet werden.[208] Der berichtende Journalist nimmt tatsächlich an der Verhandlung teil und kann so die Kontrolle über das jeweilige Gericht wahrnehmen, indem er sich eine Meinung über das gefällte Urteil bildet und diese samt dem objektiven Inhalt verbreitet. Obwohl selbst die Medien nicht an der Mehrzahl der Prozesse teilnehmen, sondern nur an den regional, landes- oder bundesweit aufsehenerregenden, können sie dennoch die Überprüfung der Justiz insgesamt gewährleisten.[209] Die Kontrollfunktion der Öffentlichkeit umschreibt gerade nicht eine fachwissenschaftliche Überprüfung jedes Einzelfalls. Vielmehr soll hierdurch geprüft werden, ob das gefällte Urteil mit dem allgemeinen, natürlichen Rechtsempfinden der Mehrheit der Gesellschaft bzw. des Journalisten konform geht. Durch seinen Bericht wiederum wird die interessierte Allgemeinheit über das Verfahren informiert und erhält durch den Journalisten eine erste Stellungnahme. Die redaktionelle Aufarbeitung des Geschehens ist dabei nicht ohne Kritik zu betrachten. Erfolgt sie unreflektiert und zu sensationshaschend führt sie leicht zur Beeinflussung der Allgemeinheit. Diese Beeinflussung des Meinungsklimas kann letztlich zu einer (wenn auch unterbewussten) Vorverurteilung führen. Eine Gefährdung der richterlichen Unabhängigkeit hierdurch ist unabweisbar.[210] Die Aufbereitung ist zugleich aber Teil der Stellungnahme des Berichterstatters und ermöglicht es mehr Menschen für den Bericht zu interessieren, indem z.B. Unwichtiges weggelassen wird und die Wiedergabe in einer allgemein verständlichen Sprache ohne juristische Fachbegriffe erfolgt. Die kritische Auseinandersetzung mit Handlungen des Staates ist gerade Aufgabe der Medien.[211] Dass es sich um subjektive Eindrücke handelt, wenn auch noch so scheinbar objektiv berichtet wird, bleibt dem Empfänger in der Regel nicht verborgen. Denn alle publizistischen Werke sind Werke des Autors und daher dessen

---

208 *Fink*, Bild- und Tonaufnahmen, S. 63; *Hanske/Lauber-Rönsberg*, ZUM 2013, 264 (264 f.); *Jahn*, Einfluß, S. 9 f.; *Jung*, GA 2014, 257 (260); *Kaulbach*, ZRP 2009, 236 (237); *Lilie*, NStZ 1993, 121 (123); *Pfeifle*, ZG 2010, 283 (292); *Pielow*, Strafverfahren, S. 17; *Scherer*, Medienöffentlichkeit, S. 13; *Schmidthals*, Verfahrensöffentlichkeit, S. 123; *Vacca*, Jura 2013, 594 (605); *Zipf*, Gutachten C, S. 42. A.A. *Meyer-Goßner/Schmitt*, StPO, § 169 GVG, Rn. 1; Löwe/Rosenberg-*Wickern*, StPO, Vor § 169 GVG Rn. 3; *Trüg*, NJW 2011, 1040 (1041).

209 *Beater*, ZUM 2005, 602 (602 f.); *Jung*, GA 2014, 257 (258) *Vogel*, Fernsehübertragungen, S. 22.

210 *Jung*, GA 2014, 257 (257); *dies.*, JZ 2012, 303 (303); *Kujath*, Laienjournalismus, S. 44 f.; *Roxin*, FS Peters, S. 400; *Eb. Schmidt*, Sache, S. 24; *ders.* Publizistik, S. 53; *Wettstein*, Öffentlichkeitsgrundsatz, S. 89; *Wagner*, Strafprozessführung, S. 87, 97.

211 *Beater*, ZUM 2005, 602 (603); *Hassemer*, Einfluß, S. 69 f.; *Heger*, FS Beulke, S. 761; *Schmidtmann*, Massenmedien, S. 18.

Meinungsspiegel. Das Bewusstsein, nicht alles als objektive Wahrheit hinzunehmen, was die Medien berichten, verbreitet sich zunehmend. Dies spiegelt sich im Vertrauen der Bevölkerung in die Medien wieder.[212] Dessen ungeachtet wird insbesondere die Urteilsverkündung durch die Medien so aufgearbeitet, dass die Breite der Bevölkerung das Urteil nachvollziehen kann. Durch die Medien kann eine effektive Kontrolle trotz nachlassender Teilnahme oder örtlichen Kapazitätsgrenzen ausgeübt werden. Sie dienen als Vermittler und Multiplikator im öffentlichen Diskurs.[213] Hier zeigt sich die Janusköpfigkeit der Öffentlichkeit des Verfahrens: Das legitime Ziel eine Geheimjustiz zu verhindern und deren Kehrseite die Massenöffentlichkeit durch die Medien.

Die Bevölkerung unterzieht die jeweiligen Akteure ebenso wie die Justiz im Gesamten somit einer zweiten Kontrolle und übt diese durch ihre Reaktionen auf die Berichte aus.[214] Diese Kontrolle erscheint indes harmlos, da unmittelbare Sanktions- und Reaktionsmöglichkeiten fehlen.[215] Die Möglichkeit der Beeinflussung des Wahlergebnisses durch eine Unzufriedenheit mit der Justiz im Ganzen besteht zwar, ist aber nur eine von unzähligen Variablen für eine Wahlentscheidung. Entscheidend ist somit nicht unbedingt die tatsächliche Kontrolle, sondern die Möglichkeit dieser, die Diskutierbarkeit der Justiz und die Flankierung innerstaatlicher Mechanismen durch die Öffentlichkeit. Treffender für diese Funktion ist daher der von Fink vorgeschlagene Terminus der Kontrollermöglichungsfunktion.[216]

Es ist daher festzuhalten, dass die Kontrolle noch eine Funktion der Öffentlichkeit des Strafverfahrens darstellt. Ihr kann indes nur noch geringe Bedeutung

212 Vgl. die Umfrage von infratest dimap zur Berichterstattung über den Ukraine Konflikt, wonach zweidrittel der Befragten kein Vertrauen in diese hat; abrufbar unter http://www.infratest-dimap.de/umfragen-analysen/bundesweit/umfragen/aktuell/mehrheit-hat-kein-vertrauen-in-medien-berichterstattung-zum-ukraine-konflikt, zuletzt aufgerufen am 26.02.2015.

213 *Kuß*, Öffentlichkeitsmaxime, S. 80.

214 *Hanske/Lauber-Rönsberg*, ZUM 2013, 264 (265); *Kujath*, Laienjournalismus, S. 45; Löwe/Rosenberg-*Wickern*, StPO, Vor § 169 GVG Rn. 3; *Ranft*, Jura 1995, 573 (574); *Scherer*, Medienöffentlichkeit, S. 13 f.; *Bamberger*, ZUM 2001, 373 (374); *Fink*, Bild- und Tonaufnahmen, S. 62 f.; a.A. *Kortz*, AfP 1997, 443 (447 f.); *Lilie*, NStZ 1993, 121 (122 f.).

215 *Britz*, Fernsehaufnahmen, S. 198; *Kujath*, Laienjournalismus, S. 39; *Rohde*, Öffentlichkeit, S. 172.

216 *Fink*, Bild- und Tonaufnahmen, S. 62; *Gräditz*, FS Paeffgen, S. 470; vgl. bereits *Luhmann*, Legitimation, S. 123; *Rohde* spricht von Kritikkompetenz, Öffentlichkeit S. 173 f.

zugeschrieben werden, insbesondere da der Gerechtigkeitsgedanke obsolet geworden ist.

2. Vertrauensbildung und Akzeptanz des Rechts

Daneben dient die Öffentlichkeitsmaxime - wie bereits vor zwei Jahrhunderten durch die Aufklärer festgestellt - der Förderung der Vertrauensbildung der Bevölkerung in die Unabhängigkeit der Judikative und in den Staat.[217] Demselben Gedanken folgend kommt der Öffentlichkeit des Verfahrens eine Befriedungsfunktion durch die Vermittlung der gerichtlichen Entscheidung zu, welche die Akzeptanz des Rechtes fördert. Die Befriedungsfunktion geht einher mit dem straftheoretischen Vergeltungsgedanken. Die Bestärkung des Normvertrauens und der Rechtsordnung stellt nach de Theorie der positiven Generalprävention zugleich einen Grund für die Strafe an sich dar. Ebenso wie die Abschreckung vor der Begehung von Straftaten (negative Generalprävention).[218] Die Allgemeinheit soll in ihrem Sicherheitsgefühl, dass der Staat für Recht und Ordnung sorgt, bestärkt werden. Einher mit dem Normvertrauen geht eine Verbreitung der Rechtsakzeptanz, d.h. die Bevölkerung richtet ihr Verhalten freiwillig an den Gesetzen aus und befolgt diese.[219] Hiervon zu differenzieren ist die Akzeptanz der Justiz und somit die Achtung ihrer Entscheidungen, welche aber ebenfalls bestärkt wird durch öffentliche Verfahren.[220] Zur Gewährleistung dieser Funktion sind wiederum die Medien unentbehrlich. Akzeptanz setzt Verständnis für die Institution und ihre Handlungen voraus, was wiederum eine ausreichende Kommunikation durch und mit Hilfe der Medien erfordert.[221] Ferner wird so gesichert, dass sich der Einzelne mehr als Teil der Rechtspflege begreift und die Strafverfolgung nicht allein als Sache des Staates ansieht. Daher dient die Öffentlichkeit von Verfahren zudem der Vermeidung etwaiger Selbstjustiz und der Steigerung der Zivilcourage, aber vor allem dem Erkennen des Unterschiedes.

---

217 Siehe Fn. 48; BGH, Urt. v. 23.05.1956 – 6 StR 14/56, BGHSt 9, 280 (281); *Fink*, Bild- und Tonaufnahmen, S. 63; *Kaulbach*, ZRP 2009, 236 (237); *Kujath*, Laienjournalismus, S. 40; *Kuß*, Öffentlichkeitsmaxime, S. 61; *Roxin/Schünemann*, Strafverfahrensrecht, § 47 Rn. 1.

218 *Britz*, Fernsehaufnahmen, S. 201; *Fink*, Bild- und Tonaufnahmen, S. 65; *Kujath*, Laienjournalismus, S. 40.

219 *Gostomzyk*, Öffentlichkeitsverantwortung, S. 150 f.; *Jescheck*, ZStW 71 (1959), 1 (6); *Luhmann*, Legitimation, S. 123 f.; *Pielow*, Strafverfahren, S. 41; *Tag*, Öffentlichkeit, S. 1.

220 *Jung*, GA 2014, 257 (263); *Kühl*, FS Müller-Dietz, S. 403; *Luhmann*, Legitimation, S. 124.

221 *Hassemer*, StV 2005, 167 (167).

Allerdings wird aufgrund oft einseitiger, auf schwere Kapitalverbrechen fixierter Medienberichterstattung, das Sicherheitsgefühl geschmälert. Daraus resultiert die häufig anzutreffende Einschätzung einer schlechten allgemeinen Sicherheitslage, obwohl die eigene Sicherheitssituation weit positiver beurteilt wird.[222] Das Vertrauen wird durch die reißerische Berichterstattung über Justizirrtümer, wie z.B. im Fall Mollath[223], erschüttert. Hierbei bleibt zumeist unerwähnt, dass derartige Ereignisse die absolute Ausnahme sind und die Fälschung von Beweisen oder Ähnliches nicht zum Alltagsgeschäft der Richterschaft gehört. Letztlich trägt die Berichterstattung aber genauso dazu bei, Fehlentscheidungen der Justiz als Ausnahme zu identifizieren und das Vertrauen in die Justiz und deren sozialen Befriedungsanspruch zu stärken.[224] Trotz der Tendenz, Vertrauen zu destabilisieren, überwiegt die Vertrauensbildung und -erhaltung, denn die Medien berichten ebenso über Verbrechen und deren ordnungsgemäße Handhabung durch die Gerichte. Hierfür spricht auch, dass nach einer Umfrage des Instituts für Demoskopie Allensbach vom 20.08.2014 zwei Drittel der Bundesbürger großes Vertrauen in die deutsche Justiz haben.[225]

Im Bereich der Vertrauensbildung und Rechtsakzeptanz wird deutlich, dass sich keine klare Trennlinie zwischen der Funktion der Verfahrensmaxime und deren Wirkung ziehen lässt. Originär – also für den Öffentlichkeitsgrundsatz begründend – kann die Vertrauensbildung nicht sein, da sie erst auf einer zweiten Ebene greift. Diese zweite Ebene kann als Folge der Öffentlichkeit oder eben als deren Wirkung beschrieben werden.

---

222 *Zipf*, Gutachten, C 46; vgl. auch *Deckers/Fischer/König/Bernsmann*, NJW 2014, 9 (13 f.); *Ostermeyer*, Psychoanalyse S. 36.

223 LG Nürnberg, Urt. v. 08.08.2006 – 7 KLs 802 Js 4743/2003; OLG Nürnberg, Beschl. v. 06.08.2013 – 1 Ws 354/13 WA; Gustl Mollath wurde 2006 wegen mehrerer Delikte und aufgrund bestehender Schuldunfähigkeit in einem psychiatrischen Krankenhaus untergebracht. Mehrere Instanzen bestätigten das Urteil. Im Jahr 2014 wurde er nach der Wiederaufnahme des Vefahrens freigesprochen, aber diesmal wurde zudem festgestellt, dass die Voraussetzungen für eine Unterbringung nicht vorlagen. Zu diesem Fall ausführlich siehe: *Strate*, Der Fall Mollath.

224 *Gräditz*, FS Paeffgen, S. 451.

225 *Köcher*, FAZ Nr. 192, 20.08.2014, Originalmanuskript unter: http://www.ifd-allensbach.de/uploads/tx_reportsndocs/FAZ_August_Justiz.pdf, S. 2 und Tabelle A1), zuletzt aufgerufen am 15.10.2014.

3. Information der Allgemeinheit

Schließlich ist die wichtigste Funktion des Grundsatzes der Öffentlichkeit mittlerweile in der Information der Allgemeinheit zu sehen. Insbesondere der Strafprozess ist für die Allgemeinheit und somit für die Medien von Interesse.[226] Dies hat der BGH bereits früh wie folgt festgestellt: „Sie *[die Allgemeinheit]* bildet sich ihr Urteil über die Stellung der Justiz im öffentlichen Leben überwiegend nach dem Geist, in dem Strafrecht und Strafverfahrensrecht von den Gerichten gehandhabt werden."[227] Die Grundrechte auf Informationsfreiheit (Art. 5 Abs. 1 S. 1 GG) und Pressefreiheit (Art. 5 Abs. 1 S. 2 GG) flankieren die Informationsfunktion durch verfassungsmäßige Rechte. Es besteht ein berechtigtes Informationsinteresse, welches sich auf „die Beeinträchtigung von Rechtgütern und der Rechtsordnung, die Sympathie mit den Opfern und ihren Angehörigen, die Furch vor Wiederholung und das Bestreben, dem vorzubeugen" gründet. Dieses ist umso intensiver, desto mehr sich die Tat „durch eine besondere Begehungsweise oder die Schwere der Folgen von der gewöhnlichen Kriminalität abhebt."[228]

Die Funktion der Information der Allgemeinheit begrenzt sich auf den ersten Blick aber selbst, durch die Mündlichkeit des Verfahrens. Dem Zuhörer werden eine Vielzahl von Informationen zuteil. Die Schwierigkeit besteht im richtigen Filtern und Verstehen der Informationen. Auf den ersten Blick erschwert die rein mündliche Kenntniserlangung dies. Bei genauerer Betrachtung nimmt jeder Zuhörer hierdurch aber bereits eine erste Selektion des Gehörten vor, so dass nur das individuell Entscheidende aus dem Ultrakurzzeitgedächtnis in das Kurzzeitgedächtnis und von hier vielleicht sogar ins Langzeitgedächtnis gelangt.[229] Zudem ist die juristische Fachsprache für weite Teile der Bevölkerung nicht ohne Weiteres zu verstehen.[230] Neben dieser wichtigen Filterfunktion wäre die Ermöglichung von Akteneinsicht für die Öffentlichkeit – im Angesicht der knappen Ressource Justiz – zudem nicht durchführbar und aufgrund des Umfangs von überschaubarem Interesse. Da selbst die Laienrichter allein aus der mündlichen

---

226 BVerfG, Urt. v. 24.01.2001 – 1 BVR 2623/95, BVerfGE 103, 44 (72 f.); *Freuding*, ZRP 2010, 159 (159); *Hirzebruch*, Öffentlichkeit, S. 28 f.; *Kujath*, Laienjournalismus, S. 38; *Lilie*, Hans, NStZ 1993, 121 (122); *Pfeifle*, ZG 2010, 283 (292); *Vogel*, Fernsehübertragungen, S. 22.

227 BGH, Urt. v. 23.05.1956 – 6 StR 14/56, BGHSt 9, 280 (282). Klammerzusatz durch Verfasserin.

228 BVerfG, Beschl. 27.11.2008 – 1 BvQ 46/08, NJW 2009, 350 (351).

229 *Bender/Nack/Treuer*, Tatsachenfeststellung, S. 42; vgl. zu den Gedächtnisstufen („Dreispeichermodell") *Welzer*, Gedächtnis, S. 20 f.

230 *Gostomzyk*, Öffentlichkeitsverantwortung, S. 147.

Hauptverhandlung (ohne Akten) ihr Urteil schöpfen, ist ein erweiterter Aktenzugang für die Allgemeinheit nicht geboten.[231]

Informiert wird über den zu beurteilenden Sachverhalt (Personen, die Tat, Motive), die rechtliche Einordnung (durch Anklageschrift, Urteil) und dem Verfahrensgang (Beweisaufnahme, Anträge).[232]

Das Informationsinteresse nehmen in der heutigen digitalisierten Kommunikationsgesellschaft zunehmend die Medien für den Einzelnen wahr, welche als Informationsmittler und Multiplikatoren fungieren. Sie sichern die Information der Bevölkerung.[233] Hierbei ist nicht außer Acht zu lassen, dass der passive Konsum von Medien durch die interaktive Kommunikation in sozialen Medien zurückgedrängt wird.[234] Die Urheber der interaktiven Kommunikation sind aber zumeist dennoch die Medien, welche eine Ausgangsnachricht verbreiten. Die tatsächliche Teilnahme an Verhandlungen spielt heutzutage kaum mehr eine Rolle, sei es aufgrund des starken Vertrauens der Bevölkerung in die Justiz[235] und den Rechtsstaat oder sei es schlichtweg aus einem Mangel an Zeit, aufgrund der vielzähligen beruflichen und privaten Aufgaben.[236] Sie wird allenfalls bei medienwirksamen Prozessen wahrgenommen.[237] Gerade bei aufsehenerregenden Prozessen, wie dem NSU-Prozess, gewährleisten die Medien die Möglichkeit, die Öffentlichkeit – welcher unter Umständen aus Platzgründen der Zutritt zur Verhandlung versagt wurde – zu informieren und somit die demokratische Legitimation.[238] Daher ist den Medien eine möglichst umfassende Berichterstattung zu ermöglichen.

---

231 *Schmidthals*, Verfahrensöffentlichkeit, S. 99; a.A. *Wettstein*, Öffentlichkeitsgrundsatz, S. 118, 121.

232 *Schmidthals*, Verfahrensöffentlichkeit, S. 99 f.

233 BVerfG, Urt. v. 24.01.2001 – 1 BvR 2623/95, 622/99; BVerfGE 103, 44 (74); *Fink*, Bild- und Tonaufnahmen, S. 61 f.; *Heger*, FS Beulke, S. 761; *Lilie*, NStZ 1993, 121 (122); Löwe/Rosenberg-*Wickern*, StPO, Vor § 169 GVG Rn. 4; *Meyer-Goßner/Schmitt*, StPO, § 169 GVG, Rn. 1; *Wettstein*, Öffentlichkeitsgrundsatz, S. 83; a.A. *Kortz*, AfP 1997, 443 (447); *Hamm*, NJW 1995, 760 (761).

234 *Kersten*, JuS 2014, 673 (677).

235 Vergleiche hierzu die Untersuchung des Instituts für Demoskopie Allensbach aus dem Jahr 2014; *Köcher*, FAZ Nr. 192, 20.08.2014, Originalmanuskript abrufbar unter: http://www.ifd-allensbach.de/uploads/tx_reportsndocs/FAZ_August_Justiz.pdf, S. 2 und Tabelle A1), zuletzt aufgerufen am 15.08.2017.

236 *Franke*, Bildberichterstattung, S. 67; *Eb. Schmidt*, Publicity, S. 343.

237 *Pfeifle*, ZG 2010, 283 (293); *Rohde*, Öffentlichkeit, S. 153; *Heger* meint jedenfalls im Strafprozess seien auch heute noch einige Zuschauer die Regel, FS Beulke, S. 761.

238 *Beater*, ZUM 2005, 602 (607); *Kujath*, Laienjournalismus, S. 45; *Luhmann*, Legitimation, S. 126; *Wagner*, Strafprozessführung, S. 97.

Die Begründung des Öffentlichkeitsprinzips mit der Informationsfunktion hat offensichtlich Schwächen. Oft steht für die Medienunternehmen nicht die Berichterstattung im Vordergrund, sondern die Steigerung der Verkaufszahlen und so des Gewinns. Sie halten sich nicht an Normen, sondern folgen in ihrer Berichterstattung einer dramaturgischen Logik, um zu unterhalten.[239] Daneben ist es kritisch zu sehen, dass Kriminalberichterstatter häufig nicht besonders ausgebildet sind. Hingegen benötigen Sportjournalisten ein breites Wissen.[240] Die Diskrepanz der staatlichen Bedeutung eines Sportereignisses und der Institution Strafrechtspflege liegt hierbei auf der Hand.

Problematisch sind vor allem visuelle Komponenten der Berichte. Es mehren sich Publikationen, die nur deshalb mit Bildern untermalt werden, weil der Zuschauer es gewohnt ist, Bilder zu sehen. Diese selbst haben aber überhaupt keinen Informationsgehalt, etwa wenn über ein Urteil berichtet wird und der Einzug des Gerichts gezeigt wird. Die Absicht möglichst hoher Einschaltquoten heißt zugleich eine gute Unterhaltung zu bieten, so dass aus seriösen Nachrichten „Infotainment" wird.[241]

Festzuhalten sind also zwei wesentliche Einwände: erstens sind die Bilder zumeist nutzlos und ohne Aussagegehalt und zweitens wird häufig mittels Bildern einer reißerische Berichterstattung Vorschub geleistet.

Ein Beispiel für das dominierende Umsatzdenken privater Fernsehsender sind die vor einigen Jahren sehr beliebten, das nachmittägliche Fernsehbild prägenden, Gerichtsshows. Diese dienen keinerlei Information der Allgemeinheit und haben rein unterhaltenden Charakter. Sie führen – vor allem bei fiktiven Strafverfahren – zu einer Verzerrung des Bildes der Allgemeinheit von der Justiz und von gerichtlichen Verfahren.[242] Auch bezüglich der Saalöffentlichkeit vermitteln sie ein falsches Bild. Stets sind die meisten Plätze in diesen inszenierten

239 *Hassemer,* Einfluß, S. 69; *Hunecke,* NK 2011, 85 (87); *Vacca,* Jura 2013, 594 (594).

240 *Hamm,* AfP 2014, 202 (209 f.); *Hassemer,* Einfluß, S. 69; *Lippe,* Gerichtsberichterstatter, S. 137; Beispiele bei *Wagner,* Strafprozessführung, S. 67 f.

241 *Ernst,* NJW 2010, 744 (745); *Huff,* NJW 1996, 571 (572); *Hunecke,* NK 2011, 85 (85); *Vacca,* Jura 2013, 594 (594).

242 *Ernst,* NJW 2010, 744 (744); *Mankowski* JZ 2009, 321 (321); *Voßkuhle,* FH Möller, S. 13. Anders ist dies bzgl. der anfänglich ausgestrahlten realen Schiedsverfahren, welche mittels Parteivereinbarung übertragen werden können. Ihnen kann ein gewisser Kultivierungseffekt und beschränkte Kenntnisvermittlung zu gute gehalten werden. *Pfeifle,* ZG 2010, 283 (286); *Thym,* Kultivierung durch Gerichtsshows, http://epub.ub.uni-muenchen.de/285/1/MA_Thym_Barbara.pdf, zuletzt aufgerufen am 18.08.2017.

Gerichtsverfahren besetzt und Einmischungen aus diesem Publikum sind – anders als in echten Verfahren – die Regel.[243] Mit Erleichterung ist daher zu verfolgen, dass diese Sendungen mittlerweile weitestgehend abgesetzt wurden.

Durch die Information der Allgemeinheit wird zugleich, wenn auch in überschaubarem Maße, Rechtskenntnis vermittelt. Ein Mindestmaß an Rechtskenntnis ist notwendig, damit der Bürger seine Rechte und Pflichten im Rechtsstaat wahrnehmen kann.[244] Wichtiger als die Vermittlung juristischer Sachkenntnis, ist aber die Aufrechterhaltung eines allgemeinen Rechtsbewusstseins und Rechtsgefühls in der Bevölkerung.[245] Das allgemeine Rechtsbewusstsein wird durch die Meinungsbildung über Prozesse, Urteile und die Justiz im Ganzen aufrechterhalten und gefördert. Eine tendenziöse und reißerische Berichterstattung kann dem entgegenwirken. Kritisch ist daher zu sehen, dass die Medien vor allem oder sogar ausschließlich über besonders aufsehenerregende Prozesse berichten, weil etwa Personen des öffentlichen Lebens darin verwickelt sind oder sie sonst besonders aus der breiten Masse der Delikte hervorstechen. So wird z.B. häufig über sehr schwere Kapitalverbrechen berichtet.[246] In diese Reihe fallen auch die besonders aufsehenerregenden Fälle jüngster Zeit, wie der Fall des Fußballmanagers Uli Hoeneß wegen Steuerhinterziehung.[247] Die Medien bewegen sich hier im Grenzbereich zwischen Hetze und Information und tendieren in jüngster Zeit häufig zu erstgenanntem.

Dessen ungeachtet geht mit der Information die Nachvollziehbarkeit der richterlichen Entscheidungsfindung einher, wodurch die richterliche Unabhängigkeit bestärkt und die Vermeidung einer Geheimjustiz offenbar wird.[248] Die Information über Strafverfahren und somit über staatliches Handeln ist ein bedeutender Aspekt einer Demokratie. Ohne diese Informationen wäre eine Meinungsbildung erschwert. Gerade dies – sich eine Meinung zu öffentlichen Angelegenheiten zu bilden – ist unmittelbarer Ausfluss der Teilhabe der

---

243 *Gerhardt/Huff,* ZRP 2003, 68 (68 f.); *Mankowski* JZ 2009, 321 (321).

244 *Fink,* Bild- und Tonaufnahmen, S. 62; *Klein,* Öffentliche Verhandlung, S. 22; Löwe/Rosenberg-*Wickern,* StPO, Vor § 169 GVG Rn. 5; *Pfeifle,* ZG 2010, 283 (293); *Wettstein,* Öffentlichkeitsgrundsatz, S. 52 f.; *Zuck,* NJW 2001, 1623 (1624).

245 So auch: *Dieckmann,* NJW 2001, 2451 (2452); *Gostomzyk,* Öffentlichkeitsverantwortung, S. 148 f.

246 *Vogel,* Fernsehübertragungen, S. 106 f.; *Zipf,* Gutachten C, S. 45.

247 LG München II, Urt. v. 13.03.2014 – W5 KLs 68 JS 3284/13, wistra 2015, 77.

248 *Gierhake,* JZ 2013, 1030 (1031); *Scherer,* Medienöffentlichkeit, S. 4; *Zipf,* Gutachten C, S. 40.

Bevölkerung an der Politik. Folglich werden auch die anderen Funktionen der Öffentlichkeit von Strafverfahren durch die Information gesichert.

4. Fazit

Die realen Wirkungen der Maxime überschneiden sich teilweise mit den Funktionen.[249] Deutlich wird dies bei der Normakzeptanz. Das Vertrauen in die Justiz kann als Wirkung des Öffentlichkeitsgrundsatzes bestärkt werden, dies ist aber zugleich dessen Aufgabe. Die empirisch-soziologische Feststellung der Wirkungen der Öffentlichkeit ist Teil der Demoskopie, deren Erkenntnisse zum Beleg der Funktion der Vertrauensbildung verwendet werden konnten.

Es lässt sich resümieren, dass trotz der kritischen Betrachtung der medialen Berichterstattung, die Informationsfunktion die wichtigste Aufgabe der Öffentlichkeitsmaxime ist.[250] Die übrigen Funktionen sind im Laufe der Zeit in den Hintergrund getreten, haben aber größtenteils noch eigenständige Bedeutung und werden durch die Informationsfunktion zum Teil bestärkt. Diese als Hauptfunktion anzusehen, entspricht zudem der multimedialen, kommunikativen Gesellschaftsstruktur unserer Zeit.

IV. Rechtsquellen

Von dem Vorverständnis der Historie, des Begriffs und der Funktion ausgehend, können nunmehr die Rechtsquellen des Öffentlichkeitsgrundsatzes erörtert werden. Diese Einordnung ist Ausgangspunkt für weitere Überlegungen einer normativen Präzisierung des Öffentlichkeitsverständnisses. Der Zusammenhang und das Ineinandergreifen der einzeln dargestellten Aspekte wird erneut deutlich. Funktional betrachtet wurde durch die Abnahme der Kontrollfunktion die Verbindung zum Demokratieprinzip zwar abgesenkt, allerdings zugleich durch die gewachsene Bedeutung der Informationsfunktion bestärkt. Aus historischer Sicht ist der Öffentlichkeitsgrundsatz im Zuge der Aufklärung und der fortschreitenden Demokratisierung in immer engeren Zusammenhang zum Demokratie- und zum Rechtsstaatsprinzip gerückt.

Obwohl somit durchaus Verbindungen zur Verfassung bestehen, ist die Verfahrensöffentlichkeit lediglich einfachgesetzlich in § 169 S. 1 GVG

---

249 *Schmidthals,* Verfahrensöffentlichkeit, S. 43; der aber davon ausgeht, dass die Wirkungen Grundlage der Funktionsbestimmung seien.

250 *Blazko,* (Medien-)Öffentlichkeit, S. 29; *Kujath,* Laienjournalismus, S. 39; *Rohde,* Öffentlichkeit, S. 172.

festgeschrieben. Ihre Bedeutung als verfahrensleitendes Prinzip geht aber über das einfache Gesetz hinaus. Diese Bedeutung wurde auch durch die Aufnahme in Art. 6 Abs. 1 S. 1, 2 EMRK und Art. 14 IPbpR unterstrichen. Dabei darf nicht übersehen werden, dass die internationalen Rechtsakte in Deutschland nur mittels einfachem Bundesrecht umgesetzt wurden (vgl. Art. 59 Abs. 2 S. 1 GG) und somit ebenfalls keinen Verfassungsrang haben.[251] Selbst wenn keine positiv verfassungsrechtliche Normierung für die Judikative besteht, ist der Öffentlichkeitsgrundsatz jedenfalls mittelbar im Grundgesetz verankert.

1. Demokratieprinzip

Zurückführen lässt sich der Öffentlichkeitsgrundsatz auf das in Art. 20 Abs. 2 GG normierte Demokratieprinzip.[252] Der BGH bezeichnet den Grundsatz als „alte demokratische Forderung“[253]. Eine derart konkrete Forderung, wie das Öffentlichkeitsgebot für Gerichtsverhandlungen, lässt sich indes nur schwer aus dem wenig greifbaren Demokratiegebot ableiten. Ausprägungen dessen grundgesetzlicher Fundierung können aber dazu dienen, die Öffentlichkeit des Verfahrens zu begründen. Konkrete Folgerungen für die Reichweite des Öffentlichkeitsgrundsatzes lassen sich hieraus nicht entnehmen.[254] Zwei Ausprägungen sind für die Verfahrensöffentlichkeit von Relevanz: die Bildung der öffentlichen Meinung und die darauf beruhenden Wahlen bzw. Abstimmungen.

Träger der Staatsgewalt ist in einer Demokratie das Volk. In der repräsentativen Demokratie des Grundgesetztes (Art. 20 Abs. 2 S. 2 GG) bedeutet das, dass die Summe der wahlberechtigten Bürger durch Wahlen und Abstimmungen die Staatsgewalt lenkt und ansonsten kaum Entscheidungsbefugnisse innehat. Nur beim Wahlakt ist das Volk unmittelbar handelndes Staatsorgan. Allerdings

---

251 BVerfG, Beschl. v. 26.03.1987 – 2 BvR 589/79, BVerfGE 74, 358 (370); BVerfG, Beschl. v. 29.05.1990 – 2 BvR 254, 1343/88, BVerfGE 82, 106 (114); BGH, Urt. v. 12.07.1966 – 1 StR 199/66, BGHSt 21, 81 (84); *Fink,* Bild- und Tonaufnahmen, S. 124; *Britz,* Fernsehaufnahmen, S. 81; a.A. höherer Rang *Klug,* GS Peters, S. 434 (441); gleichwertiger Verfassungsrang: *Marxen,* GA 1980, 365 (372).

252 BVerfG, Urt. v. 24.01.2001 – 1 BvR 2623/95, BVerfGE 103, 44 (63, 73); BVerfG, Beschl. v. 15.01.2015 – 2 BvR 878/14 NStZ 2015, 170 (171 f.); *Bäumler,* JR 1978, 317 (320); *Fink,* Bild- und Tonaufnahmen, S. 123; *Franke,* Bildberichterstattung, S. 38 f.; *Pernice,* Öffentlichkeit, S. 27; *Stieper,* JZ 2014, 271 (274); *Stutz,* Zurückdrängung, S. 101; *Zipf,* Gutachten C, S. 37.

253 BGH, Urt. v. 22.05.1953 – 2 StR 539/52, BGHSt 4, 279 (283).

254 *Coelln,* Medienöffentlichkeit, S. 167 f.; *Martens,* Rechtsbegriff, S. 60; *Schmidthals,* Verfahrensöffentlichkeit, S. 243.

muss das staatliche Handeln in Form einer Legitimationskette stets auf den Souverän – die Bevölkerung – rückführbar sein.[255] Eine effektive Demokratie setzt daher voraus, dass sich jedes Mitglied einer Gesellschaft frei über alle Handlungen des Staates informieren kann, um so an der öffentlichen Willensbildung teilhaben und eine schlussfolgernde Wahlentscheidung treffen zu können.[256] Neben der rückblickenden Kontrolle, ist die Legitimation der Staatsgewalt und deren Tätigkeiten Teil des durch die Öffentlichkeit gewährleisteten Demokratieprinzips.[257] Die Legitimierung wird durch den öffentlichen Diskurs und Meinungsaustausch immer wieder überprüft und erneuert. Dies führt dazu, dass ein Austausch zwischen Volks- und Staatswillen auch ohne Wahlen bestehen bleibt. So beeinflussen Staatsorgane durch ihre Öffentlichkeitsarbeit die Willensbildung des Volkes und die Bevölkerung nimmt, z.B. durch Parteien, Einfluss auf staatliche Entscheidungen. Danbene veranschaulicht die permanente Beteiligung der Bevölkerung an staatlichen Gestaltungsvorgängen die enge Verbindung des Öffentlichkeitsgebots mit den Kommunikationsfreiheiten aus Art. 5 GG und gewährleistet die Möglichkeit öffentlicher Meinungsbildung.[258]

Von dieser allgemeinen staatlichen Publizitätspflicht, kann gewissermaßen analog auf die Judikative geschlossen werden. Dass auch hier eine demokratische Legitimation erforderlich ist, folgt aus der Ausübung von Staatsgewalt im Rahmen der Rechtsprechung. Eine personelle Legitimation erfolgt jedoch kaum. Ausnahmen ergeben sich aus Art. 94 Abs. 1 S. 2 GG für das Bundesverfassungsgericht, dessen Richter von Bundestag und -rat gewählt werden und nach § 42 GVG für die Schöffenwahl.[259] Richter werden, anders als Abgeordnete und Regierungsmitglieder, daher in der Regel nicht durch eine Wahl sondern durch die Landesregierung[260] oder den/die

255 *Coelln,* Medienöffentlichkeit, S. 168; Maunz/Dürig-*Grzeszick*, GG, Art. 20 Rn. 107.

256 BVerfG, Urt. v. 02.03.1977 – 2 BvE 1/76, NJW 1977, 751 (753 f.), BVerfGE 44, 125 (139); *Coelln,* Medienöffentlichkeit, S. 169; *Martens,* Rechtsbegriff, S. 60 f.; *Pernice,* Öffentlichkeit, S. 32; *Pielow,* Strafverfahren, S. 31; *Prinz,* FS Engelschall, S. 247; *Wettstein,* Öffentlichkeitsgrundsatz, S. 55 f.

257 Zur Wechselwirkung zwischen Demokratie und Öffentlichkeit vgl. die Ausführungen zur Kontrollfunktion der Öffentlichkeit unter B. III. 1.

258 *Britz,* Fernsehaufnahmen, S. 214; *Coelln,* Medienöffentlichkeit, S. 170; *Gerhardt,* Verfassungsmäßigkeit, S. 50; *Gräditz,* FS Paeffgen, S. 456, der die Verknüpfung auf die Transparenz durch Öffentlichkeit stüzt.

259 *Bäumler,* JR 1978, 317 (320).

260 So in Nordrhein-Westfalen nach § 17 Abs. 1 LBG NRW, wobei diese Zuständigkeit auf die Präsidenten der höchsten Landesgerichte übertragen wurde nach § 3 Abs. 2, Beamten- und Disziplinarzuständigkeitsverordnung JM – ZustVO JM.

Ministerpräsidenten/in[261] ernannt.[262] Auch wenn diese wiederum demokratisch legitimiert sind, so dass sich eine Legitimationskette konstruieren ließe, ist sie nicht mit derjenigen der Legislative vergleichbar. Allerdings sind Richter nach ihrer Berufung auf Lebenszeit in ihrem Amt gegen politische Änderungen oder Meinungsbildung gesichert.[263]

Indes kann eine mittelbare demokratische Legitimierung auf Sachebene hergeleitet werden. Nach Art. 97 Abs. 1 GG und Art. 20 Abs. 3 GG ist die Rechtsprechung an Recht und Gesetz gebunden. Sie wenden an, was der unmittelbar demokratisch legitimierte Gesetzgeber verabschiedet hat. Durch die Öffentlichkeit gerichtlicher Verfahren kann sich jeder Einzelne ein Bild von der Gesetzeslage und der Anwendung der Gesetzte machen. Die Bürger können also die Rechtsentwicklung beobachten und auf sie mittelbar einwirken; sei es durch Wahlen oder durch den Einsatz für eine Gesetzesänderung. Somit ist die Öffentlichkeit des Verfahrens ein unumstößliches Wesensmerkmal der repräsentativen Demokratie selbst.[264] Hierbei verfängt indes der Einwand, dass nicht nur das (Staats-)Volk bzw. dessen wahlberechtigter Teil zur Öffentlichkeit im Sinne des Gerichtsverfahrens zählt, sondern unabhängig von Staatsangehörigkeit, Wohnsitz o.ä. zählt zur Öffentlichkeit des Verfahren absolut jeder Mensch, der hieran teilnimmt.[265]

Aufgrund dieser Folgerung stellt sich die Frage, inwieweit sich die Rechtsprechung an der Meinung der Bevölkerung ausrichten muss. Eine uneingeschränkte Orientierung der Rechtsprechung an den Ansichten der Allgemeinheit kann jedenfalls nicht gefolgert werden.[266] So ist bei einer vollständigen Orientierung der Rechtsfindung an der Meinung der Allgemeinheit, der in einem pluralistischen Staat unabdingbare Minderheitenschutz nicht gewährleistet.[267]

---

261 So in Baden-Württemberg vgl. § 10 LBG BW.

262 Richter des BGH werden nach § 125 GVG durch den Bundesjustizminister berufen und vom Bundespräsidenten ernannt.

263 *Coelln,* Medienöffentlichkeit, S. 179 f.; *Martens,* Öffentlichkeit, S. 74; *Olbertz,* Fernsehöffentlichkeit, S. 112; a.A. *Schmidthals,* Verfahrensöffentlichkeit, S. 248 f.

264 BVerfG Urt. v. 21.10.1954 – 1 BvL 52/52, NJW 1955, 17 (18); BVerfG, Urt. v. 14.01.1986 – 2 BvE 14/83, 2 NJW 1986, 907 (908); BGH, Urt. v. 21.12.1951 – 2 StR 480/51, NJW 1952, 632 (633); *Fink,* Bild- und Tonaufnahmen, S. 123; *Kuß,* Öffentlichkeitsmaxime, S. 50; *Pernice,* Öffentlichkeit, S. 32 f.; *Prinz,* FS Engelschall, S. 248; *Schmidthals,* Verfahrensöffentlichkeit, S. 161, 252; *Trüg,* NJW 2011, 1040 (1040); *Witzler,* Personale Öffentlichkeit, S. 127; *Zipf,* Gutachten C, S. 37; a.A. *Franke,* Bildberichterstattung, S. 43, 47. *Martens,* Rechtsbegriff, S. 74 f.

265 *Gräditz,* FS Paeffgen, S. 455.

266 So *Schmidthals,* Verfahrensöffentlichkeit, S. 248; a.A. *Martens,* Rechtsbegriff, S. 60 f.

267 *Kuß,* Öffentlichkeitsmaxime, S. 48.

Insbesondere temporäre Stimmungen können nicht berücksichtigt werden, da die eben angesprochene Bindung der Rechtsprechung an das Gesetz unterlaufen würde und die Gefahr einer Lynchjustiz – entgegen der Unschuldsvermutung – zunehmen würde. Der Gegenpol, nämlich die vollständige Freihaltung der Rechtsprechung von der Meinung der Bevölkerung, ist ebenso wenig vertretbar.[268] Dies wäre kontradiktorisch zu der eben festgestellten Verankerung des Öffentlichkeitsgebots in der Demokratie. Jede Demokratie lebt von dem pluralistischen Meinungsaustausch, der Kommunikation zwischen Bevölkerung und Staat. Durch diesen Dialog werden Wertvorstellungen geprägt und weiterentwickelt.[269] Der gesellschaftlichen Entwicklung darf sich die Rechtsprechung in einer freien Demokratie nicht entziehen. Die Auslegung von Tatbeständen oder Rechtsbegriffen sollte sich daher an der gefestigten öffentlichen Meinung orientieren. Gerade hieraus leitet die Judikative ihre Legitimation ab. Mit der geänderten (Haupt-)Funktion der Öffentlichkeit des Verfahrens zur Information geht einher, dass Rechtsprechung nicht mehr als allein hoheitlicher Akt angesehen wird, sondern als Produkt gesellschaftlicher Kommunikationsvorgänge.[270] Das oftmals angeführte Argument für die Notwendigkeit der Berücksichtigung der öffentlichen Meinung, da das Urteil „Im Namen des Volkes“ ergeht, ist daher als Ausfluss der sachlichen Legitimation lediglich ergänzend von Bedeutung.[271] Abzugrenzen von dieser Orientierungsfunktion der öffentlichen Meinung ist die gezielte Einflussnahme auf Richter in bestimmten – vor allem medienwirksamen – Verfahren. Diese können nicht mit dem Demokratieprinzip begründet werden und gefährden vielmehr die in Art. 97 GG verbürgte Unabhängigkeit der Gerichte.

Festzuhalten ist, dass die Information der Bevölkerung über die Tätigkeit des Staates das Fundament des demokratisch verfassten Staates ist.

2. Rechtsstaatsprinzip

Des Weiteren ist die Öffentlichkeit eine Ausprägung des Rechtsstaatsprinzips, welches in Art. 20 Abs. 3, Abs. 2 S. 2, Art. 19 Abs. 4, Art. 103 GG Niederschlag

---

268 So *Bockelmann*, NJW 1960, 217 (219); *Eb. Schmidt*, Sache, S. 11 f., 26.

269 *Franke*, Bildberichterstattung, S. 45 f.; *Kuß*, Öffentlichkeitsmaxime, S. 48; *Rohde*, Öffentlichkeit, S. 167.

270 *Coelln*, Medienöffentlichkeit, S. 181; *Hassemer*, Strafe, S. 28 f.

271 *Bäumler*, JR 1978, 317 (320); *Britz*, Fernsehaufnahmen, S. 218; *Coelln*, Medienöffentlichkeit, S. 178; *Gierhake*, JZ 2013, 1030 (1035); *Pernice*, Öffentlichkeit, S. 80.

gefunden hat.[272] Das Rechtsstaatsprinzip ist noch wesentlich abstrakter und dadurch weniger greifbar, als das Demokratieprinzip. Daher ist es vielmehr die Summe vieler einzelner Forderungen des Grundgesetzes.[273]

Hierunter fällt der Ausschluss staatlicher Willkür. Die für die Vermeidung von Willkür notwendige Berechenbarkeit und Kontrolle wird im Bereich der Justiz durch die Öffentlichkeit der Verfahren garantiert.[274] Denn der Öffentlichkeitsmaxime kann diese Funktion nicht gänzlich abgesprochen werden.[275] Nicht nur die Veröffentlichung neuer Gesetze (Art. 82 GG), sondern gerade deren Umsetzung sind entscheidend für die Vorhersehbarkeit des justiziellen Handelns durch die Bevölkerung.[276] Die genaue Prognose ist aufgrund der Berücksichtigung der individuellen Besonderheiten jedes Einzelfalls weder möglich noch geboten. Generelle Leitlinien sollen der Allgemeinheit eine Orientierung bieten. Die Auslegung der Gesetzte und das Ausfüllen der unbestimmten Rechtsbegriffe sind genuine Aufgaben der Justiz, durch welche die reinen Gesetzestexte erst verständlich und so der Bevölkerung zugänglich gemacht werden.[277] Im Ergebnis muss somit die Legislative, wie die Judikative, eine gewisse Rechtssicherheit gewährleisten, welche nur mittels Kommunikation mit der Bevölkerung, also durch Öffentlichkeit, entstehen kann.[278]

3. Fazit

Die Rechtsquellen des Öffentlichkeitsgrundsatzes sind auf die Verfassung zurückzuführen. Darüber hinaus ist aber festzuhalten, dass dieser Verfahrensgrundsatz

---

272 BVerfG, Urt. v. 24.01.2001 – 1 BvR 2623/95, 622/99, BVerfGE 103, 44 (63); BGH, Urt. v. 10.6.1966 – 4 StR 72/66, BGHSt 21, 72 (73); *Fink*, Bild- und Tonaufnahmen, S. 124; *Stieper*, JZ 2014, 271 (274); *Zipf*, Gutachten C, S. 38.

273 Maunz/Dürig-*Grzeszick*, GG, Art. 20 VII Rn. 33.

274 BVerfG, Urt. v. 24.01.2001 – 1 BvR 2623/95, 622/99, BVerfGE 103, 44 (63); BGH, Urt. v. 23.05.1956 – 6 StR 14/56, BGHSt 9, 280 (281); BGH, Urt. v. 18.12.1968 – 3 StR 297/68, BGHSt 22, 297 (301); *Prinz*, FS Engelschall, S. 246 f.; *Stutz*, Zurückdrängung, S. 100; *Kissel/Mayer*, GVG, § 169 Rn. 3; *Meyer-Goßner/Schmitt*, StPO, § 169 GVG Rn. 1; *Roxin/Schünemann*, Strafverfahrensrecht, § 47 Rn. 2.

275 Zur Kontrollfunktion siehe oben unter B) III. 1.

276 Nach *Coelln*, Medienöffentlichkeit, S. 200, ist es kaum möglich durch Lektüre des Verkündungsblatts auch nur den Wortlaut eines Gesetzes zu erfahren.

277 OLG Celle, Beschl. v. 12.06.1990 – 1 VAs 4/90, NJW 1990, 2570 (2571); *Kuß*, Öffentlichkeitsmaxime, S. 50; *Franke*, Bildberichterstattung, S. 51.

278 *Coelln*, Medienöffentlichkeit, S. 200; *Pielow*, Strafverfahren, S. 34.

als Teil des Verfassungsrechts anzusehen ist.[279] Er findet sich als unverzichtbarer Bestandteil des Demokratie- und Rechtsstaatsprinzips im Grundgesetz wieder. Historisch wird dies untermauert, indem das Öffentlichkeitsprinzip als Bestandteil der Paulskirchenverfassung von 1848 vorgesehen war.[280] Zum Teil wird sogar vertreten, dass es sich trotz fehlender verfassungsrechtlicher Normierung um ein eigenständiges Prinzip des Grundgesetzes handelt.[281] Dem ist jedoch zu widersprechen. Es fehlt an einer direkten Verfassungsgrundlage. Dass diese zu fordern ist, zeigen die Normierungen der Öffentlichkeit für die Sitzungen des Bundestages in Art. 42 Abs. 1 S. 1 GG oder des Bundesrates in Art. 52 Abs. 3 S. 3 GG.[282] Die Heranziehung von Art. 90 BayLV zur Begründung des Verfassungsrangs, kann kein entscheidendes Argument sein. Die Normenhierarchie und die unterschiedlichen legislatorischen Kompetenzen stehen dem entgegen (Art. 31 GG).[283]

Die Öffentlichkeitsmaxime ist der derzeitigen Gesetzeslage entsprechend weniger ein konkretes Verfassungsgebot, als vielmehr eine Forderung an den Gesetzgeber, die Verfassungsprinzipien der Demokratie und des Rechtsstaates mittels der öffentlichen Gerichtsverhandlung umzusetzen und auszugestalten.[284] Das Prinzip der Öffentlichkeit gerichtlicher Verhandlungen ist somit ein fundamentaler Bestandteil eines freien, demokratischen Rechtsstaates.

V. Zusammenfassung

Deutlich wird, dass der Öffentlichkeitsgrundsatz nicht nur einen historischen Bedeutungswandel erfahren hat, sondern sich auch dessen Funktionen im Laufe der Zeit den gesellschaftlichen Strukturen angepasst haben. Die Entwicklungslinie vom Schutz *durch* Öffentlichkeit zum Schutz *vor* der Öffentlichkeit ist nicht von der Hand zu weisen.[285] Zwar spielt die Kontrollfunktion heute noch eine Rolle, sie wurde aber in ihrer Bedeutsamkeit von der Informationsfunktion

---

279 So i.E. auch: *Bäumler*, Helmut, JR 1978, 317 (320); *Britz*, Fernsehaufnahmen, S. 184; *Coelln*, Medienöffentlichkeit, S. 165, 220; *Franke*, Bildberichterstattung, S. 50; *Kuß*, Öffentlichkeitsmaxime, S. 55; *Olbertz*, Fernsehöffentlichkeit, S. 113; *Pernice*, Öffentlichkeit, S. 87.

280 Nachweise, vgl. Fn. 63; *Stürner*, JZ 2013, 699 (700).

281 *Bamberger*, ZUM 2001, 373 (375).

282 *Pernice*, Öffentlichkeit, S. 27.

283 *Britz*, Fernsehaufnahmen, S. 183.

284 So bereits *Kuß*, Öffentlichkeitsmaxime, S. 56.

285 *Rohde*, Öffentlichkeit, S. 68; *Trüg*, NJW 2011, 1040 (1041).

abgelöst. Letztere ist die zentrale Funktion der Öffentlichkeitsmaxime. Dessen ungeachtet hat das Bundesverfassungsgericht zu Recht erkannt, dass Prozesse *in*, aber *nicht für* die Öffentlichkeit stattfinden.[286] Hierdurch wird die Zwiespältigkeit der Öffentlichkeit deutlich.

All das wirft die Frage auf, inwieweit mit dem geltenden, seit langem unveränderten Recht diese Funktion in einer multimedialen Gesellschaft noch erfüllt werden kann. Bereits im Jahre 1974 stellt Fögen eine diesem Stillstand entgegen gerichtete Forderung: „Die Justiz im 20. Jahrhundert hat es bisher versäumt, der Gerichtsöffentlichkeit neue, dem demokratischen Staat entsprechende politische Funktionen zuzuweisen. Man profitiert noch von dem Kampf der Öffentlichkeitsjuristen des 19. Jahrhunderts, von der mit der Öffentlichkeit geleisteten Unabhängigkeit der Justiz von Staat und Gesellschaft, man ruht sich auf den Lorbeeren der öffentlichen Justiz aus, ohne zu begreifen, was schon die Öffentlichkeitsjuristen des 19. Jahrhunderts wußten: daß der Begriff „Öffentlichkeit" eine Frage der Staatsform ist und dass die Funktion der Öffentlichkeit sich aus der jeweiligen Staatsform bestimmt. Von daher können die Öffentlichkeit des späten absolutistischen Staates und die Öffentlichkeit des demokratischen Staates nie und nimmer dasselbe sein."[287] Was vor 40 Jahren vielleicht als provokative Forderung einiger weniger galt, ist heute durch die Weiterentwicklung der Demokratie und die fortschreitende Medialisierung der Gesellschaft unabweisbar geworden. Dass diese Entwicklung nicht einseitig vollzogen werden kann und den Gefahren, welche mit der Öffentlichkeit einhergehen können, großes Gewicht zukommt, darf hierbei nicht außer Acht gelassen werden. Daher ist ein neues Verständnis der demokratisch und rechtsstaatlich verankerten Verfahrensöffentlichkeit für ihre Gewährleistung unverzichtbar. Mit dem Gesetz zur Erweiterung der Medienöffentlichkeit in Gerichtsverfahren, hat der Gesetzgeber zumindest begonnen den Reformbedarf der Verfahrensöffentlichkeit aufzuarbeiten.

286 BVerfG, Urt. v. 24.01.2001 – 1 BvR 2623/95, 622/99, BVerfGE 103, 40 (64).
287 *Fögen,* Gerichtsöffentlichkeit, S. 120.

C. Ansätze zur Präzisierung

Bereits seit der Normierung des Öffentlichkeitsgrundsatzes ist dessen Reichweite Gegenstand einer regen Diskussion in Schrifttum und Rechtsprechung. Dies verdeutlicht mitunter der oben dargestellte Abriss der historischen Entwicklung der Verfahrensmaxime und der ihr zugeschriebenen Funktionen.

Aufgabe dieser Diskussion war und ist es, den wertungsoffenen Begriff der Öffentlichkeit auszufüllen. Eine Präzisierung des Begriffs und somit des Inhalts kann auf verschiedensten Wegen erfolgen. Für den positivistisch geprägten Juristen drängt sich zunächst auf, die Klärung der Frage im bestehenden Gesetzestext zu suchen. Hierzu kann zunächst die Verfassung, welche entwicklungsoffen ausgerichtet ist, herangezogen werden. Das Verfassungsrecht ermöglicht eine Orientierung und eine grobe Annäherung, aber keine Schlussfolgerungen zulassende Konturierung. Daher ist nach weiteren Möglichkeiten zur Präzisierung zu fragen. Die Straftheorie ist hierbei eine mögliche weitere Erkenntnisquelle, ein Puzzleteil des Ganzen, um die heutige Bedeutung der Öffentlichkeitsmaxime sichtbar werden zu lassen. Die Verbindung der Straftheorie zur Verfahrensöffentlichkeit wurde bereits an verschiedenen Stellen deutlich, so kann die geschichtliche Entwicklung mit dem Strafzweck begründet werden und auch im Rahmen der Funktionen werden die Straftheorien relevant. Es scheint daher nur konsequent diese auch heute noch heranzuziehen. Beachtet werden müssen ferner die Zwecke des Strafverfahrens, da der Öffentlichkeitsgrundsatz ein Verfahrensprinzip ist.

I. Ansätze zur Präzisierung aus dem geschriebenen Recht

Zur Umgrenzung eines offenen, rechtlich relevanten Begriffs kann zunächst auf normierte Grundlagen zurückgegriffen werden. Aus dem Grundgesetz lassen sich bereits die Grenzen der Maxime festmachen: die Medienfreiheiten und das Persönlichkeitsrecht. Allerdings kann hieraus keine konkrete Aussage über den Inhalt des Öffentlichkeitsgrundsatzes im Strafverfahren getroffen werden, sondern nur die Kollisionsproblematik der verschiedenen Grundrechte als äußerster Rahmen dargestellt werden. Auch andere Verfassungsmaxime beeinflussen den Öffentlichkeitsgrundsatz und sind daher in den Blick zu nehmen. Diese können aufgrund ihrer notwendigen Abstraktion, freilich ebenso wenig eine genaue Konturierung ermöglichen, aber sie können Grenzen markieren. Zudem leistet die verfassungsrechtliche Betrachtung einen Beitrag zur Klärung der Frage, inwiefern das Öffentlichkeitsverständnis von dem jeweiligen Verfahren abhängt.

Das einfache Recht und die mittlerweile gefestigte Auslegung desselbigen kann ein generelles Verständnis nicht fördern. Denn die gesetzlichen und untergesetzlichen Regeln sind Folge des Öffentlichkeitsverständnis und in diesem Sinne auszulegen, nicht umgekehrt. Ferner stößt die Auslegung an die Grenzen des Wortlautes, welche dem überholten Gesetzestext geschuldet ist bzw. bis zur Novellierung 2017 geschuldet war.

1. Verfassungsprinzipien

Aus der oben beschriebenen Verankerung des Öffentlichkeitsgrundsatzes im Grundgesetz – genauer im Demokratie- und Rechtsstaatsprinzip des Art. 20 GG – können wenige Leitlinien für eine Präzisierung dieser Maxime hergeleitet werden. Allerdings folgt hieraus, dass in der Staatsform einer repräsentativen Demokratie die Öffentlichkeit generell für Gerichtsverfahren ein unverzichtbares Gut ist. Der Beitrag zur Präzisierung kann also darin gesehen werden, dass eine vollständige Abschaffung der Öffentlichkeit des Verfahrens und die Rückkehr zum geheimen Prozess unter dem Grundgesetz nicht möglich ist.

Es zeigt sich ferner, dass das Rechtsstaatsprinzip bezogen auf die Öffentlichkeit ambivalent ist, weil es zugleich Begründung für die Verfahrensöffentlichkeit sowie deren Beschränkung ist.[288] Beschränkungen können aus der Unschuldsvermutung, dem Recht auf ein faires Verfahren und der damit in engem Zusammenhang stehenden richterlichen Unabhängigkeit folgen. Die genannten Prinzipien können zudem als Ausfluss einiger Zwecke des Strafverfahrens, der Wahrheitsfindung im Einzelfall und die Wiederherstellung des Rechtsfriedens, angesehen werden.[289]

a) Unschuldsvermutung

Eine Beschränkung der Öffentlichkeit stellt die durch Art. 6 Abs. 2 EMRK normierte und in Deutschland Verfassungsrang beanspruchende Unschuldsvermutung dar.[290] Einem doppelten Begründungsansatz folgend, stützt sie sich auf

288 *Coelln,* Medienöffentlichkeit, S. 198.

289 *Hunecke,* NK 2011, 85 (85); *Kubiciel,* GA 2013, 226 (233), m.w.N.

290 BVerfG, Urt. v. 05.06.1973 – 1 BvR 536/72, GRUR 1973, 541 (547), BVerfGE 35, 202 (232); *Dalbkermeyer,* Schutz, S. 22; *Eb. Schmidt,* Publizistik, S. 55 f.; *Marxen,* GA 1980, 365 (372); *Vacca,* Jura 2013, 594 (602); *Zipf,* Gutachten C, S. 28.

das Rechtsstaatsprinzip und die Menschenwürde.[291] Sie geht davon aus, dass jeder Angeklagte solange unschuldig ist bis das Gegenteil bewiesen wurde. Die Unschuldsvermutung soll die Bevölkerung davon abhalten frühzeitig ein eigenes Urteil über die Tat zu fällen und so den Rechtsfrieden bewahren.[292] Denn das eigene Rechtsempfinden, welches jeder im Laufe seines Lebens erlernt, gibt den Menschen das Gefühl, urteilen zu können.[293]

Der Unschuldsvermutung widerspricht eine vorverurteilende, tendenziöse mediale Berichterstattung oder eine zu offensive Medienarbeit der Justiz. Die damit einhergehende sozialethische Deklassierung gilt es zu vermeiden.[294] Durch eine derartige Verurteilung vor der Verhandlung „würde das Verfahren zu einem nur um der Form willen veranstalteten Zeremoniell erstarren."[295] Als allgemeines Verfassungsprinzip wirkt sie auch im Verhältnis der Medien zu den Bürgern und stellt eine Schranke des Art. 5 Abs. 1 GG dar.[296] Durch die Medien werden regelmäßig reißerische Nachrichten vermittelt und dem der Einzelheiten unkundigen Empfänger der Eindruck eines feststehenden Sachverhalts suggeriert. Die Vorverurteilung der Medien kann so zu einer Vorverurteilung durch die Gesellschaft führen. Auf diese Weise entsteht eine Art Nebenjustiz, welche unabhängig von der tatsächlichen Sach- und Rechtslage urteilt.[297] Die Tendenz einer schlechten Medienarbeit der Justiz wurde bei den besonders medienwirksamen Prozessen der letzten Jahre evident. Dabei scheinen die Auskünfte der Ermittlungsbehörden oft wenig durchdacht und dafür umso fataler für den Beschuldigten.[298] Die Staatsanwaltschaft ist nach § 152 StPO, auch um eine Vorverurteilung zu vermeiden, zur Objektivität verpflichtet. Die Neutralität ist insbesondere durch öffentlichkeitswirksame, parteiische Pressekonferenzen

---

291 BVerfG, Beschl. v. 26.03.1987 – 2 BvR 589/79, NJW 1987, 2427 (2427); *Marxen*, GA 1980, 365 (372); Maunz/Düring-*Di Fabio*, GG, Art. 2 II 2, Rn. 50; *Neuling*, Inquisition, S. 163.

292 BVerfG, Urt. v. 05.06.1973 – 1 BvR 536/72, GRUR 1973, 541 (547), *Eb. Schmidt*, Publizistik, S. 55 f.

293 *Hunecke*, NK 2011, 85 (87).

294 BVerfG, Beschl. v. 27.11.2008 – 1 BvQ 46/08, NJW 2009, 350 (Ls); *Dalbkermeyer*, Schutz, S. 26; *Pfeifle*, ZG 2010, 283 (288); *Eb. Schmidt*, Sache, S. 24; *ders.* Publizistik, S. 48 f.; *Stieper*, JZ 2014, 271 (279).

295 *Luhmann*, Legitimation, S. 128.

296 *Coelln*, Medienöffentlichkeit, S. 229 f.; *Fink*, Bild- und Tonaufnahmen, S. 134; *Marxen*, GA 1980, 365 (373).

297 *Eisele*, JZ 2014, 932 (936); *Kühl*, FS Müller-Dietz, S. 406; *Eb. Schmidt*, Publizistik, S. 52.

298 Zum Beispiel: Die von den Medien begleitete vorläufige Festnahme des Managers Klaus Zumwinkel im Jahr 2008.

gefährdet. In jüngster Zeit ist zu beobachten, dass sich Staatsanwaltschaften oft durch die mediale Berichterstattung zu einer schnellen Stellungnahme gedrängt sehen. Diese sind dann aber leider teilweise ebenso vorverurteilend oder einseitig, wie die der Presse.[299]

Als exemplarisch hierfür kann der Fall des ehemaligen Bundestagsabgeordneten Sebastian Edathy (SPD) angesehen werden. Dieser stand im Verdacht strafbare kinderpornographische Schriften zu besitzen. Der Verdacht fußte auf dem Fund von moralisch fragwürdigen Bildern von Kindern, welche zu dieser Zeit jedoch nicht gegen die Gesetzeslage verstießen. Bei der Pressekonferenz äußerte die zuständige Staatsanwaltschaft dann, dass sich noch nie (!) ein Bezieher von nicht strafbarem Foto-Material auf solches beschränkt habe.[300] Die Äußerungen legen den Verdacht des Verstoßes gegen die Unschuldsvermutung sehr nahe. Eine bessere Medienarbeit der Strafjustiz ist daher bereits im Lichte der Unschuldsvermutung unerlässlich.[301]

Die Beschuldigten – vielmehr deren Verteidiger – haben hingegen mittlerweile sehr gute Strategien entwickelt, um die (sozialen) Medien für sich zu nutzen. Wagner bezeichnet die Öffentlichkeitsarbeit eines Strafverteidigers sogar als dessen „forensische Pflicht“.[302] Unter dem Stichwort Litigation-PR ist daher inzwischen nahezu eine eigene Wissenschaft entstanden.[303] Sie beschäftigt sich mit dem Einsatz und der Beeinflussung der Medien zugunsten des Mandanten und des eigenen Images. Hierbei wird häufig versucht moralische Werte in die Rechtsfindung zu infiltrieren.[304] Obwohl Litigation-PR zumeist bei besonders aufsehenerregenden Verfahren zum Einsatz kommt und nicht von allen Anwälten praktiziert wird, ist hierdurch bereits seit längerem das Bewusstsein für die Medien und deren Wirkung vorhanden.[305]

---

299 *Boehme-Neßler,* Öffentlichkeit, S. 25, 32; *Neuling,* Inquisition, S. 187 f., 218 f., 312.

300 *Fischer,* Die ZEIT, Ausgabe 10/2014, abrufbar unter http://www.zeit.de/2014/10/staatsanwaltschaft-fall-edathy, zuletzt aufgerufen am 08.04.2017; *Rieble,* Frankfurter Allgemeine Sonntagszeitung, 24.02.2014, http://www.faz.net/aktuell/feuilleton/haarstraeubende-fehler-der-buerger-edathy-12815871.html, zuletzt aufgerufen am 08.04.2017.

301 Zu diesem Fall auch *Wick,* Strafverfahren, S. 27 f. Dies forderte bereits *Tolksdorf,* FH Möller, S. 32.

302 *Wagner,* Strafprozessführung, S. 50.

303 *Ernst,* NJW 2010, 744 (745); *Gerhardt,* Einfluß, S. 24; *Jung,* GA 2014, 257 (262); *Marxen,* Inszenierungen, S. 29; *Müller,* AnwBl 2016, 656 (659); *Prinz,* FS Engelschall, S. 245; siehe auch *Rademacher/Schmitt-Geiger,* Litigation PR.

304 *Boehme-Neßler,* Öffentlichkeit, S. 20 f.; *Streek,* Litigation-PR, S. 135 f.

305 *Hunecke,* NK 2011, 85 (86) zu den Anforderungen an Justizbehörden *Huff,* Juristenbehörden, S. 267 f.

Im Bereich des Ermittlungsverfahrens ist zu berücksichtigen, dass hier das Spannungsverhältnis zur Unschuldsvermutung besonders evident ist, da lediglich ein Anfangsverdacht besteht. Ist das Hauptverfahren hingegen eröffnet, wurde bereits durch zwei unabhängige Instanzen der hinreichende Tatverdacht bejaht. Ferner soll die Arbeit der Staatsanwaltschaften – die effektive Strafverfolgung – nicht gefährdet werden. Beispielsweise wäre eine Durchsuchung bei wochenlanger Vorankündigung nutzlos.[306] Die Nichtöffentlichkeit des Ermittlungsverfahrens folgt zudem aus einem Umkehrschluss aus § 169 GVG, der ausdrücklich nur von der „Verhandlung" spricht.[307] Die Auskunftserteilung an den Verdachtsgrad zu knüpfen scheint hierbei eine durchaus gangbare Möglichkeit.[308] Über Vorermittlungen, welche klären sollen ob ein Ermittlungsverfahren eingeleitet wird, dürfte dann richtigerweise überhaupt nicht berichtet werden. Hier ist die Unschuldsvermutung besonders zu schützen, da bereits eine Stigmatisierungsgefahr besteht ohne den Anfangsverdacht einer Straftat festgestellt zu haben.[309]

Bei besonders verwerflichen oder schweren Straftaten erhöht sich die Gefahr gesellschaftlicher Ächtung, so dass hier eine Einbeziehung der Medien und die Wahl der Informationen besonders zu überdenken ist. Die Berichterstattung erst nach einem erstinstanzlichen Urteil zu erlauben wäre zwar denkbar, aber kaum durchsetzbar.[310] Problematisch ist hierbei, dass die Medien nicht direkt an die Unschuldsvermutung gebunden sind. Sie haben sich im Rahmen von Ziffer 13 des Pressekodex,[311] zwar dazu verpflichtet die Unschuldsvermutung zu wahren und auch für die Kriminalberichterstattung sieht der Kodex in Ziffer 8 eine tragfähige Leitlinie vor, allerdings ist die Sanktion eines „Rügeabdrucks" wenig wirkungsvoll.[312] Zudem entfaltet der Pressekodex nur mittels

306 *Eisele*, JZ 2014, 932 (938); *Fischer*, Medienöffentlichkeit, S. 172; *Neuling*, Inquisition, S. 115.

307 *Eisele*, JZ 2014, 932 (934); *Fischer*, Medienöffentlichkeit, S. 204 f.

308 BVerfG, Urt. v. 05.06.1973 – 1 BvR 536/72, GRUR 1973, 541 (547 f.), BVerfGE 35, 202 (232); *Eisele*, JZ 2014, 932 (941); *Fischer*, Medienöffentlichkeit, S. 82; *Trüg*, NJW 2011, 1040 (1041); *Meier*, AE-StuM, S. 92.

309 *Eisele*, JZ 2014, 932 (939); *Fischer*, Medienöffentlichkeit, S. 35 f.

310 BVerfG, Beschl.v. 27. 11. 2008 – 1 BvQ 46/08 NJW 2009, 350 (352 f.); So aber *Vacca*, Jura 2013, 594 (602).

311 Abrufbar unter http://www.presserat.de/pressekodex/pressekodex/#panel-ziffer_13____unschuldsvermutung, zuletzt aufgerufen am 14.01.2018.

312 *Hunecke*, NK 2011, 85 (87); *Jahn*, Einfluß, S. 12; für eine direkte Grundrechtsbindung *Fischer*, Medienöffentlichkeit, S. 206.

Selbstverpflichtungserklärung Wirkung, welche nicht zwingend abzugeben ist.[313] Darüber hinaus berichten heutzutage nicht nur große Medienunternehmen oder gar speziell ausgebildete Gerichtsreporter[314] über Strafverfahren, auch in Blogs auf Twitter, Facebook oder über sonstige soziale Medien kann jeder Bürger seine Meinung und Informationen verbreiten. Eine rein laienhafte Berichterstattung ist aber zumindest ebenso gefährlich für die Unschuldsvermutung und alle weiteren Rechte, da diese besonders zur Verhetzung und Stigmatisierung neigt und oft eine Stellungnahme des Autors ohne sachliche Fundierung oder Hintergrundkenntnisse ist.[315]

Als Beispiel kann der folgende Fall dienen. Im März 2013 wurde ein 17-jähriger aus Emden wegen Verdachts des Mordes an einer Elfjährigen vorläufig festgenommen. Der Mord an dem Mädchen hatte die gesamte Bevölkerung in Aufruhr versetzt. Die Festnahme verbreitet sich schnell über Facebook und andere soziale Medien. Wenige Stunden später stand ein aufgewühlter Mob vor der Polizeistation und forderte Lynchjustiz. Am folgenden Tag stellte sich heraus, dass der Festgenommene nicht der Täter sein konnte und er wurde freigelassen. Auf diese Ereignisse hin verließ der zu Unrecht Beschuldigte mit samt seiner Familie die Stadt.[316] Deutlich wird hierbei, dass ein untrennbarer Zusammenhang zwischen Unschuldsvermutung und dem Recht auf ein faires Verfahren besteht. Diese Faktoren und somit das Gewaltmonopol des Staates sind kulturhistorische Errungenschaften, welche durch das Internet bzw. die Verbreitung laienhafter Berichte in sozialen Medien unterlaufen werden können.[317]

Mit der Verletzung der Unschuldsvermutung geht unweigerlich eine etwaige Rufschädigung einher, welche bei dem Punkt des allgemeinen Persönlichkeitsrechts genauer erörtert wird.[318]

Letztlich ist die Unschuldsvermutung eine Grenze des Öffentlichkeitsgrundsatzes. Geht die Öffentlichkeit so weit, dass die Unschuldsvermutung hierdurch

---

313 Vgl. http://www.presserat.de/presserat/selbstverpflichtungserklaerung/, zuletzt aufgerufen am 14.04.2018.

314 So noch die Forderung von *Jescheck*, ZStW 71 (1959), 1 (7 f.).

315 *Jung*, GA 2014, 257 (265); *Kujath*, Laienjournalismus, S. 88 f.; *Ströbel*, Persönlichkeitsschutz, S. 144.

316 *Ostendorf/Frahm/Doege*, NStZ 2012, 529 (529 f.); *Ströbel*, Persönlichkeitsschutz, S. 146 f.; Süddeutsche Zeitung v. 31.03./01.04.2012, S. 12.

317 *Ostendorf/Frahm/Doege*, NStZ 2012, 529 (530 f.); *Ströbel*, Persönlichkeitsschutz, S. 145.

318 Daher hierzu mehr unter C. I. 2. b); vgl. *Eb. Schmidt*, Publizistik, S. 55, 56.

unterlaufen wird, ist diese Grenze überschritten. Sie stellt daher ein weiteres Element des äußeren Rahmens der Öffentlichkeit dar.

b) Recht auf ein faires Verfahren

Zudem ist der Grundsatz eines fairen Verfahrens in den Blick zu nehmen. Er ist in Art. 6 Abs. 3 EMRK normiert und ein leitendes Prinzip des deutschen Strafverfahrens. Ferner ist das Recht auf ein faires Verfahren Ausfluss des Rechtsstaatsprinzips aus Art. 20 Abs. 3 GG. Der genaue Inhalt ist schwer zu bestimmen und wird oft aus bereits bestehenden Verfahrensprinzipien zusammengesetzt. Daher wird der Grundsatz des fairen Verfahrens als Auffangrecht beschrieben, um etwaige Lücken der Justizgrundrechte zu schließen.[319] In Bezug auf die Öffentlichkeit des Strafprozesses geht es vor allem um die Vermeidung einer Vorverurteilung sowie die Sicherung der Wahrheits- und Rechtsfindung.

Zeugen, Sachverständige und sonstige Verfahrensbeteiligte sehen sich durch eine einseitige oder vorverurteilende Berichterstattung dem medialen Druck ausgesetzt.[320] Die Zeugen erhalten so bereits vor ihrer Aussage Informationen über das Verfahren, was der Wiedergabe der eigenen Erinnerung als Essenz der Zeugenaussage entgegenläuft.[321] Durch Berichte oder Interviews über und mit Zeugen sowie deren Aussagen im Vorfeld der Verhandlung, kann auf diese der Zwang wirken – entgegen der Wahrheit – bei der gemachten Aussage zu bleiben. Die Erwartungshaltung der Medien kann so auf die Gesellschaft und den betroffenen Verfahrensbeteiligten fortwirken. Ein großes Publikum im Verfahren kann dazu führen, dass der Betroffene in seiner Aussage gehemmt wird oder diese als Auftritt inszeniert.[322] Hier ist wiederum die Gefahr der Nebenjustiz gegeben, welche die Wahrheitsfindung erschweren kann. Denn die mediale Beeinflussung kann zu forensisch unbrauchbaren Aussagen führen.[323]

---

319 *Coelln,* Medienöffentlichkeit, S. 213; *Dalbkermeyer,* Schutz, S. 30 *Zipf,* Gutachten C, S. 30.

320 BVerfG, Urt. v. 24.01.2001 – 1 BvR 2623/95 BVerfGE 103, 44 (68); *Kaulbach,* ZRP 2009, 236 (238); *Pfeifle,* ZG 2010, 283 (292); *Eb. Schmidt,* Publizistik, S. 55; *Wagner,* Strafprozessführung, S. 81.

321 *Vogel,* Fernsehübertragungen, S. 86; *Wagner,* Strafprozessführung, S. 67 f.

322 *Engels,* Rechtspflege, S. 22; *Huff,* NJW 1996, 571 (573); *Tag,* Öffentlichkeit, S. 46; *Vogel,* Fernsehübertragungen, S. 86.

323 BVerfG, Beschl. v. 31.07.2014 – 1 BvR 1858/14, NJW 2014, 3013 (3014); *Freuding,* ZRP 2010, 159 (160); *Vogel,* Fernsehübertragungen, S. 84 f.

Die geschilderte Problematik tritt bei Sachverständigen in verringerter Form auf, da für sie Aussagen vor Gericht Teil ihrer beruflichen Tätigkeit sind und sie zumeist über forensische Erfahrung verfügen.[324]

Ebenso besteht ein hoher Druck auf den Angeklagten vor einem vollbesetzten Auditorium in der Verhandlung auszusagen, insbesondere wenn Medienvertreter anwesend sind. Dies kann dazu führen, dass der Angeklagte z.B. nicht von seinen prozessualen Mitteln oder von Rechtsmitteln Gebrauch macht, um den Medien zu entgehen. Der Verteidiger muss mediale Auswirkungen seines strafprozessualen Vorgehens antizipieren (Litigation-PR). Mithin ist das Recht des Angeklagten auf Verteidigung als Teil des Fair-Trial-Prinzips ebenfalls betroffen.[325]

Dem Recht auf ein faires Verfahren kann ferner die Beeinflussung von Richtern durch Medienkampagnen entgegenstehen. Ebenso können Staatsanwälte in ihrer Entscheidung über die Klageerhebung und Verteidiger in ihrer Art vor Gericht aufzutreten medial beeinflusst werden.[326] Letzteres scheint im Falle der Anklage gegen den Bundepräsidenten a.D. Christian Wulff der Fall gewesen zu sein. Hierbei ging es um den Vorwurf, Wulff habe als niedersächsischer Ministerpräsident illegale Zuwendungen des Filmunternehmers David Groenewold angenommen. Wulff sollte durch einen Oktoberfestbesuch auf Groenewolds Kosten circa 780,- € erhalten haben, um im Gegenzug ein Filmprojekt durch sein Amt zu fördern. Nach einer medialen Hetzkampagne – in der wesentlich mehr Sachverhalte rund um das Thema Korruption gegen Wulff angeprangert wurden[327] – trat dieser als Bundespräsident zurück und die Staatsanwaltschaft Hannover erhob Anklage wegen des Verdachts auf Vorteilsnahme. Der Zusammenhang zwischen medialem Druck und Anklageerhebung wurde hier besonders deutlich, da diese trotz kaum vorhandener oder belastbarer Beweise erhoben wurde.[328] Letztlich wurde Wulff daher vom LG Hannover freigesprochen.[329]

---

324 BVerfG, Beschl. v. 31.07.2014 – 1 BvR 1858/14, NJW 2014, 3013 (3014); *Fink*, Bild- und Tonaufnahmen, S. 316 f.; *Zipf*, Gutachten C, S. 36.

325 *Dalbkermeyer*, Schutz, S. 27; *Nestler*, Medienöffentlichkeit, S. 146; *Vogel*, Fernsehübertragungen, S. 85.

326 *Dalbkermeyer*, Schutz, S. 28; *Wagner*, Strafprozessführung, S. 81, 87.

327 Zu weiteren Vorwürfen *Arnim*, NVwZ 2012, 141 (141 f.).

328 *Fechner*, JZ 2012, 453 (453); *Friedrichsen/Gerhardt*, ZRP 2014, 92 (93); *Kriele*, ZRP 2012, 53 (54); a.A. *Kubiciel*, LTO 28.02.2014, abrufbar unter http://www.lto.de/recht/hintergruende/h/lg-hannover-urteil-40kls612-wulff-korruption-freispruch/, zuletzt aufgerufen am 13.04.2018.

329 LG Hannover, Urt. v. 27.02.2014 – 40 KLs 6/13 4212 Js 27683/13.

Unabhängig von den Verfahrensbeteiligten wird jedenfalls die Verhandlungsatmosphäre im Gerichtssaal durch Medienkampagnen beeinflusst, was das Recht auf ein faires Verfahren bereits tangieren kann.[330]

Der Grundsatz des fairen Verfahrens kann zudem durch Störungen des äußeren Verfahrensablaufs, z.B. durch das Aufstellen und Bedienen von Aufnahmegeräten, beeinträchtigt werden.[331] Diese können Pool-Lösung[332] und andere Maßnahmen zwar verringern.[333] Es ist jedoch zu beobachten, dass einige Medienvertreter auf eine Direktberichterstattung beharren und sich nicht mit einer Pool-Lösung arrangieren wollen.[334] Weitere Maßnahmen könnten die Begrenzung der Anzahl an Medienvertretern, die Angabe der konkreten Standorte für die Geräte, das Verbot von Nahaufnahme, die Anordnung der Verpixelung oder ein generelles Verbot von Aufnahmen von Zeugen oder das Entfernen in bestimmten Verfahrensabschnitte sein.[335] Ein vollständiger Ausschluss dieser – rein äußerlichen – Störungen ist trotz neuester, sehr leiser Technik dennoch kaum möglich.

Die Fürsorgepflicht des Gerichts ist eine weitere Ausprägung des fairen Verfahrens. Das Gericht muss daher einen Ausgleich der entgegenstehenden Interessen finden.[336] Durch eine Begrenzung der Berichterstattung auf bestimmte Verhandlungsabschnitte kann das Gericht dieser Rechnung tragen. Eine weitere Möglichkeit könnte sein, dass die Aufnahmegeräte integrativer Bestandteil des Gerichts werden und Justizbeamte über die Art der Aufnahmen und die Zusammenstellung entscheiden. Problematisch hieran ist die Ressourcenknappheit in der Justiz.[337] Dem könnte dadurch begegnet werden, dass z.B. nur

---

330 *Gerhardt,* Einfluß, S. 23, *ders.,* ZRP 2009, 247 (249 f.); *Jung,* JZ 2012, 303 (303); *Kepplinger,* Medieneffekte, S. 141, 181 f., 210 f.; *Kepplinger/Zerback,* PUB 2009, 216 (229, 234); *Tolksdorf,* FH Möller, S. 27 f.

331 *Luhmann,* Legitimation, S. 127; *Vietmeyer,* Fernsehöffentlichkeit, S. 128.

332 Unter einer „Pool-Lösung" versteht man, dass nur ein Kamerateam Zugang zum Sitzungssaal hat, welches das Filmmaterial allen interessierten Medienunternehmen kostenlos zur Verfügung stellen muss. Die Verpflichtung zur Überlassung der Aufnahmen folgt aus einem zivilrechtlichen Vertrag.

333 BVerfG, Beschl. v. 11.11.1992 – 1 BvR 1595/92, NJW 1992, 3288 (3289); BVerfG, Beschl. v. 14.07.1994 – 1 BvR 1595/92, NJW 1995, 184 (186); *Coelln,* AfP 2014, 193 (196); *Fröhling,* Pranger, S. 287; *Vietmeyer,* Fernsehöffentlichkeit, S. 129.

334 DRB, DRiZ 1996, 249; *Eberle,* NJW 1994, 1637 (1638); *Hamm,* NJW 1995, 760 (761); *Roxin/Schünemann,* Strafverfahrensrecht, § 47 Rn. 3; *Zuck,* NJW 1995, 2082 (2083).

335 BVerfG, Urt. v. 24.01.2001 – 1 BvR 2623/95, 622/99, BVerfGE 103, 44 (69); *Roxin/Schünemann,* Strafverfahrensrecht, § 47 Rn. 3.

336 *Vacca,* Jura 2013, 594 (603).

337 Vgl. hierzu *Britz,* jm 2015, 127 (130).

ein Beamter hierfür hauptamtlich eingestellt wird und nur ein Gerichtssaal ab Verfahren vor dem Landgericht dementsprechend ausgestattet wird. Ferner setzt die StPO bereits voraus, dass eine Bild- und Tonaufnahme möglich sein muss. Dies betrifft z.B. die Aufnahme von Zeugenaussagen (§§ 58a, 255a).[338] Ferner ist auch die Bild- und Tonübertragung bereits als möglicher Teil des Strafprozesses vorgesehen (§ 247a StPO).[339]

Das Recht auf ein faires Verfahren ist selbst ein Mosaik aus zahlreichen Teilstücken. Hieraus lassen sich schwerlich konkrete Forderungen für die Ausgestaltung der Öffentlichkeit herleiten. Selbständige Bedeutung gewinnt vor allem der Aspekt des störungsfreien äußeren Ablaufs der Verhandlung.

c) Richterliche Unabhängigkeit

Ein weiteres Teilstück der äußeren Grenzen der Öffentlichkeit der Verhandlung bildet die richterliche Unabhängigkeit.

Mit der Medienarbeit und medialen Vorwegnahme der Verhandlung und Urteilsfindung geht die Gefahr der Beeinflussung von Richtern einher. Die in Art. 97 GG verbürgte richterliche Unabhängigkeit gilt sowohl für Berufsrichter als auch für Schöffen (Laienrichter). Art. 97 GG steht nicht nur für die institutionelle und persönliche Unabhängigkeit der Richter von staatlichen Einflüssen, auch von temporären gesellschaftlichen Strömungen soll der Richter unbeeinflusst bleiben, damit er sein Urteil objektiv und neutral finden kann. Die Bedeutung dieses Grundsatzes wird durch seine direkte Verknüpfung zur Gewaltenteilung in Art. 20 Abs. 2 S. 2 GG und der Bindung der Rechtsprechung an Recht und Gesetz nach Art. 20 Abs. 3 GG deutlich.[340] Die Verfahrensmaxime wurde, wie der Öffentlichkeitsgrundsatz, im Gegenzug zur Geheimjustiz durch die Aufklärung erkämpft.[341] Die innere Unabhängigkeit vor äußeren Einflüssen ist letztlich eine jedem Richter überlassene Aufgabe. Im Zeitalter der Massenmedien gilt es daher sich dem Druck, welchen diese zweifellos aufbauen können, zu erwehren. Die im Umgang mit den Medien nicht ausgebildeten Richter, könnten durchaus durch diese beeinflusst werden. Dies gilt besonders für medienwirksame,

---

338 Zu diesen Vorschriften: *Pott,* Videotechnologie, S. 16 f.; *Swoboda,* Videotechnik, S. 369 f.; 399 f.

339 Genauer hierzu *Pott,* Videotechnologie, S. 69 f.; *Swoboda,* Videotechnik, S. 143 f.

340 *Papier,* NJW 2001, 1089 (1090); *Pfeifle,* ZG 2010, 283 (298).

341 *Papier,* NJW 2001, 1089 (1089); zur Öffentlichkeitsmaxime in Zeiten der Aufklärung siehe B. I. 2.

spektakulären Fällen.[342] Auch Richter sind „nur" Menschen, die sich jedenfalls einer latenten Beeinflussung schwer entziehen können. An der nötigen Selbstreflexion fehlt es jedoch häufig. Zumeist gehen Richter von einer Beeinflussung der beteiligten Laien oder allenfalls anderer Richter, aber nicht in Bezug auf sich selbst, aus.[343] Für den Bürger kann dies zu einer Beeinträchtigung des Rechts auf den gesetzlichen Richter aus Art. 101 Abs. 1, 2 GG führen. Denn hat der Richter sich sein Urteil bereits vor Verfahrensschluss gebildet, ist er befangen und ein anderer Richter müsste das Verfahren fortführen.[344] Erkennt der Richter seine eigene Befangenheit nicht, wird er das Verfahren dennoch bis zum Urteil führen und entscheiden. Daneben stehen Schöffen bzw. Laienrichter, welche zumeist selbst keine Aktenkenntnis haben und unter Umständen besonders anfällig für eine einseitige Berichterstattung sind. Sinn und Zweck der Schöffen ist es, dass sie ohne juristische Kenntnisse und ohne Aktenkenntnis nach Abschluss der Hauptverhandlung allein aus dieser ihr Urteil schöpfen. Sie sind Garanten des Mündlichkeitsprinzips (§ 261 StPO).[345] Die erfolgte mediale Stigmatisierung oder Ähnliches können sie hierbei schwer außer Acht lassen, denn jedenfalls unterbewusst hat eine Beeinflussung stattgefunden.[346] Rein prozessual betrachtet kann dies zu einem Befangenheitsantrag nach § 24 StPO führen und so mit dem Recht auf den gesetzlichen Richter in Konflikt geraten. Ferner wird hierdurch das Verfahren verzögert. Besonders im Lichte des Beschleunigungsgrundsatzes, der aus dem fair-trial-Prinzip folgt, ist solch eine Folge kritisch zu sehen.

Inwieweit die Öffentlichkeit und hier besonders die Medien den Prozess tatsächlich beeinträchtigen ist empirisch nicht nachweisbar. Allerdings genügt bereits der Verdacht, dass die Justizbehörden an ihrer professionellen Distanz verlieren, um das notwendige Vertrauen der Bevölkerung in die Justiz zu mindern.[347]

---

342 *Friedrichsen/Gerhardt*, ZRP 2014, 92 (93); *Hassemer*, Einfluß, S. 67; *Nestler*, Medienöffentlichkeit, S. 145; *Papier*, NJW 2001, 1089 (1091); *Vacca*, Jura 2013, 594 (606).

343 Vgl. zum Andere-Leute-Effekt und den empirischen Daten: *Gerhardt*, ZRP 2009, 247 (250); *ders.* Einfluß, S. 22; *Kepplinger*, Medieneffekte, S. 141, 181 f., 210 f.; *Kepplinger/Zerback*, PUB 2009, 216 (229, 234); anders noch *Campe*, GA 1929 (Bd. 73), 242 (246).

344 BVerfG, Beschl. v. 08.04.1997 – 1 PBvU 1/95, NJW 1997, 1497 (1498); *Vacca*, Jura 2013, 594 (606); *Vogel*, Fernsehübertragungen, S. 88.

345 Vgl. BGH, Urt. v. 26.03.1997 – 3 StR 421/96, NStZ 1997, 506 (506 f.); *Rönnau*, JuS 2016, 500 (502).

346 *Dalbkermeyer*, Schutz, S. 27; *Hassemer*, Einfluß, S. 67.

347 *Dalbkermeyer*, Schutz, S. 29; *Hassemer*, Einfluß, S. 67 f.; *Vogel*, Fernsehübertragungen, S. 85.

d) Fazit

Die Vorverurteilung des Beschuldigten wird bei allen dargestellten Verfassungsprinzipien relevant und hier kommt es zu Überschneidungen. Aufgrund dessen ist ein geschulter Umgang mit den Medien aller beruflich am Verfahren Beteiligten unverzichtbar. Die mittlerweile erfolgte Ernennung von Pressesprechern an vielen Gerichten war ein erster, richtiger Schritt zur Verbesserung der „Gerichts-PR".[348] Eine professionelle Handhabung von medialer Aufmerksamkeit und reißerischer Berichterstattung sollte Berufsrichtern und Staatsanwälten im Wege ihrer Ausbildung vermittelt werden. Auch die Schöffen bedürfen einer Schulung.[349] Hieran fehlt es aber bislang. Es ist diesen Beteiligten selbst überlassen, einen Weg für einen sachlichen Umgang mit medialer Aufmerksamkeit zu finden und eine Beeinflussung möglichst zu vermeiden. Voraussetzung für eine Ausbildung ist die gesetzliche Verankerung von Leitlinien im Umgang mit den Medien. Ein gutes Beispiel hierfür bietet die Richtline zum Umgang mit den Medien des Landes Nordrhein-Westfalen,[350] welche als Ausgangspunkt für eine bundesweite Richtlinie herangezogen werden könnte.

Äußere Beeinträchtigungen der Verhandlung durch Aufnahmegeräte oder Ähnliches könnten vermindert werden, indem diese integraler Bestandteil des Sitzungssaales werden und das Gericht Medienbeauftragte für deren Handhabung anstellt. Um dem Kostenargument entgegenzutreten bietet es sich an, nur eine geringe Anzahl an Sälen und nur ab der Instanz des Landgerichts einzurichten. Die Amtsrichter könnten in besonderen Fällen gegebenenfalls am Landgericht verhandeln.

Aus einer Gesamtschau der aufgeführten verfassungsrechtlichen Aspekte folgt, dass die Öffentlichkeit des Verfahrens die Funktionsfähigkeit der Rechtspflege beachten muss. Die Unschuldsvermutung, das Fair-Trial-Prinzip und die richterliche Unabhängigkeit sind Maxime, welche neben den Rechten der Beteiligten vor allem die Institution der Strafrechtspflege schützen. Die Funktionsfähigkeit der Strafrechtspflege kann selbst als Teil des Rechtsstaatsprinzips eingeordnet werden.[351] Die ungestörte Wahrheits- und Rechtsfindung zu sichern und dennoch Öffentlichkeit zu gewährleisten folgt somit aus den dargestellten

---

348 *Prinz* forderte dies noch, FS Engelschall, S. 254.

349 *Huff*, Juristenbehörden, S. 271; *Prinz*, FS Engelschall, S. 251; *Zipf*, Gutachten C, S. 35.

350 Richtlinien für die Zusammenarbeit mit den Medien, AV d. JM vom 12.11.2007 (1271-II. 2) – JMBl. NW.

351 So BVerfG Urt. v. 19.07.1972 – 2 BvL 7/71, BVerfGE 33, 367 (383), NJW 1972, 2214 (2216); MK-*Kudlich*, StPO, Einl. Rn. 87.

Verfassungsprinzipien. Für die Ausgestaltung der Verfahrensöffentlichkeit bedeutet dies, dass sie nur soweit gehen kann, wie die Strafrechtspflege selbst in ihrer Funktion nicht beeinträchtigt wird.

2. Grundrechte – Kollisionslage

Den grundrechtlichen Rahmen des Öffentlichkeitsgrundsatzes bilden die Kommunikationsfreiheiten und das allgemeine Persönlichkeitsrecht. Die teils gegenläufigen Belange führen zu starken Friktionen. Auf der einen Seite stehen die Persönlichkeitsrechte der Beteiligten, auf der anderen Seite die Informations-, Meinungs-, Presse- und Rundfunkfreiheit. Diese Schwergewichte des Grundgesetzes stehen sich in der Diskussion um die Grenzen der Öffentlichkeit des Verfahrens gegenüber. Sie können somit zur Präzisierung herangezogen werden und den äußeren Rahmen vervollständigen. Zudem zeigt sich, dass die Spannungslage im Strafverfahren besonders evident ist und somit ein verfahrensspezifisches Verständnis von Öffentlichkeit gefunden werden muss. Auf die verfassungsrechtlichen Einzelheiten der Belange, soll in dieser Arbeit nur im Kontext mit dem Öffentlichkeitsgrundsatz eingegangen werden. Notwendig ist insbesondere die Betrachtung des Schutzbereiches des Grundrechtes, um klären zu können, ob bzw. wann ein Eingriff vorliegt und ob dieser wiederum gerechtfertigt werden kann.

a) Kommunikationsfreiheiten

Unter dem Sammelbegriff der Kommunikationsfreiheiten werden die Grundrechte verstanden, welche für die Verständigung und Interaktion der Bevölkerung essentielle Bedeutung haben.[352] Ihr Stellenwert folgt aus ihrem politischen Gehalt. Sie unterteilen sich in die Meinungs-, Informationsfreiheit und in die Medienfreiheiten. Des Weiteren kann die Versammlungsfreiheit hierzu gezählt werden, da auch sie der Kommunikation dient und ebenso Grundpfeiler eines demokratischen Rechtsstaates ist.[353] Ob dies anzunehmen ist, kann dahin stehen, denn letztere soll nicht Gegenstand der folgenden Darstellung sein. In Bezug auf den Öffentlichkeitsgrundsatz hat die Versammlungsfreiheit allenfalls mittelbare Bedeutung.

---

352 *Fink*, Bild- und Tonaufnahmen, S. 351; *Hoffmann-Riem*, Wandel, S. 83; Maunz/Dürig-*Grabenwarter*, GG, Art. 5 Abs. 1, 2 Rn. 2; *Roepert*, Medienrecht, S. 121 Rn. 274.

353 *Epping*, Grundrechte, Rn. 208; *Sajuntz*, Schutz, S. 85; a.A. Versammlungsfreiheit als mit den Kommunikationsfreiheiten konkurrierend, aber in Zusammenhang stehend *Kühling*, Kommunikationsfreiheit, S. 391; *Langer*, Informationsfreiheit, S. 23.

aa) Meinungs- und Informationsfreiheit

Die Meinungs- sowie die Informationsfreiheit werden in Art. 5 Abs. 1 S. 1 GG für natürliche und juristische Personen garantiert.[354] Sie stehen in einem Komplementärverhältnis (Verhältnis wechselseitiger Ergänzung) und bedingen sich gegenseitig. Dennoch sind beide selbständig verbürgte Grundrechte und die Informationsfreiheit ist nicht etwa nur Bestandteil der Meinungsfreiheit in Form der Meinungsbildungsfreiheit.[355] Die Meinungsfreiheit garantiert die Freiheit der Informationsübermittlung, d.h. den Kommunikationsvorgang auf der Seite des Entäußernden. Die Informationsfreiheit sichert diesen auf Seite des Rezipienten. Die Informationsfreiheit ist in diesem Verhältnis das speziellere Grundrecht.[356] Auf der Ebene der Informationsfreiheit verlässt das geschützte Verhalten die geistige Sphäre durch ein tatsächliches Beschaffen von Informationen. Die Informationsbeschaffung wird dann wiederum zur Basis, um überhaupt eine Meinung bilden zu können.[357] Daher werden zunächst die Informationsfreiheit und ihre Bedeutung in Bezug zur Öffentlichkeit der gerichtlichen Verhandlung aufgezeigt, um schließlich die Meinungsfreiheit in diesen Kontext zu setzen.

(1) Informationsfreiheit

Die Informationsfreiheit hat für die freiheitliche Demokratie besondere Bedeutung. Dies spiegelt sich in der Aussage des Begründers der modernen Informationstheorie Norbert Wiener wieder: „Information is information, not matter or energy. No materialism which does not admit this can survive at the present day."[358] Hieraus folgt, dass Information eine Grundgröße des menschlichen Lebens geworden ist. Anders als Materie und Energie ist Information aber nicht materiell und daher sind die für diese Größen entwickelten Rechtsregeln nicht anwendbar. Information ist somit eine selbständige Grundgröße.[359]

---

354 *Langer,* Informationsfreiheit, S. 73 f.; *Roepert,* Medienrecht, S. 123 f. Rn. 279 f.; 281 f.

355 BVerfG, Beschl. v. 03.10.1969 – 1 BvR 46/55, NJW 1970, 235 (236); *Langer,* Informationsfreiheit, S. 23; *Lodde,* Informationsrechte, S. 121; *Sajuntz,* Schutz, S. 87.

356 BVerfG, Beschl. v. 09.02.1994 – 1 BvR 1687/92, BVerfGE 90, 27 (32); Maunz/Dürig-*Grabenwarter,* GG, Art. 5 Abs. 1, 2 Rn. 2, 76; *Sajuntz,* Schutz, S. 87.

357 Mangoldt/Klein/Starck-*Starck/Paulus,* GG, Art. 5 Rn. 102; Maunz/Dürig-*Grabenwarter,* GG, Art. 5 Abs. 1, 2 Rn. 76; Stern/Becker-*Fechner,* Grundrechte, Art. 5 Rn. 101.

358 *Wiener,* Cybernetics, S. 132; Übersetzung bei *Steinbuch,* GRUR 1987, 579 (581): „Information ist Information, weder Materie noch Energie. Irgendein Materialismus, der dies nicht zuläßt, ist heutzutage indiskutabel." Vgl. auch *Langer,* Informationsfreiheit, S. 19.

359 *Hoffmann-Riem,* Kommunikationsfreiheit, S. 62; *Langer,* Informationsfreiheit, S. 18; *Sieber,* NJW 1989, 2569 (2573).

Der gewachsene und zunehmende Stellenwert zeigt sich zudem im Anstieg des Informationssektors, sei es anhand der dort Beschäftigten oder des Anteils am Bruttoinlandsprodukt.[360] Heutzutage ist es für die Bürger Normalität sich Informationen selbst aus der von ihnen bevorzugten Quelle zu beschaffen. Die Zahl der Internetnutzer steigt Jahr für Jahr an und auch die parallele Verwendung mehrerer Medien (sog. Second Screen), wie z.B. Internet und Fernsehen, wächst.[361]

Das Grundrecht der Informationsfreiheit sichert seit den Erfahrungen des Zweiten Weltkrieges, dass den Bürgern durch eine umfassende Auswahl an Informationen eine wirklich freie Meinungsbildung ermöglicht wird.[362] „Erst mit seiner Hilfe wird der Bürger in den Stand gesetzt, sich selbst die notwendigen Voraussetzungen zur Ausübung seiner persönlichen und politischen Aufgaben zu verschaffen, um im demokratischen Sinne verantwortlich handeln zu können."[363] Der Aspekt, eine Auswahl an Informationen und Quellen zu treffen, ist wichtigster Teil des Grundrechts.[364] Der Begriff der Information ist aufgrund der Bedeutung des Grundrechts weit zu verstehen, so dass hierunter neben Meinungen und Tatsachen, generell alle Mitteilungen – gleich welcher Art – gefasst werden.[365]

Ein Anspruch auf die Eröffnung einer Informationsquelle besteht indes nicht.[366] Zum einen sind die Grundrechte und somit auch die Informationsfreiheit vor allem Abwehrrechte gegen den Staat; es wird gesichert, dass die

---

360 *Langer,* Informationsfreiheit, S. 20; *Steinbuch,* GRUR 1987, 579 (579); vgl. *Lodde,* Informationsrechte, S. 2.

361 Zum Second Screen: http://www.ard-zdf-onlinestudie.de/fileadmin/Onlinestudie_2014/PDF/0708-2014_Busemann_Tippelt.pdf, zuletzt aufgerufen am 15.08.2017.

362 *Langer,* Informationsfreiheit, S. 43; *Lodde,* Informationsrechte, S. 121; Mangoldt/Klein/Starck-*Starck/Paulus,* GG, Art. 5 Rn. 102; *Vogel,* Fernsehübertragungen, S. 73.

363 BVerfG, Beschl. v. 03.10.1969 – 1 BvR 46/55, NJW 1970, 235 (236), BVerfGE 21, 71 (81).

364 BVerfG, Beschl. v. 03.10.1969 – 1 BvR 46/55, NJW 1970, 235 (237), BVerfGE 21, 71 (81); Mangoldt/Klein/Starck-*Starck/Paulus,* GG, Art. 5 Rn. 103; Stern/Becker-*Fechner,* Grundrechte, Art. 5 Rn. 103.

365 BVerfG, Beschl. v. 03.10. 1969 – 1 BvR 46/65, NJW 1970, 235 (236); BeckOK-*Schemmer,* GG, Art. 5 Rn. 25; *Langer,* Informationsfreiheit, S. 127; *Roepert,* Medienrecht, S. 136 Rn. 306.

366 BVerfG, Urt. v. 24.01.2001 – 1 BvR 2623/95, 622/99, BVerfGE 103, 44 (59); *Gornig,* Äusserungsfreiheit, S. 154; *Hoffmann-Riem,* Kommunikationsfreiheit, S. 150 f.; Mangoldt/Klein/Starck-*Starck/Paulus,* GG, Art. 5 Rn. 117; *Rose,* Grenzen, S. 35; Sachs-*Bethge,* GG, Art. 5 Rn. 59a; *Schröer-Schallenberg,* Informationsansprüche, S. 24 f.

Informationsmöglichkeiten nicht begrenzt werden. Zum anderen ergibt sich diese Auslegung bereits aus dem Wortlaut und der Entstehungsgeschichte.[367] So spricht Art. 5 Abs. 1 S. 1 GG ausdrücklich und bereits einschränkend von „allgemein zugänglichen Quellen". Zudem ist er nach dem Zweiten Weltkrieg, aufgrund des nationalsozialistischen Verbots sog. Feindsender zu hören, geschaffen worden, um eine einseitige Information zu vermeiden.[368] Hieraus folgt aber auch ein Zugangsrecht, wenn eine innerstaatliche Informationsquelle zur allgemeinen Zugänglichkeit bestimmt ist, dieser Zugang aber verweigert wird.[369] Zu differenzieren sind weiterhin Informationsansprüche aus anderen Grundrechten, wie der Pressefreiheit.[370]

Der Schutzbereich der Informationsfreiheit hängt maßgeblich davon ab, was unter einer allgemein zugänglichen Quelle zu verstehen ist. Eine Quelle ist jeder denkbare Informationsträger, ob schriftlich, bildlich oder elektronisch. Erfasst sind alle Arten von Geschehnissen und Vorgängen sowie der Gegenstand der Information selbst.[371] Dieser ist allgemein zugänglich, wenn er „technisch geeignet und bestimmt ist, der Allgemeinheit, also einem individuell nicht bestimmbaren Personenkreis, Informationen zu verschaffen."[372] Die in der Definition zum Ausdruck kommende Bestimmung als allgemein zugänglich nimmt der Urheber – welcher auch der Staat sein kann – vor.[373] So entscheidet z.B. jeder Bürger, welche Informationen von ihm selbst bei sozialen Medien allgemein zugänglich sind und welche er nur an bestimmte Einzelpersonen richtet oder überhaupt nicht preisgibt. Konstituierend ist die tatsächliche Eignung einen

---

367 *Lodde,* Informationsrechte, S. 123.

368 BeckOK-*Schemmer,* GG, Art. 5 Rn. 23; Mangoldt/Klein/Starck-*Starck/Paulus*, GG, Art. 5 Rn. 102; *Schröer-Schallenberg,* Informationsansprüche, S. 24.

369 *Gornig,* Äusserungsfreiheit, S. 155; Sachs-*Bethge,* GG, Art. 5 Rn. 59b; Stern/Becker-*Fechner,* Grundrechte, Art. 5 Rn. 111.

370 Sachs-*Bethge,* GG, Art. 5 Rn. 60b; *Schröer-Schallenberg,* Informationsansprüche, S. 25.

371 *Langer,* Informationsfreiheit, S. 128; Mangoldt/Klein/Starck-*Starck/Paulus*, GG, Art. 5 Rn. 106 f.; *Roepert,* Medienrecht, S. 136 Rn. 308; *Rose,* Grenzen, S. 33; Stern/Becker-*Fechner,* Grundrechte, Art. 5 Rn. 103.

372 BVerfG, Urt. v. 24.01.2001 – 1 BvR 2623/95, 622/99, BVerfGE 103, 44 (60); BVerfG, Beschl. v. 09.02.1994 -1 BvR 1687/92, BVerfGE 90, 27 (32); *Epping,* Grundrechte, Rn. 223a; *Freder,* Informationsfreiheit, S. 70; Mangoldt/Klein/Starck-*Starck/Paulus*, GG, Art. 5 Rn. 109; Stern/Becker-*Fechner,* Grundrechte, Art. 5 Rn. 106.

373 *Epping,* Grundrechte, Rn. 223a; *Langer,* Informationsfreiheit, S. 135; *Schröer-Schallenberg,* Informationsansprüche, S. 24; Stern/Becker-*Fechner,* Grundrechte, Art. 5 Rn. 107.

nicht bestimmbaren Personenkreis zu informieren.[374] Allgemein zugängliche Quellen sind somit insbesondere die Massenmedien: Presse, Rundfunk und Internet. Daneben sind alle Informationsträger erfasst, welche grundsätzlich jeder nutzen kann, wie z.B. Ausstellungen oder öffentliche Anschläge oder Veröffentlichungen des Staates (amtliche Drucksachen oder öffentliche Bücher).[375] Beeinträchtigungen, wie z.B. staatliche Importverbote, ändern die allgemeine Zugänglichkeit nicht.[376] Um Informationen aus nicht allgemein zugänglichen Quellen zu erhalten, bedarf es folglich eines gesonderten Anspruchs, wie z.B. § 147 Abs. 1 StPO.[377] Mithin kann eine allgemein zugängliche Quelle, auch als Fehlen spezieller Beschränkungen durch den Bestimmungsberechtigten gesehen werden.[378] Zur Gewährleistung eines umfassenden Grundrechtsschutz ist der Gedanke zu befürworten auch die individuelle Information zu schützen, z.B. die Information über eine Kaufentscheidung, die sich der Bürger bei einem Dritten einholt. Ob dieser Schutz aus Art. 5 Abs. 1 S. 1 Hs. 2 GG hergeleitet wird, oder vielmehr aufgrund des kontextualen Individualitätsbezuges in der allgemeinen Handlungsfreiheit aus Art. 2 Abs. 1 GG zu verorten ist, kann hier dahingestellt bleiben.[379] Für die im Fokus stehende öffentliche Gerichtsverhandlung kommt es hierauf nicht an.

Gerichtsverhandlungen sind Informationsquellen im Sinne des Art. 5 Abs. 1 GG.[380] Sie vermitteln Geschehnisse, Verhältnisse, Meinungen und Tatsachen und enthalten so unterschiedlichste Informationen, wie z.B. das Geschehen

---

374 BVerfG, Beschl. v. 09.02.1994 – 1 BvR 1687/92, BVerfGE 90, 27 (32); Beschl. v. 03.10.1969 – 1 BvR 46/55, NJW 1970, 235 (237); *Kujath,* Laienjournalismus, S. 102; Mangoldt/Klein/Starck-*Starck/Paulus,* GG, Art. 5 Rn. 109; *Kingreen/Poscher,* Grundrechte, § 13 Rn. 664; *Rose,* Grenzen, S. 35; Sachs-*Bethge,* GG, Art. 5 Rn. 56; Stern/Becker-*Fechner,* Grundrechte, Art. 5 Rn. 106.

375 *Langer,* Informationsfreiheit, S. 133; Mangoldt/Klein/Starck-*Starck/Paulus,* GG, Art. 5 Rn. 106; *Roepert,* Medienrecht, S. 137 Rn. 310; Stern/Becker-*Fechner,* Grundrechte, Art. 5 Rn. 108.

376 BVerfG, Beschl. v. 09.02.1994 – 1 BvR 1687/92, NJW 1994, 1147 (1147); *Gornig,* Äusserungsfreiheit, S. 155; Mangoldt/Klein/Starck-*Starck/Paulus,* GG, Art. 5 Rn. 108.

377 *Fischer,* Medienöffentlichkeit, S. 73; Mangoldt/Klein/Starck-*Starck/Paulus,* GG, Art. 5 Rn. 111; *Rose,* Grenzen, S. 33.

378 So bereits *Langer,* Informationsfreiheit, S. 139.

379 *Gornig,* Äusserungsfreiheit, S. 156 f.; *Langer,* Informationsfreiheit, S. 140 f.; *Sajuntz,* Schutz, S. 145; Stern/Becker-*Fechner,* Grundrechte, Art. 5 Rn. 104.

380 BeckOK-*Schemmer,* GG, Art. 5 Rn. 27; *Britz,* Fernsehaufnahmen, S. 122 f.; *Kingreen/Poscher,* Grundrechte, § 13 Rn. 665; *Wagner,* Strafprozessführung, S. 97; a.A. Stern/Becker-*Fechner,* Grundrechte, Art. 5 Rn. 110.

einer Straftat, die Motive des Angeklagten und die rechtliche Einschätzung von Staatsanwaltschaft und Verteidigung. Im Schutzbereich des Art. 5 Abs. 1 S. 1 Hs. 2 GG müsste die Gerichtsverhandlung als Informationsquelle daneben allgemein zugänglich sein. Eine Gerichtsverhandlung ist sowohl faktisch als auch durch Bestimmung des Urhebers rechtlich allgemein zugänglich. Letzteres hat der Gesetzgeber für den Staat als Urheber der Informationsquelle in § 169 S. 1 GVG festgeschrieben. Die Eignung eine Vielzahl von Personen zu informieren folgt aus der unmittelbaren Teilnahme- und Berichterstattungsmöglichkeit. Keineswegs schließen sich Bestimmungsrecht und tatsächliche Eignung aus, vielmehr ergänzen sie sich. Der Zusammenhang wird auch aus der Verwendung des Bindewortes „und“ deutlich.[381] Insbesondere Sinn und Zweck des Grundrechts machen deutlich, dass es vor allem darum geht, bestehende Informationsmöglichkeiten vor staatlicher Beschränkung zu schützen. Es ist gerade nicht gefordert, den Staat zur Eröffnung neuer oder zur Erweiterung des Zugangs zu bestehenden Informationsquellen zu verpflichten.[382] Daher obliegt dem Gesetzgeber das Bestimmungsrecht über die Art der allgemeinen Zugänglichkeit von Gerichtsverhandlungen im Rahmen seiner Befugnisse zur Ausgestaltung des Gerichtsverfahrens. Das Bestimmungsrecht kann der Inhaber differenziert ausüben, indem er die Zugänglichkeit von Auflagen abhängig macht, wie z.B. die Zahlung eines Eintrittsgeldes für ein Museum oder der Kauf eines Benutzerausweises für eine öffentliche Bibliothek.[383] Im Rahmen der Gerichtsverhandlung hat der Gesetzgeber von seinem Bestimmungsrecht dahingehend Gebrauch gemacht, die Art und das Ausmaß der Zugänglichkeit festzulegen, indem er Ton- und Filmaufnahmen während der Verhandlung nach § 169 S. 2 GVG untersagt.[384] Die unmittelbare Teilnahme sowie die Berichterstattung sind aber möglich, nur nicht mittels Bild- und Tonaufnahmen. Es besteht kein Bedürfnis für ein Live-Gerichtsfernsehen, um die Information über Gerichtsverhandlungen zu sichern. Dies können die anderen Medien gewährleisten.[385]

---

381 A.A. *Kujath,* Laienjournalismus, S. 102; *Kingreen/Poscher,* Grundrechte, § 13 Rn. 664.

382 *Lodde,* Informationsrechte, S. 123; *Rose,* Grenzen, S. 35; Stern/Becker-*Fechner,* Grundrechte, Art. 5 Rn. 111.

383 BVerfG, Urt. v. 24.01.2001 – 1 BvR 2623/95, BVerfGE 103, 44 (60); Stern/Becker-*Fechner,* Grundrechte, Art. 5 Rn. 109.

384 BVerfG, Urt. v. 24.01.2001 – 1 BvR 2623/95, BVerfGE 103, 44 (61 f.).

385 So auch: *Huff,* NJW 1996, 571 (572); *Vogel,* Fernsehübertragungen, S. 73; vgl. *Britz,* der davon ausgeht die Öffentlichkeitsmaxime sei den einschlägigen Grundrechten vorgelagert, Fernsehaufnahmen, S. 127.

Demnach ist die Informationsfreiheit ein wichtiger Teil des verfassungsrechtlichen Rahmens der Öffentlichkeitsmaxime im Strafverfahren.

(2) Meinungsfreiheit

Die grundlegende Bedeutung der Meinungsfreiheit wird am besten mit den Worten des Bundesverfassungsgerichts deutlich. „Das Grundrecht auf freie Meinungsäußerung ist als unmittelbarster Ausdruck der menschlichen Persönlichkeit in der Gesellschaft eines der vornehmsten Menschenrechte überhaupt und Grundlage jeder Freiheit.“[386] Die Meinungsfreiheit ist Grundpfeiler der freiheitlichen Demokratie und des Rechtsstaates. Sie ermöglicht erst den Austausch und Kampf der Meinungen, welcher zugleich Lebenselement der Demokratie ist.[387] Die Meinungsfreiheit dient sowohl der Entfaltung der Persönlichkeit jedes Einzelnen als auch dem demokratischen Kommunikationsprozess im Ganzen.[388]

Zur Bestimmung des Schutzbereichs, ist zunächst festzuhalten, was unter einer Meinung zu verstehen ist. Eine Meinung ist durch ein Element der Stellungnahme, des Dafürhaltens, des Meinens im Rahmen einer geistigen Auseinandersetzung geprägt.[389] Nicht erfasst sind reine Tatsachen, welchen jegliches Element der wertenden Stellungnahme fehlt. Tatsachen sind dem Beweis zugängliche Ereignisse oder Zustände der Vergangenheit oder Gegenwart. Maßgebend ist der Sinn, den ein verständiger Durchschnittsmensch der Äußerung beimisst.[390] Ob es sich um eine Meinung handelt, ist stets im Gesamtkontext zu ermitteln. Da der Schutzbereich, aufgrund der essentiellen Bedeutung des Grundrechtes weit zu verstehen ist, gilt Art. 5 Abs. 1 GG auch für Äußerungen, wenn eine Unterscheidung zwischen tatsächlichen und wertenden Elementen nicht möglich ist bzw. diese vermischt sind. Nur so kann der Kommunikationsprozess umfassend

386 BVerfG, Urt. v. 17.08.1956 – 1 BvB 2/51, NJW 1956, 1393 (1396); Urt. v. 15.01.1958 – 1 BvR 400/57, NJW 1958, 257 (258).

387 BVerfG, Urt. v. 17.08.1956 – 1 BvB 2/51, NJW 1956, 1393 (1396); BVerfG, Urt. v. 15.01.1958 – 1 BvR 400/57, NJW 1958, 257 (258); *Sajuntz*, Schutz, S. 145.

388 BVerfG, Beschl. v. 24.03.1998 – 1 BvR 131/96, BVerfGE 97, 391 (398), NJW 1998, 2889 (2889).

389 BVerfG, Urt. v. 15.01.1958 – 1 BvR 400/51, BVerfGE 7, 198 (210), GRUR 1958, 254 (256); Beschl. v. 04.11.2009 – 1 BvR 2150/08, BVerfGE 124, 300 (320); Maunz/Dürig-*Grabenwarter*, GG, Art. 5 Abs. 1, 2 Rn. 47.

390 Maunz/Dürig-*Grabenwarter*, GG, Art. 5 Abs. 1, 2 Rn. 48 f.; Stern/Becker-*Fechner*, Grundrechte, Art. 5 Rn. 80; *Vacca*, Jura 2013, 594 (603).

geschützt werden.[391] Nicht geschützt sind erwiesene oder bewusst unwahre Tatsachenbehauptungen oder bloße Schmähkritik.[392] Unter den Schutz der Meinungsfreiheit fällt neben dem Bilden einer Meinung auch deren Kundgabe in jeglicher Form. Umfasst ist die Art und Weise der Kundgabe, die Wahl des Ortes und des Zeitpunktes.[393] Der negative Aspekt der Meinungsfreiheit, diese nicht zu äußern und zu verbreiten, ist ebenfalls Teil des Schutzbereichs. Somit kann niemand zur Kundgabe seiner Meinung gezwungen werden.[394]

Im Zusammenhang mit dem Öffentlichkeitsgrundsatz lässt sich schlussfolgern, dass dieser essentiell ist, damit die Allgemeinheit überhaupt Stellung zu Urteilen sowie zur Justiz im Ganzen nehmen kann. Die Öffentlichkeit gerichtlicher Verhandlungen ist somit eine Grundlage der Meinungsbildung. Hieraus wird bereits deutlich, dass die Meinungsfreiheit – neben der einschlägigen spezielleren Informationsfreiheit – in Bezug auf die Öffentlichkeitsmaxime nur untergeordnete Bedeutung erlangt. Art. 5 Abs. 1 S. 1 Alt. 1 GG schützt den Äußernden, also vor allem die Kundgabe einer Meinung. Der vorangehende (äußere) Prozess der Meinungsbildung durch Informationsbeschaffung wird durch die Informationsfreiheit gewährleistet.[395] Die Informationsfreiheit ist somit das primär tangierte Grundrecht im Rahmen der Fragen rund um die Öffentlichkeit von Gerichtsverhandlungen. Auf einer zweiten Ebene ist aber auch die Meinungsfreiheit betroffen, dann wenn es um die Berichterstattung der Medien geht. Selten wird es sich hierbei, um reine Tatsachenbehauptungen handeln und, wie bereits geschildert, fallen nicht zweifelsfrei einzuordnende Äußerungen auch in den Schutzbereich.

Für die Information und die Meinungsbildung der Gesellschaft sind die Medien, vor allem die Massenmedien, unverzichtbar geworden. Die durch

---

391 BVerfG, Beschl. v. 11.01.1994 – 1 BvR 434/87, BVerfGE 90, 1 (15); *Epping*, Grundrechte, Rn. 214; *Hoffmann-Riem*, Wandel, S. 445; *Sajuntz*, NJW 2014, 25 (26 f.); Stern/Becker- *Fechner*, Grundrechte, Art. 5 Rn. 87.

392 BVerfG, Beschl. v. 13.04.1994 – 1 BvR 23/94, BVerfGE 90, 241 (247); Maunz/Dürig-*Grabenwarter*, GG, Art. 5 Abs. 1, 2 Rn. 61; *Roepert*, Medienrecht, S. 133 Rn. 301 Stern/Becker-*Fechner*, Grundrechte, Art. 5 Rn. 90, 96; a.A. *Sachs*, VerfR II, Kap. B 5 Rn. 7.

393 BVerfG, Beschl. v. 10.10.1995 – 1 BvR 1476/91, BVerfGE 93, 266 (289); *Epping*, Grundrechte, Rn. 218 f.; Maunz/Dürig-*Grabenwarter*, GG, Art. 5 Abs. 1, 2 Rn. 80; Stern/Becker-*Fechner*, Grundrechte, Art. 5 Rn. 85.

394 *Epping*, Grundrecht, Rn. 222; Maunz/Dürig-*Grabenwarter*, GG, Art. 5 Abs. 1, 2 Rn. 95; Stern/Becker-*Fechner*, Grundrechte, Art. 5 Rn. 98 f.

395 *Fischer*, Medienöffentlichkeit, S. 187 f.; Maunz/Dürig-*Grabenwarter*, GG, Art. 5 Abs. 1, 2 Rn. 75; *Sajuntz*, Schutz, S. 88.

diese bereitgestellten allgemein zugänglichen Informationsquellen dienen dem Einzelnen zur Wahrnehmung seiner Grundrechte. Sie vermitteln über verschiedenste Kanäle Informationen aus allen Lebensbereichen und aus aller Welt. Eine umfassende Information und Meinungsbildung des Einzelnen (über Gerichtsverhandlungen) wäre ohne die Medien nicht möglich. Daher stehen die Informations- und die Meinungsfreiheit – nicht nur systematisch – in engen Zusammenhang mit den Medienfreiheiten.

bb) Medienfreiheiten

Mit Medienfreiheiten sind die Presse-, Rundfunk- und Filmfreiheit aus Art. 5 Abs. 1 GG gemeint. Die Medienfreiheiten sind im Vergleich zu der Meinungs- und Informationsfreiheit weniger homogen, was vor allem aus rechtsdogmatischen Fragen zu folgern ist.[396] Eine zusammenfassende Darstellung begründet sich darauf, dass in Zeiten der modernen Massenkommunikation alle Medien dazu dienen eine freie Meinungsbildung zu ermöglichen, die Staatsgewalt zu kontrollieren und so letztlich eine demokratische Wahlentscheidung zu ermöglichen.[397] Ferner sind die Medien oft nicht mehr klar zu trennen, was zur Konvergenz der Medien geführt hat.[398] Die Medienfreiheiten haben aufgrund der Entwicklung zu einer Informations- und Kommunikationsgesellschaft mittels der Massenmedien einen enormen Bedeutungszuwachs erhalten. Unter Massenmedien versteht man solche, die eine besondere Breitenwirkung erzielen, also Fernsehen, Internet, Presse und Hörfunk. Sie dienen als Vermittler zwischen Ereignissen aller Art und der Bevölkerung, welche über diese davon erfährt und so oft erst in die Lage versetzt wird sich eine Meinung zu bilden.[399] Die Medien sind daher selbst als politische Funktionäre anzusehen und werden daher auch als „vierte Gewalt" bezeichnet.[400] Die Bezeichnung als Staatsgewalt kann indes irreführend sein, da sie nicht deutlich macht, dass die Medien unabhängig vom Staat agieren und gerade keine Staatsgewalt innehaben oder verkörpern.[401]

---

396 Maunz/Dürig-*Grabenwarter*, GG, Art. 5 Abs. 1, 2 Rn. 3.

397 BVerfG, Beschl. v. 14.07.1994 – 1 BvR 1595, 1606/92, BVerfGE 91, 125 (136), NJW 1995, 184 (185); *Kaulbach*, ZRP 2009, 236 (237).

398 *Schmidtmann*, Massenmedien, S. 137 f.; Stern/Becker-*Fechner*, Grundrechte, Art. 5 Rn. 121.

399 *Roepert*, Medienrecht, S. 87 Rn. 199; *Sajuntz*, Schutz, S. 148; *Schmidtmann*, Massenmedien, S. 10; *Vacca*, Jura 2013, 594 (607).

400 *Kerscher*, NJW 1997, 1350 (1350); *Schmidtmann*, Massenmedien, S. 18; *Vacca*, Jura 2013, 594 (607).

401 *Kuß*, Öffentlichkeitsmaxime, S. 67; *Schmidtmann*, Massenmedien, S. 18 f.

Dabei lässt sich nicht leugnen, dass die Medien mit den übrigen Gewalten ein Austauschverhältnis unterhalten. Die Medien sind auf Informationen seitens Legislative, Judikative und Exekutive angewiesen, um über etwas berichten zu können. Ebenso sind die drei Gewalten auf die Medien angewiesen, um ihre Botschaften, seien es Wahlversprechen, neue Verordnung oder Urteile publik zu machen und so ihre Akzeptanz in der Bevölkerung zu sichern.[402] Ferner können sie das tagesaktuelle Geschehen und gesellschaftliche Strömungen direkt aufnehmen und diesen ein Forum bieten, wie z.B. mit Blogs oder Live-Tickern.[403]

Neben der Information erfüllen die Medien weitere gesellschaftliche Aufgaben, wie die soziale Integration z.B. über soziale Netzwerke, Singlebörsen etc. oder die Unterhaltung.[404] Mit der Informationsfunktion geht ein positiver Nebeneffekt einher: die Vermittlung von Bildung. Dies ist zwar vom jeweiligen Medium sowie dessen Herausgeber abhängig und nicht durchweg zu bejahen (zum Teil ist sogar das Gegenteil der Fall), allerdings ist dieser Aspekt nicht generell außer Acht zu lassen. Medien – auch Unterhaltungsmedien – tragen dazu bei, dass der Empfänger Informationen erhält und er hierdurch zu einer Auseinandersetzung ermuntert werden kann. Die Medien ermöglichen es jedem Bürger, sich über Ereignisse zu informieren, von welchen dieser auf andere Weise evtl. nichts erfahren hätte. Eine Differenzierung der Aufgabenbereiche der Medien dahingehend, einige von der grundrechtlich gewährleisteten Freiheit auszunehmen, ist abzulehnen.[405] Eine Trennung von nur unterhaltenden Sendungen und noch informierenden oder von reiner Sensation und Information ist nicht möglich. Eine Aufteilung käme daher einer von Art. 5 Abs. 2 S. 2 GG verbotenen Zensur gleich.[406]

Neben der Freiheit der Verbreitung von Nachrichten, verbürgen die Medienfreiheiten die publizistische Vorbereitungstätigkeit, also auch die Beschaffung von Informationen. Der freie Zugang zu Informationen ist für die Funktion der Medien in einer freiheitlichen Demokratie konstituierend.[407] Das Verhältnis

402 *Prinz,* FS Engelschall, S. 245; *Roepert,* Medienrecht, S. 86 Rn. 198; *Vacca,* Jura 2013, 594 (607).

403 *Kuß,* Öffentlichkeitsmaxime, S. 70; zu den verschiedenen Arten von Blogs vgl. *Kaufmann,* Weblogs, S. 97 f.

404 *Roepert,* Medienrecht, S. 89 Rn. 203 f.

405 A.A. BGH, Urt. v. 09.06.1965 – Ib ZR 126/63, NJW 1965, 2148 (2149).

406 *Fischer,* Medienöffentlichkeit, S. 73; *Kuß,* Öffentlichkeitsmaxime, S. 69; Maunz/Dürig-*Grabenwarter,* Art. 5 Abs. 1, 2 Rn. 128.

407 BVerfG, Beschl. v. 06.02.1979 – 2 BvR 154/78, NJW 1979, 1400 (1401); *Tag,* Öffentlichkeit, S. 43.

zwischen Informationsfreiheit und Medienfreiheiten ist dabei umstritten. Einerseits werden die Medienfreiheiten aufgrund ihrer systematischen Stellung in Satz 2 des Art. 5 GG als lex specialis verstanden.[408] Andererseits werden sie als zusätzlicher Schutz neben Art. 5 Abs. 1 S. 1 GG verortet.[409] Hierfür spricht, dass die Medienfreiheiten nicht nur Informationen aus allgemeinen Quellen umfassen, sondern auch besondere Recherchen geschützt werden sowie die Geheimhaltung von Informationen und Informanten.[410] Darüber hinaus verbürgen die Medienfreiheiten die Einrichtung der Medien selbst als Institution des Rechtsstaats und die medienspezifische Tätigkeit der beschäftigten Personen. Es geht daher um die, die einzelne Meinung oder Information übersteigende, Bedeutung der Medien.[411] Letztere Ansicht ist daher zwar vorzuziehen, allerdings kommen beide aufgrund der gemeinsamen Schrankenregelung in Art. 5 Abs. 2 GG zu demselben Schutzumfang.[412] Medienvertreter haben, ebenso wenig wie jeder andere Bürger, einen verfassungsrechtlichen Anspruch auf Information, allerdings begründen die Medienfreiheiten einen Anspruch auf Zugänglichmachung von Informationen durch einfachgesetzliche Auskunftsansprüche.[413]

Nach diesem generellen Überblick sollen nunmehr die Medienfreiheiten, also Presse-, Rundfunk- und Filmfreiheit, im Einzelnen dargestellt werden.

(1) Filmfreiheit

Unter der Filmfreiheit wird die Übermittlung von Gedankeninhalten durch Bilderreihen verstanden, welche zur Projizierung bestimmt sind.[414] Die Filmfreiheit ergänzt die Rundfunkfreiheit. In Bezug auf den Öffentlichkeitsgrundsatz hat sie jedoch wenig praktische Bedeutung erlangt, da sie im Rahmen der gerichtlichen Hauptverhandlung kaum relevant wird und keine Besonderheiten zu den anderen Medienfreiheiten gelten. Ein näheres Eingehen unterbleibt daher.

---

408 Sachs-*Bethge*, GG, Art. 5 Rn. 47; Maunz/Dürig-*Grabenwarter*, GG, Art. 5 Abs. 1, 2 Rn. 153.

409 BVerfG, Urt. v. 12. 12. 2000 – 1 BvR 1762/95, BVerfGE 102, 347 (359), GRUR 2001, 170 (172 f.); *Rose*, Grenzen, S. 36; *Schröer-Schallenberg*, Informationsansprüche, S. 27.

410 *Kingreen/Poscher*, Grundrechte, § 13 Rn. 673; *Rose*, Grenzen, S. 35

411 BVerfG, Beschl. v. 09.10.1991 – 1 BvR 1555/88, NJW 1992, 1439 (1439 f.); *Kujath*, Laienjournalismus, S. 106.

412 *Epping*, Grundrechte, Rn. 258 f.

413 BVerfG Beschl. v. 28.08.2000 – 1 BvR 1307/91, NJW 2001, 503 (504); *Kujath*, Laienjournalismus, S. 106.

414 BeckOK-*Schemmer*, GG, Art. 5 Rn. 90; *Roepert*, Medienrecht, S. 142 Rn. 322; Stern/Becker-*Fechner*, Grundrechte, Art. 5 Rn. 132.

(2) Pressefreiheit

Seit der Einführung der Öffentlichkeitsmaxime hat die Presse für diese große Bedeutung. Diese Art der Berichterstattung hat auch der Gesetzgeber bei Normierung der Öffentlichkeit des Verfahrens bereits in den Blick genommen.[415] Nach wie vor hat die Presse eine entscheidende Bedeutung im Hinblick auf alle Funktionen der Öffentlichkeit, selbst wenn die traditionelle, gedruckte Presse zunehmend durch elektronische Medien, wie z.B. Epaper verdrängt wird.[416]

Unter Presse im verfassungsrechtlichen Sinn werden jegliche Druckerzeugnisse verstanden, die zur Verbreitung geeignet oder bestimmt sind. Es kommt nicht auf die Form oder ein regelmäßiges Erscheinen an, sondern darauf, dass sie sich an einen allgemeinen Personenkreis richten.[417] Offen ist seitens des Bundesverfassungsgerichts bislang, ob neue Medien – also Datenträger in jegliche Form – geschützt sind. Da die Verfassung die Verhältnisse einer Gesellschaft wiederspiegelt und somit entwicklungsoffen ist, ist von einem umfassenden Schutz auszugehen. Dies lässt sich auch mit dem geschichtlichen und teleologischen Verständnis vereinbaren, da vor jeglicher Zensur geschützt und die freiheitlich demokratische Auseinandersetzung mit allen Mitteln ermöglicht werden sollte.[418] Elektronische Publikationen im Internet fallen jedoch nicht in den Schutzbereich. Sie werden von der Rundfunkfreiheit erfasst.[419] Hier wird die Konvergenz der Medien besonders deutlich. Es sind alle Tätigkeiten geschützt, die für die Funktionsfähigkeit einer freien Presse unerlässlich sind; Von der Beschaffung der Information bis zur Verbreitung von Nachrichten und Meinungen.[420] Nach dem BVerfG kommt es nicht auf den Inhalt des Druckerzeugnisses an. Der Inhalt sei allein von der Meinungsfreiheit geschützt.[421]

---

415 BGBl. 1964, Nr. 63, S. 1065 (1080).

416 Einen Rückgang der verkauften Zeitungen in Deutschland um circa 20% seit 2003 zeigt: http://de.statista.com/statistik/daten/studie/171897/umfrage/haeufigkeit-zeitung-lesen-in-der-freizeit/, zuletzt aufgerufen am 01.09.2017.

417 BVerfG, Beschl. v. 08.10.1996 – 1 BvR 1183/90, NJW 1997, 386 (387); *Epping*, Grundrechte, Rn. 228; *Roepert*, Medienrecht, S. 139 Rn. 315.

418 *Kujath*, Laienjournalismus, S. 107; *Schröer-Schallenberg*, Informationsansprüche, S. 29.

419 BGH, Urt. v. 15. 12. 2009 – VI ZR 227/08, GRUR 2010, 266 (267); *Epping*, Grundrechte, Rn. 229.

420 BVerfG, Teilurt. v. 05.08.1966 – 1 BvR 586/62; BVerfGE 20, 162 (176); BVerfG, Beschl. v. 13.01.1988 – 1 BvR 1548/82, BVerfGE 77, 346 (354); BVerfG, Beschl. v. 14.07.1994 – 1 BvR 1595/92, BVerfGE 91, 125 (134).

421 BVerfG, Beschl. v. 09.10.1991 – 1 BvR 1555/88, BVerfGE 85, 1 (11 f.); BVerfG, Beschl. v. 24.03.1998 – 1 BvR 131/96, BVerfGE 97, 391 (400).

Die Presse zeichnet aus, dass sie wesentlicher Berichterstatter bei Strafverfahren ist. In lokalen Tages-/Wochenzeitungen wird über Prozesse der Region informiert, welche die bundesdeutsche Öffentlichkeit zu wenig interessieren würden, um in den großen Zeitungen Erwähnung zu finden. Auch in diesem örtlich beschränkten Rahmen sind es die Strafverfahren, welche besonders oft zu finden sind. Sie tangieren die Bevölkerung am meisten, da sie Grundinteressen der Gesellschaft berühren und den größten dramaturgischen Wert aufweisen.[422] Die bundesweit publizierten Presseartikel fokussieren sich auf sehr spektakuläre Fälle, welche zumeist Kriminalfälle sind, denn die Darstellung dieser entspricht dem gewinnorientierten Denken dieser „Presseriesen". Die Presse sichert daher die Information der Bevölkerung über das ganze Bundesgebiet und darüber hinaus, aber eben auch die konkrete Mitteilung über Verhandlungen und Urteile im eigenen Gerichtsbezirk. Die Pressefreiheit ist daher Garant der Verfahrensöffentlichkeit und ihrer Funktionen. Die Zurückdrängung der Zeitung führt aber dazu, dass die Presse im Bereich der Verfahrensöffentlichkeit an Bedeutung verliert. Für die verfassungsrechtliche Rahmenlegung noch bedeutender ist daher mittlerweile die Rundfunkfreiheit.

(3) Rundfunkfreiheit

Durch die in Art. 5 Abs. 1 S. 2 GG garantierte Rundfunkfreiheit hat sich das Grundgesetz entwicklungsoffen ausgerichtet und die Möglichkeit des Schutzes neuer Medien und Technologien geschaffen.[423] Da der Rundfunk immer mehr an Bedeutung gewinnt, tradierte Medien wie die Presse allmählich ablöst und zum Forum der Meinungsbildung geworden ist, ist der Schutzbereich weit zu verstehen.[424] Unter Rundfunk versteht man, jede Verbreitung von Inhalten aller Art für einen unbestimmten Personenkreis in drahtgebundener oder drahtloser Form.[425] Geschützt werden alle elektromagnetischen oder elektrisch übertragenen, nicht verkörperten Inhalte.[426] Daraus folgt wiederum ein möglichst

---

422 BVerfG, Beschl. v. 27.11.2008 – 1 BvQ 46/08, NJW 2009, 350 (351); *Blazko,* (Medien-) Öffentlichkeit, S. 30; *Eisele,* JZ 2014, 932 (933); *Engels,* Rechtspflege, S. 52; *Langer,* Informationsfreiheit, S. 20.

423 *Epping,* Grundrechte, Rn. 232; *Freder,* Informationsfreiheit, S. 39; *Sajuntz,* Schutz, S. 145 f.

424 *Bamberger,* ZUM 2001, 373 (374); *Ory,* Rundfunkrecht, S. 15 Rn. 43; *Vogel,* Fernsehübertragungen, S. 75.

425 BVerfG, Urt. v. 28.02.1961 – 2 BvG 1 u. 2, BVerfGE 12, 205 (226); Urt. v. 24.03.1987 – 1 BvR 1046/85, BVerfGE 74, 297 (350); *Epping,* Grundrechte, Rn. 232.

426 BVerfG, Urt. v. 05.06.1973 – 1 BvR 536/72, BVerfGE 35, 202 (222); *Epping,* Grundrechte, Rn. 232.

umfassender Schutz, betreffend Themen und Darstellungsformen.[427] Im Rahmen der Rundfunkfreiheit gehört zum geschützten Tätigkeitsbereich, den Medienkonsumenten ein Ereignis zeitgleich oder zeitversetzt, vollständig oder in Ausschnitten, mittels entsprechender Technik zu übertragen.[428] Wie bei der Pressefreiheit, ist jedes Verhalten von der Beschaffung der Information bis zum Verbreiten der Nachricht oder Stellungnahme erfasst.[429] Der Zugriff auf eine allgemein zugänglichen Informationsquelle unterfällt aber allein der Informationsfreiheit, d.h. die Rundfunkfreiheit führt nicht zu einem Anspruch auf Eröffnung einer Informationsquelle.[430] Nicht nur die klassischen Rundfunkanstalten (privat wie öffentlich) fallen in den Schutzbereich. Es ist anerkannt, dass ebenso Private, die „Rundfunk veranstalten" umfasst sind.[431] Exemplarisch hierfür können YouTube-Kanäle von Privatpersonen genannt werden. Der Rundfunk zeichnet sich durch seine außerordentliche Breitenwirkung, Suggestivkraft und Aktualität aus.[432] Diese prägenden Eigenschaften haben durch die Entwicklung hin zur Mediengesellschaft stark zugenommen. Die Mehrheit der Bevölkerung bezieht das Gros ihrer Informationen aus dem Rundfunk, vor allem aus dem Internet und Fernsehen. Welche hiervon die dominierende Informationsquelle ist, ist nicht ganz eindeutig. Die suggerierte Authentizität und Bequemlichkeit sind Aspekte, die für beide Medientypen zutreffen. Ferner nähern sich die Medienarten zunehmend an: man spricht von der sog. Medienkonvergenz.[433] Daher dient die Rundfunkfreiheit – wie die Medienfreiheiten insgesamt – mehr denn

---

427 BVerfG, Beschl. v. 28.11.1973 – 1 BvR 13/67, BVerfGE 36, 220 (235); *Vogel,* Fernsehübertragungen, S. 75.

428 BVerfG, Beschl. v. 06.10.1959 – 1 BvL 118/53, NJW 1960, 29 (29 f.); Urt. v. 24.01.2001 – 1 BvR 2623/95, 622/99, BVerfGE 103, 44 (59); *Vogel,* Fernsehübertragungen, S. 76.

429 *Vogel,* Fernsehübertragungen, S. 75.

430 BVerfG, Urt. v. 24.01.2001 – 1 BvR 2623/95, 622/99, BVerfGE 103, 44 (59); Urt. v. 17.02.1998 – 1 BvF 1/91, NJW 1998, 1627 (1628 f.); Urt. v. 05.02.1991 – 1 BvF 1/85 BVerfGE 83, 238 (297 f.); *Epping,* Grundrechte, Rn. 235.

431 BVerfG, Beschl. v. 20.02.1998 – 1 BvR 661/94, NJW 1998, 2659 (2660 f.); *Vogel,* Fernsehübertragungen, S. 74 f.; a.A. BayVerfGH, Entsch. v. 25.03.1994 – Vf. 125-VI-92, NVwZ-RR 1994, 509 /LS. 1, 510 f.

432 BVerfG, Urt. v. 22.02.1994 – 1 BvL 30/88, BVerfGE 90, 60 (87), NJW 1994, 1942 (1943); *Kujath,* Laienjournalismus, S. 113; *Ory,* Rundfunkrecht, S. 7 Rn. 15 f.

433 *Bamberger,* ZUM 2001, 373 (374): Fernsehen wichtigstes Medium; *Krieg,* KuR 2009, 673 (674): Internet wichtigstes Medium; ausführlich zur Medienkonvergenz *Schmidtmann,* Massenmedien, ab S. 137.

je, der demokratischen Meinungsbildung und garantiert somit eine öffentliche Aufgabe.[434]

Die Übertragung der öffentlichen Hauptverhandlung von Strafprozessen im Rundfunk ist gemäß § 169 S. 2 GVG grundsätzlich untersagt. Wie dieses einfachgesetzliche Verbot zu verstehen ist, und was hieraus folgt, sind Fragen, die bei der Befassung mit der Norm explizit geklärt werden müssen.

Strafverfahren sind besonders relevant für die Rundfunkfreiheit, da diese das öffentliche Interesse am stärksten berühren.[435] Bei Strafprozessen ist häufig keine Grenze zwischen reiner Sensationslust, Neugier und der Information über Tat und Täter zu erkennen. Somit ist schwer festzustellen, ob der Rundfunk seine öffentliche Aufgabe wahrnimmt oder dem entgegen allein des Profites wegen mittels seiner spezifischen technischen Möglichkeiten berichtet. Das besondere Bedürfnis für Rundfunkberichte über Strafverfahren schlägt sich in den – inzwischen zurückgehenden – nachmittäglichen Gerichtsshows und sonstigen scheinbaren Realityjustizshows nieder. Dieses realitätsferne Justizbild mittels desselben Mediums zu korrigieren, wäre wünschenswert. Indes sind zum einen die meisten derartiger Sendungen abgesetzt und zum anderen wäre auch bei realen Verfahren nicht gesichert, dass die Rundfunkanstalten eine wirklichkeitsgetreue, unselektierte Abbildung des Verfahrens ermöglichen. Es ist fraglich, inwiefern eine Rundfunkberichterstattung überhaupt sinnvoll wäre. Deutsche Gerichtsverfahren sind oft langwierig und aufgrund des Rechtsstaatsprinzips und des Fair-Trial-Grundsatzes formalisiert. Es gilt durch ausleuchten aller relevanten Aspekte zu nachvollziehbaren Schlussfolgerungen zu kommen. Nach dem BVerfG ist diese Art der „allmählichen Rekonstruktion der Realität (…) nicht auf die besonderen Anforderungen der Mediendramaturgie abgestimmt.“ Ein Interesse bestehe vor allem an Kurzberichten.[436] Ein Verfahren wegen Steuerhinterziehung gegen Ulrich Hoeneß oder Alice Schwarzer würde schnell seine Spannung verlieren, wenn die Verfahrensbeteiligten detailliert über den Inhalt

---

434 So auch: BVerfG, Urt. v. 28.02.1961 – 2 BvG 1 u. 2; BVerfGE 12, 205 (244 f.); *Freder*, Informationsfreiheit, S. 39; *Kortz*, AfP 1997, 443(444 f.); *Kujath*, Laienjournalismus, S. 114; *Schröer-Schallenberg*, Informationsansprüche, S. 31 f.; *Schmidtmann*, Massenmedien, S. 23 f.

435 BVerfG, Beschl. v. 27.11.2008 – 1 BvQ 46/08, NJW 2009, 350 (351); *Blazko*, (Medien-) Öffentlichkeit, S. 30; *Eisele*, JZ 2014, 932 (933); *Engels*, Rechtspflege, S. 52; *Langer*, Informationsfreiheit, S. 20.

436 BVerfG, Urt. v. 24.01.2001 – 1 BvR 2623/95, BVerfGE 103, 44 (66); *Stürner*, JZ 2001, 699 (703); so bereits *Sarstedt*, JR 1956, 121 (124); teilw. a.A. *Dieckmann*, NJW 2001, 2451 (2452).

von 25 Aktenordnern sprechen. Dies zeigt auch die am Internationalen Strafgerichtshof gepflegte, vollständige Öffentlichkeit. Hier kann per Livestream über das Internet das Verfahren mit einer Zeitverzögerung von 30 Minuten verfolgt werden.[437] Beansprucht wird diese Möglichkeit allerdings kaum bis gar nicht.[438] Woran dies genau liegt, ist nicht geklärt. Die Formalisierung des Procederes ist jedenfalls als ein Grund zu nennen.

Die Rundfunkfreiheit gewährleistet dennoch die Öffentlichkeit in zunehmendem Maße. Im Wege der Zurückdrängung der Presse übernimmt der Rundfunk, vor allem das Internet in all seinen Ausprägungen, immer mehr die Aufgaben der mittelbaren Verfahrensöffentlichkeit. Allerdings berichten Fernsehsender fast ausschließlich über besonders reißerische Verfahren und Skandalprozesse. In E-Papers, Blogs oder Tweets können zwar genauso andere Verfahren verfolgt werden, mehrheitlich wird aber auch hier über „Sensationsprozesse" berichtet. Im Hinblick auf die Verfahrensöffentlichkeit ist es jedenfalls zu begrüßen, dass diese Informationswege zunehmend in den Alltag aller Bevölkerungsschichten vordringen.[439] Diese elektronische Kommunikation und Informationsvermittlung läuft häufig nicht über organisierte Rundfunkunternehmen und ist besonders aktuell sowie kostenlos. Die Besonderheiten des Rundfunks (Aktualität, Breitenwirkung und Suggestivkraft) werden durch die neuesten Entwicklungen noch verstärkt.[440] Aufgrund dessen kommt der Rundfunkfreiheit im Hinblick auf den Öffentlichkeitsgrundsatz das größte Gewicht im Rahmen der Medienfreiheiten zu.

(4) Zusammenfassung

Im Ergebnis sind alle Medienfreiheiten unumstößlich mit dem Prinzip der Öffentlichkeit von Gerichtsverfahren verbunden. Allein durch sie werden die Funktionen der Öffentlichkeit und hiervon vor allem die Information der Allgemeinheit gewährleistet. Ohne die Medien wäre die Prozessmaxime, aufgrund des Bedeutungsverlusts der unmittelbaren Öffentlichkeit, gegenstandslos. Der Wandel der Medienordnung und Gesellschaft durch den Siegeszug des Internets hat sich auf die Medienfreiheiten erstreckt. Anfang des 20. Jahrhunderts stellte

437 Art. 64 Nr. 7 IStGH-Statut. Ausführlich hierzu *Vismann*, Medien, S. 345, die die Lage anhand des Internationalen Strafgerichtshofs für das ehemalige Jugoslawien erörtert, welcher Vorreiter des IStGH war.

438 *Vismann*, Medien, S. 364 f. m.w.N.

439 So auch *Kaufmann*, Weblogs, S. 127.

440 *Ory*, Rundfunkrecht, S. 8 Rn. 16 f.

noch die Presse das bedeutendste Medium dar. Dies hat sich zum Rundfunk hin verschoben. Innerhalb des Rundfunks hat das Internet nunmehr das Fernsehen und Radio abgelöst. Deutlich wird ferner, dass die Medienfreiheiten auch die Berichterstattung über Strafverfahren erfassen. Aufgrund des besonderen Interesses der Allgemeinheit an Strafverfahren findet sich bei den Medien ein besonderes Interesse an dieser Verfahrensart. Die Berichterstattung ist von den Schutzbereichen erfasst und somit zunächst verfassungsrechtlich garantiert. Im Weiteren ist die Frage zu klären, wo die Grenzen dieser grundsätzlich umfängliche Freiheit zu ziehen sind.

cc) Eingriff und Schranken

Ein Eingriff in ein Grundrecht liegt vor, wenn ein vom Schutzbereich umfasstes Verhalten erschwert oder unmöglich gemacht wird. Ein Eingriff in die geschilderten Grundrechte aus Art. 5 GG kann in unterschiedlichster Gestalt auftreten. Neben klaren finalen Eingriffen durch Verbote kommen auch tatsächliches Handeln oder mittelbare Beschränkungen in Betracht, z.B. der Arbeit der Presse oder der Zugänglichkeit einer Information.

Die Kommunikationsgrundrechte finden nach Art. 5 Abs. 2 GG ihre Schranken in den Vorschriften der allgemeinen Gesetze, den gesetzlichen Bestimmungen zum Schutze der Jugend und in dem Recht der persönlichen Ehre. Die umfassendste Beschränkung birgt die Schranke der allgemeinen Gesetze. Unter einem allgemeinen Gesetz versteht die herrschende Meinung in Lehre und Rechtsprechung ein Gesetz, welches nicht eine Meinung als solche verbietet, sich nicht gegen die Äußerung der Meinung als solche richtet sondern das vielmehr dem Schutze eines schlechthin – ohne Rücksicht auf eine bestimmte Meinung – zu schützenden Rechtsguts dient.[441] Eine Ausnahme der Meinungsneutralität des Grundgesetztes wurde nur bezüglich der Verbotsnormen von propagandistischer Verherrlichung der nationalsozialistischen Gewalt- und Willkürherrschaft anerkannt. Das Grundgesetz sei gerade als Gegenentwurf zur nationalsozialistischen Schreckensherrschaft zu sehen, auch wenn dem Grundgesetz kein antinationalsozialistisches Grundprinzip entnommen werden kann.[442] Aufgrund

441 BVerfG, Beschl. v. 12.12.1957 – 1 BvR 678/57, BVerfGE 7, 198 (209 f.); Beschl. v. 14.01.1998 – 1 BvR 1861/93, BVerfGE 97, 125 (146); Beschl. v. 04.11.2009 – 1 BvR 2150/08, BVerfGE 124, 300 (325); *Epping,* Grundrechte, Rn. 243; *Roepert,* Medienrecht, S. 144 Rn. 327.

442 BVerfG, Beschl. v. 04.11.2009 – 1 BvR 2150/08, BVerfGE 124, 300 (327 f.); *Epping,* Grundrechte, Rn. 245.

der weitreichenden Auslegung dieser Schranke kommt den beiden anderen nur geringe Bedeutung zu. Der Schutz der Jugend und das Recht der persönlichen Ehre sind letztlich durch (allgemeine) Gesetze gewährleistet.[443]

Hinsichtlich der Schranke der allgemeinen Gesetze ist zu berücksichtigen, dass diese wiederum im Lichte der Kommunikationsfreiheiten auszulegen und anzuwenden sind, um der Bedeutung des Grundrechts gerecht zu werden. Diese „Wechselwirkungslehre" hat das Bundesverfassungsgericht bereits in seinem „Lüth-Urteil"[444] aus dem Jahre 1958 entwickelt. Heute stellt sie eine besondere Konturierung des Verhältnismäßigkeitsgrundsatzes im Rahmen des Art. 5 Abs. 1 GG dar.[445] Für den Richter heißt dies, er muss, soweit das Gesetz ihm einen Spielraum einräumt, eine umfassende Abwägung im Einzelfall treffen, ob und inwiefern eine Beschränkung der Kommunikationsfreiheiten angemessen und notwendig ist.[446]

Bezogen auf den Strafprozess könnte das Verbot von Fernseh- und Tonaufnahmen aus § 169 S. 2 GVG einen Eingriff in die Presse-, Rundfunk- und Informationsfreiheit darstellen. Ebenso verhält es sich mit medienspezifischen Anordnungen des Vorsitzenden nach § 176 GVG und den in §§ 170–173 GVG geregelten Begrenzungsmöglichkeiten. Auch die Normierungen der Beschränkung der Öffentlichkeit in § 48 JGG oder durch schriftliche Verfahren, können als Eingriffe angesehen werden.

b) Allgemeines Persönlichkeitsrecht

Die Persönlichkeit und die privaten Verhältnisse der Prozessbeteiligten stehen während des Strafverfahrens im Vordergrund. „In Gerichtsverfahren gewinnt der Persönlichkeitsschutz der Verfahrensbeteiligten eine über den allgemeinen in der Rechtsordnung anerkannten Schutzbedarf hinausgehende Bedeutung."[447] Insbesondere der Angeklagte muss bei der derzeitig normierten Art und Weise der Strafzumessung erhebliche Teile seines Lebens offenlegen. Daher ist auch

443 *Epping,* Grundrechte, Rn. 247; *Rose,* journalistische Recherche, S. 40.

444 BVerfG, Beschl. v. 12.12.1957 – 1 BvR 678/57 BVerfGE 7, 198 (209); Beschl. v. 15.1.1958 – 1 BvR 400/5, 7NJW 1958, 257 (258).

445 BVerfGE 91, 125 (136), 14.07.1994 – 1 BvR 1595, 1606/92; *Epping,* Grundrechte, Rn. 249 f.; *Kingreen/Poscher,* Grundrechte, § 13 Rn. 695 f.; *Rose,* journalistische Recherche, S. 38.

446 BVerfG, Beschl. v. 12.12.1957 – 1 BvR 678/57 BVerfGE 7, 198 (209); *Vogel,* Fernsehübertragungen, S. 77.

447 BVerfG, Beschl. v. 27.11.2008 – 1 BvQ 46/08, NJW 2009, 350 (351).

das Persönlichkeitsrecht in den Blick zu nehmen, um zu klären welche Grenzen der Öffentlichkeit gezogen werden (müssen).

Das allgemeine Persönlichkeitsrecht ist zwar nicht ausdrücklich im Grundgesetz geregelt, mittlerweile aber allgemein anerkannt.[448] Es setzt sich aus den Gedanken der Art. 1 Abs. 1 GG und Art. 2 Abs. 1 GG zusammen. Eine exakte Bedeutung existiert nicht und der genaue Umfang dieses Rechts lässt sich nicht abschließend ermitteln.[449] Dass eine solche Bestimmung nicht nur nicht notwendig ist, sondern einem umfassenden Persönlichkeitsschutz eher entgegenstehen würde, folgt aus der erforderlichen Entwicklungsoffenheit dieses Rechts. Nur hierdurch wird es dem Bundesverfassungsgericht ermöglicht, neuen Änderungen in der Gesellschaft und Kultur Rechnung zu tragen und einen umfassenden Schutz zu gewährleisten.[450] Die Verknüpfung mit der Menschenwürde aus Art. 1 Abs. 1 GG unterstreicht die besondere Bedeutung dieses Grundrechts.

aa) Schutzbereich

Geschützt werden natürliche Personen. Der Schutz juristischer Personen ist aufgrund des Bezugs des allgemeinen Persönlichkeitsrechts zur Menschenwürde weitestgehend ausgeschlossen. Ausnahmen gelten für den Schutz von Namen, Reputation oder Geschäftsgeheimnissen.[451] Diese werden aber meist effektiver über Art. 12 GG und Art. 14 GG geschützt.[452]

Der sachliche Schutzbereich wurde im Laufe der Zeit vor allem durch die Rechtsprechung des Bundesverfassungsgerichts konturiert. Dennoch bleibt er entwicklungsoffen. Garantiert ist ein freier Bereich privater Lebensgestaltung, in welchem jeder für sich allein sein kann.[453] Der Bürger soll frei darüber

---

448 BVerfG, Beschl. v. 03.06.1980 – 1 BvR 185/77, NJW 1980, 2070 (2070); BGH, Urt. v. 25.05.1954 – I ZR 211/53, GRUR 1955, 197 (198); *Kühl*, FS Müller-Dietz, S. 409; *Roepert*, Medienrecht, S. 174 Rn. 396; *Vogel*, Fernsehübertragungen, S. 78.

449 BVerfG, Beschl. v. 03.06.1980 – 1 BvR 185/77, NJW 1980, 2070 (2071); *Boksanyi*, Persönlichkeit, S. 296 Rn. 3; *Dalbkermeyer*, Schutz, S. 13; *Langer*, Informationsfreiheit, S. 55 f.; *Peters*, Kriminalitätsberichterstattung, S. 151.

450 So i.E. auch *Fischer*, Medienöffentlichkeit, S. 173 f. m.w.N.

451 BGH, Urt. v. 19.01.2016 – VI ZR 302/15, GRUR-RR 2016, 476 (476) m.w.N.; *Boksanyi*, Persönlichkeit, S. 298 Rn. 11; Stern/Becker-*Horn*, Grundrechte, Art. 2 Rn. 64. Für einen umfassenden Schutz juristischer Personen: *Roepert*, Medienrecht, S. 183 Rn. 410 f.

452 So auch: Mangoldt/Klein/Stark-*Huber*, GG, Art. 19 Rn. 235.

453 BVerfG, Urt. v. 05.06.1973 – 1 BvR 536/72, BVerfGE 35, 202 (220); vgl. *Fröhling*, Pranger, S. 189 f.

entscheiden können, wem er welche Informationen über sein Leben in welcher Form preisgibt.[454] Hierin manifestiert sich erneut die Bedeutung von Informationen. Ebenso wird die Stellung in der Gesellschaft, die sogenannte Sozialsphäre, geschützt. Der Bereich zwischen völliger Zurückgezogenheit (Intimsphäre) und Sozialsphäre wird als Privatsphäre umfassend bewahrt.[455] Die Differenzierung der unterschiedlichen Sphären ist vor allem für die Frage eines Eingriffs und dessen Rechtfertigung relevant. So ist ein Eingriff in die Intimsphäre kaum zu rechtfertigen. Hingegen ist ein Eingriff in die Privatsphäre bei überwiegenden Belangen des Allgemeinwohls keine Grundrechtsverletzung. An den Eingriff in die Sozialsphäre bestehen die geringsten Rechtfertigungsanforderungen.[456] Kurz gefasst sind die Selbstbewahrung, Selbstbestimmung und Selbstdarstellung geschützt. Zur Selbstdarstellung zählen unter anderem die Rechte am eigenen Bild, eigenen Wort und das Recht auf informationelle Selbstbestimmung.[457] Letzteres ist eine Folge der immer weiter reichenden Erfassung von Daten und der Gefahr eines daraus folgenden Einschüchterungseffekts auf die Freiheitswahrnehmung.[458] Jeder Einzelne soll die Kontrolle über seine Daten behalten, da diese ohne größeren Aufwand zur Erstellung umfassender Persönlichkeitsprofile verknüpft werden können.[459] Als Reaktion auf die weitere Entwicklung moderner Medien und den Einzug des Internets in alle Lebensbereiche, wurde das Grundrecht auf Gewährleistung der Vertraulichkeit und Integrität informatorischer Systeme aus Art. 2 Abs. 1 GG i.V.m. Art. 1 Abs. 1 GG entwickelt.[460] Hierdurch sollte in Abgrenzung zum Recht auf informationelle Selbstbestimmung, welches nur die Erhebung einzelner Daten betrifft, auch ein Datenbestand, wie er auf einem privaten Laptop oder in einer virtuellen „Cloud" vorhanden ist, geschützt werden. Heutzutage werden diese Datenspeicher wie Tagebücher geführt und es kann mit geringem Aufwand ein umfassendes Persönlichkeitsprofil erstellt

---

454 *Vogel*, Fernsehübertragungen, S. 78.

455 BVerfG, Beschl. v. 15.08.1996 – 2 BvR 1833/95, NJW 1997, 1632 (1633); *Boksanyi*, Persönlichkeit, S. 305, Rn. 37 f.; *Hofmann-Riem*, Wandel, S. 449.

456 Maunz/Dürig-*Di Fabio*, GG, Art. 2, Rn. 158 f. m.w.N.

457 BVerfG, Urt. v. 05.06.1973 – 1 BvR 536/72, NJW 1973, 1226 (1227 f.); *Epping*, Grundrechte, Rn. 629 f.

458 BVerfG, Urt. v. 15.12.1983 – 1 BvR 209/83, NJW 1984, 419 (421 f.); Urt. v. 02.03.2010 – 1 BvR 256/08, NJW 2010, 833 (836 f.) zur Vorratsdatenspeicherung.

459 *Epping*, Grundrechte, Rn. 637 f.

460 BVerfG, Urt. v. 27.02.2008 – 1 BvR 370/07, BVerfGE 120, 274 (303 f.); Urt. v. 20.04.2016 – 1 BvR 966/09, NJW 2016, 1781 (1783 f.).

werden. Durch den Zugriff auf Blogs, Lifeloggings[461] oder vergleichbare, tagebuchähnliche digitale Datensammlungen kann ein detailgetreues Profil des Nutzers entstehen. Dieses Profil kann anhand von Bildern und Texten aus allen Lebenssituationen und -bereichen sehr detailliert sein. Es stehen Daten wie Beziehungen zu anderen – Freunden, Verwandten, Partnern – oder Dinge wie die Bankverbindung, der bevorzugte Supermarkt, die Art der Fortbewegungsmittel, die Aufenthaltsorte oder die Lieblingsbücher/-kleidung/-sportart u.v.m. auf diesen elektronischen oder digitalen Speichern zur Verfügung. Alle Vorgänge des Alltagslebens können so archiviert, ausgewertet und letztlich sogar manipuliert werden. Durch die Anerkennung eines besonderen Schutzes informatorischer Systeme, hat das Bundesverfassungsgericht auf die Entwicklungen des Medienzeitalters reagiert.

Ein weiterer Teil des allgemeinen Persönlichkeitsrechts umfasst die Selbstbewahrung, d.h. den Schutz der engeren persönlichen Lebenssphäre, z.B. die sexuelle Selbstbestimmung.[462] Zusammengefasst ist Kern der Selbstbewahrung, ein Recht auf Anonymität. Es gewährt jedem Schutz vor einer Veröffentlichung seiner Person durch die Medien.[463] Des Weiteren ist im Hinblick auf die Öffentlichkeit des Strafverfahrens das Recht auf Resozialisierung anzuführen. Das Recht auf Resozialisierung ist Teil des Rechts auf Sozialisation. Letzteres umfasst auch den Anspruch nicht „entsozialisiert" zu werden. Das bedeutet in diesem Kontext nicht durch eine vorverurteilende Berichterstattung im eigenen sozialen Geltungswert herabgesetzt zu werden.[464] Es ist daher eine Aufgabe des Strafverfahrens, die Sozialisation des Beschuldigten möglichst wenig zu tangieren und die mit der Öffentlichkeit einhergehende Stigmatisierung gering zu halten.[465] Dies wird bei Äußerungen der Justizbehörden sowie der Medien im

---

461 Lifelogging ist die digitale Protokollierung des eigenen Lebens, z.B. mit Hilfe einer in der Jacke angebrachten Kamera, die in festen Zeitabständen z.B. alle fünf Minuten ein Foto macht; vgl. *Selke*, Lifelogging, S. 1 f.

462 BVerfG, Beschl. v. 21. 12. 1977 – 1 BvL 1/75, NJW 1978, 807 (809); Beschl. v. 26.02.2008 – 2 BvR 392/07, NJW 2008, 1137 (1137); Beschl. v. 11.01.2011 – 1 BvR 3295/07, NJW 2011, 909 (910).

463 So auch BVerfG, Urt. v. 05.06.1973 – 1 BvR 536/72, BVerfGE 35, 202 (220); *Dalbkermeyer*, Schutz, S. 15; *Franke*, Bildberichterstattung, S. 88.

464 BVerfG, Urt. v. 05.06.1973 – 1 BvR 536/72, BVerfGE 35, 202 (Ls. 3); *Dalbkermeyer*, Schutz, S. 18 f.; *Vogel*, Fernsehübertragungen, S. 80; *Zipf*, Gutachten C, S. 32.

465 Hierzu ausführlich *Fischer*, Medienöffentlichkeit, S. 178 ff; vgl. *Kissel/Mayer*, GVG, § 169 Rn. 14 f.

Ermittlungsverfahren relevant und ist entscheidend für eine erfolgreiche Resozialisierung nach erfolgter Verurteilung.

Der Öffentlichkeitsgrundsatz hat für das allgemeine Persönlichkeitsrecht besondere Bedeutung. Zum einen können Details aus dem Privat- oder Intimleben einer Vielzahl von Personen bekannt werden. Zum anderen ermöglicht die Öffentlichkeit des Verfahrens generell die Kenntnisnahme von der Opfer- bzw. Täterstellung. Ferner können identifizierende Berichte zu einer erheblichen Diskreditierung und Herabwürdigung aller Beteiligten bei einer breiten Bevölkerungsgruppe führen. Zusammenfassend ist festzuhalten, dass die Verfahrensöffentlichkeit die Sozial-, Privat- und die Intimsphäre tangieren kann. Allein schon die Tatsache an einem Strafverfahren beteiligt zu sein, kann bei Kenntnisnahme durch Andere den Schutzbereich des allgemeinen Persönlichkeitsrechts berühren.

Bei medialer Prozessberichterstattung ist darüber hinaus zu beachten, dass die Medien gerade an der besonders geschützten Intimsphäre des Menschen interessiert sind, denn die stark emotionalen Berichte sind besonders gewinnbringend.[466] Gerade dieser sensible Bereich wird im Strafverfahren (vor allem bei Sexualdelikten) regelmäßig tangiert. Das allgemeine Persönlichkeitsrecht muss aufgrund der gegenwärtigen medialen Entwicklungen stärker geschützt werden. Nicht nur der technische Fortschritt, der z.B. zur Miniaturisierung von Kameras und sonstigen Aufnahmegeräten geführt hat, trägt hierzu erheblich bei. Auch der gesellschaftliche Wandel hat einen erheblichen Beitrag geleistet. Dieser führte zum Abbau kultureller und psychologischer Hemmschwellen, welche den Einzelnen originär vor spontanen Indiskretionen und Verunglimpfungen schützten.[467] Zudem sind heute alle Personen potentielle „Laienjournalisten“, so dass nicht nur eine „Klatschöffentlichkeit“[468] durch die unmittelbar Teilnehmenden entstehen kann, sondern diese ihre Informationen über das Internet ohne Weiteres verbreiten können.

bb) Eingriff

Ein Eingriff in Art. 2 Abs. 1 GG i.V.m. Art. 1 Abs. 1 GG ist, neben den Fällen der Ächtung und Brandmarkung, in der Kommerzialisierung und damit

466 *Roepert,* Medienrecht, S. 181 Rn. 408.

467 BGH, Urt. v. 15.01.1953 – IV ZR 76/52, NJW 1953, 577 (578 f.); *Vacca,* Jura 2013, 594 (594).

468 Wendung bei *Hanske/Lauber-Rönsberg,* ZUM 2013, 264 (268); *Ladeur,* ZUM 2012, 336 (337).

einhergehend Objektivierung menschlichen Daseins zu sehen.[469] Letzt genannter Eingriff ist der wohl heutzutage am Häufigsten vorkommende. Im Rahmen von Gerichtsverfahren kann vor allem im Strafprozess und dessen medialer Verwertung eine Kommerzialisierung der Persönlichkeit stattfinden. Im Strafverfahren ist das allgemeine Persönlichkeitsrecht aller Verfahrensbeteiligten tangiert, die sich (oft) unfreiwillig der Gerichtssituation stellen müssen.[470] Das Recht am eigenen Bild, Namen, Wort, auf Anonymität und auf informationelle Selbstbestimmung können im Rahmen des Strafverfahrens betroffen sein.

(1) Angeklagte

Durch die Täterorientierung im Rahmen der Strafzumessung muss der Angeklagte mit besonderen Einschnitten in sein allgemeines Persönlichkeitsrecht rechnen.[471] Eine Berichterstattung unter Namensnennung oder Darstellung der Person veröffentlicht das Fehlverhalten und setzt den sozialen Geltungswert herab. Hierzu genügt es, dass der Betroffene mit dem Verfahren in Verbindung gebracht wird, unabhängig von dem Ausgang des Verfahrens.[472] Es ist daher zu begrüßen, wenn Nr. 23 RiStBV grundsätzlich davon ausgeht, dass eine Namensnennung für die justizielle Öffentlichkeitsarbeit nicht erforderlich ist. Unabhängig von der Justiz gelingt es den Medien in der Regel dennoch die Person zu individualisieren.

Ein Beispiel hierfür ist das Verfahren gegen Oberst Georg Klein. Oberst Klein musste sich nach einem Angriff der deutschen Luftwaffe unter seinem Kommando auf einen Tanklaster der Taliban bei Kunduz in Afghanistan am 04.09.2009 vor Gericht verantworten. Durch den Angriff wurden 91 Menschen getötet. Zunächst wurde wegen Kriegsverbrechen, Dienstvergehen, schließlich auch wegen Mordes ermittelt. Die Verfahren wurden jedoch eingestellt. Oberst Klein konnte kein rechtliches oder dienstliches Fehlverhalten vorgeworfen werden.[473] Allerdings wurde neben seinem vollständigen Namen und Dienstgrad, sogar seine Privatadresse öffentlich. Da dem Angriff vor allem Zivilisten zum

---

469 BVerfG, Beschl. v. 12.11.1997 – 1 BvR 479/92, NJW 1998, 519 (521); *Vacca*, Jura 2013, 594 (595).

470 BVerfG, Urt. v. 24.01.2001 – 1 BvR 2623/95, BVerfGE 103, 44 (68).

471 Vgl. § 46 StGB; so auch BVerfG, Beschl. 27.11.2008 – 1 BvQ 46/08, NJW 2009, 350 (351); *Zipf*, Gutachten C, S. 31.

472 BGH, Urt. v. 07.06.2011 – VI ZR 108/10, GRUR 2011, 750 (752); *Dalbkermeyer*, Schutz, S. 16; *Stieper*, JZ 2014, 271 (279); *Vogel*, Fernsehübertragungen, S. 79.

473 Pressemittleilung der Generalbundesanwaltschaft 19.04.2010 – 8/2010 und Einstellungsvermerk vom 16.04.2010, Az.: 3 BJs 6/10-4; vgl. *Stam*, Auslandseinsatz, S. 56.

Opfer fielen, war Klein in Deutschland in der öffentlichen Debatte, aber auch in der Rechtswissenschaft, äußerst umstritten.[474] Die Bekanntgabe dieser sensiblen Daten hat für ihn eine erhebliche Beeinträchtigung des allgemeinen Persönlichkeitsrechts zur Folge. Denn er erhielt im weiteren Verlauf der Aufarbeitung der Geschehnisse Drohungen und war zur Zielscheibe geworden.

Grundsätzlich ist die Information der Bevölkerung über Strafverfahren aber unerlässlich und die Medien sind vordringlich an diesen Verfahren interessiert.[475] Hier kollidieren die dargestellten Grundrechte. Das Bundesverfassungsgericht führt hierzu aus: „Die Information über Tat und Täter eines Strafverfahrens ist durch die Verletzung der Rechtsordnung und individueller Rechtsgüter seitens des Täters, die Sympathie mit dem Opfer, die Furcht vor Wiederholung solcher Taten und die Bestrebung dem vorzubeugen anzuerkennen."[476] Anders gefasst ist das Persönlichkeitsrecht des Angeklagten als Urheber des Verfahrens dann zu beschränken, wenn ein berechtigtes Informationsinteresse der Allgemeinheit besteht, wovon im Strafverfahren regelmäßig auszugehen ist.[477]

Davon zu unterscheiden ist die im Vorfeld einer Anklage stattfindende, sich häufende, tendenziöse Verdachtsberichterstattung, welche zu einer irreparablen Rufschädigung führen und so den grundlosen gesellschaftlichen Tod einer Person bedeuten kann. Selbst ein Freispruch kann diese Stigmatisierung in der Regel nicht mehr beseitigen.[478]

Ein Beispiel ist das Verfahren gegen den Meteorologen Jörg Kachelmann, der wegen eines Sexualdelikts angeklagt war. Ermittlungsergebnisse wurden hier bereits kurz nach der Verhaftung öffentlich gemacht, woher diese Informationen stammten blieb unklar.[479] Das Verfahren wurde schnell hochstilisiert und quasi in allen Medien thematisiert.[480] Er wurde zwar freigesprochen, seine Reputation ist jedoch vernichtet und seinen Beruf als Wettermoderator kann er in

474 Vgl. statt vieler *Eser*, FS Schöch, S. 469.

475 BVerfG, Beschl. v. 10.06.2009 – 1 BvR 1107/09, NJW 2009, 3357 (3358); *Engels*, Rechtspflege, S. 52.

476 BVerfG, Urt. v. 05.06.1973 – 1 BvR 536/72, BVerfGE 35, 202 (231); Beschl. v. 27.11.2008 – 1 BvQ 46/08, NJW 2009, 350 (351); Beschl. v. 10.06.2009 – 1 BvR 1107/09, NJW 2009, 3357 (3358).

477 Vgl. *Eisele*, JZ 2014, 932 (933); *Hillermeier*, DRiZ 1982, 281 (283); *Vogel*, Fernsehübertragungen, S. 79 f.

478 *Peters*, Kriminalitätsberichterstattung, S. 156.

479 Vgl. *friedrichsen*, ZRP 2011, 246 (246); *Huff*, ZRP 2012, 58 (58).

480 *Jung*, JZ 2012, 303 (304), die den Umfang der Berichterstattung verschiedener Printmedien vergleicht.

Deutschland seither nicht mehr ausüben.[481] Dies gründet sich auch darauf, dass einige Zeuginnen ihre Aussage medial vermarkteten und der Nachweis einer Falschaussage nicht geführt werden konnte.[482] Der „Medienhype" der rund um das Verfahren entstand ist objektiv retrospektiv nicht nachvollziehbar.[483]

Das Bild des Angeklagten wird dauerhaft mit der Tat verbunden sein.[484] Daher sind auch Bloßstellungen durch öffentliche Ermittlungsmaßnahmen zu vermeiden.[485] Ein besonders negatives Beispiel bildet hier die Festnahme des früheren Vorstandsvorsitzenden der Deutschen Post Klaus Zumwinkel wegen Steuerhinterziehung vor laufenden Kameras.

Ebenso wenig durch ein Informationsinteresse gerechtfertigt, ist eine private, ohne Bezug zum Verfahren erfolgende Berichterstattung, wie z.B. die Darstellung der häuslichen Umgebung.[486] Eine für diese Fälle geforderte erhöhte Sorgfalts- und Prüfpflicht ist vor allem bei den Massenmedien immer weniger zu erkennen. Auch die von Gerichten aufgestellten Regeln der Verdachtsberichterstattung,[487] wie die Konfrontationspflicht,[488] werden kaum noch eingehalten.[489]

---

481 Das LG Mannheim, Urt. v. 31.05.2011 – 5 KLs 404 Js 3608/10, eröffnete die Urteilsbegründung wie folgt: „Wir entlassen den Angeklagten und die Nebenklägerin mit einem möglicherweise nie mehr aus der Welt zu schaffenden Verdacht, ihn als potenziellen Vergewaltiger, sie als potenzielle rachsüchtige Lügnerin." Vgl. *Jung*, JZ 2012, 303 (304).

482 *Friedrichsen*, ZRP 2011, 246 (247); *Heger*, FS Beulke, S. 765 f.; bzgl. der zivilrechtlichen Unterlassung gewährte das OLG Köln dem Persönlichkeitsrecht des Angeklagten den Vorzug gegenüber der Meinungs- und Pressefreiheit; OLG Köln, Urt. v. 14.02.2012 – 15 U 123/11; ZUM 2012, 330 f. Bestätigt durch BGH, Urt. v. 19.03.2013 – VI ZR 93/12, GRUR 2013, 965.

483 So auch *Huff*, ZRP 2012, 58 (58); *Jung*, JZ 2012, 303 (307).

484 So jüngst im Fall des ehemaligen Bundestagsabgeordneten Sebastian Edathy siehe Fn. 300. Vgl. auch BVerfG, Beschl. 27.11.2008 – 1 BvQ 46/08, NJW 2009, 350 (352); *Dalbkermeyer*, Schutz, S. 11; *Engels*, Rechtspflege, S. 36; *Stieper*, JZ 2014, 271 (271); *Vacca*, Jura 2013, 594 (601).

485 *Eisele*, JZ 2014, 932 (939); *Kühl*, FS Müller-Dietz, S. 401.

486 BVerfG, Urt. v. 05.06.1973 – 1 BvR 536/72, BVerfGE 35, 220 (226); *Vogel*, Fernsehübertragungen, S. 80.

487 Dies sind: 1. Der Verdacht muss ein Gegenstand berechtigten öffentlichen Interesses betreffen, 2. Es müssen hinreichende Anhaltspunkte für die Richtigkeit des Verdachts vorliegen, 3. Die im konkreten Fall gebotene Sorgfalt bei der Recherche und Veröffentlichung muss angewandt worden sein, 4. Die Darstellung muss vermitteln, dass die Sachlage offen ist. Hierzu BGH, Urt. v. 07.12.1999 – VI ZR 51/99, NJW 2000, 1036 (1037); *Peters*, Kriminalitätsberichterstattung, S. 157 f.

488 Hiernach müssen Medien den Betroffenen detailliert mit allen Einzelheiten der Verdachtsberichterstattung konfrontieren und eine Stellungnahme abwarten.

489 *Lehr*, NJW 2013, 728 (731).

Das allgemeine Persönlichkeitsrecht ist besonders gefährdet wenn Bild- und Tonaufnahmen zugelassen werden, da nicht erst in Zeiten der Digitalisierung diese Aufnahmen dauerhaft gespeichert werden können und eine hohe Eingriffsintensität aufweisen. Die Gefahr immer Täter bzw. Opfer eines Verbrechens zu bleiben oder dass die Aufnahmen in anderem Zusammenhang wieder verwendet (und so der Aussagegehalt verändert wird) oder verfälscht werden, ist stets vorhanden.[490] Ferner sind über soziale Medien, wie Twitter oder Facebook und Videohosting-Plattformen wie YouTube, Bilder und Texte in Sekundenschnelle über die ganze Welt verbreitet. Der mittelalterliche Pranger gehört aber zur Rechtsgeschichte, so dass die Möglichkeit der Vorführung der Prozessbeteiligten unterbleiben muss, um die Menschenwürde jedes Einzelnen hinreichend zu achten. Dies gebietet nicht nur das Recht auf informationelle Selbstbestimmung, der Schutz der Privat- und Intimsphäre, sondern auch das Resozialisierungsinteresse des Einzelnen und der Gesellschaft. Das Resozialisierungsinteresse des Täters aus Art. 1 GG erlangt umso mehr an Gewicht, desto länger die Tat zurückliegt.[491] Dennoch wurde zur Speicherung in Onlinearchiven entschieden, dass eine Speicherung in identifizierender Weise zulässig sei, selbst wenn über die Straftat nicht noch einmal unter Nennung von Namen berichtet werden dürfte.[492] Dem müsse aber eine Abwägung der widerstreitenden Grundrechte vorausgehen. Zudem sei erforderlich, dass die Meldung nicht aktiv verbreitet werde, ursprünglich zulässig war und als Altmeldung deutlich zu erkennen sei.[493] Der Widerspruch zu dem Resozialisierungsinteresse des Täters liegt auf der Hand. Angeführt wird, dass die Speicherung nur eine sehr geringe Breitenwirkung habe und daher der Eingriff in die Medienfreiheiten schwerer wöge, als

---

490 BVerfG, Urt. v. 24.01.2001 – 1 BvR 2623/95, BVerfGE 103, 44 (68); BVerfG, Beschl. v. 03.04.2009, 1 BvR 654/09, NJW 2009, 2117 (2123); *Heger,* FS Beulke, S. 764; *Huff,* NJW 1996, 571 (573); *Nestler,* Medienöffentlichkeit, S. 146; *Stieper,* JZ 2014, 271 (271).

491 BVerfG, Urt. v. 24.01.2001 – 1 BvR 2623/95, BVerfGE 103, 44 (68); *Hanske/Lauber-Rönsberg,* ZUM 2013, 264 (265); *Kühl,* FS Müller-Dietz, S. 406; *Peters,* Kriminalitätsberichterstattung, S. 167; *Pfeifle,* ZG 2010, 283 (292); *Stieper,* JZ 2014, 271 (279).

492 BGH, Urt. v. 13.11.2012 – VI ZR 330/11, GRUR 2013, 200 (201 f.); vgl. *Kirchberg,* GRUR-Prax 2013, 237 (237); *Sajuntz,* NJW 2014, 25 (27).

493 BGH, Urt. v. 15. 12. 2009 – VI ZR 227/08, NJW 2010, 757 (759); Urt. v. 13.11.2012 – VI ZR 330/11, GRUR 2013, 200 (201 f.); *Kirchberg,* GRUR-PRax 2013, 237 (237); *Sajuntz,* NJW 2014, 25 (27); *Ströbel,* Persönlichkeitsschutz, S. 103 f.

der in das Persönlichkeitsrecht.[494] Das Argument der geringen Breitenwirkung greift allerdings nicht. In der digitalen und global vernetzten Welt unseres Jahrhunderts und dem damit einhergehenden Fortschritt von Suchmaschinen, wie „Google“ oder „Yahoo“, ist das Auffinden dieser Informationen für jeden Internetnutzer ein Leichtes.[495] Das Internet gehört mittlerweile ebenso wie die eigene Informationsbeschaffung zum Alltag der Menschen. Dies zeigt sich auch in der Verbreitung der Internetzugänge die stetig wächst. Im Jahr 2017 waren laut der Internationalen Fernmeldeunion (ITU) – eine spezielle Organisation der Vereinten Nationen – 3,58 Milliarden Menschen mit dem Internet verbunden.[496] Wie die Entwicklung der letzten Jahre zeigt, ist auch für 2017 ein Zuwachs an Internetnutzern zu erwarten. Vor allem für die arbeitende und kommende Generation ist das Internet unverzichtbarer Bestandteil der Arbeits- und Freizeit geworden.[497] Wer sich für ein Thema interessiert oder mehr Informationen erhalten möchte muss schon lange nicht mehr in Bibliotheken oder Archiven suchen.

Eine mögliche Lösung, um dem Persönlichkeitsrecht Rechnung zu tragen könnte die Anonymisierung sein. Eine nachträgliche Anonymisierung der Beiträge – vor allem zum Schutz der Resozialisierung – erfordert keinen derartigen Aufwand, dass davon auszugehen wäre, dass die Medien aufgrund dessen völlig auf die identifizierende Berichterstattung verzichten würden.[498] Der Aufwand könnte durch eine Software, welche eine bei Erstellung des Berichts bereits angelegte, anonymisierte Version nach Ablauf einer Frist einstellt und den vorherigen Bericht ersetzt, gering gehalten werden.[499] Die nachträgliche Anonymisierung kann jedoch ohne Weiteres unterlaufen werden, da möglicherweise Kopien des

494 BGH, Urt. v. 09.02.2010 – VI ZR 243/08, GRUR 2010, 549 (551); *Fischer,* Medienöffentlichkeit, S. 183.

495 *Kirchberg,* GRUR-PRax 2013, 237 (237); *Ströbel,* Persönlichkeitsschutz, S. 108 f.; a.A. *Fischer,* Medienöffentlichkeit, S. 183.

496 https://www.itu.int/dms_pub/itu-s/opb/pol/S-POL-BROADBAND.18-2017-PDF-E.pdf, S. 10, zuletzt aufgerufen am 20.09.2017.

497 Dies zeigt die Statistik der ITU, wonach 71% der jugendlichen Bevölkerung das Internet nutzen; abrufbar unter http://www.itu.int/en/ITU-D/Statistics/Documents/facts/ICTFactsFigures2017.pdf, zuletzt aufgerufen am 20.09.2017.

498 BGH, Urt. v. 20.04.2010 – VI ZR 245/08, NJW 2010, 2728 (2730); BGH, Urt. v. 13.11 2012 – VI ZR 330/11, GRUR 2013, 200 (201); krit. *Ströbel,* Persönlichkeitsschutz, S. 112.

499 Vgl. hierzu *Ströbel,* Persönlichkeitsschutz, S. 115.

Textes heruntergeladen und gespeichert wurden. Eine nicht anonymisierte Veröffentlichung wäre somit jederzeit erneut denkbar.

Dem aufgezeigten Konflikt kann auch das durch den Europäischen Gerichtshof (EuGH) gefestigte „Recht auf Vergessen" Rechnung tragen.[500] Mit diesem Urteil hat der EuGH die Tätigkeit von Suchmaschinen als Verarbeitung personenbezogener Daten im Sinne der Richtlinie 95/46[501] eingeordnet. Dem ist beizupflichten, denn durch das systematische Durchsuchen des Internets werden Daten erhoben, die anschließend indexiert und auf dem Server gespeichert werden, um sie schließlich den Nutzern bereitzustellen.[502] Die personenbezogenen Daten werden durch eine Suchmaschine somit gleich mehrfach verarbeitet. Hieran ändert die Möglichkeit des Website-Betreibers eine Indexierung durch die Suchmaschine auszuschließen nichts.[503] Über die Zwecke und Mittel der Datenverarbeitung entscheidet der Suchmaschinenbetreiber, daher ist er auch Verantwortlicher hierfür und damit Anspruchsgegner.[504] Der Anspruch auf Löschung bestimmter Links in der Ergebnisliste der Suchmaschine besteht unabhängig davon, ob die betroffene Person einen Schaden nimmt oder die Daten unrichtig sind. Entscheidend kann vielmehr auch sein, ob die Daten noch aktuell sind oder bereits länger zurückliegen.[505] Durch dieses Recht auf Vergessen, wird der Eingriff in das Persönlichkeitsrecht – ungeachtet dessen, dass die Information auf dem Ausgangsserver noch vorhanden ist – abgemildert. Dies ist damit zu begründen, dass nunmehr die Verknüpfung zwischen der Person und der in einem Onlinearchiv gespeicherten Information nicht mehr ohne Weiteres herzustellen ist.[506] In Kombination mit einer hinreichenden Anonymisierung,

---

500 EuGH, 13.05.2014 – C-131/12; EuGRZ 2014, 320 (320 f.); OLG Celle, Urt. v. 01.06.2017 – 13 U 178/16, AfP 2017, 444 (444); vgl. *Ströbel*, Persönlichkeitsschutz, S. 122; *Boehme-Neßler*, NVwZ 2014, 825 (826).

501 Veröffentlicht in: Amtsblatt Nr. L 281 v. 23.11.1995 S. 31–50; abrufbar unter http://eur-lex.europa.eu/legal-content/DE/TXT/?uri=CELEX:31995L0046, zuletzt aufgerufen am 19.07.2018.

502 EuGH, 13.05.2014 – C-131/12; EuGRZ 2014, 320 (324); *Rando Casermeiro/Hoeren*, GRUR-Prax 2014, 537 (538); *Ströbel*, Persönlichkeitsschutz, S. 124.

503 Dies geschieht mit Hilfe von Ausschlussprotokollen wie „robot.txt"; EuGH, 13.05.2014 – C-131/12; EuGRZ 2014, 320 (324).

504 EuGH, 13.05.2014 – C-131/12; EuGRZ 2014, 320 (324 f.); *Rando Casermeiro/Hoeren*, GRUR-Prax 2014, 537 (538).

505 EuGH, 13.05.2014 – C-131/12; EuGRZ 2014, 320 (329 f.).

506 Als vollkommen unabhängige Ansprüche bezeichnet *Ströbel* den gegen den Suchmaschinenbetreiber und den Anspruch gegen den Online-Archiv-Betreiber, Persönlichkeitsschutz, S. 128.

könnte der Eingriff derart gering gehalten werden, dass eine Rechtfertigung in der Regel mit dem Informationsinteresse der Allgemeinheit zu bejahen wäre.

(2) Zeugen

Für Zeugen – vor allem wenn es sich um Opfer der Tat handelt – ist bereits die Aussage in der Hauptverhandlung eine große Belastung, welche durch die mediale Berichterstattung noch verstärkt wird. Die Beeinträchtigung liegt darin, dass sie allein aufgrund ihrer zufälligen Verbindung zur Tat oder sogar aufgrund der Verletzung ihrer Rechtsgüter überhaupt am Verfahren beteiligt sind. Die Belastung bei einer Live-Fernsehübertragung oder ähnlichem wäre daher für Zeugen regelmäßig unzumutbar.[507] Auch das Opfer eines Verbrechens muss nach der Tat resozialisiert werden und muss vor einer sekundären Viktimisierung durch eine mediale Inszenierung geschützt werden.[508] Die hohe Intensität der Beanspruchung ist wiederum ein besonders dem Strafprozess anhaftendes Problem, vor allem bei Opfer-Zeugen.

Durch die zunehmende Berücksichtigung des Opfers als Verfahrenssubjekt sind indes bereits verschiedenste Möglichkeiten des Öffentlichkeitsausschlusses geschaffen worden, von welchen auch rege Gebrauch gemacht wird.[509] Der Eingriff kann ferner abgemildert oder sogar ausgeschlossen sein, wenn sich der Zeuge vor der Hauptverhandlung bereits selbst in das Licht der Öffentlichkeit begeben hat.[510] Hat der Zeuge sich öffentlich zur Tat oder zu intimen Details geäußert erscheint ein Ausschluss aus Gründen des Schamgefühls sinnwidrig. Zu beachten ist, dass die im Gericht Anwesenden unter Umständen bei Strafe zur Geheimhaltung dieser Aussage verpflichtet sind (§ 353d StGB), obwohl diese ggf. bereits durch die Medien verbreitet wird und der Zeuge vor Gericht – anders als in Interviews – der Wahrheitspflicht (§§ 153 ff. StGB) unterliegt.[511]

(3) Beruflich Beteiligte

Richter, Anwälte, Justizangestellte und sonst beruflich Beteiligte (z.B. Sachverständige) sind zwar ebenfalls in ihrem allgemeinen Persönlichkeitsrecht – dem

---

507 BVerfG, Urt. v. 05.06.1973 – 1 BvR 536/72, BVerfGE 35, 220 (230); *Heger*, FS Beulke, S. 764; *Nestler*, Medienöffentlichkeit, S. 146; *Vogel*, Fernsehübertragungen, S. 83.

508 *Heger*, FS Beulke, S. 764; *Weigend*, Deliktsopfer, S. 467.

509 *Heger*, FS Beulke, S. 764; *Kühl*, FS Müller-Dietz, S. 405 f.

510 BVerfG, Beschl. v. 31.07.2014 – 1 BvR 1858/14, NJW 2014, 3013 (3014); *Heger*, FS Beulke, S. 765.

511 *Heger*, FS Beulke, S. 765.

Recht auf Selbstdarstellung – tangiert. Indes nehmen diese Beteiligten ihren selbst gewählten Beruf wahr, zu dessen Ausübung die Öffentlichkeit unverzichtbar ist. Ferner werden Details über deren Leben nicht in der Verhandlung erörtert. Allerdings werden ihr Auftreten und ihr Verhalten vor Gericht besonders in Augenschein genommen, da sie neben dem Angeklagten und den Zeugen die zentralen Figuren des Verfahrens sind. Allein aus der Tatsache, dass diese Personen vor Gericht auftreten, folgt zwar noch keine Beeinträchtigung des Allgemeinen Persönlichkeitsrechts, durch die mediale Berichterstattung kann sich dies jedoch ändern.

Inwieweit der Eingriff anders oder leichter zu rechtfertigen ist, als bei sonstigen (unfreiwilligen) Beteiligten, ist Frage des nächsten Schrittes: der Rechtfertigung des Eingriffs. Wobei auch hier geringere Anforderungen gestellt werden, da (zumeist) lediglich die Sozialsphäre dieser Beteiligten betroffen sein wird. Festzuhalten ist aber, dass diese Beteiligten auch in ihrem allgemeinen Persönlichkeitsrecht betroffen sind, allerdings nicht in dem Ausmaß, wie der Angeklagte oder die Zeugen.[512] Bei einer etwaigen Selbstinszenierung oder einem freiwilligen Zugehen auf die Öffentlichkeit ist – unabhängig von dienstlichen Folgen – ein Eingriff in das Persönlichkeitsrecht in der Regel abzulehnen.

(4) Zuhörer

Die Zuhörer im Gerichtssaal sind nicht in ihrem Persönlichkeitsrecht betroffen, da sie im Verfahren selbst als Teil der Öffentlichkeit fungieren. Andere können zwar sehen, dass sie an dem Prozess als Zuhörer teilnehmen. Diese Tatsache allein genügt aber nicht um eine Beeinträchtigung zu begründen.[513]

Hingegen kann die Berichterstattung über einen Prozess das Persönlichkeitsrecht der Zuhörer beeinträchtigen. Das Recht am eigenen Bild wird durch Aufnahmen berührt, welche zufällig einen Zuhörer identifizierbar – also nicht als Teil einer Masse – zeigen.

Indes nimmt der Zuhörer freiwillig an dem Gerichtsverfahren teil. Er könnte also den Saal verlassen, wenn er erkennt, dass Aufnahmen gemacht werden. Dies würde aber an der Beeinträchtigung nichts ändern, sondern könnte sie allenfalls rechtfertigen. Der zweite Schritt ist also eine Frage der einfachgesetzlichen Ausprägung des Persönlichkeitsrechts, hier die Frage einer Einwilligung nach § 22 KUG.

---

512 BVerfG, Beschl. v. 31.07.2014 – 1 BvR 1858/14, NJW 2014, 3013 (3014); *Fink*, Bild- und Tonaufnahmen, S. 316 f.; *Zipf*, Gutachten C, S. 36.

513 BVerfG, Beschl. v. 19.12.2007 – 1 BvR 620/07,ZUM 2008, 221 (225) m.w.N.

Aus der Öffentlichkeit von Strafverfahren und der Berichterstattung hierüber, folgt eine erhebliche Beeinträchtigung des allgemeinen Persönlichkeitsrechts von Täter, Zeugen sowie anderen Beteiligten (z.B. dem Nebenkläger oder Sachverständigen) durch die Teilnahme am und vor allen Dingen durch die Medienpräsenz im Strafprozess. Daher ist im folgenden Abschnitt zu prüfen, ob die Beeinträchtigung gerechtfertigt ist.

cc) Schranken

Auch dem allgemeinen Persönlichkeitsrecht sind trotz der Verknüpfung mit der Menschenwürde nach Art. 2 Abs. 1 GG Schranken gesetzt. Hervorzuheben ist die Schranke der verfassungsmäßigen Ordnung, welche alle formell und materiell verfassungsgemäßen Normen meint.[514] Die besondere Bedeutung dieser Schranke, neben dem Schutz von Rechten anderer und des Sittengesetzes, folgt aus der fortschreitenden Verrechtlichung aller Lebensbereiche. Zum einen bilden die Grundrechte selbst somit eine Grenze des allgemeinen Persönlichkeitsrechts. Zum anderen steht es unter einem allgemeinen Gesetzesvorbehalt, d.h. einfachgesetzliche Regelungen bilden eine weitere Grenze des Persönlichkeitsrechts.[515]

Die einfachgesetzlichen Regelungen müssen sich aber ihrerseits wieder an der Verfassung messen lassen. Hierzu dient vor allem die Verhältnismäßigkeitsprüfung. Für die Öffentlichkeit des Verfahrens führt dies dazu, dass die bundesgesetzlichen und landesrechtlichen Regelungen beachtet werden müssen, soweit sie selbst verhältnismäßig sind. Die normativen Ausprägungen des Persönlichkeitsrechts lassen sich daher in Vorschriften zum Schutz und zur Einschränkung des Rechts einteilen. Die Auslegung der Normen hat sich somit am allgemeinen Persönlichkeitsrecht und den Kommunikationsfreiheiten zu orientieren. Inwieweit die Vorschriften dem Persönlichkeitsrecht Grenzen ziehen, ist eine Frage, welche bei der Herausbildung der Konsequenzen des gefunden Öffentlichkeitsverständnisses zu beantworten ist.

c) Fazit

De lege lata ist § 169 GVG die wichtigste einfachgesetzliche Ausprägung des Öffentlichkeitsgrundsatzes und dessen Garantie. Richtigerweise lassen sich aus diesem Grundsatz kaum konkrete Schlussfolgerungen entnehmen. Zu fordern

---

514 BVerfG, Urt. v. 16.01.1957 – 1 BvR 253/56, BVerfGE 6, 32 (37 f.); *Epping,* Grundrechte, Rn. 647; Stern/Becker-*Horn,* Grundrechte, Art. 2 Rn. 94.

515 Sachs-*Murswiek,* GG, Art. 2 Rn. 101; Stern/Becker-*Horn,* Grundrechte, Art. 2 Rn. 95.

ist jedenfalls, dass bundesweit die Gerichte ihre Sitzungsaushänge auch auf ihrer Homepage einstellen. Dies ist notwendig, um überhaupt die Grundinformation über Verfahren für alle sicherzustellen. Einen erheblichen Mehraufwand stellt dies nicht dar, denn die Sitzungsaushänge werden ohnehin mit dem Computer erstellt und können ohne weiteres zwei Tage vor der Sitzung eingestellt werden. Auch wenn dann nicht gewährleistet ist, dass die Sitzung stattfindet oder z.B. aufgrund einer Erkrankung ausfallen muss, kann die Öffentlichkeit im Gesamten auf diese Weise am besten Kenntnis von einem Verhandlungstermin erlangen.

Festzuhalten ist, dass dem Verbot von Film- und Tonaufnahmen in § 169 S. 2 GVG viele Aussagen als Ausprägungen der Öffentlichkeit des Verfahrens entnommen werden können. Allerdings bleiben mindestens genauso viele offene Fragen zurück, wie z.B. ob Fotografien erlaubt sind oder wann und wie Aufnahmen von den Verhandlungspausen zu anonymisieren sind. Wie die §§ 22, 23 KUG gezeigt haben, läuft es im Endeffekt zumeist darauf hinaus, dass der Vorsitzende eine umfassende und aufwendige Abwägung zwischen dem allgemeinen Persönlichkeitsrecht des Betroffenen und den Kommunikationsfreiheiten treffen muss. Der Verzicht auf eine Differenzierung zwischen absoluten und relativen Personen der Zeitgeschichte hat insoweit nur zum Verlust von Rechtsklarheit geführt.[516] Nach wie vor stellt sich die Frage, an welchen Kriterien der Entscheidungsträger die Abwägung auszurichten hat. Es ist daher mit Stieper zu fordern, dass die Rechtsprechung normative Leitlinien für die Gewichtung der Interessen entwickelt[517] oder der Gesetzgeber eine Handhabe bietet. Letzterem wird durch das Gesetz zur Erweiterung der Medienöffentlichkeit im Strafverfahren teilweise genüge getan.

3. Ergebnis: Verfahrensspezifisches Öffentlichkeitsverständnis

Die verfassungsrechtlichen Vorgaben verdeutlichen die zu berücksichtigenden Grundinteressen und die Kollisionslage. Einerseits gilt es, das Persönlichkeitsrecht aller Beteiligten – hierbei vor allem das des Angeklagten – zu achten und einen Eingriff so gering als möglich zu halten. Andererseits ist der gewachsenen Bedeutung der Medien und somit den Kommunikationsfreiheiten hinreichend Rechnung zu tragen. Diese Grundrechte stehen vielmehr gegenüber und führen zu der Notwendigkeit eines Ausgleichs und somit zu einer Abwägungsentscheidung. Die weiteren Verfassungsprinzipien müssen in diese Abwägung einbezogen werden. Die Unschuldsvermutung, das Recht auf ein faires Verfahren und

516 *Stieper*, JZ 2014, 271 (274); *Pfeifer*, JZ 2013, 853 (857); *Dietrich*, AfP 2013, 277 (280).
517 *Stieper*, JZ 2014, 271 (274).

die richterliche Unabhängigkeit sind Grundsätze des Strafverfahrens und unseres Rechtsstaates, welche ebenfalls in Wechselwirkung zur Verfahrensöffentlichkeit stehen.

Es wird indes deutlich, dass die Friktionen im Strafverfahren besonderes Gewicht erlangen im Vergleich zu anderen, weniger persönlichkeitsintensiven Verfahren.[518] Nicht vergleichbar ist z.B. auch der Eingriff bei der Aufzeichnung von Sitzungen des Gemeinderates o.ä., hier ist die Beeinträchtigung derart gering, das zu Recht eine generelle vollständige Medienöffentlichkeit, d.h. auch mittels Bild- und Tonaufnahmen, zu fordern ist.[519] Insbesondere das Strafverfahren ist als strukturell unterschiedlich im Vergleich zu den anderen Verfahrensordnungen anzusehen.[520] Die Strafzumessung und die hierzu notwendige Erforschung des sozialen Hintergrundes des Angeklagten und die erste öffentliche Erklärung des Opfers über die Verletzung eigener Rechtsgüter, sind als die augenscheinlichsten zu nennen. Diese tangieren das Persönlichkeitsrecht der Betroffen aber gerade in besonderem Maße. Ferner ist der Gegenstand des Strafverfahrens häufig emotionalisiert, da eine Einbuße an Rechtsgütern vorausgegangen ist, welche elementare Güter (wie das Leben) betreffen kann oder vorsätzlich verursacht wurde. Die Darstellung der unterschiedlichen Kollisionslage und der besonderen Relevanz der Grundrechtsfriktionen im Strafverfahren hat dies bereits gezeigt. Des Weiteren ist anders als z.B. im Verwaltungsverfahren keine ergangene Entscheidung zu überprüfen, sondern eine solche erst zu finden.[521] Aufgrund dessen sind auch die Verfahren nicht vergleichbar. Jedes Verfahren hat einen eigenen Formalisierungsbedarf.[522] Zudem ist das Interesse der Bevölkerung an Strafverfahren am Stärksten. Die Klärung des Tatverdachts einer Körperverletzung oder eines Betruges, ist für die Mehrheit spannender, als die Entscheidung über die Einhaltung von Kündigungsfristen oder des Grenzabstandes. Darüber hinaus trauen sich viele Bürger selbst die Beantwortung der Frage zu, ob ein Verhalten Recht oder Unrecht ist und ob es strafwürdig ist.[523] Vor allem im Strafverfahren werden die gegenläufigen Interessen – selektive,

---

518 *Gärditz,* FS Paeffgen, S. 441; *Gündisch/Dany,* NJW 1999, 256 (257).

519 BVerwG, Urt. v. 03.08.1990 – 7 C 14/90, BVerwGE 85, 283(286); *Coelln,* Medienöffentlichkeit, S. 427; *Krebs,* Öffentlichkeitsgrundsatz, S. 154. Die Ausgestaltung ist indes den Ländern vorbehalten, welche diese teilweise auf die Kommunen übertragen haben.

520 *Gärditz,* FS Paeffgen, S. 444; *Gündisch/Dany,* NJW 1999, 256 (257).

521 *Gärditz,* FS Paeffgen, S. 445.

522 *Gärditz,* FS Paeffgen, S. 447.

523 *Hassemer,* Strafe, S. 15. Diese Kompetenz des Einzelnen wird vom Strafrecht selbst vorausgesetzt (vgl. § 17 StGB), NK-*Neumann,* StGB, § 17 Rn. 32.

unmittelbare Informationen gegenüber dem gesteigerten Bewusstsein bzgl. des Schutzes personenbezogener Daten – evident.[524] Das besondere Interesse kann auf einen weiteren Punkt gestützt werden. Neben der individuellen Betroffenheit, der sozial-psychologischen Komponente besteht ein allgemeine, eine normative Komponente. Diese fußt darauf, dass eine Straftat die Rechtsordnung als solche in Frage stellt und betrifft somit die Grundpfeiler jeder Gesellschaft.[525] Folglich ist das besondere Interesse der Bevölkerung an Strafverfahren aus verschiedenen Gründen nachvollziehbar.

Demnach kann neben der Kollisionslage aus dem Vorgenannten geschlossen werden, dass es einer verfahrensspezifischen Präzisierung des Öffentlichkeitsgrundsatzes bedarf.[526] Auch die Historie sowie die Schwierigkeiten einer begrifflichen Konturierung der Öffentlichkeit bekräftigen die Forderung nach einem spezifisch strafrechtlichen Öffentlichkeitsverständnis. So war Hintergrund der Einführung der Beschränkung der Öffentlichkeit in § 169 S. 2 GVG die Begrenzung von Missbrauchsmöglichkeiten in Bezug auf Strafverfahren und die Anwendung in anderen Verfahrensordnungen erfolgt „lediglich" entsprechend.[527] Durch die Einführung von § 17a BVerfGG mit der Begründung der Besonderheiten des Verfahrens am Bundesverfassungsgericht, finden sich sogar bereits normierte verfahrensspezifische Öffentlichkeitsvorschriften.[528]

Es muss folglich ein speziell strafverfahrensrechtlicher Ansatz gewählt werden, um „Öffentlichkeit" zu präzisieren. Hierzu bietet es sich an, auf die Grundlagen des jeweiligen Verfahrens, also des Strafverfahrens, zurückzugreifen.

II. Straftheorie und Zweck des Strafverfahrens

Neben den verfassungsrechtlichen Leitlinien kann die Frage nach dem Sinn und Zweck des Strafverfahrens und der Strafe zu einer Präzisierung des wertungsoffenen Öffentlichkeitsbegriffs beitragen. Die Aufgabe der Straftheorie ist

---

524 Eine Differenzierung hinsichtlich der Verfahren findet sich bereits bei *Feuerbach,* Öffentlichkeit, S. 164. So auch *Blazko,* (Medien-)Öffentlichkeit, S. 30; *Gärditz,* FS Paeffgen, S. 442; *Hamm,* AfP 2014, 202 (207).

525 *Blazko,* (Medien-)Öffentlichkeit, S. 30; *Eisele,* JZ 2014, 932 (933, 936); *Frisch,* GA 2015, 65 (68 f.); *Kubiciel,* Besonderer Teil, S. 161; NK-*Neumann,* StGB, Vor § 1 Rn. 15 f.

526 *Blazko,* (Medien-)Öffentlichkeit, S. 29 f.; *Gärditz,* FS Paeffgen, S. 445, der fordert, dass der Öffentlichkeitsgrundsatz auf seinen strafrechtsspezifischen Gehalt hinterfragt werden könne und müsse. *Witzler,* Personale Öffentlichkeit, S. 119, 125; vgl. hierzu bereits *Feuerbach,* Betrachtungen, S. 165.

527 *Gündisch/Dany,* NJW 1999, 256 (257); siehe §§ 52 ArbGG, 61 SGG, 55 VwGO.

528 Vgl. BTDrucks 13/7673, S. 6 f.

es, „Institutionen des geltenden Rechts zu erklären und zu rechtfertigen“[529]. Mit Hilfe strafverfahrensrechtlicher und straftheoretischer Grundlagen kann der Öffentlichkeitsbegriff strafrechtsautonome konkretisiert werden.

Es stellt sich bei dieser Überlegung die Frage, wie die materiell-rechtlichen Straftheorien mit dem Verfahrensrecht zusammenhängen. Im Hinblick auf die Öffentlichkeit des Verfahrens wurde dem Strafverfahren häufig vor allem oder sogar allein die Funktion zugeschrieben, der Verwirklichung des materiellen Rechts und somit auch der Straftheorie zu dienen.[530] Indes erfüllt das Strafverfahren darüber hinaus weitere Zwecke, wie die Sicherung der Beschuldigtenrechte. Zur Bestimmung des Öffentlichkeitsbegriffs wurde hingegen nur selten Rekurs auf den Grund der Strafe und des Strafverfahrens genommen.[531] Es besteht eine Wechselwirkung zwischen diesen beiden Elementen: die Öffentlichkeit kann der Verwirklichung des mit der Strafe verfolgten Zwecks durch das Verfahren dienen. Zugleich dient aber die Straftheorie dem Öffentlichkeitsbegriff, indem sie ihn konturiert. Erst das Strafverfahren transportiert letztlich die Straftheorie und die Strafe selbst in die Gesellschaft. Hierzu bedarf es der Öffentlichkeit.

Im Weiteren werden in einem ersten Schritt die Zwecke des Strafverfahrens als Grundlage für die Modellierung eines aktuellen, strafrechtsautonomen Öffentlichkeitsverständnisses herangezogen. In einem zweiten Schritt werden die unterschiedlichen Straftheorien als Präzisierungslinie des Öffentlichkeitsbegriffs erörtert.

1. Zwecke des Strafverfahren und Öffentlichkeit

Die Zwecke des Strafverfahrens sind von großer Bedeutung zur Präzisierung eines gegenwärtigen Öffentlichkeitsverständnisses. Jeder Verfahrensgrundsatz dient der Sicherung und Verwirklichung eines rechtsstaatlichen Verfahrens und ist Ausprägung dessen. Gärditz sieht den Öffentlichkeitsgrundsatz als Mittel an, „den Verlauf des gerichtlichen Erkenntnisverfahrens in die Gesellschaft zu projizieren.“[532] Die Projektion des Verfahrens kann der in Blick genommene Grundsatz nur dann erfüllen wenn klar ist, wozu das Verfahren dient und was dessen

---

529 *Kubiciel*, Besonderen Teil, S. 129; vgl. *Perron*, Beweisantragsrecht, S. 39; *Rohde*, Öffentlichkeit, S. 135.

530 So *Britz*, Fernsehaufnahmen, S. 201; *Fink*, Bild- und Tonaufnahmen, S. 63 f.; *Marxen*, Inszenierungen, S. 30.

531 *Walther*, JZ 1998, 1145 (1148); zu finden bei *Laue*, Öffentlichkeit, S. 145 f.; *Pielow*, Strafverfahren, S. 209; *Rohde*, Öffentlichkeit, S. 145.

532 *Gärditz*, FS Paeffgen, S. 439.

Ziele sind. Ausgangspunkt ist erneut das Verfahren als kommunikativer Akt; als Kommunikation mit allen Beteiligten.[533] Allerdings ist zu beachten, dass die Zwecke des Strafverfahrens nur ein Stück zur Vervollständigung des Mosaikbildes eines strafrechtlichen Öffentlichkeitsbegriffs beitragen können. Denn bereits der Zweck bzw. die Zwecke des Strafverfahrens sind einer eindeutigen Bestimmung nicht zugänglich.[534] „Der Prozeß ist daher nicht allein von seinem Ziel her zu begreifen, kennzeichnend für den Begriff des Prozesses ist bereits der zum Ziel führende Weg: *Prozeß ist Methode…*".[535] Rödig sieht die Verbindung von Prozess und Methode als fundamentalen Zusammenhang. Aber zunächst ist zu klären, welche Zwecke das Strafverfahren verfolgt.

Das Verfahren dient der Durchsetzung des materiellen Rechts.[536] Es wäre indes kurzsichtig dem Strafverfahren nur diese Funktion zuzuschreiben.[537] Vielmehr beeinflussen und verstärken sich materielles und prozessuales Recht. Sie stehen in einem Verhältnis der notwendigen Ergänzung. Das Verfahren legt zum Teil fest, was materielles Strafrecht ist bzw. was es sein sollte.[538] Um sich zu legitimieren muss der Strafprozess indes eigene, strafprozessuale Zwecke verfolgen.[539] Die drei Hauptzwecke des Verfahrens sieht Roxin in der Findung einer materiell richtigen, prozessordnungsgemäß zustande gekommenen, rechtsfriedenstiftenden Entscheidung.[540] Im Ergebnis stimmt die Zwecksetzung Walthers hiermit überein, welche die Zwecke als Findung von Wahrheit und Gerechtigkeit, Sicherung der Beschuldigtenrechte und Klärung des Tatverdachts umschreibt.[541] Die genannten Zwecke wiederum stehen nicht unabhängig voneinander, sondern in einem Wechselverhältnis. Sie begrenzen sich gegenseitig, bestärken sich aber zugleich. So ist die Sicherung der Beschuldigtenrechte,

---

533 Weitergehend: *Gärditz,* FS Paeffgen, S. 444, der Prozess erfülle eigene Kommuniktaionsfunktionen.

534 *Pielow,* Strafverfahren, S. 223; *Weigend,* Deliktsopfer, S. 173.

535 *Rödig,* Erkenntnisverfahren, S. 7.

536 *Roxin/Schünemann,* Strafverfahrensrecht, § 1 Rn. 13; *Schmidthals,* Verfahrensöffentlichkeit, S. 208; *Vietmeyer,* Fernsehöffentlichkeit, S. 58.

537 *Freund,* Zweckgedanke, S. 56; *Luhmann,* Legitimation, S. 227; *Murmann,* GA 2004, 65 (65 f.).

538 *Franke,* Bildberichterstattung, S. 65; *Freund,* Zweckgedanke, S. 56; *Murmann,* GA 2004, 65 (71); *Tiedemann,* FG Peters, S. 144 f; *Volk,* Prozeßvoraussetzungen, S. 7 f., 193.

539 *Luhmann,* Legitimation, S. 36; *Perron,* Beweisantragsrecht, S. 39; *Roxin/Schünemann,* Strafverfahrensrecht, § 1 Rn. 6.

540 *Roxin/Schünemann,* Strafverfahrensrecht, § 1 Rn. 3; vgl. *Volk,* Prozeßvoraussetzungen, S. 200; zu weiteren Zielen: *Weigend,* Deliktsopfer, S. 175f.

541 *Walther,* JZ 1998, 1145 (1151); vgl. *Gierhake,* Strafe, S. 55; *Wagner,* FS Ekert, S. 958.

also das prozessordnungsgemäße Zustandekommen der Entscheidung, unter Umständen eine Begrenzung zur Findung der Wahrheit. Das Wechselverhältnis wird deutlich bei Beweisverwertungsverboten aufgrund formaler Fehler, wie einer unrichtigen Belehrung, die eine Verurteilung und somit möglicherweise eine materiell rechtmäßige Entscheidung verhindern.[542]

a) Dienende Funktion

Ein Zweck des Strafverfahrens bleibt dennoch dessen dienende Funktion gegenüber dem materiellen Strafrecht. Das Strafverfahren soll das materielle Strafrecht verwirklichen und somit den staatlichen Strafanspruch durchsetzen, den Rechtsfrieden sichern.[543] Im Kern gewährleistet das Strafverfahren somit die „Umsetzung der allgemeinen Regeln des materiellen Strafrechts in die Wirklichkeit".[544] Damit dient der Prozess zugleich der Straftheorie. Das Strafverfahren kann zwar selbst keine Strafzwecke „erfüllen", denn der Grund des Strafens liegt zumindest auch in der Feststellung der Schuld. Im Strafverfahren steht der Schuldspruch jedoch am Schluss, so dass eine Legitimierung des vorausgehenden Verfahrens allein hieraus nicht folgen kann.[545] Ferner kennt das moderne Kriminalrecht nicht punitive Sanktionen, wie Maßnahmen der Wiedergutmachung.[546] Das Strafverfahren kann indes die verfolgte Straftheorie stärken und bekräftigen, indem es die Strafe publik macht.[547]

Von der dienenden Funktion zu sprechen offenbart eine falsche Annahme; die Annahme der Ungleichheit von Strafverfahrensrecht und materiellem Strafrecht. Das Strafverfahrensrecht ist aber gerade nicht nur „Diener" des materiellen Strafrechts, sondern ein eigenständiger Faktor. Es bedarf einer eigenen Rechtfertigung und Zwecksetzung. Beide Normenkomplexe sind als „gleichberechtigte

---

542 Vgl. BGH, Beschl. v. 25.01.2005 – 3 StR 445/04 , NStZ 2005, 341; *Tiedemann,* FG Peters, S. 140.

543 Löwe/Rosenberg-*Kühne/Gössel/Lüderssen/Jahn*, Einleitung, Rn. 8; *Perron,* Beweisantragsrecht, S. 38; *Roxin/Schünemann,* Strafverfahrensrecht, § 1 Rn. 13; *Tiedemann,* FG Peters, S. 140; *Volk,* Prozessvoraussetzungen S. 171 f.; 200.

544 Zitat bei *Perron,* Beweisantragsrecht, S. 38; vgl. Löwe/Rosenberg-*Kühne/Gössel/Lüderssen/Jahn*, Einleitung, Rn. 8.

545 *Schmidthals,* Verfahrensöffentlichkeit, S. 208; *Franke,* Bildberichterstattung, S. 64 f.

546 *Walther,* JZ 1998, 1145 (1149).

547 *Pielow,* Strafverfahren, S. 225; *Rohde*, Öffentlichkeit, S. 135; *Roxin/Schünemann,* Strafverfahrensrecht, § 1 Rn. 13; *Schmidthals,* Verfahrensöffentlichkeit, S. 208; *Vietmeyer,* Fernsehöffentlichkeit, S. 58; a.A. *Walther,* JZ 1998, 1145 (1149).

Partner zur Herstellung der Wirkungseinheit ‚Staatliches Strafen' anzusehen."[548] Daher ist dieser Strafverfahrenszweck nicht „zu dienen", sondern „das verletzte Recht durch Negation des abweichenden Geltungsanspruchs wiederherzustellen."[549] Die vollständige Wiederherstellung gelingt dem materiellen Strafrecht jedoch noch nicht, es kann das strafwürdige Verhalten nur vertypen und dessen Strafbewehrung festhalten. Nur der Prozess kann tatsächlich aber auch rechtlich Unsicherheiten klären. Die Tendenz tatbestandlicher Unbestimmtheit führt daher zu einer wachsenden Bedeutung des Verfahrens und der Verfahrensgarantien.[550] Das Strafverfahren muss den vom materiellen Recht vorausgesetzten Rechtsbruch erst mit all seinen Unklarheiten – hinsichtlich der Tatumstände und des Täters – klären und kann letztlich so festlegen welche Konsequenz erforderlich ist, um das Recht wiederherzustellen.[551] Die Wiederherstellung leistet neben dem Schuld- oder Freispruch am Ende des Verfahrens, vor allem das Strafverfahren selbst als kommunikativer, aufklärender Akt. „Verfahren ist Kommunikation."[552] Es bedarf somit einer umfassenden Aufklärung zur Bewältigung der Tat und folglich zur Wiederherstellung des Rechts. Das Element der Unsicherheit kennt das materielle Recht nicht, für das Strafverfahren ist es hingegen Lebenselement. Das Strafverfahren dient der Findung einer Gewissheit im Laufe des Verfahrens. Die Wiederherstellung gelingt durch die Verurteilung im Falle des Rechtsbruchs und durch den Freispruch, zur Ausräumung des Verdachtes.[553]

Im Zusammenhang mit dem Öffentlichkeitsgrundsatz ist diese Funktion des Verfahrens besonders relevant. Denn es bedarf zur Wiederherstellung des Rechts der Vermittlung des Geschehens und dessen Aufarbeitung. Ohne Verbreitung des Verfahrens sowie dessen Ausgang ist eine Wiederherstellung des Rechts als Recht nicht möglich. Die Wiederherstellung des Rechts im Allgemeinen setzt voraus, dass die Allgemeinheit hiervon Kenntnis erlangt oder jedenfalls erlangen kann. Der Umfang dieses Wiederherstellungserfordernis gegenüber der Allgemeinheit wird jedoch je nach Tatvorwurf und je nach Täter differieren; kurzum je nachdem wie sehr die Rechtsordnung erschüttert wurde.

---

548 Zitat bei *Perron*, Beweisantragsrecht, S. 39 f.; vgl. *Freund*, Zweckgedanke, S. 56 f.; *Volk*, Prozeßvoraussetzungen, S. 193.

549 Zitat bei *Murmann*, GA 2004, 65 (71); vgl. auch *Freund*, Zweckgedanke, S. 57; *Kubiciel*, GA 2013, 226 (233); *Perron*, Beweisantragsrecht, S. 40; *Weigend*, Deliktsopfer, S. 207 f.

550 *Gierhake*, Strafe, S. 59; *Murmann*, GA 2004, 65 (73); *Volk*, Wahrheit, S. 30.

551 *Murmann*, GA 2004, 65 (73); *Pielow*, Strafverfahren, S. 226; *Roxin/Schünemann*, Strafverfahrensrecht, § 1 Rn. 3; *Weigend*, ZStW 113 (2001), 271 (277).

552 *Callies*, Theorie, S. 97; *Weigend*, ZStW 113 (2001), 271 (277).

553 *Callies*, Theorie, S. 97; *Gierhake*, Strafe, S. 53; *Weigend*, ZStW 113 (2001), 271 (277).

b) Wahrheitsfindung

Ursprünglich war Grundgedanke des reformierten Strafverfahrens Ausgang des 19. Jahrhunderts das Streben nach Wahrheit und Gerechtigkeit.[554] Dieses schillernde Ideal musste im Laufe der Zeit aufgrund von Sachzwängen sowie der zunehmenden Rechtsstaatlichkeit des Verfahrens Ernüchterung und Relativierung erfahren.[555] Dennoch ist das Streben nach Wahrheit als ein Zweck des Strafverfahrens unerlässlich. Weigend bringt die Notwendigkeit der Wahrheitssuche wie folgt auf den Punkt: „ In diesem (…) Sinne bleibt die Wahrheitserforschung aber auch dann notwendiges Element des Prozesses, wenn man ihr die Qualität als Verfahrensziel abspricht. Sie stellt nämlich ein unverzichtbares Mittel zur Erreichung jedes denkbaren Prozesszwecks dar."[556] Ohne die Ermittlung des wahren Sachverhalts, könne sich das materielle Schuldprinzip nicht verwirklichen lassen.[557]

aa) Materielle oder formelle Wahrheit

Was unter Wahrheit zu verstehen ist und welche Wahrheit im Verfahren gefunden werden soll bzw. kann, ist äußerst umstritten.[558] Der Begriff der Wahrheit ist bereits unbestimmt und subjektiv geprägt. Die Wahrheitsfindung ist unbestreitbar ein zentrales Anliegen des Strafprozesses. Das auf Fairness ausgerichtete Strafverfahren kann als „kognitiver Selektionsprozess", als Versuch der retrospektiven Konstruktion eines Mosaik-Bildes angesehen werden. Der Gesetzgeber hat diese Einordnung durch § 261 StPO[559] deutlich gemacht. Im Strafverfahren soll die Wahrheit gefunden werden, welche nach der Beweisaufnahme unter Beachtung prozessualer Regeln zur „Überzeugung des Gerichts" feststeht.[560] Das

---

554 *Beulke/Swoboda*, Strafprozessrecht, Rn. 3; *Weigend*, ZStW 113 (2001), 271 (271).

555 *Weigend*, ZStW 113 (2001), 271 (273, 278), der konstatiert: dass ein „möglichst unkompliziertes Procedere" angestrebt wird.

556 *Weigend*, Deliktsopfer, S. 183.

557 *Weigend*, Deliktsopfer, S. 183.

558 *Stübinger*, Idealisierte, S. 509 f., zum Begriff der Wahrheit S. 391–508; *Theile*, NStZ 2012, 666 (666).

559 § 261 StPO lautet: Über das Ergebnis der Beweisaufnahme entscheidet das Gericht nach seiner freien, aus dem Inbegriff der Verhandlung geschöpften Überzeugung.

560 BVerfG, Beschl. v. 07.12.2011 – 2 BvR 2500/09, NJW 2012, 907 (910 f.), BVerfGE 130, 1 (29); BGH, Urt. v. 13.01.2011 – 3 StR 332/10, NJW 2012, 412 (413); BGHSt 56,127 (134), die Beweißmaßtheorie des BGH geht zurück auf BGH, Urt. v. 16.06.1953 – 1 StR 809/52 BGHSt 5, 34 (36 f.); *Gärditz*, FS Paeffgen, S. 445, 448; *Stübinger*, Idealisierte, S. 526.

Ideal, im Strafprozess tatsächlich die materielle Wahrheit zu finden, ist nicht zu erreichen. Die zulässigen Mittel und Methoden zur Wahrheitsfindung sind abschließend und bereits wegen der begrenzten menschlichen Erkenntnisfähigkeit unzuverlässig.[561] Zudem wäre die Funktionsfähigkeit der Strafrechtspflege ohne die Formalisierung des Verfahrens gefährdet. Ferner steht am Ende eines Verfahrens die Urteilsverkündung und nicht die Wiedergabe der gefundenen „Wahrheit". Die Erforschung der Wahrheit um ihrer selbst Willen kann daher nicht Ziel sein.[562] Die formalisierten Regeln der strafprozessualen Sachverhaltsrekonstruktion sind vorrangig an dem Grundsatz des fairen Verfahrens, der Beachtung von Freiheitsrechten sowie der Menschwürde ausgerichtet und nicht an der möglichst „besten" Wahrheitsfindung. Ziel des Verfahrens kann somit nur das Finden einer prozessualen Wahrheit sein.[563]

Muss aber aufgrund dessen geschlussfolgert werden, dass prozessuale Wahrheit immer nur formelle Wahrheit bedeutet?[564] Diese Folge ist nicht zwingend. Einerseits ist jedenfalls das Streben nach materieller Wahrheit im Bewusstsein der menschlichen Unzulänglichkeiten nicht bedeutungslos. Mit reinem Formalismus könnte sich ein Strafverfahren der Gesellschaft gegenüber nicht rechtfertigen, das Vertrauen in die Strafrechtspflege nicht begründet, geschweige denn fundiert werden.[565] Die Strafrechtspflege würde sich zugleich die eigene Legitimation versagen, denn ohne soziale Akzeptanz und Plausibilität wäre das Strafverfahren – wie das Strafrecht im Gesamten – funktionslos.[566] Es liegt daher nahe, die Wahrheitsfindung als Mittel des Strafverfahrens zu sehen und weniger als dessen Zweck.[567]

561 *Perron,* Beweisantragsrecht, S. 38; *Volk,* Prozeßvoraussetzungen, S. 194 f.; *Weigend,* Deliktsopfer, S. 180 f.

562 BVerfG, Beschl. v. 07.12.2011 – 2 BvR 2500/09, NJW 2012, 907 (910 f.), BVerfGE 130, 1 (29); BGH, Urt. v. 13.01.2011 – 3 StR 332/10, NJW 2012, 412 (413); BGHSt 56,127 (134); *Weigend,* Deliktsopfer, S. 178 f.; *ders.*, ZStW 113 (2001), 271 (278).

563 So auch *Gräditz*, FS Paeffgen, S. 445; *Jung,* JZ 2012, 303 (305); *Witzler*, Personale Öffentlichkeit, S. 113; a.A. *Weigend*, Deliktsopfer, S. 179.

564 So *Gärditz*, FS Paeffgen, S. 446.

565 *Gärditz,* FS Paeffgen, S. 447; *Volk,* Wahrheit, S. 9; *Weigend,* ZStW 113 (2001), 271 (279).

566 Vgl. BVerfG, Beschl. v. 08.10.1985 – 2 BvR 1150/80, NJW 1986, 767 (768); BVerfGE 70, 297 (308); *Gärditz*, FS Paeffgen, S. 449; *Weigend,* ZStW 113 (2001), 271 (279).

567 *Krauß,* FS Schaffstein, S. 427; *Luhmann,* Legitimation, S. 26; *Weigend*, Deliktsopfer, S. 181; *Gärditz* zufolge ist „das Wahrheitsmaß vor allem von seiner sozialkommunikativen Funktion her zu bestimmen", FS Paeffgen, S. 451.

bb) Klärung des Tatverdachts

Deshalb ist es realitätsnaher die rational begründete Klärung des Tatverdachts als Ziel oder Zweck des Strafverfahrens zu bezeichnen.[568] Nach Murmann greift diese Zwecksetzung zu kurz, denn sie würde das Strafverfahren von der Rechtsverletzung lösen.[569] Er räumt jedoch ein, dass bereits das Bemühen um die Klärung des Verdachts den Geltungsanspruch des Rechts manifestiere. So dass die Verdachtsklärung der Wiederherstellung des Rechts diene, nicht jedoch bereits selbst Zweck des Verfahrens sei.[570] Dem ist indes zu widersprechen, da die Klärung des Tatverdachts notwendige Voraussetzung ist, um eine Wiederherstellung des Rechts überhaupt zu ermöglichen.[571] Dass hierbei eine Reduktion der Komplexität notwendig wird steht dem nicht entgegen. Das historische Geschehen muss auf das strafrechtlich relevante reduziert werden. Das Verfahren auf die Funktion als Vehikel der vorgenannten Reduktion von Komplexität herabzusetzen, greift indes zu kurz.[572] Eine gewisse Symbolik des Verfahrens, wie die Robe und die Anklagebank, unterstützt die notwendige Reduktion, denn hierdurch werden Rollen eindeutig verteilt.[573] Die Klärung des Verdachts lässt sich in zwei Teilbereiche untergliedern. Zum einen in die Klärung der Frage, wer die Tat begangen hat. Zum anderen in die Aufbereitung des die Allgemeinheit erschütternden Geschehens. Diese Punkte sind zwingende Vorfragen für die sich zum Abschluss des Verfahrens stellende Frage der Sanktionierung.[574] Die Klärung des Tatverdachts dient dem übergeordneten Zweck die Rechtsordnung und den Rechtsfrieden wiederherzustellen und die Gemeinschaft zu befrieden.[575] Mit den Worten Luhmanns: „Die Leistung eines Verfahrens erschöpft sich demnach nicht darin, eine ungewisse Zukunft durch Selektionsprozesse zu bestimmen; sie ermöglicht es vor allem, eine ungewisse Zukunft *auszuhalten*. Verfahren verhelfen dazu, angesichts einer Überforderung durch eine unübersehbare Komplexität von Möglichkeiten des variablen Rechts *gegenwärtige Sicherheit* zu schaffen

568 *Perron*, Beweisantragsrecht, S. 38; *Rödig*, Theorie, S. 4; *Weigend*, Deliktsopfer, S. 184 f.; *ders.*, ZStW 113 (2001), 271 (279).

569 *Murmann*, GA 2004, 65 (70).

570 *Murmann*, GA 2004, 65 (77).

571 *Freund*, Zweckgedanke, S. 57 f.

572 *Witzler*, Personale Öffentlichkeit, S 109; vgl. *Luhmann*, Legitimation, S. 26; *Krauß*, FS Schaffstein, S. 417.

573 *Gärditz*, FS Paeffgen, S. 460.

574 *Weigend*, Deliktsopfer, S. 187.

575 *Beulke/Swoboda*, Strafprozessrecht, Rn. 6; *Gärditz*, FS Paeffgen, S. 449; *Walther*, JZ 1998, 1145 (1149); *Volk*, Prozeßvoraussetzungen, S. 201.

und ein darstellendes, expressives, sinnerfülltes, verpflichtendes Verhalten in der Gegenwart zu ermöglichen."[576]

c) Sicherung der Beschuldigtenrechte

Als weiterer Zweck des Strafverfahrens, der neben den bereits genannten besteht, ist der Schutz des Beschuldigten vor Willkür oder staatlichem Rechtsmissbrauch, durch die Gewährleistung eines rechtsstaatlichen Verfahrens zu nennen.[577] Dies wurde bereits deutlich bei der Frage der Wahrheitsfindung, genauer bei der Frage, welche Wahrheit der Strafprozess finden soll. Denn es kann nicht um „die Wahrheit um jeden Preis" gehen.[578] Aufgrund der Überscheidungen bzw. Schwierigkeiten einer Abgrenzung der einzelnen Zwecke, wird dieser häufig nicht gesondert aufgeführt.[579] Die Überzeugungsbildung des Gerichts muss nachvollziehbar sein, dies wird durch die Öffentlichkeit und prozessual vor allem durch die in der Strafprozessordnung verankerten Verfahrensgrundsätze und Beschuldigtenrechte sichergestellt.[580] Das rechtsstaatliche Strafverfahren muss einerseits die Vermeidung der Verfolgung Unschuldiger, andererseits die Verteidigungsrechte des Beschuldigten gewährleisten.[581] Zugleich fördert ein Verfahren, welches dem Beschuldigten wesentliche Rechte einräumt, die Wiederherstellung des sozialen Friedens und somit wiederum die des Rechts als solches.[582] Ein (rechtsstaatswidriges) Verfahren ohne das Element der Beschuldigtenrechte, wäre selbst Rechtsverletzung. Das Recht kann aber durch eine weitere Rechtsverletzung nicht wiederhergestellt werden, sondern würde weiter erschüttert. Deutlich wird, dass die Zwecke nicht isoliert voneinander stehen sondern ineinander greifen und eine Wechselwirkung zwischen ihnen sowie der Straftheorie besteht. Die Beschuldigtenrechte und deren Wahrung tragen dazu bei, dass die Entscheidung vorhersehbar wird. Luhmann drückt dies plastisch aus: „Die Entscheidung fällt nicht als eine unerwartbare Überraschung auf ihn zu, als Glück oder Unglück,

576 *Luhmann,* Legitimation, S. 232 (Hervorhebung im Original).

577 *Beulke/Swoboda,* Strafprozessrecht, Rn. 5; KK-*Fischer,* Einleitung, Rn. 1; *Roxin/Schünemann,* Strafverfahrensrecht, § 1 Rn. 3.

578 BGH, Urt. v. 14. 6. 1960 – 1 StR 683/59, BGHSt 14, 358 (365); *Weigend,* Deliktsopfer, S. 179 (mwN).

579 *Beulke/Swoboda,* Strafprozessrecht, Rn. 5. Nur zwei Zwecke nennt u.a. *Gierhake,* Strafe, S. 55.

580 Vgl. *Volk,* Wahrheit, S. 26 f.

581 BVerfG, Urt. v. 14.07.1999 – 1 BvR 2226/94, BVerfGE 100, 313 (389); KK-*Fischer,* Einleitung, Rn. 1; *Weigend,* Deliktsopfer, S. 176.

582 *Tiedemann,* FG Peters, S. 142 f.; *Weigend,* Deliktsopfer, S. 212.

dem man ratlos entgegensieht, ohne sich darauf einstellen zu können, sondern als Ergebnis eines Entscheidungsprozesses, in dem man sich miterlebend und mithandelnd auf sie vorbereiten kann. (...) In diesem Sinne sind Verfahren ein existentielles Komplement der Positivierung des Rechts. Sie verkleinern und entschärfen das Moment der Überraschung, das mit der Entscheidung verbunden ist."[583] Beschuldigtenrechte – wie die Rechte Beweisanträge zu stellen, Richter abzulehnen oder auf das letzte Wort im Verfahren – geben dem Beschuldigten die Möglichkeit aktiv am Verfahren mitzuwirken. Hierdurch erhalten sowohl die Strafe als auch der Freispruch ihre Legitimation gegenüber den Betroffenen. In Bezug auf den Öffentlichkeitsgrundsatz werden das Recht sich zur Sache zu äußern und das Recht auf das letzte Wort immer relevanter, welche durch entsprechende Litigation-PR immer mehr inszeniert werden.[584]

d) Verfahrenszwecke und Öffentlichkeitsgrundsatz

Die Verbindung zwischen dem Öffentlichkeitsgrundsatz und den Verfahrenszwecken ist bereits an verschiedenen Stellen angeklungen. Die Verfahrensöffentlichkeit kann der Wahrheitsfindung ebenso zu- wie abträglich sein. Die Ambivalenz der Öffentlichkeit der Hauptverhandlung wird bei den Beweismitteln besonders deutlich. Einerseits können durch die Verfahrensöffentlichkeit weitere Beweise gesichert werden und die professionell Beteiligten sind noch mehr dazu angehalten die Hauptverhandlung und nicht die Aktenlage zu würdigen. Andererseits können Zeugen in ihrem Aussageverhalten oder die Würdigung von Beweismitteln beeinträchtigt werden. Die Beeinträchtigung kann dahingehen, dass der Zeuge aufgrund der Öffentlichkeit des Verfahrens sich gezwungen sieht seine Aussage zu berichtigen. Ebenso kann aber auch eine bewusst falsche Aussage verfestigt werden, da der Zeuge sich vor der Öffentlichkeit nicht durch ein Revidieren bloßstellen will.[585]

Die Auseinandersetzungen der Öffentlichkeit mit Straftaten als Zweck des Verfahrens, ist straftheoretisch der Generalprävention zuzuordnen. Wie Gierhake es fasst wird „das Moment der Öffentlichkeit dadurch nicht nur zu einem vom Rechtsstaat geforderten Ausgestaltungserfordernis des Strafprozesses, sondern zu einem Zweck erkoren: Die Gesellschaft soll sich regelmäßig mit dem Strafrecht konfrontiert sehen, um Rechtstreue einzuüben und selbst von

583 *Luhmann*, Legitimation, S. 232.
584 *Rademacher/Schmitt-Geiger*, Litigation-PR, S. 15 f.; *Tolksdorf*, FH Möller, S. 25.
585 *Engels*, Rechtspflege, S. 22; *Huff*, NJW 1996, 571 (573); *Tag*, Öffentlichkeit, S. 46; *Vogel*, Fernsehübertragungen, S. 86.

der Begehung von Straftaten abgehalten zu werden."[586] Das Verfahren, welches zumindest auch der Straftheorie dient, ist auf die Prozessöffentlichkeit zur Wiederherstellung des Rechts angewiesen. Das öffentliche Verfahren ist als Kommunikation mit der Allgemeinheit essentiell zur Wiederherstellung des durch die Straftat verletzten Rechts. Nur so kann die Bevölkerung nachvollziehen, wie ein Urteil zustande gekommen ist. Der Strafprozess ist von diesem Verständnis her, kein rein auf die Rechtsrealisierung gerichtetes Verfahren.[587] Die Strafjustiz wird stellvertretend für die Allgemeinheit zur Wiederherstellung des Rechts tätig, sie urteilt „Im Namen des Volkes".[588]

Nach Scherers kommunikationstheoretischem Ansatz, führt die Verbindung von Strafverfahrenszwecken und Verfahrensöffentlichkeit dazu, dass allein die Transparenz gerichtlicher Entscheidungsfindung zu einer prozessualen Wahrheit führen kann.[589] Die Medienöffentlichkeit sei zur Vermittlung von Intersubjektivität zwischen Verfahrensbeteiligten und zwischen Justiz und Öffentlichkeit unerlässlich.[590] Scherer geht dabei sogar so weit, eine öffentliche Urteilsberatung als Konsequenz zu fordern.[591] Letztlich lässt Scherer außer Acht, dass die Wahrheitsfindung ureigenste Aufgabe der Justiz ist und diese in einem Rechtsstaat gerade nicht der Öffentlichkeit überlassen werden kann. Das Beratungsgeheimnis gibt den Richtern Sicherheit, frei ihre Rechtsauffassung kundzutun ohne sich Gedanken um das Öffentlichkeitsbild zu machen. Eine Art Übertransparenz ist nicht erforderlich.

Der Öffentlichkeit, sei es den Medien oder den sonstigen Teilnehmern, wird bislang durch das Gesetz ganz bewusst eine passive Rolle zugewiesen.[592] Die besondere Bedeutung des Öffentlichkeitsgrundsatzes für das Strafverfahren stützt sich letztlich darauf, dass das Ergebnis des Strafverfahrens, anders als im Zivil- oder Verwaltungsverfahren, keine Regelungsfunktion hat sondern allein eine sozialkommunikative oder symbolische Funktion.[593] Das Strafverfahren

---

586 *Gierhake,* Strafe, S. 56.

587 Anders *Gierhake,* Strafe, S. 57: „Ein Verfahren, das in diesem Sinne allein der Rechtsverwirklichung verpflichtet ist, braucht keine öffentlichkeitswirksame Inszenierung, sondern allein ein materiell und fomell rechtsgeleitetes Fortschreiten der Verdachtsklärung und Urteilsfindung." Vgl. *Tiedemann,* FG Peters, S. 142.

588 *Gierhake,* Strafe, S. 60.

589 *Witzler,* Personale Öffentlichkeit, S. 113 f.; *Scherer,* Medienöffentlichkeit, S. 8, 128.

590 *Witzler,* Peronale Öffentlichkeit, S. 114; *Scherer,* Medienöffentlichkeit, S. 129.

591 *Scherer,* Medienöffentlichkeit, S. 148.

592 Auch *Witzler*, Personale Öffentlichkeit, S. 115.

593 Vgl. *Gräditz,* FS Paeffgen, S. 463.

muss daher umso mehr für die Allgemeinheit verständlich und erfahrbar sein. Es darf nicht um seiner Selbstwillen zu einem rechtsaristokratischen Formalismus entarten. Nochmals gilt zu betonen, dass die Wiederherstellung des durch den Verdacht einer Straftat erschütterten Rechts nur durch Kommunikation und Vermittlung des Verfahrens als solchem sowie dessen Ergebnis erfolgen kann.[594] Die Konsequenz zur Legitimierung des aufwendigen und symbolträchtigen Verfahrens müsste daher eine Zugänglichmachung des Verfahrens für eine möglichst große Zahl an Personen, auch in Form der Medienöffentlichkeit sein. Wobei es einer Limitierung bedarf, damit die Verfahrensbeteiligten nicht „gleichsam zu Schaustellern werden".[595]

e) Fazit

Im Ergebnis liefert die Auseinandersetzung mit den Strafverfahrenszwecken zwei Ergebnisse. Erstens wird nochmals das gefundene Erfordernis einer verfahrensspezifischen Präzisierung des Öffentlichkeitsbegriffs untermauert. Dem Strafverfahren fehlt die Regelungsfunktion anderer Verfahrensarten und die Klärung des Tatverdachts ist in keinem anderen Verfahren immanent. Zweitens ist ersichtlich geworden, dass das Strafverfahren der Verwirklichung der Straftheorie dient und eine Wiederherstellung des Rechts ohne das Verfahren und ohne Beteiligung der Öffentlichkeit oftmals nicht möglich ist.

2. Straftheorie und Öffentlichkeit – ein Wechselverhältnis

Die Öffentlichkeitsmaxime und die Straftheorie ergänzen einander. Die Frage nach Inhalt und Ausmaß der Verfahrensöffentlichkeit, kann nicht ohne Blick auf den Grund des Strafens beantwortet werden. Hassemer schreibt zu diesem Verhältnis: „(...) ohne Medien kann die Strafjustiz (...) ihre zentrale Aufgabe nicht erfüllen."[596] Was zentrale Aufgabe der Strafjustiz ist, klärt die Frage nach dem Zweck der Strafe. Im Folgenden soll vor allem die Wechselwirkung zwischen Straftheorie und Öffentlichkeitsmaxime aufgezeigt werden. Eine umfassende Aufarbeitung straftheoretischer Grundlagen ist für die bearbeitete Fragestellung nicht zweckmäßig.

Die historischen Betrachtung der Öffentlichkeitsmaxime hat bereits gezeigt, dass auch die Straftheorie entwicklungsoffen ist. Der Sinn und Zweck von Strafe

---

594 *Gierhake,* Strafe, S. 60.
595 *Gierhake,* Strafe, S. 62 f.
596 *Hassemer,* StV 2005, 167 (167).

wandelt sich mit der Gesellschaft in der sie verhängt wird; mit der(en) Kultur. Diese rechtsdogmatische Grundlage kann nicht stagnieren, sondern muss stets kritisch überprüft und der Gesellschaft angepasst werden. Jede Gesellschaft muss sich fragen: „Warum strafen wir? Und warum darf der Staat strafen?" und für sich legitime Antworten finden.[597]

Für das heute vorherrschende Verständnis des Staates als Gewährleistungsstaat, scheint es nahezuliegen, die Strafe als Mittel „zur Verbesserung der Welt zu sehen".[598] Diese präventionsorientierten Ansätze (auch relative Theorien genannt) haben bis in die Gegenwart das Verständnis vom Sinn der Strafe dominiert. Im Wesentlichen ist die soziale Zweckgebundenheit der Strafe der Ausgangspunkt der relativen Straftheorien.[599] Allerdings zeichnet sich diesbezüglich seit geraumer Zeit eine Trendwende ab. Nachdem festgestellt wurde, dass die präventionsorientierten Ansätze nicht zu dem gewünschten Ergebnis – weniger Kriminalität – führten, sind (wieder) vermehrt retributive Ansätze Teil der wissenschaftlichen Diskussion. Frisch bezeichnet diese Wende als „gravierende und irreversible Umbrüche im Bereich der Straftheorie".[600] Im Folgenden werden zunächst kurz die Inhalte der und die Kritik an der jeweiligen Straftheorie dargestellt, bevor sie in Bezug zum Öffentlichkeitsgrundsatz gesetzt werden können. Der Zweck der Strafe kann nochmals in den Zweck der Strafandrohung und den der Strafverhängung untergliedert werden. Es ist jedoch schwer, eine sachgerechte, genaue Differenzierung beizubehalten.[601] Für das Verfahren und somit die gegenständliche Arbeit ist die relevante Frage, wie die Verhängung der Strafe als Folge einer Straftat zu rechtfertigen ist. Daher ist dies die Ausgangsprämisse der folgenden Bearbeitung.

---

597 *Callies,* Theorie, S. 77 f.; *Hassemer,* Strafe, S. 17; *Kubiciel,* Besonderer Teil, S. 134; den Zusammenhang der unterschiedlichen Staatsformen mit der Straftheorie zeigt *Müller,* Generalprävention, S. 28 f.; *Nietzsche,* Genealogie, S. 70 f. Die geschichtliche Entwicklung von der Triebhandlung zum institutionalisierten Rechtsinstrument zeigte bereits *Liszt* auf, ZStW 3 (1883), 1 (8 f.). Zur Verbindung von Öffentlichkeit und Strafzumessung: *Xiong,* Massenmedien, S. 311 f.

598 Wendung bei *Hassemer,* Strafe, S. 87; vgl. *Kubiciel,* Besonderer Teil, S. 139, 141.

599 *Gierhake,* Strafe, S. 53; *Kubiciel,* Besonderer Teil, S. 139; LK-*Weigend,* Einl. Rn. 58 f.

600 *Frisch,* GA 2015, 65 (69).

601 *Hörnle,* Straftheorien, S. 9.

a) *Spezialprävention*

Franz von Liszt hat die Spezialprävention in den Fokus der straftheoretischen Debatte gelenkt.[602] Ausgangspunkt der Überlegungen war, dass eine humane Strafe nicht völlig zweckfrei sein könne. Dies geht auf Liszts akademischen Lehrer Rudolf Jhering zurück, der davon ausging, dass das Recht als solches nicht zweckfrei sein könne, sondern der Selbst- und Arterhaltung des Menschen diene.[603] Zuletzt wurde die Spezialprävention sehr vehement während der großen Strafrechtsreform in den 1960er-Jahren durch den Alternativ-Entwurf des Allgemeinen Teils aus dem Kreis der sog. Alternativen Professoren in den Vordergrund gestellt.[604]

aa) *Ansatz und Kritik der spezialpräventiven Theorien*

Der Ansatz der Spezialprävention ist der Blick auf den Täter. Im Fokus steht nicht die Tat, sondern das Ziel, den Täter an weiteren Taten zu hindern, sein individuelles Risikopotenzial zu reduzieren.[605] Die Spezialprävention verfolgt hierbei im Wesentlichen zwei Aspekte, erstens die Besserung des Täters (positive) und zweitens dessen Abschreckung vor der Begehung neuer Taten bzw., insofern dies nicht ausreicht, dessen Unschädlichmachung (negative).[606] Die Besserung ist zumeist unter dem Schlagwort der Resozialisierung[607] bekannt.

Die Kritik an der Theorie der Spezialprävention selbst ist durchschlagend. Zum einen entspricht die Theorie nur oberflächlich dem Bild eines Gewährleistungsstaates. Im Ergebnis sind die Besserung oder Unschädlichmachung des Einzelnen und somit das Strafrecht nur Mittel zu dem Zweck, die Gesellschaft als Ganze vor diesem Täter zu schützen.[608] Zum anderen widerspricht

---

602 *Liszt*, ZStW 3 (1883), 1 f.; zuvor finden sich Ausführungen u.a. bei *Grolman*, Begründung, S. 54.

603 *Liszt*, ZStW 3 (1883), 1 (16 f.); *Jhering*, Zweck im Recht, S. 199 f.; vgl. *Müller*, Generalprävention, S. 339.

604 Siehe hierzu bereits oben unter Fn. 126 f.; Alternativ-Entwurf eines Strafgesetzbuches, AT 1966, S. 29; vgl. *Fröhling*, Pranger, S. 106; *Gierhake*, Kritik, S. 135; *Neuß*, Strafzweck, S. 69.

605 *Liszt*, ZStW 3 (1883), 1 (44); vgl. *Callies*, FS Müller-Dietz, S. 112 f.; *Kubiciel*, Besonderer Teil, S. 140; *Naucke*, ZStW 94 (1982), 525 (535 f.); *Schmidhäuser*, Sinn, S. 30 f.; *Vietmeyer*, Fernsehöffentlichkeit, S. 57.

606 *Liszt*, ZStW 3 (1883), 1 (36); *Neuß*, Strafzweck, S. 68; *Rohde*, Öffentlichkeit, S. 136, 140.

607 Wobei bereits Unklarheit darüber herrscht, was hierunter zu verstehen ist, *Hassemer*, Einführung, S. 287; *Schmidhäuser*, Sinn, S. 70.

608 *Müller*, Generalprävention, S. 340; *Pawlik*, Person, S. 30; *Naucke*, ZStW 94 (1982), 525 (536).

die Spezialprävention wesentlichen Grundsätzen des deutschen Strafverfahrens: dem Tat- und Schuldprinzip. Da die Gefährlichkeit des Einzelnen entscheidend ist, müsste es möglich sein bereits vor Beginn des Versuchsstadiums einzuschreiten. Die Konsequenz wäre ein verfassungswidriges Gesinnungsstrafrecht und eine umfassende staatliche Überwachung.[609]

Noch augenscheinlicher ist der Konflikt mit dem Schuldprinzip. Einerseits müsste die fehlende Steuerungsfähigkeit nach der Theorie der Spezialprävention „besonders starkes Indiz für die Gefährlichkeit des Täters sein" und dessen Unschädlichmachung zur Folge haben.[610] Der Nicht-Steuerungsfähige kann die von ihm ausgehende Gefahr aber gerade nicht kontrollieren. Seine Bestrafung dient im Ergebnis dem Schutz der Allgemeinheit.[611] Andererseits kann die Strafzumessung nicht an der Schuld des Täters anknüpfen, denn es kommt auf dessen momentane und künftige Gefährlichkeit an.[612] Die Mittel zur Erreichung des angestrebten Zwecks wären in keinster Weise begrenzt.[613] Die Strafe müsste unter Umständen länger als schuldangemessen sein oder eine Straftat müsste ohne staatliche Reaktion bleiben.[614] Die Aufweichung und der Wirkungsverlust des Strafrechts und des Gleichheitsgrundsatzes, wären nicht hinnehmbare Folgen.[615] Ferner wiegt der hoheitliche Eingriff durch Behandlung, die zur Änderung der Gesinnung führen soll, schwerer als eine rein äußerliche Strafe.[616]

---

609 *Frisch*, ZStW 94 (1982), 565 (584 f.); *Kubiciel*, Besonderer Teil, S. 141 f.; *Pawlik*, Person, S. 32 f.; *Jakobs*, ZStW 97 (1985), 751 (752 f.); *Jescheck/Weigend*, AT, § 8 S. 75. Zur Problematik der Vorverlagerung in den Bereich der Gesinnung vgl.: BGH, Urt. v. 22.11.1951 – 3 StR 767/51, NJW 1952, 394 (394 f.); Urt. v. 08.05.2014 – 3 StR 243/13, BGHSt 59, 218 (228); *Callies*, FS Müller-Dietz, S. 113.; Sch/Sch-*Eisele*, Vor §§ 13 f. Rn. 3; Zum an die Gesinnung anknüpfenden „Feindstrafrecht": *Jakobs*, ZStW 97 (1985), 751 (753 f).

610 *Kubiciel*, Besonderer Teil, S. 143; *Müller*, Generalprävention, S. 343; *Pawlik*, Person, S. 32.

611 *Kubiciel*, Besonderer Teil, S. 143; *Pawlik*, Person, S. 34; *Schmidhäuser*, Sinn, S. 78.

612 *Kubiciel*, Besonderer Teil, S. 143 f.; *Müller*, Generalprävention, S. 343; *Kaufmann*, Strafrechtsdogmatik, S. 271; *Pawlik*, Person, S. 32 f.

613 *Müller*, Generalprävention, S. 345; *Weigend*, Kommentar, S. 32; a.A. *Callies*, FS Müller-Dietz, S. 115.

614 *Hassemer*, Einführung, S. 291; *Jescheck/Weigend*, AT, § 8 S. 75; *Schmidhäuser*, Sinn, S. 69; a.A. *Callies*, FS Müller-Dietz, S. 115, der in keiner der Straftheorien Grenzen für die konkrete Strafzumessung sieht.

615 *Frisch*, GA 2015, 65 (71); *Jescheck/Weigend*, AT, § 8 S. 75.

616 *Hassemer*, Einführung, S. 292; a.A. *Callies*, FS Müller-Dietz, S. 116.

Um nach dieser Straftheorie die Gefährlichkeit des Einzelnen zu beurteilen, sind empirische Maßstäbe unerlässlich, welche jedoch schwerlich zu erheben sind.[617] Die Verurteilung selbst, führt nach den Rückfallstatistiken nicht zu dem gewünschten Effekt, künftige Straftaten zu vermeiden. Auch die Behandlungsmaßnahmen haben wenig Erfolg gezeigt, was das Schlagwort „nothing works" prägte.[618]. Eine dauerhafte Verhaltensänderung bei Erwachsenen ist in der Mehrheit der Fälle nicht realisierbar.[619] Ebenso deutlich ist jedoch die Wirksamkeit der Unschädlichmachung, denn ist ein Täter jahre- oder jahrzehntelang eingesperrt, kann er kaum neue Straftaten verüben. Die für dieses „Wegsperren" vorausgesetzte fehlende Besserungsmöglichkeit, ist eine rechtsstaatlich nicht zu bewerkstelligende „Definitionssache".[620]

bb) Konsequenzen für den Öffentlichkeitsgrundsatz

Es stellt sich die Frage, wie sich die Spezialprävention auf die Öffentlichkeitsmaxime auswirkt. Die Modellierung des Öffentlichkeitsbegriffs anhand spezialpräventiver Zwecküberlegungen hätte in letzter Konsequenz den Ausschluss der Öffentlichkeit zur Folge.[621] Notwendig wäre allein die Teilnahme des Angeklagten am Verfahren, da nur auf diesen eingewirkt werden soll.

Im Hinblick auf die positive Spezialprävention würde die „Entsozialisierung" durch die Öffentlichkeit die Resozialisierung gefährden und unter Umständen sogar unmöglich machen. Einerseits wird dem Angeklagten durch eine öffentliche Hauptverhandlung die Möglichkeit der Stellungnahme und somit ein Forum gegeben sich zu verteidigen. Er erhält Gelegenheit Verständnis für sich und gegebenenfalls seine Tat(en) bei der Allgemeinheit zu schaffen und so seiner

---

617 *Kubiciel,* Besonderer Teil, S. 142; *Weigend,* Kommentar, S. 32.

618 Die Bezeichnung „nothing works" geht auf die Ergebnisse der Arbeit Robert Martinsons, What works? Von 1974 zurück, in der er feststellte, dass die Resozialisierungsbemühungen der USA keinen Beitrag zur Reduzierung von Kriminalität liefern. Vgl. *Hassemer,* Strafe, S. 87; *Hörnle,* Straftheorien, S. 21; *Meier,* Sanktionen, S. 32; *Neuß,* Strafzweck, S. 69; *Schmidhäuser,* Sinn, S. 72 f.

619 *Fromm,* ZfpP 1930, 5 (5 f.); *Hörnle,* Straftheorien, S. 22; *Jescheck/Weigend,* AT, § 8 S. 75; *Neuß,* Strafzweck, S. 68; vgl. *Callies,* FS Müller-Dietz, S. 116.

620 *Hörnle,* Straftheorien, S. 22; *Müller,* Generalprävention, S. 18; *Neuß,* Strafzweck, S. 75.

621 *Pielow,* Strafverfahren, S. 332; *Rohde,* Öffentlichkeit, S. 146 f., der jedenfalls die Beschränkung der Öffentlichkeit fordert; Nach *Gräditz* verhält sich die Spezialpävention indifferent zur Öffentlichkeit, FS Paeffgen, S. 465.

„Entsozialisierung“ entgegenzuwirken.[622] Andererseits überwiegt die mit der Öffentlichkeit der Hauptverhandlung einhergehende Stigmatisierung und somit die der positiven Spezialprävention entgegengesetzte Wirkung.[623] Zudem kann die Stellungnahme des Angeklagten ins Gegenteil verkehren, wenn diese kein Verständnis sondern wachsendes Unverständnis hervorruft. Durch die Öffentlichkeit des Verfahrens kann der Angeklagte vermehrt in eine Außenseiterrolle gedrängt werden.[624] Vornehmlich besuchen Personen die Verhandlungen, welche die Tat in irgendeiner Weise selbst berührt – also auch Personen aus dem nahen Umfeld des Angeklagten. Aufgrund dessen erschwert schon die „reine“ Saalöffentlichkeit die Resozialisierung des Angeklagten.[625]

Die alleinige Orientierung am Täter muss die übrige Gesellschaft im Strafverfahren ausblenden, um ihre Zwecke zu erreichen. Auch die negative Spezialprävention führt lediglich zur zwingenden Teilnahme des Angeklagten. Er soll durch das Verfahren und den eventuellen Schuldspruch vor weiteren Taten abgeschreckt und so in seiner künftigen Rechtstreue bestärkt werden. Gelingt dies nicht soll er unschädlich gemacht werden. Eine allgemeine Öffentlichkeit kann dieses Ziel insofern fördern, als bereits die öffentliche Verhandlung und das öffentliche Verantworten der Tat selbst abschreckend auf den Täter wirken können. Sie kann sie aber nicht begründen.[626] Die Öffentlichkeit der Verhandlung würde zudem regelmäßig die Tat in den Fokus rücken und nicht den Täter. Die Massenmedien würden die genannten Einwände noch potenzieren und sind daher keine Option bei Zugrundelegung eines spezialpräventiven Ansatzes.[627] Für den Öffentlichkeitsbegriff kann aus der Spezialprävention indes abgeleitet werden, dass eine exzessive Ausdehnung der Öffentlichkeit, z.B. in das Ermittlungsverfahren oder Fernsehübertragungen der gesamten Verhandlung,

---

622 *Alber*, Geschichte, S. 37 f.; *Wettstein*, Öffentlichkeitsgrundsatz, S. 44; *Vietmeyer*, Fernsehöffentlichkeit, S. 61; krit. *Schmidthals*, S. 198 f., 212, 217; *Hillermeyer*, DRiZ 1982, 281 (283).

623 *Britz*, Fernsehaufnahmen, S. 203; *Pielow*, Strafverfahren, S. 333; *Schmidthals*, Verfahrensöffentlichkeit, S. 213; *Vietmeyer*, Fernsehöffentlichkeit, S. 62; *Zipf*, Gutachten C, S. 44.

624 *Vietmeyer*, Fernsehöffentlichkeit, S. 63; *Wettstein*, Öffentlichkeitsgrundsatz, S. 49.

625 *Hillermeier*, DRiZ 1982, 281 (283); *Rohde*, Öffentlichkeit, S. 146 f.; *Vietmeyer*, Fernsehöffentlichkeit, S. 62

626 *Hillermeier*, DRiZ 1982, 281 (283); *Vietmeyer*, Fernsehöffentlichkeit, S. 62; zu letzterem *Britz*, Fernsehaufnahmen, S. 203.

627 BVerfG, Urt. v. 05.06.1973 – 1 BvR 536/72, BVerfGE 35, 202 (235); BGH, Urt. v. 16.09.1966 – VI ZR 268/64, NJW 1966, 2353 (2355); *Kuß*, Öffentlichkeitsmaxime, S. 205; *Vietmeyer*, Fernsehöffentlichkeit, S. 63; *Wettstein*, Öffentlichkeitsgrundsatz, S. 92.

keinen Raum finden können. Die Resozialisierung als Ziel des Strafvollzugs darf nicht bereits durch die Hauptverhandlung nahezu unmöglich gemacht werden. Zudem müsste das Strafmaß durch eine übermäßige Medienöffentlichkeit zugunsten des Straftäters beeinflusst werden, was dem Täter ansonsten nicht zu Teil geworden wäre.

Nicht außer Acht zu lassen ist der Zusammenhang von Straftheorie und Funktion der Öffentlichkeit.[628] Aus der Sicht der Spezialprävention, wäre die Öffentlichkeit weitestgehend bedeutungslos. Das Informationsinteresse kann aus dem Blickwinkel der Spezialprävention nicht Hauptfunktion der Öffentlichkeit sein. Die Allgemeinheit wird von diesem Ansatz her gerade ausgeblendet, denn der Täter steht im Fokus. Ihr Interesse an Informationen über Straftaten kann mithin keine das Verfahrensprinzip begründende Funktion sein. Mit derselben Begründung kann die Vertrauensbildung in der Bevölkerung keine Aufgabe der Verfahrensöffentlichkeit sein. Es bleibt als Funktion der Öffentlichkeit somit im Wesentlichen die Kontroll- oder Gerechtigkeitsfunktion. Dass diese aber im Rechtsstaat der Bundesrepublik Deutschland der Gegenwart allenfalls untergeordnet Beachtung finden kann, wurde bereits dargelegt.[629]

b) Generalprävention

Für die Generalprävention ist das Ziel der Strafe – verallgemeinert gesprochen – die Mehrheit der Bürger von einer Straftat abzuhalten.[630] Die negative Generalprävention, also die Abschreckung der Allgemeinheit, wird schon lange zur Begründung der Strafe herangezogen und kann in seinem Kerngehalt bis zu Aristoteles zurückverfolgt werden.[631] Letztlich ist die Generalprävention jedoch „Kind der Aufklärung", denn ihr liegt das Bild eines Menschen als Vernunftwesen zugrunde, welchem die Strafe aufzeigt, was die Konsequenz einer Verletzung des Sozialvertrages ist.[632] Anders als die Spezialprävention nimmt die Generalprävention nicht den jeweiligen Täter in den Blick, sondern das zukünftige Verhalten dritter Personen und die Tat.[633] Die Generalprävention ist heute in zwei

---

628 Siehe hierzu bereits unter B. III.

629 Siehe oben unter B. III. 1.

630 *Hirsch*, Strafsanktion, S. 43; LK-*Weigend*, StGB, Einleitung Rn. 58; *Schmidhäuser*, Sinn, S. 28; *Vietmeyer*, Fernsehöffentlichkeit, S. 57.

631 So *Grommes*, Sühnebegriff, S. 72; *Schmidhäuser*, Sinn, S. 28.

632 *Hassemer*, Einführung, S. 309.

633 *Meier*, Sanktionen, S. 22; *Müller*, Generalprävention, S. 5; 22; LK-*Weigend*, StGB, Einl. Rn. 5.

selbständige Theorien zu unterteilen: die positive und die negative Generalprävention.

aa) Negative Generalprävention

(1) Ansatz

Ausgangspunkt dieser Straftheorie ist die Abschreckung der Allgemeinheit – insbesondere potentieller Täter – vor der Begehung von Straftaten durch das Strafübel. Es soll somit bereits auf die Entschlussfassung bzw. Willensbildung eingewirkt werden.[634] Feuerbach hat diesen Gedanken in den Mittelpunkt seiner Rechtfertigung des Strafrechts gestellt.[635] Er konstatierte, dass der physische Zwang zur Durchsetzung der Strafe allein nicht genüge, es müsse ein Element psychologischen Zwangs (Abschreckung) voran gestellt werden.[636] Die Verhängung der Strafe müsse sein, da ansonsten die Strafandrohung als eigentliches Mittel der Prävention leerliefe.[637] Hintergrund war, dass Feuerbach sich von der Verbindung der Sittlichkeit mit dem Recht völlig lösen wollte und die Strafe nicht ethisch sondern rechtspolitisch zu erklären versuchte.[638] Die Konsequenz des Ansatzes Feuerbachs ist, dass Strafe allein wegen der begangenen Rechtsverletzung verhängt wird.[639]

(2) Kritik

Der wesentliche Kritikpunkt an diesem Ansatz findet sich bereits bei Kant. Durch die negative Generalprävention wird der Täter verobjektiviert, er wird als Mittel zur Beeinflussung des psychischen Zustands Dritter eingesetzt.[640] Die Verobjektivierung verletzt den Straftäter in seiner Würde und spricht ihm

634 *Kubiciel,* Besonderer Teil, S. 144; *Greco*, Feuerbach, S. 44; *Jescheck/Weigend,* Strafrecht AT, § 8 S. 72; *Müller*, Generalprävention, S. 6, 41 f.

635 Die Abschreckungstheorie findet sich bereits bei *Hobbes,* Leviathan, 27. Kap. S. 409 f. So auch bei *Müller,* Generalprävention, S. 41 f.

636 *Feuerbach,* Revision, Bd. 1, S. 40; *ders.* Lehrbuch, § 12; vgl. bei *Greco*, Feuerbach, S. 40, 44 f.; *Naucke,* Kant, S. 54 f.; *Schmidhäuser,* Sinn, S. 29.

637 *Feuerbach,* Lehrbuch, § 18; vgl. bei *Frisch,* GA 2015, 65 (76); *Gierhake,* Kritik, S. 133; *Greco*, Feuerbach, S. 40 f., 362; *Grommes,* Sühnebegriff, S. 91; *Hassemer,* Einführung, S. 309; *Schünemann,* Positive Generalprävention, S. 117 f.

638 *Greco*, Feuerbach, S. 37; *Grommes,* Sühnebegriff, S. 92; *Eb. Schmidt,* Geschichte, § 224; S. 234.

639 *Kubiciel,* Besonderer Teil, S. 144 f.; *Eb. Schmidt,* Geschichte, § 232; S. 242.

640 *Kant,* Metaphysik, S. 197, 200; *Frisch,* GA 2015, 65 (72); *Greco*, Feuerbach, S. 378 f.

seine Eigenschaft als Grundrechtsträger ab.[641] Zudem geht dieser Ansatz von der Determinierbarkeit des Menschen aus und schreibt ihm so ein die Menschlichkeit konstituierendes Merkmal – die Willensfreiheit – in gewisser Weise ab.[642] Hegel beschreibt dies mit dem vielzitierten Satz: „Es ist mit der Begründung der Strafe auf diese Weise, als wenn man gegen einen Hund den Stock erhebt, und der Mensch wird nicht nach seiner Ehre und Freiheit, sondern wie ein Hund behandelt."[643] Zu beachten ist, dass nach empirischer Forschung die Verurteilungswahrscheinlichkeit eine Rolle dabei spielen kann, ob eine Straftat begangen wird.[644]

Daneben ist die Fokussierung auf die Strafandrohung kritisch zu sehen. In letzter Konsequenz gedacht, müsste es dann genügen, wenn die Sanktionsnorm nur die Strafandrohung enthielte.[645] Der Straftatbestand verbindet indes eine Verhaltensbeschreibung mit einer Strafandrohung, sie sind nicht losgelöst voneinander.[646] Im freiheitlichen Verfassungsstaat muss sich neben der Strafverhängung auch die Strafandrohung an Grundrechten messen lassen und somit verhältnismäßig sein. Bei der Verletzung von Gütern und Interessen mit weniger großer Bedeutung ließe sich die Strafe nicht als mildestes Mittel, jedenfalls nicht als angemessen rechtfertigen. Zivilrechtliche oder verwaltungsrechtliche Maßnahmen müssten vorrangig sein.[647]

Die negative Generalprävention spricht das überlegende Individuum an, das durch verschiedene Motive, wie die Angst vor Strafe, vom Rechtsbruch abgehalten werden soll.[648] Dies führt zu einigen weiteren Schwächen der Straftheorie: dem überlegten, egoistischen Individuum könnte die eigene Bestrafung nicht vermittelt werden. Das Individuum muss den durch die Bestrafung transportierten gesellschaftlichen Stabilisierungsgewinn als zu gering erachten, um

---

641 *Frisch*, GA 2015, 65 (72); vgl. *Greco*, Feuerbach, S. 378 f.; *Hassemer*, Einführung, S. 309 f.; *Köhler*, Begriff, S. 70; *Neuß*, Strafzweck, S. 185.

642 *Frisch*, GA 2015, 65 (72); *Greco*, Feuerbach, S. 378 f.; *Grommes*, Sühnebegriff, S. 95; *Hassemer*, Einführung, S. 309 f.; *Hörnle*, Strafbegründungstheorien, S. 14; *Köhler*, Begriff, S. 69 f.; a.A. *Altenhain*, Anschlussdelikt, S. 329.

643 *Hegel*, Grundlinien, § 99; Zusatz; zitiert bei *Greco*, Feuerbach, S. 378; *Neuß*, Strafzweck, S. 27.

644 *Greco*, Feuerbach, S. 364 f. m.w.N.; *Hörnle*, Straftheorien, S. 24.

645 *Frisch*, GA 2015, 65 (76); *Kubiciel*, Besonderer Teil, S. 149 f.

646 *Kubiciel*, Besonderer Teil, S. 145 f.; *Jeschek/Weigend*, Strafrecht AT, S. 237 f.; *Lüderssen*, ZStW 85 (1973), 288 (292).

647 *Altenhain*, Anschlussdelikt, S. 329; *Frisch*, GA 2015, 65 (76 f.); *Jakobs*, Strafe, S. 21 f.

648 *Altenhain*, Anschlussdelikt, S. 329; *Greco*, Feuerbach, S. 88 f., 379 f.; *Hörnle*, Straftheorien, S. 12 f.; *Kubiciel*, Besonderer Teil, S. 147; *Neuß*, Strafzweck, S. 79.

eine Strafe in Kauf zu nehmen.[649] Somit kann nicht von einer Einwilligung zur eigenen Bestrafung durch Zustimmung zu einem (fiktiven) Gesellschaftsvertrag[650] ausgegangen werden.[651] Zum einen ist das hierzu vorausgesetzte rational kalkulierende, rein vernunftgesteuerte Individuum ein Wunschbild der Aufklärung.[652] Zum anderen würde dieses Individuum die Orientierung der Mitbürger an moralischen und nicht rein berechnenden Maßstäben kennen.[653] Ausgehend von dem vorausgesetzten, kausal determinierten Menschenbild, dessen willentliche Handlung die Strafe herbeiführt, ist die Strafbarkeit fahrlässigen Verhaltens zudem kaum zu erklären. Denn eine Sorgfaltspflichtverletzung setzt gerade kein willentliches Handeln voraus. Ebenso ist die Strafbarkeit bei fehlender Kenntnis des Gesetzes, von diesem Ausgangspunkt nicht klar. Ferner treten wiederum unüberwindbare Konflikte mit dem Schuldprinzip auf. Denn nicht die Schuld des Einzelnen wäre für das Strafmaß entscheidend, sondern die – je nach Tatbestand notwendige – Abschreckungswirkung. Weit verbreitete Straftaten müssten sehr schwer bestraft werden, ohne dass auf die Schuld des Einzelnen Rücksicht genommen werden könnte.[654]

Die aufgezeigten Konflikte vermeiden moderne Ansätze der negativen Generalprävention, indem sie das strafbare Verhalten trotz Kenntnis der Normwidrigkeit als Schuld deklarieren.[655] Die Strafe ist dann die Reaktion auf diese Schuld. Hierdurch beziehen diese generalpräventiven Ansätze jedoch letztlich Teile einer retributiven Strafbegründung ein und erhalten hierdurch ein Element der Inkonsequenz.[656]

---

649 *Kubiciel,* Besonderer Teil, S. 149; *Pawlik,* Person, S. 25 f.; *Schünemann,* Generalprävention, S. 116 f.; a.A. *Greco*, Feuerbach, S. 420.

650 Zur Theorie des Gesellschaftsvertrages des 18. Jahrhunderts: *Hobbes,* Leviathan, Kap. 13–26; *Rousseau,* Vom Gesellschaftsvertrag oder Prinzipien des Staatsrechtes; vgl. *Greco*, Feuerbach, S. 484 f.; *Schmidtchen,* FS Lampe, S. 266 f.

651 *Hassemer,* Einführung, S. 310; *Hörnle,* Straftheorien, S. 49; *Jakobs,* Norm, S. 20 f., 101; *Kubiciel,* Besonderer Teil, S. 148; *Pawlik,* Person, S. 25; a.A. *Schmidtchen,* FS Lampe, S. 266 f.; *Greco*, Feuerbach, S. 489.

652 *Hörnle,* bezeichnet den vorausgesetzten Menschentyp als „Kunstfigur des homo oeconomicus“, Straftheorien, S. 49.

653 *Hörnle,* Straftheorien, S. 49 f.; *Pawlik,* Person, S. 25; *Walter*, ZIS 2011, 636 (645).

654 *Hirsch,* Strafsanktion, S. 46; *Hörnle,* Straftheorien, S. 24; *Kubiciel,* Besonderer Teil, S. 151; *Pawlik,* Person, S. 28; *Roxin,* FS Müller-Dietz, S. 709.

655 *Greco,* Feuerbach, S. 493 f.; *Schünemann,* Generalprävention, S. 119.

656 *Kubiciel,* Besonderer Teil, S. 150; *Pawlik,* Person, S. 27 f.; *Roxin,* Strafrecht AT, § 3 Rn. 32.

(3) Konsequenz für den Öffentlichkeitsgrundsatz

Die negative Generalprävention müsste in letzter Konsequenz in Bezug auf die Öffentlichkeit zu dem Ergebnis gelangen: so viel Öffentlichkeit wie nur möglich zu fordern.[657] Die Abschreckung der Allgemeinheit vor der Begehung von Straftaten erfordert, dass die Sanktion bekannt gemacht wird. Erst durch die Kenntnis des Urteils und somit des strafbewährten oder straffreien Verhaltens kann der Einzelne seine Handlungen hieran ausrichten.[658] Das öffentliche Verfahren macht die Tat und deren Konsequenzen sichtbar. Ferner ist allein die Tatsache des öffentlichen Verfahrens bereits abschreckend, unabhängig davon, ob dies in der Regel tatsächlich bereits als „Prangerwirkung" bezeichnet werden kann.[659] Indes kann eine umfassende Öffentlichkeit abschreckend auf andere Beteiligte, wie Zeugen, wirken oder sie in ihrem Aussageverhalten beeinflussen.[660] Die Abschreckung von anderen Beteiligten kann aber nicht gewollt sein, da so das Strafverfahren in seinem Bestand gefährdet wird. Durch die Verfahrensöffentlichkeit wird zugleich die Möglichkeit von Nachahmungstätern und Täter-Helden geschaffen.[661] Vertreter der negativen Generalprävention müssten in der heutigen Gesellschaft die umfassende Beteiligung der Medien fordern und nur in seltenen Ausnahmefällen eine Begrenzung oder gar einen Ausschluss zulassen. Die Medien wären stärker in das Verfahren einzubeziehen, aufgrund der fehlenden unmittelbaren Öffentlichkeit und der Entwicklung zur Mediengesellschaft. Hinsichtlich der Abwägung des Allgemeinen Persönlichkeitsrechts mit den Kommunikationsfreiheiten, müssten in der Regel letztere den Vorzug erhalten. Dass der Angeklagte oder ein anderer Beteiligter unter Umständen durch eine anonyme Zuschauermasse zum Objekt des staatlichen Strafanspruchs wird, nimmt die Generalprävention systembedingt hin.[662] Eine Begrenzung wäre nur durch erneut systemwidrige Einbeziehung des Schuldprinzips denkbar.[663]

---

657 *Alber*, Geschichte, S. 95 f.; *Britz*, Fernsehaufnahmen, S. 201; *Gierhake*, Strafe, S. 53, 62; *Gräditz*, FS Paeffgen, S. 464; *Hillermeier*, DRiZ 1982, 281 (282); *Pielow*, Strafverfahren, S. 265; *Schmidthals*, Verfahrensöffentlichkeit, S. 211 f.; *Stutz*, Zurückdrängung, S. 119; *Zipf*, Gutachten C, S. 44.

658 *Gierhake*, Strafverfahren, S. 53; *Hassemer*, Einfluß, S. 65; *Jahn*, Einfluß, S. 5; *Rohde*, Öffentlichkeit, S. 145; *Vietmeyer*, Fernsehöffentlichkeit, S. 59; *Wettstein*, Öffentlichkeitsgrundsatz, S. 92.

659 So bei *Vietmeyer*, Fernsehöffentlichkeit, S. 60; vgl. *Martens*, Rechtsbegriff, S. 75.

660 *Wettstein*, Öffentlichkeitsgrundsatz, S. 51

661 *Hillermaier*, DRiZ 1982, 281 (283); *Vietmeyer*, Fernsehöffentlichkeit, S. 61; *Wettstein*, Öffentlichkeitsgrundsatz, S. 90.

662 *Gierhake*, Strafe, S. 62.

663 Hierzu ausführlich *Pielow*, Strafverfahren, S. 268 f.

Nach der negativen Generalprävention wäre die Funktionsfähigkeit der Strafrechtspflege ohne mediale Verbreitung ihrer Inhalte gefährdet. Sie könnte ihr kostenintensives Bestehen nicht gegenüber der Allgemeinheit rechtfertigen.[664] Im Endeffekt werden die Einwände, welche der negativen Generalprävention als Straftheorie entgegengehalten werden, auf das Verfahren übertragen.

Funktional betrachtet müsste die negative Generalprävention die Informationsfunktion des Öffentlichkeitsgrundsatzes in den Mittelpunkt rücken, denn eine möglichst breite Abschreckung kann nur durch einen großen Empfängerkreis gewährleistet werden. Dies steht in Einklang damit, dass die Informationsfunktion mittlerweile zentrale Aufgabe der Verfahrensöffentlichkeit ist.

bb) Positive Generalprävention

(1) Ansatz

Die positive Generalprävention sieht den Zweck der Strafe darin, dass Normvertrauen zu erhalten und zu stärken, um so die Rechtsordnung zu stabilisieren.[665] Die Strafe vermittle der Allgemeinheit, dass ihr Vertrauen in die Rechtsordnung berechtigt war und ist.[666] Sie gewährleiste eine Orientierung für das gesellschaftliche Zusammenleben und richte sich somit als Teil der sozialen Kontrolle an den normtreuen Bürger.[667] Der Strafe wird eine „sittenbildende Kraft" zugeschrieben.[668] Sie diene als Element sozialer Kontrolle der Enkulturation und Sozialisation.[669] Die Strafe soll demnach bezwecken, dass der bei jedem Menschen latent vorhandene Trieb des Verbrechers nicht zum Vorschein kommt, schon keine Abwägung des Für und Widers des Verbrechens geschieht.[670] Mit den Worten Erich Fromms lässt sich dies veranschaulichen: „Die Strafjustiz ist gleichsam der Stock an der Wand, der auch dem braven Kinde zeigt, daß der Vater ein Vater und das Kind ein Kind ist".[671] Darüber hinaus soll die Strafe die

---

664 *Gierhake*, Strafe, S. 53 f.

665 *Callies*, FS Müller-Dietz, S. 108; *Hassemer*, Strafe, S. 108 f.; *Kubiciel*, Besonderer Teil, S. 152; *Müller*, Generalprävention, S. 7; *Weigend*, Kommentar, S. 34.

666 *Hassemer*, Einführung, S. 325; *ders.* Strafe, S. 109; *Meier*, Sanktionen, S. 23.

667 *Hassemer*, Einfluß, S. 73; *Hörnle*, Straftheorien, S. 25; *Meier*, Sanktionen, S. 22; *Müller*, Generalprävention, S. 7.

668 *Naucke*, Strafrecht, S. 47; *A. Kaufmann*, Strafrechtsdogmatik, S. 275.

669 *Hassemer*, Einführung, S. 325.

670 *Fromm*, ZfpP 1930, 5 (7); *Müller*, Generalprävention, S. 8; *Schmidhäuser*, Sinn, S. 89 f.

671 *Fromm*, ZfpP 1930, 5 (9); IMAGO Bd. 17 1931, 226 (247).

Aggression, welche das Verbrechen in der Gesellschaft hervorruft, kompensieren und befriedigen, da sie in ihrem Kern selbst Aggression ist.[672]

(2) Kritik

Kritisch zu sehen ist, dass der wissenschaftliche Nachweis eines Vertrauensgewinns in der Gesellschaft durch die Strafe nicht möglich ist. Hierzu bedürfte es einer gesellschaftlichen Anomie.[673] Ein gewisser Zusammenhang von gerichtlicher Normbestätigung und dem Legalverhalten der Allgemeinheit ist indes nicht generell von der Hand zu weisen. Allerdings könnte die Kenntnis von vielen Normbrüchen freilich gleichfalls verunsichern, so dass in dieser Hinsicht eine Ambivalenz entsteht. Die Bestärkung des Normvertrauens differiert zudem je nach verletzter Verhaltensvorschrift. Im Ergebnis müsste auch im Rahmen der positiven Generalprävention eine selektive Strafverfolgung angestrebt werden.[674] So würde die Mörderin des Haustyrannen straffrei bleiben, da ihre Bestrafung das Normvertrauen eher erschüttern könnte. Die Selektion ist aber weder mit dem Gleichheitsgrundsatz, der Menschenwürde, dem Bestimmtheitsgrundsatz noch mit dem Rechtsstaatsprinzip vereinbar.

Wie bereits bei den anderen relativen Straftheorien gesehen, fehlt auch der positiven Generalprävention eine nachvollziehbare Begründung zur Begrenzung der Strafe. Begangene Rechtsverletzungen müssten zu immer härteren Strafen führen, da die bis dahin verhängten Strafen zur Normstabilisierung nicht ausgereicht haben. Die Gefahr liegt folglich in der Überbewertung des zur Normbestätigung erforderlichen Strafmaßes.[675] Sie muss daher auf das vergeltungsorientierte Schuldprinzip abstellen, dieses „von außen anstücken" und sieht sich hierdurch dem Vorwurf der Inkonsequenz ausgesetzt.[676] Daneben kann die positive Generalprävention die Bestrafung des Täters ihm gegenüber nicht rechtfertigen. Er wird Mittel zum Nutzen der Gemeinschaft.[677] Die Begründungsversuche laufen darauf hinaus, dass die Strafe gegenüber dem Täter nicht gerechtfertigt werden müsse. Sie sei „eine bittere Notwendigkeit in

---

672 *Fromm,* ZfpP 1930, 5 (8); *Müller*, Generalprävention, S. 10; *Ostermeyer,* Psychoanalyse, S. 30.

673 *Hassemer,* Einführung, S. 328; *Hörnle,* Straftheorien, S. 26; *Weigend*, Kommentar, S. 34.

674 *Hörnle,* Straftheorien, S. 26 f.; *Weigend*, Kommentar, S. 34.

675 *Meier,* Sanktionen, S. 25; *Roxin,* AT, § 3 Rn. 32; *Jescheck/Weigend*, Strafrecht AT, § 8 S. 75.

676 *Hassemer,* Einführung, S. 327; *Weigend,* Kommentar, S. 35.

677 *Kant*, Metaphysik, S. 453; *Callies*, FS Müller-Dietz, S. 110; *Greco,* Feuerbach, S. 161 f.; *Hörnle,* Straftheorien, S. 46; *Weigend,* Kommentar, S. 35 f.

einer Gemeinschaft unvollkommener Wesen, wie sie die Menschen nun einmal sind."[678]

Der Ausgangspunkt der positiven Generalprävention wurde aufgrund der aufgezeigten Schwächen modifiziert. Bei formalisierter Betrachtung, sei die Strafe Teil der sozialen Kontrollen und des humanen Umgangs mit Abweichungen. Daraus folge einerseits, dass die Tatvergeltung nicht mehr angestückt werden müsse, sondern bereits vom Ausgangspunkt enthalten sei.

(3) Konsequenz für den Öffentlichkeitsgrundsatz

Die Stärkung des Normvertrauens der Allgemeinheit bedarf der öffentlichen Hauptverhandlung.[679] Aus Sicht der positiven Generalprävention trägt die Verfahrensöffentlichkeit dazu bei, dass die Allgemeinheit von der Rechtsstaatlichkeit der Urteilsfindung ausgehen und hierüber informiert werden kann.[680] Auch die positive Generalprävention müsste im Endeffekt so viel Öffentlichkeit wie nur möglich fordern.[681] Aufgrund der Breitenwirkung der Medien, müssten sie vermehrt ins Verfahren einbezogen werden. Die Justiz sollte die Medien proaktiv nutzen und umfassende Öffentlichkeitsarbeit leisten. Die Selektion der Massenmedien könnte indes dazu führen, ein verzerrtes Bild der Justiz zu vermitteln und so nicht das Vertrauen zu bestärken, sondern zu untergraben.[682] Bereits heute dreht sich die Berichterstattung vor allem um aufsehenerregende Verfahren, wie besonders gewalttätige Verbrechen. Die Selektion nach besonders sensationellen oder verkaufsträchtigen Verfahren, führt trotz rückläufiger Kriminalitätszahlen zu der häufig anzutreffenden Einschätzung einer schlechten allgemeinen Sicherheitslage.[683] Ferner kann die Öffentlichkeit das Normvertrauen

678 Zitat in Alternativ-Entwurf StGB, AT 1966, zu § 2 S. 29.

679 *Gierhake,* Strafverfahren, S. 53; *Hassemer,* Einfluß, S. 65; *Jahn,* Einfluß, S. 5; *Rohde,* Öffentlichkeit, S. 145; *Vietmeyer,* Fernsehöffentlichkeit, S. 59; *Wettstein,* Öffentlichkeitsgrundsatz, S. 92.

680 *Hassemer,* Einfluß, S. 73; *Vietmeyer,* Fernsehöffentlichkeit, S. 59; *Wettstein,* Öffentlichkeitsgrundsatz, S. 51.

681 *Alber,* Geschichte, S. 95 f.; *Britz,* Fernsehaufnahmen, S. 201; *Gierhake,* Strafe, S. 53, 62; *Gräditz,* FS Paeffgen, S. 464; *Hillermeier,* DRiZ 1982, 281 (282); *Pielow,* Strafverfahren, S. 265 f.; *Schmidthals,* Verfahrensöffentlichkeit, S. 211 f.; *Stutz,* Zurückdrängung, S. 119; *Zipf,* Gutachten C, S. 44.

682 *Beulke,* JR 1982, 309 (312); *Hassemer,* Einfluß, S. 69; *Vietmeyer,* Fernsehöffentlichkeit, S. 60.

683 *Zipf,* Gutachten, C, S. 46; vgl. auch *Deckers/Fischer/König/Bernsmann,* NJW 2014, 9 (13 f.); *Ostermeyer,* Psychoanalyse S. 36.

auch destabilisieren, wenn z.B. ein Freispruch aufgrund von Beweisverwertungsverboten erfolgt und die Allgemeinheit dies nicht nachvollziehen kann.[684] Erneut ist somit eine Ambivalenz in der Theorie festzustellen.

Im Kontext zur Funktion der Öffentlichkeit muss nach der positiven Generalprävention die Schaffung und Erhaltung des Normvertrauens zentrale Aufgabe und nicht lediglich eine Wirkung sein.[685]

c) Retributive Ansätze

Als Urväter der retributiven Theorien werden häufig Kant und Hegel genannt. Wobei bereits deutlich wird, dass es nicht eine „absolute" Theorie gibt, sondern die retributiven Ansätze stark divergieren.

aa) Ansatz

Retribution in seiner Reinform ist das Talionsprinzip, Gleiches mit Gleichem zu vergelten. Dieser Gedanke ist bereits biblisch verankert (2. Mose 21.24): „Aug um Aug, Zahn um Zahn, Hand um Hand, Fuß um Fuß".[686] Nach der reinen Vergeltungstheorie dient die Strafe „nur der Gerechtigkeit, sie soll Gerechtigkeit auf Erden herstellen."[687] Der Grund der Strafe richtet sich nach „seiner Zeit und dem Zustand der bürgerlichen Gesellschaft in ihr".[688]

Nach Kant erklärt sich die Strafe wie folgt: „Der Verbrecher darf nur bestraft werden, weil er verbrochen hat".[689] Die Straftat ist Ausgangspunkt der Strafe. Kant bringt zum Ausdruck, dass die Straftat, die „Verletzung einer metaphysischen, unnachlasslichen Pflicht" ist.[690]

Dass die Strafe nicht über allem und völlig losgelöst von der Gesellschaft thront, ist in dem modernen Rechtsstaat der Bundesrepublik unbestritten.[691] Es bedarf einer „echten" Begründung gegenüber der Allgemeinheit und dem Delinquenten für die retributiven Theorien. Denn Strafe ist zum einen ein erheblicher

---

684 *Hillermaier,* DRiZ 1982, 281 (283); *Vietmeyer,* Fernsehöffentlichkeit, S. 61; *Wettstein,* Öffentlichkeitsgrundsatz, S. 90.

685 Zur Einordnung siehe oben unter B. III.

686 *Klug,* Rechtsphilosophie, S. 4; *Eb. Schmidt,* Geschichte, § 222 S. 232; *Wolf,* Verhütung, S. 47.

687 *Grommes,* Sühnebegriff, S. 79; *Schmidhäuser,* Sinn, S. 51.

688 *Hegel,* Grundlinien, § 218.

689 *Kant,* Metaphysik der Sitten, S. 158.

690 Vgl. zu Kant *Müller,* Generalprävention S. 51 f.; 57; *Naucke,* Kant, S. 32.

691 *Freund,* Zweckgedanke, S. 43; *Hörnle,* Straftheorien, S. 7; *Kubiciel,* Besonderer Teil, S. 161. *Neumann,* FS Jakobs, S. 448; *Wege,* Normgeltung, S. 43.

Grundrechtseingriff und der Straftäter ist ebenfalls Grundrechtsträger.[692] Zum anderen ist eine derart aufwendige Institution, wie die Strafjustiz, gegenüber der Gemeinschaft, welche diese unterhalten muss, zu rechtfertigen.[693]

Der Grund „der Gerechtigkeit zum Siege zu verhelfen“[694] ist idealisierend und klärungsbedürftig.[695] Allerdings ist der Gedanke auch gewinnbringend, denn er macht deutlich, dass ein retributiver Ansatz keinen *Zweck* verfolgen „muss“, sondern einer *Begründung* bedarf.[696] Eine grundlose Strafe könnte nicht gerecht sein, dies kann nur die notwendige Strafe.[697]

Der Gedanke der Wiederherstellung des Rechts ist hier von großem Wert. Er findet sich bereits bei Hegel in der vielzitieren Aussage: „Strafe, ist die Negation der Negation des Rechts“.[698] Die Negation des Rechts durch die Straftat müsse durch die Strafe aufgehoben und so das Recht wiederhergestellt werden.[699] Hegels Verständnis von Strafe liegt der Gedanke zugrunde, dass das Recht ein notwendiges Anerkennungsverhältnis ist und daher nicht Beschränkung sondern Ausdruck der Freiheit des Einzelnen ist.[700] Der Ausgangpunkt Hegels wird in den letzten Jahrzehnten vermehrt in der Wissenschaft aufgegriffen und wurde als expressives, retributives Strafverständnis fortentwickelt.[701]

bb) Kritik

Generell wird den vergeltenden Ansätzen entgegengehalten, sie verfehlten das eigentliche Ziel des Strafrechts: den Rechtsgüterschutz. Dies würde die Strafe von der Aufgabe des Strafrechts in verfassungswidriger Weise ablösen.[702] Hiergegen

---

692 *Frisch,* GA 2015, 65 (70); *Wege,* Normgeltung, S. 43.

693 *Hörnle,* Straftheorien, S. 16

694 *Pawlik,* Person, S. 12.

695 *Wege,* Normgeltung, S. 42.

696 Bereits *Hegel,* Grundlinien, § 99; vgl. *Freund,* Zweckgedanke, S. 74; *Kubiciel,* Besonderer Teil, S. 160; *Neumann,* FS Jakobs, S. 448.

697 *Freund,* Zweckgedanke, S. 74; so bereits *Liszt,* ZStW 3 (1883), 1 (3).

698 *Hegel,* Grundlinien, § 99.

699 *Hegel,* Grundlinien, §§ 99–101; vgl. *Frisch,* GA 2015, 65 (68).

700 *Hegel,* Grundlinien, § 36; vgl. bei *Grommes,* Sühnebegriff, S. 93.

701 So insbes. *Pawlik,* Person, S. 90 f.; *Kubiciel,* Besonderer Teil, S. 159 f.; vgl. *Frisch,* GA 2015, 65 (68 f.). Zur Aktualität Hegels: *Stübinger,* Idealisierte, S. 61–173. Zur philosophischen Perspektive Hegels bzgl. der Freiheit des Einzelnen: *Gierhake,* Freiheit, S. 114 f. Zur Aktualität von Hegels Straftheorie: Tagungsband: Hegels Erben?, Strafrechtliche Hegelianer Vom 19. bis zum 21. Jahrhundert, Kubiciel/Pawlik/Seelmann (Hrsg.), Tübingen 2017.

702 MK-*Radke*, StGB, Vorbem. §§ 38 f. Rn. 33.

lässt sich anführen, dass zum einen der Gedanke des Rechtsgüterschutzes selbst fragwürdig ist. Was genau hierunter zu verstehen ist, bleibt zumeist unklar.[703] Weiter wird kritisiert, die Wiederherstellung des Rechts sei eine für den Einzelnen nicht nachvollziehbare, lebensfremde Begründung und könne die Strafe daher ihm gegenüber nicht erklären. Generell stelle diese Ansicht die Interessen der Gesellschaft über die des Individuums, und könne die Strafe gegenüber dem Einzelnen nicht rechtfertigen.[704]

(1) Normgeltung

Entgegen der genannten Kritik ist dennoch der Gedanke der Restitution des Rechts durch Strafe der Ausgangspunkt der Theorie. Losgelöst vom Individualbezug betrifft die Straftat die Gemeinschaft der Bürger, welche sich dieses Recht gegeben hat, um ihre Freiheiten zu sichern.[705] Die Strafe ist eine Reaktion, durch welche die Gemeinschaft erkennen kann, dass ihr Recht – unabhängig von dem Delinquenten – Fundament der sozialen Ordnung und des friedlichen Miteinanders ist.[706] Zusammengefasst wird bei diesem Ansatz der „Einzelne zur Behebung oder Vergeltung eines Normgeltungsschadens herangezogen“[707]. Die normative Identität der Gesellschaft – welche sich diese durch einen ständigen Akt der Kommunikation geschaffen hat – wird durch den Widerspruch gegen deren Verletzung bekräftigt.[708] Mit anderen Worten: Der Straftat muss durch die Strafe widersprochen werden, um eine Erosion der Norm und des Rechts im Gesamten zu verhindern.[709] Dieser Ansatz ist mit einer normativ-kommunikativen Form der Generalprävention durchaus vergleichbar und zeigt Schnittmengen mit dieser auf.[710] Allerdings steht aus retributiver Perspektive stets die Tat bzw. das Unrecht der Tat und nicht der Täter im Fokus. Die Normstabilisierung ist nur eine Wirkung der Strafe nicht ihr Grund.[711] Die Strafe „ist eine Antwort

---

703 *Kubiciel*, Besonderer Teil, S. 57.

704 *Hörnle,* Straftheorien, S. 32; *Callies,* FS Müller-Dietz, S. 111 f.

705 *Kubiciel*, Besonderer Teil, S. 164; *Pawlik*, Person, S. 86, 92; *Weigend,* Kommentar, S. 36 f.

706 *Kubiciel*, Besonderer Teil, S. 165; *Pawlik*, Person, S. 91; *Zaczyk,* ZStW 123 (2011), 691 (701 f).

707 *Frisch*, GA 2015, 65 (75).

708 *Callies,* Theorie, S. 84; *Gierhake,* Kritik, S. 132.

709 *Frisch*, NStZ 2016, 16 (18); *Hörnle,* Straftheorien, S. 31; *Jakobs*, Norm S. 103 f.

710 So auch *Hörnle,* Straftheorien, S. 31.

711 *Kubiciel*, Besonderer Teil, S. 166, 171; *Gierhake,* Strafe, S. 54 f.; *Köhler,* Strafrecht AT, S. 50.

auf die Verletzung des Rechts als Recht."[712] Die retributiven Ansätze inkludieren das Schuldprinzip und garantieren so die Subjektstellung des Täters aus Art. 1 GG.[713] Das sozialethische Unwerturteil der Strafe ist der kommunikative Akt, welcher zur Wiederherstellung des Rechts gegenüber der Gesellschaft, aber auch konkret gegenüber dem Verurteilten, notwendig ist.[714] Das Gefühl der Empörung in der Gesellschaft über die Brüchigkeit des Rechts, muss durch dieses Unwerturteil aufgefangen werden, um Lynchjustiz zu verhindern und zugleich das Rechtsvertrauen zu bestärken.[715] Wiederum zeigt sich eine Überschneidung mit der positiven Generalprävention auf der Wirkungsebene.

(2) Opferschutz

Ein weiterer Vorteil einer retributiven, kommunikationsorientierten Strafbegründung steht in Zusammenhang mit dem Gedanken des Opferschutzes. Insbesondere das Strafverfahren wurde in jüngster Zeit vermehrt viktimologisch beeinflusst, durch die Schaffung von Instituten, wie der Zeugenhilfe oder dem Täter-Opfer-Ausgleich.[716] Die Befriedungsfunktion der Strafe zielt auch auf die Kommunikation mit dem Opfer. Der konkrete Vertrauensverlust des Opfers in die Rechtsordnung und dessen Schutz vor physischen wie psychischen Folgen sind berechtigte Interessen, die eine Strafe (mit)rechtfertigen.[717] Durch die Strafe wird „dem Opfer bestätigt, dass ihm Unrecht geschehen ist und nicht ein Zufall oder ein Unglück sein Schicksal bestimmt hat".[718] Die Strafe kann somit von einer kommunikativ-retributiven Begründung ausgehend mit den Interessen des Opfers begründet werden, was dem individualistischen Menschenbild unserer Zeit entspricht.[719]

(3) Sanktionen

Der Schuldspruch allein kann die angestrebten Effekte nicht erreichen. Es bedarf zu dessen Untermauerung einer Strafe. Den mannigfaltigen Rechtsverletzungen

712 Zitat bei *Kubiciel,* Besonderer Teil, S. 165.
713 *Gierhake,* Strafe, S. 55; *Köhler,* Strafrecht AT, S. 588 f.; *Kubiciel,* Besonderer Teil, S. 170.
714 *Hörnle,* Straftheorien, S. 33.
715 *Hörnle,* Straftheorien, S. 35; *Weigend,* Kommentar, S. 39 f.
716 *Weigend,* RW 2010, 39 (39); *Walther,* ZStW 111 (1999), 123 (136 f.).
717 *Hörnle,* Straftheorien, S. 38 f.; *Hassemer/Reemtsma,* Verbrechensopfer, S. 122; *Holz,* Justizgewähranspruch, S. 125 f.
718 *Hörnle,* Straftheorien, S. 39; vgl. auch *Günther,* FS Lüderssen, S. 218; *Hassemer/Reemtsma,* Verbrechensopfer, S. 130 f.; *Holz,* Justizgewähranspruch, S. 131.
719 *Eser,* ZStW 104 (1992); 361 (377 f.); *Weigend,* RW 2010, 39 (41, 44).

muss eine ebenso vielfältige Sanktionsabstufung gegenüberstehen. Um den Rechtsbruch aufzuheben, ist eine aus Sicht der Allgemeinheit als Übel anerkannte Sanktion notwendig.[720] So kann wiederum die konkrete Strafe gegenüber dem individuellen Täter intrinsisch gerechtfertigt werden, da sie als Folge dessen entsprechend dem Unwerturteil zu rechtfertigen ist.[721] Die Generalprävention ist insoweit eine „willkommene Nebenwirkung", aber keine „wesentliche Bedingung" zur Rechtfertigung der Strafe.[722]

Trotz etwaiger Schwächen gelingt es dieser Art der kommunikativen Vergeltungstheorie die Strafe gegenüber dem Delinquenten sowie der Allgemeinheit zu legitimieren und zugleich dem Schuldprinzip Rechnung zu tragen. Diese Ansicht ist daher vom theoretischen Ansatz her, auch aufgrund ihrer Geschlossenheit, zu bevorzugen. Die Geschlossenheit ist für weitere Überlegungen von Bedeutung. Ansonsten würde die Antinomie der Strafzwecke weitere konkrete Folgerungen aufgrund der entstehenden Ambivalenz unmöglich machen.

cc) Konsequenz für den Öffentlichkeitsgrundsatz

Begreift man die Strafe mit dem obigen Verständnis als „ein Akt der Kommunikation"[723], ist der Zusammenhang zur Öffentlichkeit unabweisbar. Die Wiederherstellung des Rechts kann nur gegenüber der Rechtsgemeinschaft erfolgen, wenn die Strafe dieser kundgetan wird.[724] Ebenso muss die Öffentlichkeit bei Fokussierung des Delinquenten gewährleistet sein. Denn für diesen wird die Verletzung des individuellen Rechts als Verletzung des allgemeinen Rechts erst offenkundig, wenn die Allgemeinheit beteiligt ist. Kommunikation setzt einen Sender und einen Empfänger voraus. Ohne ein Gegenüber kann Kommunikation nicht funktionieren. Da heutzutage die unmittelbare Teilnahme an Verhandlungen (Saalöffentlichkeit), der durch Medien vermittelten Information über Strafverfahren gewichen ist,[725] ist die Beteiligung der Medien für die Wiederherstellung des Rechts unerlässlich. Eine Öffnung des Verfahrens muss somit Konsequenz dieser Straftheorie sein. Allerdings müssen die Rechte des Delinquenten von einem kommunikativ-wiederherstellenden Ansatz aus berücksichtigt werden.

---

720 *Hörnle,* Straftheorien, S. 41 f.; *Pawlik,* Person, S. 53.

721 *Hörnle,* Straftheorien, S. 45.

722 *Wolf,* Verhütung, S. 54.

723 *Hörnle,* Straftheorien, S. 7; *Gärditz* formuliert es wie folgt: „Verfahren sind Kommunikationsordnungen", FS Paeffgen, S. 451; *Vismann,* Medien, S. 97 f.

724 *Gierhake,* Strafe, S. 60; dies. bereits JZ 2013, 1030 (1038); vgl. *Pielow,* Strafverfahren, S. 349.

725 Hierzu ausführlich unter B.

Denn eine Wiederherstellung des Rechts, setzt voraus, dass es nicht an anderer Stelle verletzt wird. Die Rechte des Angeklagten oder sonstiger Beteiligter finden sich in dem verfassungsrechtlich verbürgten allgemeinen Persönlichkeitsrecht aus Art. 2 Abs. 1 GG i.V.m. Art. 1 GG wieder.[726] Schlussendlich ist eine Abwägung erforderlich, welche tendenziell zugunsten der Medien ausfallen müsste.

Nach alldem wird deutlich, dass es den modernen Vergeltungstheorien gelingt, der Öffentlichkeit mehrere Funktionen zuzuschreiben. Zum einen sind die Kontrolle der Justiz und implizit auch die Gerechtigkeitsgewährleistung als Funktion des Öffentlichkeitsgrundsatzes mit diesem straftheoretischen Ansatz vereinbar. Zum anderen lässt sich der Aspekt, dass die Strafe ein Akt der Kommunikation zur Wiederherstellung des Rechts als Recht ist, der Informationsfunktion zuweisen. Die Information der Allgemeinheit ist hiermit elementarer Bestandteil der Öffentlichkeit und ihre Hauptfunktion. Dies entspricht dem oben gefundenen Ergebnis und spiegelt somit die Entwicklung zur multimedialen Gesellschaft wieder.[727] Die Stärkung der Normvertrauens ist somit keine wesentliche Funktion der Öffentlichkeit, sondern eher eine Wirkung der selbigen. Das Verhältnis von Öffentlichkeit und Straftheorie tritt durch die retributiven Ansätze besonders hervor. Ebenso wie retributive Ansätze es ermöglichen, die Strafe selbst zu begrenzen und menschenwürdig zu begründen, können sie auch die Öffentlichkeit flexibler gestalten. Ein retributiv-kommunikativer Ansatz begrenzt sich in Bezug auf die Frage des Öffentlichkeitsbegriffs selbst. Nur das Maß an Öffentlichkeit kann gesetzmäßig sein, welches der Tat und dem damit einhergehenden Unrecht entspricht. Das heißt, ebenso wie die Schuld der Tat das Strafmaß begrenzt, begrenzt das begangene Unrecht auch die Verfahrensöffentlichkeit. Taten mit hohem Unrechtsgehalt können somit mehr Öffentlichkeit rechtfertigen. Zur Wiederherstellung des Rechts, welches in besonderem Maße erschüttert wurde, ist dann auch eine größere Medienöffentlichkeit zu zulassen.

d) Vereinigungslehren

Aus den starken Gegenpolen: Vergeltung und Prävention, entwickelten sich Ansätze, welche beide Ansichten in Einklang bringen wollen. Diese werden daher als Vereinigungstheorien bezeichnet.[728]

---

726 Zum allgemeinen Persönlichkeitsrecht und die Eingriffe in dieses durch den öffentlichen Strafprozess, siehe Teil C. I. 2. b).

727 Hierzu unter B. III.

728 LK-*Theune*, StGB, Vor §§ 46 bis 50 Rn. 25; Sch/Sch-*Kinzig*, Vor §§ 38 ff Rn. 11. *Roxin*, AT Band 1, § 3 Rn. 33 f.

aa) Ansatz

Zunächst haben sich auch hier zwei Unteransichten entwickelt. Die eine legt den Schwerpunkt auf die Prävention, die anderer auf die Vergeltung. Daher spricht man von der präventiven oder der vergeltenden Vereinigungstheorie. Sie überschneiden sich indes in ihrer Kernaussage: Generalprävention und Schuldausgleich können in Einklang gebracht werden. Denn von einer schuldproportionalen Strafe gehe die beste präventive Wirkung aus. Ferner sei jedenfalls im Strafvollzug die Resozialisierung Leitbild.[729] Nach der (präventiven) Vereinigungslehre bedarf die Strafe zunächst eines legitimen Zwecks. Diesen Zweck stelle der präventive Schutz von Rechtsgütern dar, also das Verhindern von künftigen Straftaten.[730] Hiervon gingen verschiedene Wirkungen aus. Erstens würde die Allgemeinheit in ihrem Normvertrauen bestärkt und vor Verstößen abgeschreckt. Zweitens werde auf den Delinquenten eingewirkt, indem dieser zur künftigen Einhaltung der Norm motiviert werde, eine Möglichkeit zur Besserung erhalte und er rein tatsächlich, physisch an weiteren Taten gehindert sei.[731] Teilweise werden spezialpräventive Aspekte oder generalpräventive Elemente in den Mittelpunkt gerückt.[732] Folglich vereint diese Ansicht bereits die verschiedenen relativen Theorien in sich. Für die Strafzumessung muss aber auch dieser Ansatz auf das Schuldprinzip zurückgreifen. Wobei die Schuld nur die Ober- bzw. Untergrenze der Strafe festlegen soll.[733]

bb) Kritik

Die Vereinigungstheorie – unabhängig von ihrer Ausprägung – nimmt somit aus allen dargestellten Positionen Bestandteile auf. Sie versucht die entgegenstehenden Positionen in Einklang zu bringen. Die unterschiedlichen Fragen, welche mit der nach dem Sinn der Strafe zusammenhängen, beantwortet diese Ansicht mit der jeweils passenden Theorie. Sie kann keine einheitliche Strafbegründung bieten. Anders als die relativen Theorien, legt diese Ansicht ihre Inkonsequenz

---

729 Vgl. *Hörnle*, Strafbegründungstheorien, S. 19; LK-*Weigend*, StGB, Einl. Rn. 60; *Meier*, Sanktionen, S. 35.

730 *Meier*, Sanktionen, S. 35 f.; *Roxin*, AT Band 1, § 3 Rn. 37 f.; Sch/Sch-*Kinzig*, Vor §§ 38 ff Rn. 11 f.

731 *Meier*, Sanktionen, S. 36; *Roxin*, AT Band 1, § 3 Rn. 38 f.

732 *Meier*, Sanktionen, S. 35 f.; *Roxin*, AT Band 1 § 3 Rn. 41; Sch/Sch-*Kinzig*, Vor §§ 38 f. Rn. 11.

733 *Meier*, Sanktionen, S. 36; MK-*Radke*, StGB, Vorbem. §§ 38 f. Rn. 51; zu den verschiedenen weiteren Möglichkeiten, das Schuldprinzip in präventive Konzepte zu integrieren: *Schünemann*, Schuldprinzip, S. 160 f.

zumindest schon ihrem Namen nach offen. Genauso, wie die vereinigenden Ansätze die Stärken der jeweiligen Theorie verbinden, verbinden sie auch deren Schwächen.[734] Der Versuch die Antinomie der Strafzwecke aufzulösen kann nicht vollkommen gelingen. Stets muss ein Aspekt zurücktreten, einem anderen der Vorrang gewährt werden.[735]

cc) Konsequenz für den Öffentlichkeitsgrundsatz

Die vereinigenden Theorien ermöglichen es kaum eine Forderung im Hinblick auf den Öffentlichkeitsgrundsatz zu stellen. Sie sind diesbezüglich ambivalent und als Grundlage zur Präzisierung des Öffentlichkeitsverständnisses somit ungeeignet. Je nach Tendenz, also vergeltend oder präventiv orientierter Linie der Vereinigungstheorien, folgen Konsequenzen hin zur Öffnung des Verfahrens bzw. hin zum Ausschluss der Öffentlichkeit. Daher kann eine vereinigende Strafbegründung nicht zur Präzisierung von Verfahrensgrundsätzen, wie der Öffentlichkeitsmaxime, beitragen.

e) Ergebnis

Als Ergebnis kann festgehalten werden, dass mit Ausnahme der vereinigenden Straftheorien alle Theorien zur Modellierung des Öffentlichkeitsbegriffs herangezogen werden können. Stringent und geschlossen kann ein neues Öffentlichkeitsverständnis mit der kommunikativ-wiederherstellenden Vergeltungstheorie gefunden werden. Die Spezial- und Generalprävention können die äußeren Grenzen des Öffentlichkeitsbegriffs abstecken.

Aus der Spezialprävention kann für die Bestimmung des Inhalts der Verfahrensöffentlichkeit abgeleitet werden, dass eine unbegrenzte Öffentlichkeit des Strafverfahrens ausgeschlossen ist. Die Resozialisierung des Straftäters darf nicht bereits durch die Hauptverhandlung nahezu ausgeschlossen sein. Die teilweise auf spezialpräventiven Erwägungen fußende Strafzumessung ist ebenfalls gegen eine exzessive Medienöffentlichkeit des Strafverfahrens anzuführen. Die Medienberichterstattung müsste regelmäßig zu einer allein hierauf beruhenden Reduzierung des Strafmaßes führen.

Aus den generalpräventiven Straftheorien lässt sich schlussfolgern, dass die Medien in der heutigen Gesellschaft regelmäßig am Strafverfahren zu beteiligen sind. Die Medien gewährleisten die Kenntnisnahme der Bevölkerung von den Inhalten der Strafjustiz.

---

734 MK-*Radke*, StGB, Vorbem. §§ 38 f. Rn. 52.

735 *Hassemer*, Einführung, S. 291; *Hirsch*, Strafsanktion, S. 44; *Roxin*, GA 2015, 185 (186).

Ein retributiver, kommunikativer straftheoretischer Ansatz kann zur Präzisierung und Klärung des Öffentlichkeitsbegriffs umfassender beitragen. Im Vordergrund steht die Strafe, allen Beteiligten und der Allgemeinheit gegenüber begreiflich zu machen. Das begangene Unrecht ist maßgebend für die konkrete Reichweite der Verfahrensöffentlichkeit. Straftaten, welche das Recht besonders stark erschüttern, rechtfertigen eine erweiterte Medienöffentlichkeit. Hingegen wird in der Regel bei Straftaten ohne besondere Bedeutung eine massenmediale Aufarbeitung nicht zu rechtfertigen sein.

Dessen ungeachtet ist auch die straftheoretische Debatte im Fluss und vielleicht sogar im Umbruch, so dass die aufgezeigten Grundlagen wiederum unter Berücksichtigung der Gesellschaft und ihrer Strukturen Änderungen unterworfen sein werden.

III. Fazit: Strafverfahren braucht Öffentlichkeit

Zusammenfassend ist festzuhalten, dass im Bereich der Öffentlichkeit des Strafprozesses Grundrechte kollidieren und Verfassungsprinzipien verletzt werden können. Die Justiz und die Medien sind voneinander abhängig und in ihrer Interaktion ist mit Konflikten so wie mit Synergien zu rechnen.[736]

Es stehen sich die Kommunikationsfreiheiten der Allgemeinheit und das Persönlichkeitsrecht der Beteiligten sowie die Funktionsfähigkeit der Rechtspflege gegenüber. Die dargestellten Positionen stehen in einem unübersehbaren Spannungsverhältnis. Um dieses abzumildern und die gegenläufigen Rechte und Interessen in Ausgleich zu bringen, muss eine Abwägung in der Form einer praktischen Konkordanz stattfinden. Eine generelle Regelung, wie für Verfahren vor dem Bundesverfassungsgericht (§ 17a BVerfGG[737]), wodurch für gewisse Verhandlungsabschnitte die Bild- und Tonberichterstattung zulässig ist, ist in den Tatsacheninstanzen des Strafverfahrens mit Einschränkungen denkbar. Im derzeitigen Strafverfahren werden indes viele Aspekte aus dem engen persönlichen Lebensbereich offengelegt. Anders ist dies bezüglich Verfahren zu sehen, die das Persönlichkeitsrecht weniger berühren. Dort ist eine derart starke Kollision der Positionen und Beeinträchtigung der Rechte grundsätzlich nicht zu befürchten.[738] Ebenso ist die Revisionsinstanz in Strafsachen zu sehen, hier geht

---

736 *Jung*, GA 2014, 257 (258).

737 Eingeführt durch das Gesetz zur Änderung des Bundesverfassungsgerichtsgesetztes vom 16.07.1998, BGBl 1998, 1823.

738 Abweichendes Votum BVerfG, Urt. v. 24.01.2001 – 1 BvR 2623/95, 622/99; BVerfGE 103, 40, 72 (77 f.); *Dieckmann*, NJW 2001, 2451 (2451); *Kaulbach*, ZRP 2009, 236 (238).

es allein um Rechtsfragen.[739] Bestätigt wurde das Ergebnis unserer Überlegungen: Es bedarf eines strafverfahrensspezifischen Öffentlichkeitsverständnisses.

Die Strafzwecke und Strafverfahrenszwecke stehen in einem unauflösbaren Zusammenhang zur Bestimmung der Öffentlichkeit. Sie sind mit Zwecken des Zivilverfahren oder arbeitsgerichtlichen Verfahrens keinesfalls zu vergleichen und daher kann kein einheitliches Verständnis verfahrensübergreifende Geltung beanspruchen. Die Erweiterung des Öffentlichkeitsbegriffs kann mit einer expressiv-kommunikativen Straftheorie und mit den Zwecken des Strafverfahrens in Einklang gebracht werden. Die Zwecke des Verfahrens sind das materielle Recht umzusetzen, die Suche nach prozessualer Wahrheit und die Sicherung der Beschuldigtenrechte. Stimmig fügt sich in die Forderung nach einem erweiterten Öffentlichkeitsverständnis im Strafverfahren ein retributiv-kommunikativer straftheoretischer Ansatz ein. Die Zwecke des materiellen Rechts und des Strafverfahrensrechts bedürfen einer Öffnung des Öffentlichkeitsgrundsatzes, denn sie können ohne Kommunikation nicht bestehen. Das Strafverfahren ist selbst ein kommunikativer Akt, welcher der nachvollziehbaren Wiederherstellung des Rechts *für* die aber auch *in* der Allgemeinheit dient. Sowohl die Straftheorie als auch die Strafverfahrenszwecke führen somit zur Forderung nach einer Öffnung der Verfahrensöffentlichkeit hin zu einer Medienöffentlichkeit.

Im Ergebnis kann die Wiederherstellung des Rechts durch das Strafverfahren nur gelingen, wenn mittels eines verfahrensspezifischen Öffentlichkeitsverständnisses die Kommunikation des Verfahrens sowie dessen Ergebnis zuverlässig erfolgen. Um es auf den Punkt zu bringen, ohne Öffentlichkeit können weder die Strafe selbst noch das Strafverfahren ihre Zwecke erfüllen.

---

739 Vgl. hierzu die umfassende Darstellung bei *Olbertz*, Fernsehöffentlichkeit.

D. Konsequenz: Öffnungsmöglichkeiten für mehr Öffentlichkeit?

Aus den bisherigen Ergebnissen folgt die Forderung nach einem anderen Verständnis bzw. nach einer Öffnung der Verfahrensöffentlichkeit. Wie diese Öffnung aussehen könnte, soll nachfolgend dargestellt werden. Die Frage, ob Möglichkeiten bestehen, Strafverfahren einer breiteren Öffentlichkeit zugänglich zu machen, kann in tatsächlicher Hinsicht aufgrund des medialen und technischen Fortschritts mit einem klaren „Ja" beantwortet werden. Die sich hieran anschließende Frage nach der rechtlichen Möglichkeit sowie der Art und Weise einer Öffnung ist hingegen schwerer zu beantworten. Ein in jüngster Zeit wieder stärker diskutierter und mittlerweile sogar mit Einschränkungen als Gesetz[740] verabschiedeter Ansatz ist die Videoübertragung in einen anderen Gerichtssaal. Diese Möglichkeit soll im Rahmen der Stellungnahme zu diesem Gesetz näher beleuchtet werden. Zuvor ist die Frage zu klären, ob bereits durch Normen des geltenden Rechts eine Präzisierung der Verfahrensöffentlichkeit möglich ist. Des Weiteren wird ein Ausblick de lege ferenda vorgenommen, wobei der Gesetzesentwurf im Mittelpunkt steht.

I. Konsequenzen de lege lata

Wie bereits im historischen Abriss zur Öffentlichkeitsmaxime gezeigt, hat sich die Entwicklung des Allgemeinen Persönlichkeitsrechts auf die Ausgestaltung der Gerichtsöffentlichkeit ausgewirkt. Vor allem mittels unterschiedlicher Beschränkungen sollte den Persönlichkeitsrechten Rechnung getragen werden. Die gewachsene Bedeutung der Medien hatte hingegen bis ins Jahr 2018 noch keinen Niederschlag im Gesetz gefunden. Eine inhaltliche Präzisierung des Öffentlichkeitsgrundsatzes im Strafverfahren könnte durch Auslegung des einfachen Rechts erfolgen. Eine Vielzahl von Regelungen tangieren zumindest mittelbar den Öffentlichkeitsgrundsatz und geben diesem für den spezifischen Fall einen konkreten Inhalt. Als Beispiel kann § 48 JGG genannt werden, der die Öffentlichkeit für Verfahren gegen Jugendliche generell ausschließt. Ausnahmen

740 Entwurf über die Erweiterung der Medienöffentlichkeit – EMöGG, S. 10 abrufbar unter http://www.bmjv.de/SharedDocs/Gesetzgebungsverfahren/Dokumente/RefE_Erweiterung_Medienoeffentlichkeit_Gerichtsverfahren.pdf, zuletzt aufgerufen am 24.06.2018.

gelten indes sobald ein Heranwachsender oder Erwachsender mitangeklagt ist. Die Mosaikstücke könnten aber nur zu einem Ganzen, das heißt einem umfassenden Verständnis von Öffentlichkeit zusammengefügt werden, wenn alle Varianten einer Abwägungsentscheidung zwischen Ausschluss und Erweiterung der Öffentlichkeit geregelt wären. Da eine alle Möglichkeiten umfassende Regelung – wegen des fragmentarischen Charakters des Rechts und dem stetigen Wandel der Gesellschaft und deren Regelungsbedürfnissen – nicht umsetzbar ist, kann der Blick auf die einfach gesetzlichen Regelungen nur in den konkreten Teilbereichen zu einer Präzisierung beitragen. Aufgrund dieser Erkenntnis wird die Bearbeitung auf speziell die Öffentlichkeit betreffende oder besonders aktuelle Regelungen beschränkt ohne zu verkennen, dass auch Normen, wie z.B. §§ 104 Abs. 2, 109 Abs. 1 S. 4 JGG, § 63 DRiG, § 3 BDG, § 135 BRAO, §§ 247, 58 Abs. 1, 243 Abs. 2, 249 Abs. 2 StPO, den Öffentlichkeitsgrundsatz betreffen.

1. Grundsatz der Öffentlichkeit gemäß § 169 S. 1 GVG

In § 169 S. 1 GVG ist die Öffentlichkeitsmaxime bundesgesetzlich wie folgt festgeschrieben: „Die Verhandlung vor dem erkennenden Gericht einschließlich der Verkündung der Urteile und Beschlüsse ist öffentlich.“ § 169 S. 1 GVG gewährt die grundsätzliche Öffentlichkeit von Gerichtsverfahren der ordentlichen Gerichtsbarkeit und sagt auch etwas über deren Ausgestaltung aus.[741] So hat sich bei Einführung der Öffentlichkeitsmaxime die Öffentlichkeit der Urteilsverkündung durchgesetzt.[742]

a) Kenntniserlangung von Verfahren

Im Laufe der Zeit haben die Gerichte durch Auslegung und Anwendung den Öffentlichkeitsgrundsatz ausgestaltet. Dem Satz, dass Verfahren öffentlich sind, wurden durch die Praxis der Gerichte verschiedene Inhalte – wie die Notwendigkeit von Sitzungsaushängen – beigemessen. Die jeweiligen Ausprägungen des Öffentlichkeitsgrundsatzes wurden von Einzelfällen ausgehend verallgemeinert und werden zumeist (heute noch) als feststehend dargestellt. Ob die gefundenen Inhalte allgemein gelten können ist aber zumindest fraglich, da sie teilweise nur für einen ganz bestimmten Fall entwickelt wurden und auch nur diesbezüglich Geltung beanspruchten.[743] Notwendiger Inhalt des Öffentlichkeitsgrundsatzes

---

741 BVerfG, Urt. v. 24.01.2001 – 1 BvR 2623/95, 622/99, BVerfGE 103, 44 (63).

742 Zur Historie siehe oben unter B. I.

743 Der BGH betont selbst die Abhängigkeit vom jeweiligen Einzelfall: BGH, Urt. v. 22.01.1981 – 4 StR 97/80, NStZ 1981, 311 (313).

ist, dass jeder in der Lage ist von Ort und Zeit der Verhandlung ohne besondere Schwierigkeiten Kenntnis zu erlangen.[744] In einem großen Gerichtsgebäude oder evtl. sogar mehreren käme es der Nichtöffentlichkeit gleich, wenn keinerlei Hinweis auf Ort und Zeit des Verfahrens erfolgen würde. Die Information über Ort und Zeit der Verhandlung geschieht in der Regel durch einen vor dem Verhandlungssaal angebrachten Hinweis und einem Aushang im Gerichtsgebäude.[745] Indes hat sich die Justiz in diesem Bereich den „neuen" Medien geöffnet, so dass Sitzungstermine mittlerweile zumeist auf der Homepage des jeweiligen Gerichts online abrufbar sind.[746] Die „Online-Aushänge" erleichtern die Kenntnisnahme von Terminen für Jedermann, da der Weg zum Gericht nicht in Kauf genommen werden muss und aufgrund der beinahe umfassenden Zugänglichkeit des Internets. Zudem erlangt der Bürger schnell eine Übersicht über die angesetzten Verhandlungen und kann so besser entscheiden, ob und wenn ja, an welcher Sitzung er teilnimmt. Den Schritt die Sitzungsaushänge anzuschauen, wird aber – ob online oder nicht – nur der ohnehin bereits interessierte Bürger tun. Zu einer Erweiterung der Verfahrensöffentlichkeit führt die Online-Veröffentlichung der Termine daher nicht. Eine Öffnung für soziale Netzwerke wie Facebook, ist in diesem Bereich noch nicht zu erkennen. So betreiben weder Gerichte noch Staatsanwaltschaften eigene Facebook-Accounts. Andere Regierungsbehörden sind diesen Schritt bereits gegangen, wie z.B. das Bundesministerium der Justiz und für Verbraucherschutz[747].

Es genügt zur Wahrung der Gerichtsöffentlichkeit aber nicht stets der Sitzungsaushang. Wird die Verhandlung zur Inaugenscheinnahme an einen anderen Ort verlegt, muss dieser für jeden interessierten Zuhörer ohne Weiteres erkennbar sein. Der Hinweis erfolgt zumeist durch einen Aushang, aber auch hier wird teilweise bereits das Internet zur Information genutzt. Ein Aushang sei aber nicht stets erforderlich. Hier komme es auf den Einzelfall an und es seien Aspekte, wie die Dauer der Abwesenheit, der Ort, an dem sich das Gericht befindet, der Verfahrensgegenstand und das allgemeine Interesse am Prozess zu

---

744 BGH, Urt. v. 10 06 1966 – 4 StR 72/66, NJW 1966, 1570 (1570 f.); KK-*Diemer*, GVG, § 169 Rn. 7; MüKo-*Zimmermann*, ZPO/GVG, § 169 Rn. 54.

745 *Kissel/Mayer*, GVG, §169 Rn. 47; Löwe/Rosenberg-*Wickern*, StPO, § 169 GVG Rn. 19; MüKo-*Zimmermann*, ZPO/GVG, § 169 Rn. 55.

746 Zum Beispiel beim LG Köln (NRW) unter http://www.lg-koeln.nrw.de/service/sitzungwsc/index.php, zuletzt aufgerufen am 11.11.2017; aber noch nicht vollständig durchgesetzt vgl. LG Stralsund http://www.mv-justiz.de/pages/ordent_gerichte/lg_hst.html, zuletzt aufgerufen am 11.11.2018.

747 Abrufbar unter https://de-de.facebook.com/bmjfv, zuletzt aufgerufen am 30.10.2018.

berücksichtigen.[748] In einer Gesamtschau kann das Interesse zwar miteinbezogen werden, allerdings ist eine derartige Prognose auf unsicherer Tatsachengrundlage nicht ausreichend, um womöglich einen faktischen Öffentlichkeitsausschluss zu rechtfertigen. Soweit der Ableitung der Notwendigkeit eines Aushangs aus § 169 S. 1 GVG noch zuzustimmen ist, geht dessen Entbehrlichkeit über den Wortlaut der Norm hinaus. Es ist fraglich, ob aus Sinn und Zweck der Norm gefolgert werden kann, dass der Aushang in bestimmten Fällen entbehrlich ist. § 169 S. 1 GVG soll grundsätzlich die vollständige Öffentlichkeit der gesamten Verhandlung gewährleisten, der Verzicht auf einen Aushang, also die Beschränkung der Öffentlichkeit, kann hieraus kaum gefolgert werden. Im Ergebnis ist dieses Verständnis zwar pragmatisch, aber dogmatisch schwer zu begründen.

b) Tatsächlicher Zugang

Interessierten muss der Zugang nur im Rahmen der örtlichen Möglichkeiten tatsächlich gewährleistet werden. Es muss also zumindest eine Tür des Gerichtsgebäudes und eine des Sitzungssaals unverschlossen sein.[749] Die Sitzung darf aber weder aufgrund besonders starken Zuhörerandrangs in eine Halle verlegt oder per Lautsprecher auf den Flur oder vor das Gerichtsgebäude übertragen werden, noch zur Eindämmung der Zuhörer in einem kleineren Saal abgehalten werden.[750] Ersteres folgt aber vielmehr aus § 169 S. 2 GVG. Führt bei einer Inaugenscheinnahme die örtlich bedingte Enge zu einer faktischen Begrenzung der Zuhörerzahl, gebietet der Öffentlichkeitsgrundsatz diese zeitlich auf das unbedingt notwendige zu minimieren. Ein Unterlassen des Augenscheins mangels hinreichender Öffentlichkeit ist in diesen Fällen nicht zu fordern.[751]

Dem tatsächlichen Zugang zu Gerichtsverhandlung können Einlasskontrollen entgegenstehen. Grundsätzlich widersprechen Einlasskontrollen nicht dem Öffentlichkeitsgrundsatz.[752] Ist eine Einlasskontrolle angeordnet, muss allen rechtzeitig Erschienenen die Teilnahme an der Sitzung von Beginn an

---

748 BGH, Urt. v. 22.01.1981 – 4 StR 97/80, NStZ 1981, 311 (312); KK-*Diemer*, GVG, § 169 Rn. 7; *Thym*, NStZ 1981, 293 (294); a.A. *Kissel/Mayer*, GVG, §169 Rn. 49.

749 Löwe/Rosenberg-*Wickern*, StPO, § 169 GVG Rn. 30; KK-*Diemer*, GVG, § 169 Rn. 7.

750 KK-*Diemer*, GVG, § 169 Rn. 8; *Kissel/Mayer*, GVG, § 169 Rn. 25 f.; *Meyer-Goßner/Schmitt*, StPO, § 169 GVG Rn. 5; *Roxin*, FS Peters, S. 398 f.; *Sarstedt* JR 1956, 121 (122).

751 BGH, Urt. v. 10.06.1966 – 4 StR 72/66, NJW 1966, 1570 (1571); KK-*Diemer*, GVG, § 169 Rn. 9; *Lilie*, NStZ 1993, 121 (121, 123); *Thym*, NStZ 1981, 293 (294); *Roxin/Schünemann*, Strafverfahren, § 47 Rn. 8.

752 BGH, Urt. v. 06.10.1976 – 3 StR 291/76, NJW 1977, 157 (158); OVG Berlin-Brandenburg, Beschl. v. 26.03.2010 – 3 N 33/10, NJW 2010, 1620 (1621 f.).

ermöglicht werden.[753] Eine Videoüberwachung, die der Gewähr von Sicherheit und Ordnung im Gerichtsgebäude dient, tangiert den Öffentlichkeitsgrundsatz nicht. Aufgenommen wird nur Ort und Zeit des Betretens eines Gerichtsgebäudes, woraus nicht mal ein peripherer Nachteil folgt und somit keine psychische Zwangslage im Hinblick auf die Teilnahme an einer Verhandlung vorliegt.[754]

Zudem können rechtliche Schranken den tatsächlichen Zugang hindern, wie z.B. bei einer Inaugenscheinnahme auf einer Autobahn, da deren Betreten nach § 18 Abs. 9 S. 1 StVO verboten ist. Letzteres wird im Gerichtsalltag aber die Ausnahme sein. Relevant ist besonders der Vorrang des Hausrechts, wenn z.B. eine Inaugenscheinnahme in einer Wohnung erfolgt und der Inhaber nur bestimmte Personen zulässt. Zu beachten ist die dahinterstehende Kollisionslage zwischen der Verfahrensöffentlichkeit und der Unverletzlichkeit der Wohnung, welche Art. 13 Abs. 1 GG verfassungsrechtlich garantiert und § 123 StGB auch im Verhältnis der Bürger untereinander schützt.[755] Der Hausrechtsinhaber kann die Zahl der Zuhörer begrenzen, aber Zuhörer nicht vollständig ausschließen. Die rechtmäßige Begrenzung der Zuhörerschaft ist wiederum einzelfallabhängig. Vor allem soweit die Wohnung des Angeklagten betroffen ist, müssen Einschränkungen des Hausrechts gemacht werden. Es kann nicht sein, dass der Angeklagte durch Zutrittsverbote gegenüber den Richtern, Staatsanwälten und sonstigen Beteiligten ein Beweismittel faktische unbrauchbar machen könnte.[756]

Nicht nur soweit das Hausrecht betroffen ist kann einzelnen Personen der Zugang zu der Verhandlung verwehrt werden, ohne dass der Öffentlichkeitsgrundsatz verletzt wird. Neben § 58 StPO der Zeugen vor ihrer Vernehmung von der Anwesenheit im Sitzungssaal ausschließt, können Einzelne ausgeschlossen werden, wenn gegen sie in derselben Sache ein Ermittlungsverfahren stattfindet[757] oder wenn sie die Verhandlung stören. Der Ausschluss aufgrund der

---

753 BGH, Urt. v. 02.12.1994 – 2 StR 394/94, NJW 1995, 3196 (3197).

754 LG Itzehoe, Beschl. v. 02.06.2010 – 1 T 61/10, NJW 2010, 3525 (3526); KK-*Diemer*, GVG, § 169 Rn. 10; a.A. VG Wiesbaden, Beschl. v. 20.01.2010 – 6 K 1063/09, NJW 2010, 1220 (1220 f.).

755 BGH, Urt. v. 14.06.1994 – 1 StR 40/94, NStZ 1994, 498 (499); *Lilie*, NStZ 1993, 121 (122). Diese Kollisionslage zu vertiefen, kann aber nicht zur Präzisierung der Öffentlichkeitsmaxime beitragen. Instruktiv *Lilie*, NStZ 1993, 121 (123 f.).

756 BGH, Urt. v. 14.06.1994 – 1 StR 40/94, NStZ 1994, 498 (499); *Lilie,* NStZ 1993, 121 (121).

757 BGH, Urt. v. 20.01.1953 – 1 StR 626/52, BGHSt 3, 386 (387 f.); KK-*Diemer,* GVG, § 169 Rn. 11.

Störung der Ordnung der Sitzung folgt aber aus der Sitzungsgewalt des Vorsitzenden, § 177 GVG.

c) Fazit

Schließlich können die aufgezeigten Ergebnisse richterlicher Anwendung des in § 169 S. 1 GVG geregelten Öffentlichkeitsgrundsatz aber nur peripher zu einer Umgrenzung des Öffentlichkeitsbegriffs beitragen. Nur äußerste Grenzen können benannt werden, wobei diese zumeist nicht aus der Norm selbst abgeleitet werden können, sondern vielmehr aus der gerichtlichen Praxis folgen und im Ergebnis auf andere Regelungen oder das Verfassungsrecht zurückzuführen sind. Zudem ist zu erkennen, dass lediglich kleine Ausschnitte der Frage, was unter Öffentlichkeit zu verstehen ist, geregelt werden. Ein Konzept hinsichtlich der Präzisierung des wertungsoffenen Öffentlichkeitsbegriffs ist nicht zu erkennen. Es handelt sich um ein kasuistisches Stückwerk. Zu einer Präzisierung eines umfassenden Öffentlichkeitsverständnisses kann dies daher allenfalls in Teilbereichen führen. Bestätigt hat sich indes, dass eine Abwägung im Einzelfall auch nach § 169 S. 1 GVG notwendig ist.

2. Verbot von Bild- und Tonaufnahmen § 169 S. 2 GVG

§ 169 S. 2 GVG normiert das bereits erwähnte Verbot von Rundfunkaufnahmen während der Verhandlung zum Zwecke der Veröffentlichung. Diese Vorschrift wurde mit dem Gesetz zur Änderung der Strafprozessordnung und des Gerichtsverfassungsgesetz 1964 eingeführt und steht seither unverändert im GVG.[758] Die Norm lautet: „Ton- und Fernseh-Rundfunkaufnahmen sowie Ton- und Filmaufnahmen zum Zwecke der öffentlichen Vorführung oder Veröffentlichung ihres Inhalts sind unzulässig.“ Durch Feststellung der Reichweite der legislativen Einschränkung der Öffentlichkeit, kann eine negative Präzisierung des Öffentlichkeitsverständnisses erfolgen. Indes ist auch das Verbot von Bild- und Tonaufnahmen nur ein spezieller Teilbereich, sodass der Konturierungseffekt nur diesen betrifft.

a) Inhalte

aa) Aufnahmen zur öffentlichen Vorführung

Die etwas verklausulierte und überholte Wendung „Ton- und Fernseh-Rundfunkaufnahmen sowie Ton- und Filmaufnahmen“ erfasst alle Arten von Aufnahmen

---

758 Vgl. die Ausführungen oben im historischen Abriss unter B I. 5. Fn. 134.

und Sendetätigkeiten für den Rundfunk oder für die sonstige Berichterstattung bzw. Dokumentation.[759] Untersagt wird sowohl die Liveübertragung als auch die Aufzeichnung für eine spätere Übertragung.[760] Zulässig sind justizinterne Mitschnitte z.B. bei § 58a StPO,[761] da diese nicht dem Zweck der Veröffentlichung dienen, sondern Verfahrenszwecke verfolgen.[762] Für Zuschauer muss die Zulassung von Aufnahmen, soweit sie andere Zwecke als die öffentliche Vorführung oder Veröffentlichung verfolgen, ebenfalls gelten. Zum Beispiel Aufnahmen die Journalisten fertigen, um später in eigenen Worten, aber möglichst genau über das Verfahren zu berichten. Aufzeichnungen durch Zuhörer können aber durch Verfügung des Vorsitzenden nach § 176 GVG untersagt werden, was auch in aller Regel aufgrund des befürchteten Missbrauchs erfolgt.[763]

bb) Zeitliche Eingrenzung

§ 169 S. 2 GVG erfasst aufgrund des Wortlauts sowie des Sinn und Zwecks nicht die Zeit vor und nach der Verhandlung oder die Pausen. Die zeitliche Einschränkung folgt aus dem Bezug des § 169 S. 2 zu S. 1 GVG.[764] Zunächst lässt sich bereits dem Wortlaut selbst ein Argument entnehmen, denn es ist von der „Verhandlung" die Rede in Abgrenzung zur „Sitzung". Unter einer Sitzung sind neben der Verhandlung selbst, die Zeiten unmittelbar vor Beginn und nach Schluss der Verhandlung einschließlich der Verhandlungspausen zu verstehen.[765] Teilweise wird der Vorschrift des § 169 S. 2 GVG eine indirekte Wirkung auf das Umfeld der Hauptverhandlung zugeschrieben. Eine zeitliche Ausdehnung des

---

759 *Britz*, Fernsehaufnahmen, S. 97; zur Definition des Rundfunks siehe Fn. 425.

760 *Coelln*, Medienöffentlichkeit, S. 320.

761 Zur Einordnung auch der §§ 168e S. 4, 247a S. 4, 5 StPO: *Swoboda*, Videotechnik.

762 BT-Drucks. IV/178, S. 45; *Britz*, Fernsehaufnahmen, S. 114; *Pernice*, Öffentlichkeit, S. 133; *Eb. Schmidt*, Publizistik, S. 8; KK-*Diemer*, GVG, § 169 Rn. 13; Löwe/Rosenberg-*Wickern*, StPO, § 169 GVG Rn. 44 f.; *Pfeifle*, ZG 2010, 283 (290); *Pott*, Videotechnologie, S. 16 f.

763 BGH, Urt. v. 04.02.1964 – 1 StR 510/63, BGHSt 19, 193 (194); *Coelln*, Medienöffentlichkeit, S. 317 f.; so bereits *Sarstedt*, JR 1956, 121 (126), der dies vor Erlass des § 169 S. 2 GVG als Problem erkannte.

764 BVerfG, Urt. v. 24.01.2001 – 1 BvR 2623/95, 622/99, BVerfGE 103, 44 (62); Beschl. v. 14.07.1994 – 1 BvR 1595/92, BVerfGE 91, 125 (136); *Coelln*, Medienöffentlichkeit, S. 321; *Olbertz*, Fernsehöffentlichkeit, S. 5; *Vietmeyer*, Fernsehöffentlichkeit, S. 8.

765 BT-Drucks. IV/178, S. 45 f.; BVerfG, Beschl. v. 14.07.1994 – 1 BvR 1595/92, BVerfGE 91, 125 (136); Beschl. v. 31.07.2014 – 1 BvR 1858/14, NJW 2014, 3013 (3014); *Gündisch/Dany*, NJW 1999, 256 (258); Löwe/Rosenberg-*Wickern*, StPO, Vor § 169 GVG Rn. 42.

Verbots widerspräche aber dem Gesetzeswortlaut und Willen des Gesetzgebers.[766] Neben anderen forderte vor allem Eberhard Schmidt eine Ausweitung des Verbots auf diese Teile der Sitzung.[767] Er sah es als notwendig an, um „dem zügellosen Treiben und der Sensationslust" ein Ende zu machen.[768] In der Zeit zwischen Betreten des Gerichtssaals und Erscheinen des Gerichts sei der Angeklagte besonders angespannt und so unmittelbar vor der Verhandlung dürfe er im Sinne der Wahrheitsfindung nicht mehr zudringlichen Reportern ausgesetzt sein.[769] Dagegen lässt sich der eindeutige Wortlaut anführen. Daher wäre der Gesetzgeber gefordert, den Ausschluss von Aufnahmen auszudehnen, sofern er dies beabsichtigt hat. Darüber hinaus hielt der historische Gesetzgeber die Zeiträume, vor und nach der Verhandlung, für weniger schutzwürdig.[770] Da der Name des Angeklagten und der Tatvorwurf ebenso den Sitzungsaushängen entnommen werden kann, ist es nachvollziehbar, dass der Gesetzgeber die Zeiten vor und nach der Verhandlung für Aufnahmen freigeben hat. Allerdings kann der Vorsitzende durch eine Verfügung nach § 176 GVG das Fertigen von Aufnahmen auch für die gesamte Sitzung ausschließen.

cc) Fotografien und Notizen

Erlaubt sind Zeichnungen und Fotografien (Standbildfotos) sowie das Anfertigen von Notizen.[771] Wiederum Eberhard Schmidt forderte auch dies vollständig zu untersagen. Seiner Meinung nach folge aus § 81b StPO, der dem Angeklagten die Pflicht Fotografien zu dulden als strafprozessuale Zwangsmaßnahme auferlege, dass keine fotografischen Aufnahmen gegen dessen Willen getätigt werden dürften. Und dass, wenn schon der Angeklagte die Fotografien nicht

---

766 BVerfG, Beschl. v. 14.07.1994 – 1 BvR 1595/92, BVerfGE 91, 125 (136); *Britz*, Fernsehaufnahmen, S. 82 f.; *Fink*, Bild- und Tonaufnahmen, S. 151; a.A. *Ranft*, der von einer grundsätzlichen Nichtöffentlichkeit dieser Verfahrensabschnitte ausgeht, Jura 1995, 573 (581); *Franke*, geht von einer Ausdehnung auf das Umfeld aus, Bildberichterstattung, S. 17 f.

767 *Eb. Schmidt*, Publizistik, S. 36 f.; *ders.* JZ 1956, 209 f.; s.a. *Dahs*, NJW 1961, 1756 (1756 f.); *Sarstedt*, JR 1956, 121 (121 f.).

768 *Eb. Schmidt*, Publizistik, S. 36.

769 *Eb. Schmidt*, Publizistik, S. 11.

770 BT-Drucks. IV/178, S. 45 f. Das BVerfG sieht daher diesen Zeitraum als durch Art. 5 Abs. 1 S. 2 GG geschützt an, BVerfG, Beschl. v. 27.11.2008 – 1 BvQ 46/08, NJW 2009, 350 (351).

771 *Coelln*, Medienöffentlichkeit, S. 317 f.; *Hanske/Lauber-Rönsberg*, ZUM 2013, 264 (265); KK-*Diemer*, StPO, § 169 GVG Rn. 13; *Pfeifle*, ZG 2010, 283 (290); Gegen Fotografien u.a. *Alwart*, JZ 1990, 883 (893); *Eb. Schmidt*, Publicity, S. 90.

dulden müsse, dies erst Recht nicht von den anderen Verfahrensbeteiligten verlangt werden könne.[772] Der Wortlaut der Norm untersagt aber Ton- und Fernsehrundfunkaufnahmen bzw. Ton- und Filmaufnahmen und somit gerade keine Fotografien. Unter Aufnahmen in diesem Sinne können Fotos oder Zeichnungen ebenso wenig gefasst werden wie Presseberichte. Zudem hat der Gesetzgeber keineswegs nicht an Fotografien gedacht, sondern diese in seine Erwägungen einbezogen und für zulässig befunden.[773] Darüber hinaus ist die strafprozessuale Zwangsmaßnahme gemäß § 81b StPO lediglich an den Anfangsverdacht geknüpft, hingegen haben bei einer Hauptverhandlung Staatsanwaltschaft und Gericht einen hinreichenden Tatverdacht bejaht.

Ein Ausschluss von Fotografien lässt sich daher allein über § 176 GVG – der Sitzungspolizei des Vorsitzenden – rechtfertigen und ist gerade nicht Teil des Verbotes des § 169 S. 2 GVG.[774]

dd) Massenöffentlichkeit

Ausgeschlossen ist zugleich eine Massenöffentlichkeit durch Verlagerung in außergerichtliche Hallen oder durch Übertragung via Lautsprecher auf die Straße.[775] Das Verbot der willkürlichen Massenöffentlichkeit kann dem aufgezeigten Sinn und Zweck des § 169 S. 2 GVG entnommen werden. Durch das Verbot von Aufnahmen zur öffentlichen Vorführung soll eine Massenöffentlichkeit gerade verhindert werden. Dem würde eine Verhandlung in einer Stadthalle o.ä. entgegenlaufen, denn dies käme einer Rückkehr zum Pranger gleich und ist mit der Würde des Menschen unvereinbar. Hier würde die Befürchtung greifen, dass das Tribunal zur Szene verkommt.[776] Eine Videoübertragung in einen Raum für Medienvertreter ist indes hiermit nicht vergleichbar. Sie würde der Hauptfunktion des Öffentlichkeitsgrundsatzes – der Information – dienen und keine derart übersteigerte Öffentlichkeit verursachen. Ihre Zulässigkeit kann aber dennoch nicht aus § 169 S. 2 GVG gefolgert werden. Demnach ist jedwede Übertragung verboten. Die Übertragung in einen anderen Gerichtssaal, welcher allein

---

772 *Eb. Schmidt*, Publizistik, S. 15 f.; *ders.* Publicity, S. 91.

773 BT-Drucks. IV/178, S. 45; BVerfG, Urt. v. 24.01.2001 – 1 BvR 2623/95, BVerfGE 103, 44 (66 f.); *Kissel/Mayer*, GVG, § 169 Rn. 67.

774 *Olbertz*, Fernsehöffentlichkeit, S. 5.

775 *Coelln*, Medienöffentlichkeit, S. 103; *Mitsch*, ZRP 2014, 137 (138); *Roxin/Schünemann*, Strafverfahrensrecht, § 47 Rn. 4; *Tag*, Öffentlichkeit, S. 47; *Vogel*, Fernsehübertragungen, S. 119.

776 *Bockelmann*, NJW 1960, 217 (219 f.); *Campe*, GA 1929 (Bd. 73), 242 (242 f.); *Britz*, jm 2015, 127 (128).

mit Medienvertretern besetzt ist, wäre dennoch eine Form der Veröffentlichung. Anhand der gefundenen Präzisierungslinie, ist die Forderung einer legislativen Fundierung dieser Möglichkeit eine Konsequenz, welche im Folgenden bei den Fragen nach Konsequenzen de lege ferenda genauer betrachtet wird.

b) Verfassungsgemäßheit

aa) Kollisionslage

Die Frage der Verfassungsgemäßheit des Verbots in § 169 S. 2 GVG haben Rechtsprechung[777] und Literatur[778] erörtert und bejaht. Im Folgenden soll daher nur ein kurzer Überblick über die Argumente gegeben werden, ohne diese zu vertiefen. Die Argumente können zu einer Präzisierung des Öffentlichkeitsbegriffs beitragen, indem Grenzen und Öffnungsmöglichkeiten aufgezeigt werden. Zudem interessiert hier nur der Bezug zum Strafverfahren und die diesbezügliche Beurteilung. In anderen Verfahren (z.B. dem Verwaltungsverfahren) ist die aufgezeigte Kollisionslage weniger schwer und eine Öffnung des Verfahrens daher schon grundsätzlich zu befürworten.[779]

Das Verbot von Fernseh- und Rundfunkaufnahmen steht in Konflikt mit der Informationsfreiheit aus Art. 5 Abs. 1 S. 1 GG und der Rundfunkfreiheit aus Art. 5 Abs. 1 S. 2 GG. Problematisch ist, dass allein Bild- und Tonaufnahmen untersagt werden, jegliche andere Form der Berichterstattung – insbesondere Fotos – aber zulässig sind. Hierzu hat das Bundesverfassungsgericht bereits 1969 ausgeführt: „Die Freigabe einzelner Empfangswege würde allenfalls dann im Hinblick auf die Informationsfreiheit ausreichen, wenn damit faktisch die Allgemeinzugänglichkeit eröffnet ist."[780] Im Rahmen der gerichtlichen Hauptverhandlung sind die Empfangswege auf die unmittelbare Teilnahme oder die mediale Berichterstattung ohne Bild- und Tonaufnahmen begrenzt. Dies genügt aber, um eine faktische Allgemeinzugänglichkeit sicherzustellen. Denn jeder hat die Möglichkeit an öffentlichen Sitzungen teilzunehmen oder sich über bestimmte Verfahren zu informieren. Eine umfassende Information über alle

---

777 BVerfG, Urt. v. 24.01.2001 – 1 BvR 2623/95, 622/99, BVerfGE 103, 72 (74); Beschl. v. 27.11.2008 – 1 BvQ 46/08, NJW 2009, 350 (351).

778 Vgl. statt vieler: *Gerhardt,* Verfassungsmäßigkeit, S. 1–120; *Vietmeyer,* Fernsehöffentlichkeit, S. 12–18.

779 So i.E. auch BVerfG, Urt. v. 24.01.2001 – 1 BvR 2623/95, 622/99, Sondervotum BVerfGE 103, 72 (76); *Hassemer,* ZRP 2013, 149 (151); *Pfeifle,* ZG 2010, 283 (305); a.A. *Olbertz,* Fernsehöffentlichkeit, S. 140.

780 BVerfG, Beschl. v. 03.10.1969 – 1 BvR 46/55, NJW 1970, 235 (237).

Gerichtsverfahren wäre nicht zu leisten und wäre faktisch für das Gros der Bevölkerung irrelevant. Darüber hinaus besteht kein Anspruch auf Eröffnung einer Informationsquelle. Denn die Grundrechte und somit auch die Informationsfreiheit sind Abwehrrechte gegen den Staat. Ferner spricht Art. 5 Abs. 1 S. 1 GG ausdrücklich und bereits einschränkend von „allgemein zugänglichen Quellen".[781] Bezüglich der Informationsfreiheit liegt durch § 169 S. 2 GVG kein Eingriff vor, sondern eine Ausgestaltung des Schutzbereichs.[782] Selbst wenn in § 169 S. 2 GVG ein Eingriff in die Informations- und Rundfunkfreiheit gesehen würde, wäre dieser von den Schranken des Art. 5 Abs. 2 GG gedeckt, da es sich um ein allgemeines Gesetz handelt. Hieran Zweifel anzumelden scheint nachvollziehbar, verbietet § 169 S. 2 GVG den Medien doch eine ganz bestimmte Form der Berichterstattung.[783] Allerdings ist das Verbot im gesellschaftlichen Kontext betrachtet nicht medienspezifisch. In der digitalisierten Informationsgesellschaft ist jeder Bürger potentieller Vermittler von Ton- und Bildaufnahmen mittels der Verbreitung über Internet(nachrichten)dienste, wie Twitter, Facebook, MSN uvm. oder Video-Hosting-Plattformen, wie YouTube.[784] Dem Argument, die Rundfunk- und Pressefreiheit würde ihre wesentliche Funktion der Kontrolle von Staatsorganen genommen, kann entgegengehalten werden, dass diese Funktion einerseits mittels Berichterstattung ohne Bild- und Tonaufnahmen ausreichend erfüllt werden kann.[785] Andererseits spielt die Kontrollfunktion nur noch eine subsidiäre Rolle zur Begründung der Öffentlichkeit des Strafverfahrens.[786] Speziell die Medien können die Kontrollfunktion sogar unterlaufen. Zumeist kommt es den Berichtenden auf die Umsatzzahlen bzw. Einschaltquoten an und die Präsentation von Sensationen, nicht auf die Kontrolle der dritten Gewalt oder die sachliche Information der Bevölkerung.[787]

Zu beachten sind ferner die bereits ausführlich dargestellten Beeinträchtigungen des allgemeinen Persönlichkeitsrechts der Beteiligten und der Funktionsfähigkeit der Rechtspflege. Insbesondere eine Abwägung von Persönlichkeitsrechten und Kommunikationsfreiheiten führt im Rahmen des Strafprozesses zum Überwiegen des Erstgenannten. Die ausgeschlossenen Medien

781 Siehe unter Fn. 365.

782 So auch BVerfG, Urt. v. 24.01.2001 – 1 BvR 2623/95, BVerfGE 103, 44 (62).

783 *Stürner*, JZ 2001, 699 (701).

784 So auch *Pernice*, Öffentlichkeit, S. 145. Dies noch in Frage ziehend: *Stürner*, JZ 2001, 699 (701).

785 *Bamberger*, ZUM 2001, 373 (377).

786 Ausführlich hierzu unter B. III.

787 *Hunecke*, NK 2011, 85 (85).

beeinträchtigen das Persönlichkeitsrecht besonders stark, da der optische Eindruck in Kombination mit Ton wesentlich intensiver ist, als ein Bericht in Wort und Schrift und eine ungleich größere Breitenwirkung hat.[788]

bb) Keine Ausnahmen von § 169 S. 2 GVG

Ausnahmen von dem generellen Verbot zuzulassen, ist verfassungsrechtlich nicht geboten. Zunächst ist schon der Wortlaut des Gesetzes in § 169 S. 2 GVG eindeutig und lässt keinen Spielraum für eine „wie auch immer geartete verfassungskonforme Auslegung".[789] Des Weiteren könnte die einheitliche Rechtsanwendung und somit die Gleichheit vor dem Gesetz gefährdet sein. Auch wären Ausnahmen praktisch schwierig umzusetzen. So müsste eine gesonderte gerichtliche Entscheidung unter Umständen mit gesonderten Anhörungen durchgeführt werden, was angesichts der Ressourcenknappheit kritisch zu sehen ist. Jedenfalls könnte eine derartige Prozedur, die unter Umständen mehrere Instanzen durchlaufen würde, das den Strafprozess prägende Prinzip der Verfahrensbeschleunigung, unterlaufen.[790] Zudem könnte die richterliche Unabhängigkeit und so das Recht auf den gesetzlichen Richter und auf ein faires Verfahren beeinträchtigt werden. Denn durch den medialen Druck kann die Entscheidung, ob im konkreten Fall eine Ausnahme vorliegt, beeinflusst werden.[791] Es ist daher im Ergebnis zu befürworten, dass die Judikative, aufgrund des gesetzgeberischen Stillstands, nicht zu einer Rechtsfortbildung geschritten ist und Ausnahmen geschaffen bzw. zugelassen hat.

c) Auswirkungen der §§ 22 ff. KUG auf § 169 S. 2 GVG

Flankiert wird das Verbot des § 169 S. 2 GVG durch die §§ 22 ff. des KUG, welche einen weiteren einfachgesetzlichen Publikationsschutz einräumen. Die Vorschriften regeln explizit nur die Bildaufnahme, allerdings können die Regelungen auf alle Arten individualisierender Berichterstattung entsprechend angewandt werden.[792] Durch diese Ausprägung gerät die Möglichkeit der Einwilligung in

---

788 So auch BVerfG, Beschl. v. 27.11.2008 – 1 BvQ 46/08, NJW 2009, 350 (352); vgl. *Weigend,* ZStW 113 (2001), 271 (298).

789 *Coelln,* Medienöffentlichkeit, S. 322.

790 Vgl. BVerfG, Urt. v. 24.01.2001 – 1 BvR 2623/95, 622/99, BVerfGE 103, 44 (70 f.).

791 Siehe oben unter B) II. 2. d) bb) und cc).

792 BVerfG, Urt. v. 05.06.1973 – 1 BvR 536/72, BVerfGE 35, 202 (224); *Marxen,* GA 1980, 365 (370); *Neumann-Duesberg,* JZ 1971, 305 (311); *Pfeifle,* ZG 2010, 283 (294); *Scherer,* Medienöffentlichkeit, S. 194.

Aufnahmen bzw. deren Zulässigkeit bei Personen der Zeitgeschichte in das Blickfeld der Auseinandersetzung. Durch die §§ 22 ff. KUG kann das Verbot des § 169 S. 2 GVG und somit zugleich der Öffentlichkeitsbegriff weiter durch das geschriebene Recht konturiert werden.

aa) Einwilligung des Betroffenen § 22 KUG

Die grundsätzliche Regelung bezüglich der Verwertung von individualisierenden Informationen (Bildern) ist in § 22 KUG geregelt. Bildnisse dürfen nur mit Einwilligung des Abgebildeten veröffentlicht werden. Er verfügt somit über das Bestimmungsrecht hinsichtlich der Aufnahme.[793] Bereits die ausdrückliche Einwilligung wirft im Zusammenhang mit dem Öffentlichkeitsgrundsatz von Strafverfahren Fragen auf. Zu denken wäre dabei allenfalls an eine Einwilligung aller Beteiligten, denn aus dem Persönlichkeitsrecht folgt das Recht selbst darüber zu bestimmen, ob etwas und (wenn ja) was von der eigenen Person der Öffentlichkeit offenbart wird.[794] Die absolute Grenze der Einwilligung ist der Menschenwürdegehalt des allgemeinen Persönlichkeitsrechts. Es handelt sich hierbei aber um eine sehr weit gefasste Schranke.[795] Problematisch ist allerdings, dass die Medien bereits hier Einfluss nehmen können, z.B. durch finanzielle Anreize oder eine lenkende Vorberichterstattung, so dass sich die Beteiligten zur Einwilligung genötigt fühlen könnten und somit wiederum nicht selbstbestimmt und frei entscheiden könnten. Ferner ist es für den Einzelnen kaum absehbar, welche Auswirkungen die Einwilligung haben kann und wird.[796]

Probleme ergeben sich vor allem durch die Möglichkeit der konkludenten Einwilligung. Äußert sich der jeweils Betroffene bereits im Vorfeld der Verhandlung und in Kenntnis seiner Stellung als Zeuge oder Täter, könnte dies bereits eine konkludente Einwilligung begründen.[797] Bezüglich der Aufnahmen im Bereich der Sitzung gibt es unterschiedliche Anknüpfungsmöglichkeiten. Zum einen könnte in der Teilnahme an der Sitzung eine konkludente Einwilligung

---

793 *Britz*, Fernsehaufnahmen, S. 246; *Fink*, Bild- und Tonaufnahmen, S. 205; *Stieper*, JZ 2014, 271 (271).

794 So der Vorschlag des 58. DJT, NJW 1990, 2991 (2992); *Vogel*, Fernsehübertragungen, S. 82; so bereits *Sarstedt*, JR 1956, 121 (126).

795 BGH, Urt. v. 23.06.2009 – VI ZR 196/08, MMR 2009, 608 (611); *Coelln*, Medienöffentlichkeit, S. 418.

796 *Vogel*, Fernsehübertragungen, S. 83; *Weigend*, ZStW 113 (2001), 271 (300).

797 BVerfG, Beschl. v. 27.11.2008 – 1 BvQ 46/08, NJW 2009, 350 (352); *Eisele*, JZ 2014, 932 (940).

der Zuhörer und sonst Anwesenden zu sehen sein.[798] Eine solche konkludente Einwilligung kann allerdings auch bei erkennbarer Medienpräsenz nicht unterstellt werden.[799] Einerseits sind die Verfahrensbeteiligten zumeist unfreiwillig anwesend, aus der mit Zwangsmitteln durchsetzbaren Ladung kann nicht auf eine Einwilligung geschlossen werden.[800] Andererseits haben auch freiwillig Anwesende nicht bereits konkludent in Aufnahmen ihrer Person eingewilligt. Denn welche Wahl hat der interessierte Zuhörer wirklich? Verlässt er den Saal wegen der Medienpräsenz, wird er unter Umständen seinen Platz verlieren und nicht am Verfahren teilnehmen können. Denn die Medien dürfen bis kurz vor Verhandlungsbeginn aufnehmen die Saalöffentlichkeit muss hingegen zu diesem Zeitpunkt bereits hergestellt sein.[801] Das Einwilligungserfordernis würde so in das Gegenteil, eine Widerspruchspflicht, verkehrt. Außerdem müssen Zuhörer trotz erkennbarer Medienpräsenz nicht damit rechnen, dass ihr Bild veröffentlicht wird, denn zumeist besteht nur eine weitläufige oder gar keine Verbindung zum Verfahren. Hingegen müssen das anwesende Opfer oder dessen Angehörige eher mit Aufnahmen rechnen.[802] Ferner könnten die Medien durch die Widerspruchspflicht mehr oder weniger stark beeinflussen, wer sich im Saal aufhält. Dadurch könnte eine ungewollte Verflechtung von mittelbarer und unmittelbarer Öffentlichkeit entstehen. Damit einhergehend würde die Medienöffentlichkeit weiter gestärkt und die Unterscheidung zwischen mittelbarer und unmittelbarer Öffentlichkeit liefe ins Leere. Letzteres ist aber ohnehin eine akademische Differenzierung, welche sich im Gerichtsverfahren nicht auswirkt.

Zum anderen könnte für Richter, Staatsanwälte, Verteidiger, Sachverständige und Justizangestellte an die Wahl des Berufes die konkludente Einwilligung in Aufnahmen bei Ausübung desselben angeknüpft werden. Allerdings nehmen diese Personen mit der Berufswahl und -ausübung ihre grundrechtliche Freiheit aus Art. 12 GG war. In der Wahrnehmung des Grundrechts der Berufsfreiheit einen partiellen Verzicht auf das in Art. 2 Abs. 1 GG i.V.m. Art. 1 Abs. 1 GG

---

798 So BVerfG, Beschl. v. 15./17.04.2002 – 1 BvR 680/02, JR 2002, 409 (411).

799 So auch BVerfG, Beschl. v. 10.07.2002 – 1 BvR 354/98, NJW 2002, 3767 (3767 f.); *Fink*, Bild- und Tonaufnahmen, S. 209 f.; *Paschke*, Medienrecht, § 28 Rn. 1388; a.A. OLG Frankfurt, Urt. v. 08.05.1990 – 6 W 62/90, NJW-RR 1990, 1439 (1439); OLG Köln, Urt. v. 22.02.1994 – 15 U 138/93, NJW-RR 1994, 865 (865 f.).

800 *Fink*, Bild- und Tonaufnahmen, S. 210; *Schwerdtner*, Persönlichkeitsrecht, S. 211.

801 So auch *Betram*, JR 2002, 409 (411).

802 BVerfG, Beschl. v. 10.07.2002 – 1 BvR 354/98, NJW 2002, 3767 (3767 f.); *Fink*, Bild- und Tonaufnahmen, S. 210; *Schwerdtner*, Persönlichkeitsrecht, S. 213.

verankerte Persönlichkeitsrecht zu sehen, entspricht nicht der verfassungsrechtlichen Grundordnung.[803] Indes sind aufgrund ihrer Profession tätige Personen nicht in gleichem Maße betroffen, wie die unfreiwillig Beteiligten, da sie sachlich und distanziert zur Sache stehen. Sie treten als Organ der Rechtspflege auf und sind als solche hinsichtlich etwaiger Aufnahmen im Gerichtssaal weniger schützenswert. Ferner ist zu bedenken, dass neben subjektiven Rechten auch die Funktionsfähigkeit des Strafverfahrens durch Aufnahmen von Personen tangiert sein kann.[804] Eine Einwilligung in das Rechtsgut der geordneten Strafrechtspflege ist nicht möglich, so dass diese eine Berichterstattung nicht durchweg rechtfertigen kann.[805]

Die Einwilligung muss daher zumindest ausdrücklich erfolgen, um Bild- oder Videoaufnahmen einer Person im Rahmen eines gerichtlichen Verfahrens zu rechtfertigen.

bb) Bildnisse der Zeitgeschichte § 23 KUG

Eine weitere Möglichkeit der rechtmäßigen individualisierenden Berichterstattung regelt § 23 KUG. Von Bedeutung für das Strafverfahren ist insbesondere § 23 Abs. 1 Nr. 1 KUG, wonach Bildnisse der Zeitgeschichte auch ohne Einwilligung verbreitet werden dürfen. Im Ausgangspunkt unterfallen alle Geschehnisse von gesellschaftlicher Relevanz, seien sie politischer, sozialer, wirtschaftlicher oder kultureller Natur, dem Begriff der Zeitgeschichte.[806] Eine Abwägung des Informationsinteresses mit dem Recht auf Schutz des allgemeinen Persönlichkeitsrechts des Abgebildeten, ist mit der neueren Rechtsprechung unentbehrlich geworden.[807] Die bereits aufgezeigte Kollisionslage zwischen Kommunikationsfreiheiten und allgemeinem Persönlichkeitsrecht verschärft sich durch Bildaufnahmen.[808] Ähnlich wie zu Beginn der Entwicklung des Begriffs der Zeitgeschichte wird heutzutage eine Art „sachentsprechendes

803 *Fink*, Bild- und Tonaufnahmen, S. 211; *Eb. Schmidt*, Publizistik, S. 22.

804 Hierzu unter C. I. 1.

805 *Vogel*, Fernsehübertragungen, S. 86.

806 BGH, Urt. v. 01.07.2008 – VI ZR 67/08, GRUR 2008, 1020 (1021); Urt. v. 13.04.2010 – VI ZR 125/08, GRUR 2010, 1029 (1030); Dreier/Schulze-*Dreier/Specht*, UrhG, § 23 KUG Rn. 11; *Fischer*, Medienöffentlichkeit, S. 120.

807 EGMR, Urt. v. 24.06.2004 – 59320/00, AfP 2004, 348 (351); BGH, Urt. v. 06.03.2007 – VI ZR 13/06; GRUR 2007, 523 (524); Dreier/Schulze-*Dreier/Specht*, UrhG, § 23 KUG Rn. 10.

808 Zu der allgemeinen Kollisionslage unter C. 2.

Informationsinteresse" gefordert.[809] Zwar wird den Medien einerseits ein Ermessensspielraum hinsichtlich des Ob und des Wie der Berichterstattung eingeräumt und auch rein unterhaltende Berichte als zulässig angesehen. Andererseits darf aber das bloße Sensationsinteresse oder die reine Befriedigung menschlicher Neugier nicht der Grund der Berichterstattung sein.[810]

Zu eng ist es dennoch nur auf das Bildnis selbst und nicht zumindest auch auf die abgebildete Person abzustellen.[811] Dies wird evident, wenn es sich um ein Bild handelt, das (fast) ausschließlich einen Menschen zeigt. Denn dann gibt es außer dem Abgebildeten kaum Anhaltspunkte für die zeitgeschichtliche Bedeutung des Bildnisses.[812] Zudem ist der Bezug zu einer Person in der Medienpraxis reziprok zu beobachten. Ereignisse werden häufig unter Darstellung eines bestimmten Protagonisten vermittelt.[813]

Neumann-Duesberg hatte den Begriff der Person der Zeitgeschichte durch eine Unterteilung präzisiert. Seither wurde zwischen absoluten und relativen Personen der Zeitgeschichte unterschieden.[814] Selbst wenn an diesem in aller Konsequenz nicht mehr festgehalten werden kann, da eine einzelfallbezogene Interessenabwägung nunmehr für alle abgebildeten Menschen maßgeblich ist, sollen die Begriffe kurz dargestellt werden.[815] Sie können im Rahmen der Abwägung nach wie vor relevant werden, wenn auch nur als ein Faktor unter vielen.

Absolute Personen der Zeitgeschichte stehen im öffentlichen Leben und ihnen wird ein generelles öffentliches Interesse entgegengebracht. Bilder von ihnen sind um ihrer selbst Willen Bildnisse der Zeitgeschichte, wie z.B. Bilder

---

809 BVerfG, Urt. v. 15.12.1999 – 1 BvR 653/96, BVerfGE 101, 361 (391 f.); *Coelln,* Medienöffentlichkeit, S. 418 f.; Dreier/Schulze-*Dreier/Specht*, UrhG, § 23 KUG Rn. 11.

810 BGH, Urt. v. 18.10.2011 – VI ZR 5/10 , ZUM 2012, 140 (141); Dreier/Schulze-*Dreier/Specht*, UrhG, § 23 KUG Rn. 11.

811 So aber *Engau*, Zeitgeschichte, S. 32; *Eb. Schmidt,* Publizistik, S. 23.

812 BGH, Urt. v. 06.02.1979 – VI ZR 46/77, NJW 1979, 2203 (2204); *Fink,* Bild- und Tonaufnahmen, S. 212 f.; *Engau,* Zeitgeschichte, S. 33.

813 OLG München, Urt. v. 31.03.1995 – 21 U 3377/94, NJW-RR 1996, 93 (95); *Engels/Schulz*, AfP 1998, 574 (577); *Fink,* Bild- und Tonaufnahmen, S. 213; *Franke,* Bildberichterstattung, S. 90 f.; *Habermas,* Strukturwandel, S. 205; *Marxen*, GA 1980, 365 (370); *Neumann-Duesberg,* JZ 1960, 114 (114).

814 *Neumann-Duesberg*, JZ 1960, 114 (114 f.); vgl. *Britz,* Fernsehaufnahmen, S. 247; *Coelln,* Medienöffentlichkeit, S. 419.

815 Seit EGMR, Urt. v. 24.06.2004 – 59320/00, AfP 2004, 348 (351); BGH, Urt. v. 06.03.2007 – VI ZR 13/06; GRUR 2007, 523 (524); *Dietrich,* AfP 2013, 278 (279); Dreier/Schulze-*Dreier/Specht*, UrhG, § 23 KUG Rn. 10; *Fischer,* Medienöffentlichkeit, S. 85 f., 119.

der Bundeskanzlerin.[816] In Bezug auf Strafverfahren gegen diese Individuen, durften daher Bilder in den strafrechtlichen Kontext gesetzt werden.[817] Relative Personen der Zeitgeschichte treten allein durch ihre Verbindung zu einem Ereignis in das öffentliche Interesse und wurden daher als schutzwürdiger angesehen. Über sie durfte nur in Zusammenhang mit dem betreffenden Ereignis berichtet werden.[818] Die Differenzierung ist aber durch den EGMR gekippt worden, da auch absoluten Personen der Zeitgeschichte ein Raum der Privatheit und Abgeschiedenheit zugestanden werden müsse.[819] Dass eine Unterscheidung je nach Bekanntheitsgrad nach wie vor notwendig ist, zeigt sich darin, dass die Rechtsprechung nunmehr ein „abgestuftes Schutzkonzept“[820] anwendet. Hierbei unterteilt sie in Politiker, sonstige im öffentlichen Leben oder im Blickpunkt der Öffentlichkeit stehende Charaktere und in gewöhnliche Privatleute.[821] Allerdings kann das Subjekt allein nicht mehr ausreichen, um ein zeitgeschichtliches Ereignis zu begründen.[822] Nur wenn nach einer Abwägung der betroffenen Interessen die Medienfreiheiten bzw. das Informationsinteresse das Recht am eigenen Bild überwiegen, kann von einem zeitgeschichtlichen Ereignis ausgegangen werden.[823] Ausgangspunkt dieser Abwägung ist der Informationswert der Berichterstattung und nicht die Bekanntheit eines bestimmten Protagonisten.[824] Die

816 *Stieper,* JZ 2014, 271 (272); *Britz,* Fernsehaufnahmen, S. 247; *Coelln,* Medienöffentlichkeit, S. 418; *Dietrich,* AfP 2013, 278 (288).

817 BVerfG, Beschl. v. 14.07.1994 – 1 BvR 1595/92, NJW 1995, 184 (186); *Stieper,* JZ 2014, 271 (272).

818 *Britz,* Fernsehaufnahmen, S. 247; *Coelln,* Medienöffentlichkeit, S. 418; *Fink,* Bild- und Tonaufnahmen, S. 223 f.; *Kuß,* Öffentlichkeitsmaxime, S. 179; *Marxen,* GA 1980, 365 (371); *Neumann-Duesberg,* JZ 1971, 305 (306).

819 EGMR, Urt. v. 24.06.2004 – Nr. 59320/00, NJW 2004, 2647 (2648); *Dietrich,* AfP 2013, 278 (278); *Hoffmann-Riem,* Wandel, S. 473.

820 BGH, Urt. v. 06.03.2007 – VI ZR 13/06, GRUR 2007, 523 (524 f.); Urt. v. 03.07.2007 – VI ZR 164/06, GRUR 2007, 902 (903); bestätigt durch BVerfG, Beschl. v. 26.02.2008 – 1 BvR 1602/07, BVerfGE 120, 180 (210), AfP 2008, 163 (166); EGMR, Urt. v. 07.02.2012 – 40660/08, GRUR 2012, 745 (749).

821 BVerfG, Beschl. v. 26.02.2008 – 1 BvR 1602/07, NJW 2008, 1793 (1795); *Dietrich,* AfP 2013, 278 (279 f.); Dreier/Schulze-*Dreier/Specht,* UrhG, § 23 KUG Rn. 13; *Eisele,* JZ 2014, 932 (940); *Fischer,* Medienöffentlichkeit, S. 119; *Klass,* ZUM 2014, 261 (264).

822 *Coelln,* Medienöffentlichkeit, S. 419; Dreier/Schulze-*Dreier/Specht,* UrhG, § 23 KUG Rn. 10 f.; *Klass,* ZUM 2014, 261 (264).

823 BGH, Urt. v. 26.10.2010 – VI ZR 190/08, GRUR 2011, 259 (260); Urt. v. 14.10.2008 – VI ZR 272/06, GRUR 2009, 86 (87); Dreier/Schulze-*Dreier/Specht,* UrhG, § 23 KUG Rn. 10; a.A. *Fink,* Bild- und Tonaufnahmen, S. 225.

824 *Klass,* ZUM 2014, 261 (265 f.); *Stieper,* JZ 2014, 271 (273).

Medienfreiheit kann insbesondere überwiegen, wenn sie einen Beitrag zu einer in allgemeinem Interesse stehenden Diskussion leistet und der Informationswert nicht hauptsächlich unterhaltenden Charakter hat.[825] Trotz einer Abwägung zugunsten des Informationsinteresses kann eine Berichterstattung aber unzulässig sein, wenn ansonsten eine unzumutbare Beeinträchtigung des Persönlichkeitsrechts bestünde. Diese Abwägung fordert § 23 Abs. 2 KUG, wobei für diesen zweiten Schritt bereits ein Bildnis der Zeitgeschichte bejaht worden sein muss.[826] Folglich ist eine Unterteilung in absolute und relative Personen der Zeitgeschichte obsolet geworden und jede Abbildung von Menschen ist nur in Zusammenhang mit einem bestimmten Ereignis möglicherweise ein Bildnis der Zeitgeschichte.[827] Ohnehin waren für das Strafverfahren bislang vor allem relative Personen der Zeitgeschichte relevant, denn regelmäßig begründete erst die Straftat die zeitgeschichtliche Bedeutung des Betroffenen.[828] Dass absolute Personen der Zeitgeschichte, wie Altkanzler Helmut Kohl oder der ehemalige Bundespräsident Christian Wulff, in Strafverfahren verwickelt sind, ist seltener der Fall.

Im Strafprozess können zwei zeitgeschichtliche Anknüpfungspunkte unterschieden werden: die Straftat und das Strafverfahren (inklusive Ermittlungsverfahren).[829] Im Hinblick auf die jeweiligen Beteiligten wird im Folgenden die Begründung eines zeitgeschichtlichen Ereignisses anhand dieser Anknüpfungspunkte untersucht.

(1) Der Angeklagte

Im Strafverfahren sind vor allem Bildnisse des Angeklagten von öffentlichem Interesse. Für die Beurteilung eines zeitgeschichtlichen Ereignisses kommen sowohl die Straftat als auch das Strafverfahren in Betracht, da der Angeklagte unmittelbar mit beiden Anknüpfungspunkten verbunden ist.

Die Straftat selbst kann durch die Besonderheit des Angriffsobjekts, die Art ihrer Begehung oder die Schwere ihrer Folge im Vergleich zu gewöhnlichen

---

825 BGH, Urt. v. 28.10.2008 – VI ZR 307/07, GRUR 2009, 150 (152); *Stieper,* JZ 2014, 271 (276).

826 BGH, Urt. v. 06.03.2007 – VI ZR 13/06, GRUR 2007, 527 (528); *Stieper,* JZ 2014, 271 (274).

827 *Stieper,* JZ 2014, 271 (273).

828 *Marxen,* GA 1980, 365 (371).

829 *Fischer,* Medienöffentlichkeit, S. 119; *Dalbkermeyer,* Schutz, S. 73 f.; *Marxen,* GA 1980, 365 (375, 377); a.A. *Eb. Schmidt,* Publizistik, S. 94: keinesfalls ein Ereignis der Zeitgeschichte.

Delikten und ihrer Auswirkungen auf die Gesellschaft, Strafrechtspflege sowie Kriminalpolitik ein Ereignis der Zeitgeschichte sein.[830] Laut Marxen folge aus der Unschuldsvermutung, dass bis zu einem rechtskräftigen Urteil die Straftat selbst ungeeignet sei, den Verdächtigen als relative Person der Zeitgeschichte zu qualifizieren.[831] Dem ist grundsätzlich beizupflichten. Jedenfalls im Ermittlungsverfahren ist erstens unklar, ob es eine Straftat gab und bis zum rechtskräftigen Urteil steht nicht fest, ob der Angeklagte für die Straftat verantwortlich ist. Ferner verfängt der Einwand nicht, der Begriff der Zeitgeschichte sei deskriptiv.[832] Wie bereits gezeigt, handelt es sich um eine Abwägung, in die verschiedenste rechtliche Aspekte einfließen müssen. Ein irgendwie geartetes Interesse – sei es nur die Neugier – genügt gerade nicht, um ein Ereignis der Zeitgeschichte zu begründen.[833] Dass allein die mögliche Straftat nicht ausreicht, um eine individualisierende Berichterstattung zu rechtfertigen, wird durch die zunehmende Bedeutung der Medien verstärkt. Die Medien könnten ansonsten bereits auf die Frage, ob ein zeitgeschichtliches Ereignis vorliegt Einfluss nehmen, indem sie das allgemeine Interesse erst wecken und anschließend kanalisieren.[834] Zudem verleiht schon die gesetzliche Normierung eine rechtliche Dimension und der Begriff der Zeitgeschichte muss durch die Auslegungsmethoden präzisiert werden.[835] Des Weiteren spricht für Marxens These, dass das Ermittlungsverfahren anders als das Hauptverfahren gerade nicht öffentlich ist.[836] Würde bereits die Tat allein als historisch bedeutsames Geschehen gesehen, liefe diese wichtige Begrenzung der Öffentlichkeit im Hinblick auf die Unschuldsvermutung leer. Folglich kann trotz der teilweise gegebenen zeitgeschichtlichen Bedeutung einer Straftat, nicht auf die Zulässigkeit der Berichterstattung über jeden Beschuldigten geschlossen werden. Der Umkehrschluss von der Straftat auf eine zulässige individualisierende Berichterstattung verbietet sich vor allem für die Fälle der Alltags- und Kleinkriminalität, soweit sich die konkrete Tat nicht anders hervorhebt, wie z.B. durch die Person des Angeklagten.[837] Mittels eines derartigen

---

830 BVerfG, Urt. v. 05.06.1973 – 1 BvR 536/72, BVerfGE 35, 202 (231); *Fischer,* Medienöffentlichkeit, S. 122 f.; *Hanske/Lauber-Rönsberg,* ZUM 2013, 264 (265).

831 *Marxen,* GA 1980, 365 (375); a.A. *Neumann-Duesberg,* JZ 1971, 306 (308).

832 *Franke,* Bildberichterstattung, S. 101 f.

833 So auch *Fischer,* Medienöffentlichkeit, S. 121 f.; *Marxen,* GA 1980, 365 (371).

834 *Coelln,* Medienöffentlichkeit, S. 419; *Fischer,* Medienöffentlichkeit, S. 121; *Marxen,* GA 1980, 365 (367); *Habermas,* Strukturwandel, S. 231 f.; *Rohde,* Öffentlichkeit S. 114 f.

835 *Fischer,* Medienöffentlichkeit, S. 121; *Franke,* Bildberichterstattung, S. 98.

836 *Neuling,* Inquisition, S. 110 f.; *Weigend,* FS Rolinski, S. 256.

837 *Eisele,* JZ 2014, 932 (940); *Kühl,* FS Müller-Dietz, S. 410.

Personenbezuges darf aber nicht durch die Hintertür an den „absoluten Personen der Zeitgeschichte" festgehalten werden. Die Umgehung der Rechtsprechungsänderung lässt sich durch die Forderung eines inneren Zusammenhangs zwischen dem Grund der Bekanntheit des Angeklagten und der Straftat vermeiden. Eine weitere Ausnahme bilden besonders schwere Taten, wie Kapitalverbrechen oder Straftaten mit einer Vielzahl von (möglichen) Opfern.[838]

Das Strafverfahren selbst ist daher tauglicherer Ansatzpunkt für die Beurteilung der zeitgeschichtlichen Bedeutung der Verbindung von Tat und Täter. Insofern könnte zwischen den verschiedenen Verfahrensstadien differenziert werden.[839] Der herausragenden Bedeutung der Unschuldsvermutung wegen kann jedoch allein das Hauptverfahren Anknüpfungspunkt sein; nicht das Ermittlungsverfahren.[840] Auch hier gilt bis zur rechtskräftigen Verurteilung die Unschuldsvermutung, allerdings hat sich der Verdacht gegen den nunmehr Angeklagten gefestigt. Die Anklage der Staatsanwaltschaft und der Beschluss des Gerichts die Hauptverhandlung zu eröffnen sind zwei Instanzen, welche die Wahrscheinlichkeit der Verurteilung bejaht haben. In der Regel kann dennoch nur in extremen Ausnahmefällen das Strafverfahren die zeitgeschichtliche Bedeutung einer Person – nicht der Tat – begründen. Es stehen erhebliche Nachteile für den Betroffenen und die Funktionsfähigkeit der Strafrechtspflege, den nur geringen Einbußen der Presse gegenüber, denn dieser ist nur untersagt, identifizierend über den Angeklagten zu berichten, nicht das Berichten überhaupt. Aufgrund dessen müsste in der Regel die Abwägung zugunsten des allgemeinen Persönlichkeitsrechts und der Funktionsfähigkeit der Strafrechtspflege ausfallen. Grundsätzlich ist somit davon auszugehen, dass bis zu einer erstinstanzlichen Verurteilung das Persönlichkeitsrecht überwiegt und daher nach den Vorschriften des KUG allenfalls anonymisierte Bilder des Angeklagten veröffentlicht werden können.[841]

(2) Die beruflich Beteiligten

Allein die Straftat begründet für eine Berichterstattung über sonstige, vor allem berufliche Verfahrensbeteiligte, kein überwiegendes Informationsinteresse.

---

838 BVerfG, Beschl. v. 19.12.2007 – 1 BvR 620/07, BVerfGE 119, 309 (328), NJW 2008, 977 (981); BGH, Urt. v. 19.03.2013 – VI ZR 93/12, GRUR 2013, 965 (967); *Eisele*, JZ 2014, 932 (941); *Stieper*, JZ 2014, 271 (276); *Wanckel*, Foto- und Bildrecht, Rn. 189, 193.

839 So *Fischer*, Medienöffentlichkeit, S. 119, 122 f.

840 So i.E. auch *Fischer*, Medienöffentlichkeit, S. 127; *Marxen*, GA 1980, 365 (378); *Neuling*, Inquisition, S. 233.

841 *Coelln*, Medienöffentlichkeit, S. 423; *Stieper*, JZ 2014, 271 (279).

Die Tatsache, dass Personen in Ausübung ihres jeweiligen Berufs am Verfahren teilnehmen, hat keinen eigenen Informationswert.[842] Richter, Staatsanwälte, Anwälte und Sachverständige können durch ihre Verbindung zum Verfahren als Personen der Zeitgeschichte im Sinne des § 23 KUG angesehen werden, wenn ein spezifisches Interesse am Prozess besteht.[843] Dieses besondere Interesse darf nicht nur als eine Art Reflex auf die Straftat entstanden sein. Jedenfalls die justizseitig tätigen Beteiligen sind in ihrer Funktion als Amtswalter betroffen. Indes ist eine rein formale Betrachtung bei einer Bildberichterstattung nicht möglich. Eine trennscharfe Grenzziehung kann nicht erfolgen, denn bei besonders aufsehenerregenden Straftaten wird zumeist auch ein berechtigtes Interesse an der Art und Weise der Reaktion des Staates zu bejahen sein. Hieraus kann auch ein begründetes Interesse an den beteiligten Personen folgen, aber nicht zwingend an deren Bildnissen.[844] Ferner ist bedeutsam, dass keine Aspekte aus dem Privatleben dieser Beteiligten erörtert werden.[845] Allerdings bringt der Beruf (bislang) nur die Saalöffentlichkeit mit sich, nicht die möglicherweise einschüchternde mittelbare Massenöffentlichkeit. Dass ein jeder Amtsrichter, Staatsanwalt oder Verteidiger bei noch so alltäglichen Entscheidungen über Bagatelldiebstähle eine Person der Zeitgeschichte ist, kann so nicht gesehen werden. Die Einordnung muss prozess- und gerichtsabhängig erfolgen.[846] Auch für Bildnisse von beruflich Beteiligten gilt jedoch das Erfordernis eines Zusammenhangs zwischen Abbildung und Berichterstattung. Ein Strafverfahren kann also nicht dazu führen, dass Bilder aus dem Privatleben des Vorsitzenden Richters veröffentlicht werden dürften. Nur die Abbildung des Prozesses, so wie ihn auch die Saalöffentlichkeit wahrnehmen kann, kann ein Ereignis der Zeitgeschichte sein.[847]

(3) Sonstige Beteiligte

Zuhörer oder sonstige Beteiligte – insbesondere Zeugen – können Personen der Zeitgeschichte sein. Allerdings wird die Abwägung bei ihnen in aller Regel zugunsten des Schutzes des Persönlichkeitsrechts ausfallen. Das Strafverfahren

---

842 Dreier/Schulze-*Dreier/ Specht*, UrhG, § 23 KUG Rn. 19; *Stieper*, JZ 2014, 271 (277).

843 *Coelln*, Medienöffentlichkeit, S. 427; *Stieper*, JZ 2014, 271 (273); Wandtke/Bullinger-*Fricke*, UrhR, § 23 KUG Rn. 16.

844 *Coelln*, Medienöffentlichkeit, S. 427 f.; a.A. *Gündisch/Dany*, NJW 1999, 259 (261).

845 BVerfG, Beschl. v. 21.07.2000 – 1 BvQ 17/00, NJW 2000, 2890 (2891); *Coelln*, jurisPR-ITR 5/2007 Anm. 4; *Ernst*, NJW 2001, 1624 (1625 f.); *Stieper*, JZ 2014, 271 (277); *Vogel*, Fernsehübertragungen, S. 83 f.

846 *Ernst*, NJW 2001, 1624 (1626); *Stieper*, JZ 2014, 271 (277).

847 *Stieper*, JZ 2014, 271 (278).

zu dem sie selbst keine oder nur entfernte Verbindung haben, kann für diesen Personenkreis keine Bildberichterstattung ggf. sogar gar keine Berichterstattung rechtfertigen. Es könnte nur bei einer großflächigen Aufnahme der Ausnahmetatbestand des § 23 Abs. 1 Nr. 3 KUG eingreifen, wonach eine Ausnahme für Versammlungen oder vergleichbare Aufzüge gilt. Umstritten ist, ob bei einer Gerichtsverhandlung eine Versammlung überhaupt vorliegt. Jedenfalls muss die Veranstaltung, d.h. wiederum das Verfahren, das Interesse der Wiedergabe sein und nicht die Person.[848]

Allenfalls bei Zeugen ließe sich ein allgemeines Interesse an der Person überhaupt begründen. Indes folgt aus der dargelegten besonderen Intensität des Eingriffs in das Persönlichkeitsrecht durch die unfreiwillige Teilnahme von Zeugen am Verfahren, dass auch sie nicht als Personen der Zeitgeschichte eingeordnet werden können.[849]

d) Fazit

De lege lata ist § 169 GVG die wichtigste einfachgesetzliche Ausprägung des Öffentlichkeitsgrundsatzes und dessen Garantie. Aus diesem weit formulierten Grundsatz lassen sich nur wenige konkrete Schlussfolgerungen ziehen. Eine Forderung ist indes, dass die Gerichte bundesweit ihre Sitzungsaushänge auf ihrer Homepage einstellen. Der Online-Aushang ist notwendig, um überhaupt die Grundinformation über die Existenz eines Verfahrens für alle zeitgemäß bereitzustellen. Einen erheblichen Mehraufwand stellt dies für die Gerichtsverwaltung nicht dar, denn die Sitzungsaushänge werden ohnehin mit dem Computer erstellt und können ohne Weiteres zwei Tage vor der Sitzung eingestellt werden. Auch wenn dann nicht gewährleistet ist, dass die Sitzung stattfindet, z.B. aufgrund einer Erkrankung, kann doch so die Wahrung des Öffentlichkeitsgrundsatzes im Gesamten am besten sichergestellt werden.

Festzuhalten ist ferner, dass dem Verbot von Film- und Tonaufnahmen in § 169 S. 2 GVG zahlreiche Aussagen als Ausprägungen der Öffentlichkeit des Verfahrens zugeschrieben werden. Allerdings bleiben viele offene Fragen zurück, wie z.B. ob Fotografien erlaubt sind oder wann und wie Aufnahmen von den Verhandlungspausen zu anonymisieren sind. Wie die §§ 22, 23 KUG gezeigt haben, läuft es im Endeffekt zumeist darauf hinaus, dass der Vorsitzende eine umfassende und aufwendige Abwägung treffen muss zwischen dem

---

848 *Coelln,* Medienöffentlichkeit, S. 420; Wandtke/Bullinger-*Fricke*, UrhG, § 23 KUG Rn. 25.

849 Hervorhebend vor allem bei Opferzeugen: *Coelln,* Medienöffentlichkeit, S. 425.

allgemeinem Persönlichkeitsrecht des Betroffenen und den Kommunikationsfreiheiten. Der Verzicht auf eine Differenzierung zwischen absoluten und relativen Personen der Zeitgeschichte hat insoweit zum Verlust von Rechtsklarheit geführt.[850] Nach wie vor stellt sich die Frage, an welchen Kriterien der Entscheidungsträger die Abwägung auszurichten hat. Es ist mit Stieper zu fordern, dass die Rechtsprechung normative Leitlinien für die Gewichtung der Interessen entwickeln muss[851] oder der Gesetzgeber eine Handhabe bieten muss. Letzterem wird durch das Gesetz zur Erweiterung der Medienöffentlichkeit im Strafverfahren teilweise Genüge getan, da der Gesetzgeber der Medienöffentlichkeit nun mehr Gewicht beimisst.

3. Die Sitzungsgewalt nach § 176 GVG

Eine wichtige Rolle in Bezug auf die konkreten Regelungen hinsichtlich der Öffentlichkeit nimmt § 176 GVG ein. Die Sitzungsgewalt kommt zum Beispiel bei der Frage der zeitlichen Begrenzung von Aufnahmen ebenso zum Tragen, wie bei der Beurteilung ob Fotografien zulässig sind.[852] Das Ordnungsrecht des Vorsitzenden ist sehr umfassend und unbestimmt gehalten, um möglichst vielgestaltige Erscheinungsformen und Maßnahmen zu erfassen. Die Vorschrift lautet: „Die Aufrechterhaltung der Ordnung in der Sitzung obliegt dem Vorsitzenden."

Der Wortlaut selbst ist umfangreich, dementsprechend verhält es sich mit den Befugnissen des Vorsitzenden. Unter anderem kann der Vorsitzende über diese Norm die Öffentlichkeit beschränken oder ausschließen. Soweit er dies tut, ist die Anordnung an den aufgezeigten Grundrechten zu messen. Anders als § 169 S. 2 GVG handelt es sich dann nicht um die Ausgestaltung des Schutzbereichs der Informationsfreiheit, sondern um einen Eingriff in Form der Schranke der allgemeinen Gesetze (Art. 5 Abs. 2 GG). Denn es wird keine Meinung als solche untersagt und § 176 GVG dient einem zumindest gleichrangigen Verfassungsgut: der Erhaltung der Funktionsfähigkeit der Rechtspflege.[853] Im Ergebnis führt diese weite Norm selbst daher – wie § 22 KUG – nicht zu einer nennenswerten Konkretisierung. Es bedarf einer Abwägung durch den Vorsitzenden, einer Art praktischen Konkordanz. Den Ausgleich der Interessen, der Rechte und Pflichten, muss bislang vor allem der vorsitzende Richter mit Maßnahmen nach

---

850 *Stieper,* JZ 2014, 271 (274); *Pfeifer,* JZ 2013, 853 (857); *Dietrich,* AfP 2013, 277 (280).
851 *Stieper,* JZ 2014, 271 (274).
852 Hierzu ausführlich unter D. I. 2 sowie *Hauth,* Sitzungspolizei.
853 BVerfG, Urt. v. 24.01.2001 – 1 BvR 2623/95, BVerfGE 103, 44 (62).

§ 176 GVG durch Abwägung der Belange im konkreten Einzelfall leisten. Die Gesamtabwägung ist aber eine sehr komplexe Aufgabe, da unterschiedlichste Rechte und Institutionen einzubeziehen sind.[854] Der Richter kann das kaum leisten ohne andere Verfahrensgrundsätze, wie z.B. den Beschleunigungsgrundsatz, oder Verfassungsmaxime zu verletzen. Durch den Wandel der Medien und der Informationsbeschaffung des Einzelnen hin zu einer globalen Vernetzung, tritt der Schutz des Persönlichkeitsrechts immer mehr in den Mittelpunkt. Denn Berichte über Personen sind durch das Internet – vor allem durch soziale Medien – in Echtzeit einer unbegrenzten Zahl von Konsumenten zugänglich. Zugleich gewinnen aber neue Kommunikations- und Informationsmöglichkeiten, mithin die Informationsfreiheit, an Bedeutung. Der genannten Entwicklung Rechnung zu tragen ist Aufgabe des Gesetzgebers. Er ist hierbei auf eine enge Zusammenarbeit mit den Medien angewiesen, um einen Ausgleich zwischen den kollidierenden Interessen zu finden. Der einzelne, mit dem jeweiligen Verfahren betraute Richter kann – unabhängig von der Komplexität der betroffenen Belange und dem Aufwand einer Abwägung – nicht an die Stelle des Gesetzgebers treten und dessen Aufgabe realisieren. Normen aus dem 19. Jahrhundert oder aus Zeiten, in welchen die mediale Revolution des Internets noch nicht absehbar war (wie vor 50 Jahren) müssen nicht nur dem gesellschaftlichen Wandel entsprechend ausgelegt werden. Sie müssen auch dem Wortlaut und der Intention des Gesetzgebers nach an die neuen Herausforderungen der Mediengesellschaft angepasst werden. Das nunmehr in Kraft getretene Gesetz zur Erweiterung der Medienöffentlichkeit in Gerichtsverfahren gibt dem Richter zumindest eine Leitlinie. Die Intention des Gesetzgebers geht dahin, dass zwar nach wie vor eine Einzelfallabwägung unerlässlich bleibt, aber ein Überwiegen zugunsten der Medienöffentlichkeit besteht. Das Überwiegen zugunsten der Medienöffentlichkeit ist grundsätzlich anzunehmen, selbst wenn eine konkrete Regelung (zunächst) nur für die oberen Gerichtshöfe erfolgt ist.[855]

a) Ausschluss von Aufnahmen außerhalb der Verhandlung

Wie bereits festgestellt, ist § 176 GVG in direktem Bezug zu § 169 GVG anwendbar, wenn es um die Zeit vor oder nach der Verhandlung oder die Pausen geht.[856] Im Jahre 1969 hatte der Bundesgerichtshof noch bzgl. dieser zeitlichen Phasen empfohlen von der Ausschlussmöglichkeit Gebrauch zu machen, um

854 Zu den betroffenen Verfassungsgütern unter C. I.
855 Zum Gesetzentwurf vgl. unter D. II. 2.
856 Siehe oben unter D. I. 2. a) bb)

Aufnahmen generell zu untersagen.[857] Mit zunehmender Bedeutung der Medien im Alltag der Menschen, änderte sich dies jedoch. Jedenfalls seit dem Honecker-Verfahren hat das Bundesverfassungsgericht deutlich gemacht, dass Aufnahmen vor der Verhandlung und in Sitzungspausen grundsätzlich zuzulassen sind.[858] Die erlaubten Aufnahmen werden vor allen Dingen in aufsehenerregenden Prozessen gefertigt. Im Fall des Verfahrens gegen die Zwickauer Terrorzelle – sog. Nationalsozialistischer Untergrund (NSU) – vor dem OLG München sind daher Aufnahmen von Beate Zschäpe, der Hauptangeklagten, und ihren Verteidigern vor der Verhandlung oder in den Pausen oft im Fernsehen zu sehen gewesen. Etwaige Störungen des äußeren Ablaufs, durch Geräusche etc. können durch Pool-Lösungen[859] verringert werden. Es bietet sich an, dass der Vorsitzende bei zu erwartendem großem Medieninteresse einen Poolführer benennt und sodann zivilrechtlich der Zugang für alle Medienvertreter sichergestellt wird. Auch den Aufstellort und die Frage, ob die Aufnahme nur statisch erfolgt (was zu befürworten wäre) kann der Vorsitzende bereits im Vorfeld regeln.[860] Die grundsätzliche Zulässigkeit bestätigt das Gesetz zur Erweiterung der Medienöffentlichkeit. Die Bezeichnung als Erweiterung intendiert bereits, dass bisherige Möglichkeiten der Medienöffentlichkeit beibehalten werden sollen. Daher fordert das Bundesverfassungsgericht, dass die Umstände für einen Ausschluss der Medien in der Verfügung nach § 176 GVG konkret dargelegt werden müssen.[861] Das Darlegungserfordernis wurde im Fall eines im Dezember 2013 an inneren Verletzungen verstorbenen dreijährigen Mädchens bestätigt. Der Fall sorgte für viel Aufsehen, da die Verletzungen von der Mutter des Kindes stammten und die Familie bereits den Behörden bekannt war.[862] Es ging somit neben der tragischen Straftat, auch um das Versagen der Behörden. Der Vorsitzende hatte die

---

857 BGH, Urt. v. 27.10.1969 – 2 StR 636/68, BGHSt 23, 123 (125 f.); vgl. *Vietmeyer,* Fernsehöffentlichkeit, S. 8.

858 BVerfG, Beschl. v. 11.11.1992 – 1 BvR 1595/92, BVerfGE 87, 334 (334 f.); Beschl. v. 14.07.1994 – 1 BvR 1595/92, BVerfGE 91, 125 (130); Beschl. v. 31.07.2014 – 1 BvR 1858/14, NJW 2014, 3013 (3014).

859 Unter einer „Pool-Lösung" versteht man, dass nur ein Kamerateam Zugang zum Sitzungssaal hat, welches sich zivilrechtlich verpflichtet das Filmmaterial allen interessierten Medienunternehmen kostenlos zur Verfügung zu stellen.

860 Hierzu bereits *Burbulla,* Fernsehöffentlichkeit, S. 131; *Coelln,* Medienöffentlichkeit, S. 432 m.w.N.

861 BVerfG, Beschl. v. 31.07.2014 – 1 BvR 1858/14, NJW 2014, 3013 (3014); Beschl. v. 17.8.2017 – 1 BvR 1741/17, AfP 2017, 405 (407).

862 LG Hamburg, Urt. v. 25.11.2014 – 601 Ks 3/14.

Medien beschränkt, ohne dies hinreichend zu begründen. Er hatte lediglich formelhaft die betroffenen Belange aufgezählt, was nicht als ausreichend angesehen wurde.[863]

b) *Anonymisierung*

Eine zentrale Frage ist häufig nicht unbedingt, ob Aufnahmen in den hierfür möglichen Phasen der Sitzung zuzulassen sind, sondern in welcher Art und Weise diese veröffentlicht werden dürfen. Also die Frage der Anonymisierung. Eine Anonymisierung kann der Vorsitzende im Rahmen seiner Sitzungsgewalt anordnen.[864] Durch die Unkenntlichmachung von Personen kann der Eingriff in das Persönlichkeitsrecht abgeschwächt werden und so bei einer Abwägung zu einem Überwiegen der Kommunikationsfreiheiten führen.[865]

In Betracht kommt bei Bildaufnahmen, egal ob Bewegtbild- oder Porträtaufnahmen, eine Unkenntlichmachung der Abgebildeten durch Verpixelung, schwarze Balken o.Ä. anzuordnen.[866] Ebenso kann eine Anonymisierung der Wortberichterstattung, insbesondere auch des Urteils selbst, durch Verkürzung von Namen und Orten erfolgen.[867] Indes kann eine Verpixelungsanordnung nicht ausschließen, dass die gezeigte Person dennoch erkannt wird. Dies kann sogar durch die Urteilsgründe selbst geschehen, denn auch ohne Namensnennung konnte z.B. die Ehefrau eines früheren Bundestagsfraktionsvorsitzenden der SPD[868] identifiziert werden. Insoweit muss das Gericht nur die für das Urteil tatsächlich erforderliche Bezeichnung bzw. Einordnung vornehmen. Darüber hinaus ist der Nutzen von stark verzerrten oder verfremdeten Aufnahmen für die Medien gering.[869] Dessen ungeachtet, werden häufig unkenntliche Angeklagte gezeigt und Teil des Berichtes, da eine – wie auch immer geartete – Verbildlichung unablässig scheint. Dem entscheidenden Richter stellt sich somit

---

863 So BVerfG, Beschl. v. 31.07.2014 – 1 BvR 1858/14, NJW 2014, 3013 (3014).

864 Str. vergleiche *Hauth,* Sitzungspolizei, S. 48 f.

865 *Peters,* Kriminalitätsberichterstattung, S. 153, zu den Möglichkeiten der Anonymisierung, dem „Recht auf Vergessen" und Online-Archiven siehe bereits unter C. I. 2. b) bb) (1).

866 BVerfG, Beschl. v. 27.11.2008 – 1 BvQ 46/08, NJW 2009, 350 (352); mit Anm. *Dörr,* JuS 2009, 951 (951 f.); *Muckel,* JA 2009, 829 (831).

867 Zur Frage der Mitteilung von Parteinamen bereits *Hirte,* NJW 1988, 1698 (1702 f.). Die RiStBV sieht dies in Nr. 23 Abs. 1 vor: „Dem allgemeinen Informationsinteresse der Öffentlichkeit wird in der Regel ohne Namensnennung entsprochen werden können."

868 OLG Hamburg, Urt. v. 26.01.1999 – 7 U 79/98, ZUM-RD 2000, 142 f.

869 *Betram,* JR 2002, 409 (411).

die Frage nach dem richtigen Maß an Anonymisierung. Wiederum obliegt ihm die Aufgabe, eine Abwägung der betroffenen Interessen, also des allgemeinen Persönlichkeitsrechts und der Kommunikationsfreiheiten, vorzunehmen.[870] In die Abwägung ist zwar einzustellen, dass eine identifizierende Berichterstattung belastender ist, als die Saalöffentlichkeit. Allerdings kann insoweit nicht mehr lediglich von einer „Klatschöffentlichkeit" gesprochen werden, da jeder Anwesende potentieller Vermittler der Ereignisse des Verfahrens ist, durch die überaus weite Verbreitung sozialer Medien.[871]

c) Untersagung der Nutzung moderner Technik

Ebenso kann auf § 176 GVG die Untersagung von Zeichnungen, Fotografien, des Microbloggings und der Nutzung von moderner Technik, wie Laptops, gestützt werden. Im Gegensatz zu den Aufnahmen außerhalb der Verhandlung wird für den Ausschluss moderner Technik keine konkrete Begründung gefordert. Es handle sich um eine typisierte Regelung zur allgemeinen Gewährleistung einer geordneten Sitzung. Die Gründe hierfür lägen auf der Hand. Allgemeine Sicherheitsbedenken und Betriebsgeräusche gäben hierfür nicht den Ausschlag, sondern die Tatsache, dass Laptops, Tablets und Smartphones mit Minikameras o.ä. ausgestattet seien, deren Überwachung nicht zu leisten sei.[872] Entgegen gehalten werden kann zwar die extrem schnellen Nachrichtenkommunikation, die heute vorherrscht und die kaum noch relevanten Betriebsgeräusche. Dies wird aber angesichts des hohen Gewichts des Persönlichkeitsrechts hingenommen. Daneben seien die Medien nicht erheblich beschränkt, da weder Zugang noch Inhalte der Berichterstattung von der Zulassung derartiger Geräte abhinge.[873] Letztlich wird so jedoch ohne Normierung die Abwägungsentscheidung des Gerichts antizipiert. Eine Einschränkung der Nutzung moderner Technik ist indes als äußerst antiquiert anzusehen. Störende Betriebsgeräusche können heutzutage nicht mehr als Begründung für den Ausschluss angeführt werden.[874] Zum einen gibt es nach wie vor auch Laptops ohne Kamera oder Aufnahmemöglichkeit, also

---

870 *Hanske/Lauber-Rönsberg*, ZUM 2013, 264 (266); *Hirte*, NJW 1988, 1698 (1702); MK-*Prütting*, ZPO, § 299 Rn. 25; *Zuck*, NJW 2010, 2913 (2915).

871 *Hanske/Lauber-Rönsberg*, ZUM 2013, 264 (268); *Ladeur*, ZUM 2012, 336 (337).

872 BVerfG, Beschl. v. 27.11.2008 – 1 BvQ 46/08, NJW 2009, 352 (353); *Coelln*, jurisPR_ITR 12/2009; *Pfeifle*, ZG 2010, 283 (290).

873 BVerfG, Beschl. v. 31.07.2014 – 1 BvR 1858/14, NJW 2014, 3013 (3015); Beschl. v. 19.12.2007 – 1 BvR 620/07, BVerfGE 119, 309 (328).

874 So auch *Rosenthal*, AnwBl 2016, 654 (655).

reine Schreib- und Lesegeräte. Zum anderen werden in den wenigsten Verfahren Zuhörern Handys bzw. Smartphones abgenommen oder sie danach durchsucht. Solche Maßnahmen könnten nämlich selbst dem Öffentlichkeitsgrundsatz zuwiderlaufen.[875] Zumeist wird nur das Ausschalten angeordnet. Außerdem müssen Rechtsanwälte, die ihre Akten vermehrt digital führen (müssen), ihren Laptop, ihr Tablet etc. benutzen, um auf diese zugreifen zu können.[876] Ebenso sind Sachverständige für die Erstattung ihrer Gutachten vermehrt auf technische Mittel angewiesen.

In der Hinsicht ist aber eine Öffnung zu erkennen, da Microblogging, wie das „Twittern" – das Senden von kurzen Nachrichten zur Veröffentlichung im Internet – zulässig sind. Für die Zulassung spricht, dass das Senden von Textnachrichten nicht dem Verbot nach § 169 S. 2 GVG unterfällt.[877] Ferner könnten Bilder gepostet werden. In der Regel müsste der Vorsitzende dies aber wegen dem intensiven Eingriff in das Persönlichkeitsrecht des Abgebildeten im Wege einer Anordnung nach § 176 GVG untersagen. Die Öffnung für Textnachrichten würde der gesellschaftlichen Entwicklung entsprechen, da die ständige Verfügbarkeit des Internets es zur Hauptinformationsquelle gemacht hat und Blogging zum Alltag vieler Menschen gehört. Die Zulassung des „Twitterns" kann aber nicht vollständig durch einen Umkehrschluss aus § 169 S. 2 GVG begründet werden, denn zum einen ist die Norm diesbezüglich schlichtweg zu alt. Der Gesetzgeber hat 1964 sicher nicht an „Twitter & Co." gedacht. Zu dieser Zeit lag das mobile Internet noch in weiter Ferne. Zum anderen werden die Übertragungen ins Internet von dem Begriff des Rundfunks erfasst, so dass der Wortlaut sogar ins Gegenteil verkehrt werden und zur Begründung des Ausschlusses von Blogging aus der Verhandlung herangezogen werden kann – auch wenn § 169 S. 2 GVG deutlich die Bild- und Tonaufnahme in den Mittelpunkt stellt.[878] Über die Sitzungsgewalt des § 176 GVG können indes bereits jetzt Anordnungen betreffend moderner Techniken getroffen werden, wie z.B. die Benutzung nur im Offline-Modus oder das Verbot aus der Verhandlung direkt Inhalte zu übermitteln. Auch stellt sich die Frage, wie diese Anordnungen in der Sitzung selbst überwacht werden können.[879] Ohne weitere Regularien bleibt es folglich auch

---

875 BVerfG, Beschl. v. 07.04.1978 – 2 BvR 202/78, NJW 1978, 1048 (1048 f.) zur Durchsuchung eines Verteidigers; KK-*Diemer,* StPO, § 169 Rn. 10.

876 So auch *Pfeifle,* ZG 2010, 283 (291).

877 *Kissel/Mayer*, GVG, §169 Rn. 67; *Rosenthal,* AnwBl 2016, 654 (655).

878 *Krieg,* KuR 2009, 673 (675).

879 Vgl. BVerfG, Beschl. v. 03.12.2008 – 1 BvQ 47/08, NJW 2009, 352 (355); *Rath,* DRiZ 2014, 8 (9); *Rosenthal,* AnwBl 2016, 654 (655).

hier bei einer Abwägung des Vorsitzenden im konkreten Einzelfall. Zu diesen Mitteln moderner Kommunikation findet sich in dem Gesetz zur Erweiterung der Medienöffentlichkeit in Gerichtsverfahren leider weder eine Regelung noch eine Anmerkung. Dies wäre wünschenswert gewesen, um auch hier zumindest Leitlinien für die schwierige Abwägung vorzugeben.

d) Fazit

Auch § 176 GVG nimmt auf die kollidierenden Grundrechte Rekurs und erfordert somit wiederum eine Abwägung im Einzelfall. Flankiert wird die Sitzungsgewalt des Vorsitzenden durch das Hausrecht des Gerichtspräsidenten, welches wiederum auf den Vorsitzenden übertragen werden kann.[880] Eine Handhabe für die Abwägung der kollidierenden Rechte gibt § 176 GVG aber nicht vor. Vielmehr ist er nur eine gesetzliche Grundlage und somit eine Schranke für eventuelle Verbote oder Einschränkungen der Medienöffentlichkeit. Außerhalb der Verhandlung sollten Aufnahmen grundsätzlich zulässig sein und nur im Einzelfall beschränkt oder ganz untersagt werden. Die Gerichte sollten zudem von der Möglichkeit der Anordnung einer Anonymisierung Gebrauch machen, welche als milderes Mittel der Untersagung grundsätzlich vorgeht. Bei der aufgezeigten Vielzahl an Entscheidungen, welche hierauf gestützt werden, und im Hinblick auf das Beschleunigungsgebot ist es dringend geboten, dem Richter einen Maßstab an die Hand zu geben, der der heutigen Mediengesellschaft hinreichend Rechnung tragen kann. Jedenfalls sollten moderne Techniken, wie Laptops oder die Text-Liveberichterstattung z.B. via Twitter, im Gerichtssaal zugelassen werden.

4. Selbstregulierung der Medien

Oftmals gerät die Möglichkeit der Selbstregulierung der Medien im Rahmen der Debatte um die Ausweitung und Einschränkung des Öffentlichkeitsverständnisses in den Hintergrund. Ein eigenes Medienaufsichtsrecht besteht in dem Sinne nicht. Hier greifen Rechtsbehelfe des Zivil-, Straf- oder Wirtschaftsrechts ein. Daneben gibt es die freiwillige Selbstkontrolle. Der Selbstregulierung steht die hoheitliche Regulierung gegenüber.[881] Callies definiert die Selbstregulierung als „individuelle oder kollektive Verfolgung von Privatinteressen in Wahrnehmung

---

880 *Coelln*, AfP 2014, 193 (196); *Kissel/Mayer*, GVG, § 176 Rn. 10.

881 *Hoffmann-Riem*, Kommunikationsfreiheiten, S. 49; *Paschke*, Medienrecht, § 28 Rn. 1387; *Latzer/Sauerwein*, Vertrauen Industrie, S. 96.

grundrechtlicher Freiheiten zum legitimen Eigennutz."[882] Die Selbstregulierung der Medien als Teil eines neuen Öffentlichkeitsbegriffs ist zu befürworten und sollte weiter ausgebaut werden. Hassemer fasste es in folgende Worte: „Die Medien sind nicht der Notar der Justiz; sie singen ihre eigenen Lieder, und das geht grundsätzlich in Ordnung in einem Land, dem die Freiheit der Presse am Herzen liegt."[883] Der eigenen Welt der Medien kann durch eine effektive Selbstregulierung Rechnung getragen werden.

a) Der Deutsche Presserat

Teil der medialen Selbstkontrolle sind der Deutsche Presserat und die FSK (Freiwillige Selbstkontrolle der Filmwirtschaft) sowie der Werberat und seit 1997 die Freiwillige Selbstkontrolle der Multimedia-Diensteanbieter.[884] Die genannten Organisationen haben sich alle unabhängig voneinander Kodizes gegeben. Beispielhaft wird der Presserat und -kodex dargestellt. Der Deutsche Presserat wurde 1956 gegründet. Er besteht aus 28 Mitgliedern, die zur Hälfte von den Berufsverbänden der Verleger und zur anderen Hälfte von Journalisten benannt werden.[885] Der Gründung lag insbesondere die Angst der Verleger und Journalisten zugrunde, dass die Pressefreiheit durch staatliche Aufsichtsgremien beschränkt werden könnte. Allerdings ist nicht außer Acht zu lassen, dass der Staat den Presserat mit 50% finanziert und so selbst dessen Entstehung unterstützt hat.[886] Der vom Deutschen Presserat erstellte Pressekodex und dessen Richtlinien dienen der Selbstkontrolle. Der Presserat kann bei Verstößen einen Hinweis erteilen, eine Missbilligung oder eine Rüge aussprechen.[887] Ein Großteil der deutschen Verlage hat sich freiwillig zur Einhaltung der im Pressekodex niedergelegten Regularien verpflichtet.[888]

---

882 *Callies,* AfP 2002, 465 (466).

883 *Hassemer,* Strafe, S. 20 f.

884 *Callies,* AfP 2002, 465 (465); *Gottzmann,* Selbstkontrolle, S. 193; *Paschke,* Medienrecht, § 28 Rn. 1387.

885 *Callies,* AfP 2002, 465 (467); *Gottzmann,* Selbstkontrolle, S. 33; *Heimann,* Pressekodex, S. 58; *Paschke,* Medienrecht, § 28 Rn. 1389; *Rau,* Kriminalberichterstattung, S. 47; *Ströbel,* Persönlichkeitsschutz, S. 93.

886 *Callies,* AfP 2002, 465 (466); *Heimann,* Pressekodex, S. 57; *Rau,* Kriminalberichterstattung, S. 47; *Schwetzler,* Presseselbstkontrolle, S. 161, 169.

887 *Rau,* Kriminalberichterstattung, S. 51.

888 *Callies,* AfP 2002, 465 (467); *Ströbel,* Persönlichkeitsschutz, S. 92; Die Selbstverpflichtungserklärungen sind abrufbar unter: http://www.presserat.de/presserat/selbstverpflichtungserklaerung/, zuletzt aufgerufen am 08.06.2018.

b) Inhalte des Pressekodex betreffend die Gerichtsberichterstattung

Im Pressekodex finden sich verschiedene Regeln, welche für den Fall der Berichterstattung über Strafverhandlungen einschlägig sind. Zu beachten ist Ziffer 8, welche den Schutz der Persönlichkeit betrifft. Insbesondere Richtlinie 8.1 zur Kriminalberichterstattung ist für die Gerichtsberichterstattung von Bedeutung, welche lautet:

Kriminalberichterstattung[889]

(1) *An der Information über Straftaten, Ermittlungs- und Gerichtsverfahren besteht ein berechtigtes Interesse der Öffentlichkeit. Es ist Aufgabe der Presse, darüber zu berichten.*

(2) *Die Presse veröffentlicht dabei Namen, Fotos und andere Angaben, durch die Verdächtige oder Täter identifizierbar werden könnten, nur dann, wenn das berechtigte Interesse der Öffentlichkeit im Einzelfall die schutzwürdigen Interessen von Betroffenen überwiegt. Bei der Abwägung sind insbesondere zu berücksichtigen: die Intensität des Tatverdachts, die Schwere des Vorwurfs, der Verfahrensstand, der Bekanntheitsgrad des Verdächtigen oder Täters, das frühere Verhalten des Verdächtigen oder Täters und die Intensität, mit der er die Öffentlichkeit sucht.*

Für ein überwiegendes öffentliches Interesse spricht in der Regel, wenn

- *eine außergewöhnlich schwere oder in ihrer Art und Dimension besondere Straftat vorliegt,*
- *ein Zusammenhang bzw. Widerspruch besteht zwischen Amt, Mandat, gesellschaftlicher Rolle oder Funktion einer Person und der ihr zur Last gelegten Tat,*
- *bei einer prominenten Person ein Zusammenhang besteht zwischen ihrer Stellung und der ihr zur Last gelegten Tat bzw. die ihr zur Last gelegte Tat im Widerspruch steht zu dem Bild, das die Öffentlichkeit von ihr hat,*
- *eine schwere Tat in aller Öffentlichkeit geschehen ist,*
- *ein Fahndungsersuchen der Ermittlungsbehörden vorliegt.*

Liegen konkrete Anhaltspunkte für eine Schuldunfähigkeit des Verdächtigen oder Täters vor, soll auf eine identifizierende Berichterstattung verzichtet werden.

(3) *Wenn erneut über ein zurückliegendes Strafverfahren berichtet wird, sollen im Interesse der Resozialisierung in der Regel Namensnennung und Fotoveröffentlichung des Täters unterbleiben. Das Resozialisierungsinteresse wiegt umso schwerer, je länger eine Verurteilung zurückliegt.*

(4) *Über Personen, die an der Rechtspflege beteiligt sind, wie z. B. Richter, Staatsanwälte, Rechtsanwälte, Sachverständige, darf in der Regel identifizierend berichtet werden,*

---

889 Abrufbar unter https://www.presserat.de/pressekodex/pressekodex/, zuletzt aufgerufen am 08.06.2018.

> *wenn sie ihre Funktion ausüben. Bei Zeugen sind Namensnennung und Fotoveröffentlichung in der Regel unzulässig.*

Des Weiteren kann Ziffer 11 herangezogen werden. Demnach verzichtet die Presse auf eine unangemessene sensationelle Darstellung von Gewalt, Brutalität und Leid. In Ziffer 13 des Pressekodex heißt es: „*Die Berichterstattung über Ermittlungsverfahren, Strafverfahren und sonstige förmliche Verfahren muss frei von Vorurteilen erfolgen. Der Grundsatz der Unschuldsvermutung gilt auch für die Presse.*"

Trotz der gewinnbringenden Konkretisierung des Persönlichkeitsschutzes durch die Richtlinie bleibt sie wiederum auslegungsbedürftig, sodass eine Abwägung für jeden Einzelfall unumgänglich ist. Auslegungsbedürftig ist zum Beispiel die Frage, ob eine *außergewöhnlich schwere oder in ihrer Art und Dimension besondere Straftat,* vorliegt. Die konkrete Straftat zu beurteilen, ist den Verlagen und Journalisten überlassen, wobei sie hierzu (in der Regel) in der Rechtsprechung ausgearbeitete Leitlinien heranziehen können.[890] In der Regelung des Pressekodex fehlt es ferner an einer Rückkopplung an den Verdachtsgrad bzw. das Verfahrensstadium.[891] Richtlinie 8.1 Abs. 3 nimmt einen weiteren Aspekt auf, indem auch das Resozialisierungsinteresse in die Abwägung einer späteren oder wiederholten Berichterstattung einfließen soll.[892] Vor der Berichterstattung eine Abwägung mit der gegenwärtigen Straftheorie vorzunehmen, kann die Presse indes nicht leisten. Hier ist es wiederum an der Rechtsprechung für die Presse und Dritte Leitlinien zu entwickeln, an welchen sich deren Abwägung orientieren kann. Anhand der dargestellten Richtline ist zu erkennen, dass der Pressekodex eine grundsätzliche Konkretisierung bzw. Leitlinie für die Berichterstattung unter Zugrundelegung der Berufsethik der Presse geben will. Durch die ausdrückliche Nennung der Kriminalberichterstattung wird die besondere Verantwortung bei dieser Art Berichterstattung verdeutlicht.[893] Inhaltlich handelt es sich um eine verkürzte Darstellung der Gesetzeslage und Rechtsprechung, nicht um eigenständige Normen.[894]

---

890 *Heimann,* Pressekodex, S. 227; *Schwetzler,* Presseselbstkontrolle, S. 296.

891 Die Verbindung mit dem Tatverdacht fordert schon *Heimann,* Pressekodex, S. 217.

892 *Heimann,* Pressekodex, S. 219; *Schwetzler,* Presseselbstkontrolle, S. 302.

893 *Rau,* Kriminalberichterstattung, S. 43.

894 *Münch,* AfP 2002, 18 (22); *Heimann,* Pressekodex, S. 64; *Ströbel,* Persönlichkeitsschutz, S. 92.

c) Kritik

Die Selbstverpflichtung der Medien bezüglich Standards der Berichterstattung ist sehr zu begrüßen und sollte nicht nur im Bereich der Presse eine bedeutende Rolle spielen. Die Verpflichtung auf den Pressekodex erfolgt indes freiwillig, so dass die Einhaltung der Regularien bereits nur von den selbstverpflichteten Presseorganen erfolgt. Darüber hinaus sind die Sanktionsmöglichkeiten einen Hinweis zu erteilen, eine Missbilligung oder eine (öffentliche oder nicht-öffentliche) Rüge auszusprechen keine einschneidenden Maßnahmen, welche teilweise auch ignoriert werden.[895] Aufgrund zunehmender Fokussierung auf die Verkaufszahlen und somit auf möglichst verkaufsträchtige, sensationelle Schlagzeilen, ist die Einhaltung des Pressekodex häufig nicht gewährleistet. Das Außerachtlassen dieses Standesrechts durch einige Verpflichtete führt dazu, dass sich der Pressekodex durchaus Zweifeln an seiner Daseinsberechtigung gegenübersieht.[896] Die Durchsetzung mittels Zwang ist nicht möglich.[897] Anzuführen ist weiterhin, dass der Presserat selbst aus Journalisten besteht, was zu einer einseitigen, ggf. eher milden Betrachtung bzw. Bewertung von Verstößen führen kann.[898] Ferner haben sich zwar viele, aber nicht alle Verlage verpflichtet. Darüber hinaus erfasst der Pressekodex den Rundfunk nicht. Die Landesmedienanstalten sind die aufsichtsführenden Stellen über den Rundfunk.[899] Zudem ist der Begriff der Presse selbst im Wandel und keinesfalls feststehend. Die großen Verlage und ihre Journalisten haben sich dem Pressekodex verpflichtet, hingegen keine Blogger oder sonstige „Laienjournalisten".[900] Die Medienrevolution der letzten Jahre hat auch hier ihre Spuren hinterlassen und es bedarf eines neuen Verständnisses von Presse. Veröffentlichungen in den Printmedien, allgemeine Vorgänge in der Presse sowie die verlagseigenen Onlineausgaben werden als Beschwerdegegenstand erfasst.[901] Eine strikte Trennung von Rundfunk und Presse ist nicht mehr einzuhalten. Insbesondere im Internet zeigt sich eine Medienkonvergenz.[902] Die Zuordnung zur Presse könnte durch einen bundesweit einheitlichen Presseausweis erfolgen,

---

895 *Rau,* Kriminalberichterstattung, S. 51.

896 *Paschke,* Medienrecht, § 28 Rn. 1388.

897 *Callies,* AfP 2002, 465 (467); *Münch,* AfP 2002, 18 (18); *Ströbel,* Persönlichkeitsschutz, S. 93.

898 *Gottzmann,* Selbstkontrolle, S. 138; *Heimann,* Pressekodex, S. 260 f.; *Ströbel,* Persönlichkeitsschutz, S. 93.

899 *Ströbel,* Persönlichkeitsschutz, S. 94.

900 Hierzu ausführlich *Kujath,* Laienjournalismus, S. 60 f.

901 *Heimann,* Pressekodex, S. 65, 233 f.

902 *Ströbel,* Persönlichkeitsschutz, S. 95.

welcher nur bei Erfüllung spezieller Kriterien erteilt wird.[903] Ein Kriterium könnte die Verpflichtung auf den Pressekodex sein. Es sollte zudem angedacht werden, ein einheitliches Kontrollgremium – in Form der Selbstkontrolle – für alle Medienarten verbindlich einzusetzen.[904] Wünschenswert wäre eine über eine rein standesethische Verbindlichkeit hinausgehende Selbstverpflichtungserklärung. Es bedürfte hierzu jedoch eines neuen Selbstverständnisses des Presserates und einer entsprechenden Klarstellung gegenüber den Presseorganen.[905] Die Grenze zur staatlichen Medienaufsicht könnte hierdurch verwischt werden. Durch die gesetzliche Normierung der Verpflichtung eines Rügeabdrucks bei dem bestehenden Selbstverständnis des Presserates, würde dessen Arbeit eher unterlaufen. Denn es bestünde die Gefahr, dass noch vorsichtiger von dem Mittel der Rüge Gebrauch gemacht werden würde.[906] Gewinnbringend ist der Gedanke eines neuen Systems der Selbstregulierung durch Einführung von Pressekammern, vergleichbar mit den Rechtsanwalts- oder Ärztekammern. Allerdings ist hierbei stets die verfassungsrechtlich geschützte Pressefreiheit zu berücksichtigen.[907]

Dessen ungeachtet bietet der Presserat durch die Möglichkeit der Popularbeschwerde über Medienberichte eine über das zivilrechtliche Verfahren hinausgehende Beschwerdemöglichkeit.[908] Es besteht kein Kostenrisiko, das Verfahren ist einfacher und in der Regel schneller.[909] Beschwerdegegner können neben den Verlagen und Herausgebern auch die einzelnen Journalisten sein. Dies ist zu begrüßen, da nicht nur der Verlag als übergeordnete Organisation, sondern ebenso die einzelnen Verfasser so verpflichtet werden, verantwortungsvollen

---

903 Der bundesweite Presseausweis wurde im Laufe der Bearbeitung, im Jahr 2018, durch die Innenministerkonferenz wieder eingeführt. Vgl. *Wick*, Strafverfahren, S. 344.

904 *Heimann*, Pressekodex, S. 66; *Ströbel*, Persönlichkeitsschutz, S. 95; *Tillmanns*, ZRP 2004, 277 (278).

905 Der Presserat sieht sich selbst als moralische Instanz und kollegialen Ratgeber. Vgl. *Heimann*, Pressekodex, S. 244; *Münch*, AfP 2002, 18 (22); *Callies*, AfP 2002, 465 (467).

906 *Heimann*, Pressekodex, S. 276.

907 Hierzu ausführlich *Heimann*, Pressekodex, S. 279 ff; vgl. *Callies*, AfP 2002, 465 (467); *Münch*, plädiert für den Aufbau als Schlichtungsstelle, AfP 2002, 18 (22); Stellungnahme Presserat, AfP 1990, 292.

908 Grundsätzlich kann „jeder" eine Beschwerde vor dem Presserat erheben nach § 1 Abs. 1 S. 1 der Beschwerdeordnung. *Gottzmann*, Selbstkontrolle, S. 124; *Heimann*, Pressekodex, S. 230; *Paschke*, Medienrecht, § 28 Rn. 1391. *Ströbel*, Persönlichkeitsschutz, S. 93; *Schwetzler*, Presseselbstkontrolle, S. 178.

909 *Heimann*, Pressekodex, S. 227; *Ströbel*, Persönlichkeitsschutz, S. 93.

Journalismus zu betreiben.[910] Vor allem im Hinblick auf die bereits erwähnten „Laienjournalisten“ stellt sich indes die Frage der Anwendbarkeit des Pressekodex. Laienjournalisten wurden im Rahmen des Pressekodex nicht berücksichtigt und würden sich ferner eher selten bis nie freiwillig verpflichten. Zudem kann durch eine öffentliche Rüge jedenfalls eine öffentliche Diskussion angestoßen werden, welche ggf. mittelbar zu Umsatzeinbußen der betroffenen Verlage oder Rufschädigung führen kann.[911] Der Rügeabdruck ist eine Maßnahme, welche dem Fehlverhalten des Presseorgans auf derselben Ebene begegnet.[912] Anfechtbar sind die Entscheidungen des Presserates grundsätzlich nicht, was zu einer kurzen Reaktionszeit führen kann. Indes kann aus dem allgemeinen Zivilrecht ein Anspruch auf Unterlassen oder Schadenersatz bestehen.[913] In Zusammenhang mit der Öffentlichkeit hat das Beschwerdeverfahren des Presserates wiederum den Vorteil, dass es eine unerwünschte erneute Öffentlichkeit durch eine nicht-öffentliche Rüge vermeiden kann. So kommt es für den Betroffenen nicht zu dem sog. „Streisand-Effekt“. Hierunter wird das Phänomen verstanden, dass der Versuch eine Veröffentlichung zu verhindern, öffentliches Aufsehen erregt und dadurch das Gegenteil erreicht wird: Die Information wird noch mehr Personen bekannt.[914]

d) Neue Medien

Im Bereich des Internets oder der sog. Neuen Medien wurde zunächst über die gesetzliche verpflichtende Einsetzung eines Jugendschutzbeauftragten eine Selbstregulierung herbeigeführt. Denn dieser Beauftragte ist entbehrlich soweit sich der Dienstanbieter einer Organisation anschließt, welche mit dem Jugendschutz betraut ist.[915] Hierdurch kam es zur Gründung der FSM (Freiwillige Selbstkontrolle Multimedia-Diensteanbieter), welche sich einen Verhaltenskodex gab und eine Beschwerdestelle errichtete.[916] In diesem Medienbereich wird besonders deutlich, dass der Staat allein eine Regulierung gar nicht erreichen

---

910 Mit Bedenken gegen den einzelnen Journalisten als Beschwerdegegner und für eine Differenzierung im Hinblick auf die Frage, ob eine Veröffentlichung stattgefunden hat: *Heimann,* Pressekodex, S. 231 f.

911 *Heimann,* Pressekodex, S. 256; *Ströbel,* Persönlichkeitsschutz, S. 93.

912 *Heimann,* Pressekodex, S. 256.

913 *Paschke,* Medienrecht, § 28 Rn. 1391.

914 *Ströbel,* Persönlichkeitsschutz, S. 94.

915 § 7a GjS/§8 MDStV; sieht *Callies,* AfP 2002, 465 (468 f.).

916 *Callies,* AfP 2002, 465 (469); die Satzung ist abrufbar unter: https://www.fsm.de/sites/default/files/fsm-satzung_15-11-2016.pdf, zuletzt aufgerufen am 20.05.2018.

kann. Die rasante Entwicklung und die Vielfältigkeit kann gesetzgeberisch kaum erfasst werden.[917] Dennoch ist der dem Internet ähnliche Fernseh-Rundfunk deutlich weniger selbstreguliert, als zum Beispiel die Presse. Im Bereich des Rundfunks herrscht die staatliche Regulierung vor.[918]

Für die Neuen Medien gibt es eine Vielzahl von – vor allem inhaltsbezogenen – Verhaltenskodizes, wie z.B. für Internet Service Provider (ISP) oder Internet Content Provider (ICP). Daneben bestehen informelle Regularien, wie z.B. die Netiquette.[919] Diese Regularien haben aber nicht annähernd eine dem Pressekodex vergleichbare Bedeutung. Zum einen kann dies an der Vielzahl der Regelwerke liegen, zum anderen daran, dass der Pressekodex bereits auf eine lange Geschichte und einen Etablierungsprozess zurückblicken kann. Es ist jedoch zu beobachten, dass auch seitens der Anbieter von Internetmedien ein Interesse an der Selbstregulierung besteht. Aus diesem Grund sind Bewertungs- und Filtersysteme entstanden, um dem Nutzer die Selektion zu erleichtern. Als untergeordneter Teil der FSM hat sich in der Bundesrepublik Deutschland bereits 2005 die Selbstkontrolle für Suchmaschinen gegründet und einen Verhaltenskodex erstellt.[920]

e) Fazit

Eine umfassende Erweiterung der Gerichtsöffentlichkeit für alle Medien könnte gefordert werden, wenn auch die Berichterstatter sich selbst regulieren und verbindliche Regeln bezüglich der Kriminalberichterstattung aufstellen würden. Verstöße gegen die festgesetzten Bestimmungen müssten effektiv geahndet werden. Bislang bestehen indes große Bedenken hinsichtlich der Effizienz und Reichweite der Selbstregulierung. Die im Pressekodex vorhandenen Sanktionsmittel, wie der Rügeabdruck, führten zu keiner durchgreifenden Änderung der Berichterstattung. Des Weiteren sind viele einzelne Teilbereiche geregelt, so dass leicht der Überblick verloren wird, welche Regularien konkret gelten. Hier wäre anzusetzen, indem ein vom Medientyp unabhängiger Verhaltensstandard hinsichtlich der Kriminalberichterstattung geschaffen wird. Die Art und Weise der

---

917 *Callies,* AfP 2002, 465 (465); *Schulz/Held,* Vertrauen Inhalte, S. 11.

918 *Latzer/Sauerwein,* sprechen von „Selbstregulierungsinseln", Vertrauen Industrie, S. 108.

919 *Latzer/Sauerwein,* Vertrauen Industrie, S. 94.

920 *Latzer/Sauerwein,* Vertrauen Industrie, S. 111; der Kodex ist abrufbar unter: https://www.fsm.de/sites/default/files/Verhaltenssubkodex_Suchmaschinenanbieter_0.pdf; zuletzt aufgerufen am 22.05.2018.

Berichterstattung und deren Verbreitung müssten Bestandteil eines selbstverpflichtenden Kodexes sein. Das Instrument der Selbstregulierung der Medien gewinnt indes an Bedeutung, da der Staat den wachsenden Anforderungen der raschen medialen Entwicklung bürokratisch nicht entgegnen kann. Daher ist eine Selbstregulierung notwendig, zumal der technische Fortschritt (zu Recht) nicht mit einer Erweiterung staatlicher Eingriffsbefugnisse einhergegangen ist.[921] Zudem führt die Freiwilligkeit der Verpflichtung zu einer höheren Akzeptanz der Regeln und vermeidet einen Konflikt mit den Medienfreiheiten. Ein Eingriff in die Medienfreiheit wäre bei legislativen Maßnahmen kaum zu rechtfertigen. Die Selbstkontrolle trägt ferner dem allgemeinen Persönlichkeitsrecht von Beteiligten im Gerichtsverfahren Rechnung. Bestimmungen in Form des Pressekodex geben verantwortungsvollen Medienvertretern Richtlinien an die Hand, wie eine Kriminalberichterstattung unter Berücksichtigung der Informationsfreiheit und des Persönlichkeitsrechts einzelner Verfahrensbeteiligter erfolgen kann.

Für den Öffentlichkeitsgrundsatz bedeutet die Selbstregulierung, dass den Medien auch im Umgang mit Gerichtsverfahren mehr Eigenverantwortung zugetraut werden sollte. Ein einheitlicher Kodex für alle Medienvertreter bezüglich der Gerichtsberichterstattung oder noch spezifischer bezüglich der Kriminalberichterstattung ist wünschenswert. Doch auch ohne eine allgemeine Richtlinie folgt aus der bestehenden Selbstregulierung, dass der Öffentlichkeitsgrundsatz medienfreundlich zu verstehen ist. Somit spricht die Selbstkontrolle der Medien für ein erweitertes Öffentlichkeitsverständnis. Die umfassendere Medienöffentlichkeit von Gerichtsverfahren ist eine Forderung aus der Betrachtung der Selbstregulierung. Aufgrund der fehlenden Effektivität muss es aber derzeit vor allem im persönlichkeitsintensiven Strafverfahren bei einer beschränkten Medienöffentlichkeit bleiben.

5. Weitere Normen

a) Vorschriften im Gerichtsverfassungsgesetz

Die weiteren Normen des Gerichtsverfassungsgesetz (GVG) betreffen vor allem explizite Ausschlussgründe der Öffentlichkeit für Einzelfälle. Relevant sind die §§ 171a, 171b, 172 GVG. Diese Normen ermöglichen es die grundsätzliche Öffentlichkeit der Hauptverhandlung in den genannten Fällen auszuschließen. Im Bereich der §§ 171a f. GVG hat der Gesetzgeber somit bereits eine erste

---

921 Vgl. BVerfG, Beschl. v. 26.06.1990 – 1 BvR 1165/89, BVerfGE 82, 272 (272 f.); *Callies*, AfP 2002, 465 (465); *Schwetzler*, Presseselbstkontrolle, S. 145.

Entscheidung zugunsten des Persönlichkeitsschutzes getroffen, indem er die Ausschlussmöglichkeiten geschaffen hat. Den §§ 171a-172 GVG ist gemein, dass sie – wie § 176 GVG – eine Ermessensentscheidung zur Folge haben. Der Ausschluss liegt zwar anders als bei § 176 GVG im Ermessen des Gerichts und nicht nur des Vorsitzenden. In der Konsequenz ändert dies aber nichts daran, dass wiederum eine Abwägung vorgenommen werden muss. Allerdings hat der Gesetzgeber bereits durch die Schaffung der Tatbestände signalisiert, dass in den normierten Fällen dem Persönlichkeitsschutz, der Funktionsfähigkeit der Rechtspflege und den sonstigen durch die Öffentlichkeit berührten Belangen besonderes, in der Regel ein die Medienöffentlichkeit übersteigendes Gewicht zukommt.[922]

Deutlich wird das Gewicht des Persönlichkeitsschutzes anhand des § 171b GVG, in dessen Absatz eins wird dem Gericht noch durch die „Kann-Formulierung" ein Ermessen eingeräumt. § 171b Abs. 1 GVG lautet: *Die Öffentlichkeit kann ausgeschlossen werden, soweit Umstände aus dem persönlichen Lebensbereich eines Prozessbeteiligten, eines Zeugen oder eines durch eine rechtswidrige Tat (...) Verletzten zur Sprache kommen, deren öffentliche Erörterung schutzwürdige Interessen verletzen würde.*

Die bereits unspezifische Formulierung wird durch S. 2 weiter aufgeweicht, wonach dies nicht gilt, soweit das Interesse an der öffentlichen Erörterung dieser Umstände überwiegt. Im Ergebnis muss das Gericht eine Abwägung im Rahmen der Ausübung des pflichtgemäßen Ermessens vornehmen, in welche die betroffenen Grundrechte sowie die besonderen Umstände des Einzelfalles einzustellen sind. Je stärker der Kernbereich des geschützten Lebensbereichs der Beteiligten betroffen ist, desto eher hat ein Ausschluss zu erfolgen.[923] Der persönliche Lebensbereich ist kein feststehender Begriff, indes kann dieser als privater Raum eines jeden Menschen zur Entfaltung seiner Individualität verstanden werden.[924] § 171b Abs. 2 GVG enthält eine „Soll-Vorschrift", wonach in aller Regel die Öffentlichkeit auszuschließen ist, wenn bezüglich der genannten Straftaten – z.B. gegen die sexuelle Selbstbestimmung – Jugendliche unter 18 Jahren

922 KK-*Diemer*, StPO, § 171b GVG Rn. 4; Löwe/Rosenberg-*Wickern*, StPO, §171b GVG Rn. 3.

923 *Fischer*, Medienöffentlichkeit, S. 231; *Hamm*, AfP 2014, 202 (203); *Kissel/Mayer*, GVG, §171b Rn. 6 f.; Löwe/Rosenberg-*Wickern*, StPO, §171b GVG Rn. 2; *Meyer-Goßner/Schmitt*, StPO, §171b GVG Rn. 5.

924 KK-*Diemer*, StPO, § 171b GVG Rn. 3; *Kissel/Mayer*, GVG, § 171b Rn. 3; Löwe/Rosenberg-*Wickern*, StPO, §171b GVG Rn. 5.

als Zeugen vernommen werden.[925] Der Ausschlussgrund trägt der besonderen Situation Jugendlicher und deren noch in der Entwicklung befindlichen Persönlichkeit Rechnung. Absatz drei schreibt den Ausschluss in den genannten Fällen als zwingende Folge vor. Allen Vorschriften gemein ist, dass der Ausschluss der Öffentlichkeit zeitlich auf den bestimmten Fall begrenzt ist, zum Beispiel auf die Dauer der Erörterung der persönlichen Lebensumstände oder auf die Dauer der Vernehmung des Jugendlichen zu einem Mord.[926] Die erforderliche Dauer kann insbesondere in den Fällen des § 172 GVG auch die gesamte Verhandlung bis zur Urteilsverkündung (§ 173 GVG) sein. Die Dauer des Ausschlusses hat das Gericht im Rahmen seines pflichtgemäßen Ermessens zu berücksichtigen.[927] Nicht außer Acht zu lassen ist, dass trotz der vielzähligen Möglichkeiten des Ausschlusses der Öffentlichkeit aufgrund der dargestellten besonderen Umstände, hiervon eher zögerlich Gebrauch gemacht wird. Nicht zuletzt, weil bei einem unzulässigen Ausschluss der Öffentlichkeit der absolute Revisionsgrund des § 338 Nr. 6 StPO im Raum steht, obwohl die Entscheidung nach § 171b Abs. 1 und Abs. 2 GVG unanfechtbar und somit auch einer Revision entzogen ist.[928] An § 22 KUG angelehnt, kann die Person, deren persönliche Lebensumstände erörtert werden, dem Ausschluss der Öffentlichkeit nach § 171b Abs. 4 GVG widersprechen, so dass der Ausschluss nicht erfolgen darf.

Es wird deutlich, dass der Gesetzgeber bei Schaffung dieser Normen vor allem Strafverfahren in Blick hatte, was die Forderung nach einem verfahrensspezifischen Öffentlichkeitsverständnis unterstreicht. Die Regelungen selbst tragen bestimmten Einzelfällen Rechnung und sind als solche mit dem gefundenen Verständnis in Einklang zu bringen. Denn nach diesem ist gerade eine moderate Medienöffentlichkeit zu fordern, was einem teilweisen Ausschluss der gesamten Öffentlichkeit in bestimmten Fällen nicht zuwiderläuft. Vielmehr kann der zeitweise Ausschluss der Öffentlichkeit notwendig sein, um ein faires Verfahren zu sichern und die Grundrechtseingriffe abzumildern. Nur so kann die Wiederherstellung des Rechts gegenüber der Allgemeinheit kommuniziert werden.

---

925 KK-*Diemer*, StPO, § 171b Rn. 4.

926 Vgl. KK-*Diemer*, StPO, § 171b Rn. 4 f.; *Kissel/Mayer*, GVG, § 171b Rn. 16; Löwe/Rosenberg-*Wickern*, StPO, § 171b Rn. 20.

927 KK-*Diemer*, StPO, § 172 Rn. 2 f.

928 Vgl. KK-*Diemer*, StPO, § 171b Rn. 8; *Müller*, AnwBl. 2016, 656 (658).

b) Regelungen der Strafprozessordnung

Die Öffentlichkeitsmaxime wird durch verschiedene Regelungen in der Strafprozessordnung (StPO) und im Strafgesetzbuch (StGB) tangiert und ausgestaltet. Vor der Hauptverhandlung sind die Einstellungsmöglichkeiten aus Opportunitätsgründen und das Strafbefehlsverfahren gemäß §§ 153–154e, 407 Abs. 1 S. 1 StPO als nicht öffentliche Vorgehensweisen zu nennen.[929] Sie sind zugleich die häufigsten Mittel, mit welchen Straftaten geahndet werden. Nur 9,4% aller Beschuldigten werden durch die Staatsanwaltschaft angeklagt[930] und hiervon wird weniger als die Hälfte in eine Hauptverhandlung verurteilt.[931] Die Ausdehnung dieser Vorgehensmöglichkeiten ist zwar – unter anderem aufgrund der Beschränkung der Öffentlichkeit – nicht ohne Kritik zu sehen. Allerdings kann die überlastete Justiz ihren Arbeitsanfall nur so bewältigen und dem Erledigungsdruck standhalten.[932] Indes ist die fehlende Öffentlichkeit in den Fällen, in welchen diese Möglichkeiten überhaupt gegeben sind, also vor allem bei kleiner und mittlerer Kriminalität, kein durchschlagender Faktor. Die erfassten Fälle wären zum einen in der Regel ohnehin von nur sehr geringem öffentlichem Interesse und zum anderen würde die Belastung einer öffentlichen Hauptverhandlung bei vielen Delinquenten außer Verhältnis zur Tat stehen. Dessen ungeachtet muss die Ausdehnung dieser Erledigungsarten aufmerksam beobachtet werden, da sie das Kernanliegen des Strafrechts und des Strafverfahrens, die Kommunikation des Verfahrens zur Wiederherstellung des Rechts unterlaufen. Daher spricht Gräditz zu Recht davon, dass „das Strafverfahren (…) von einem besonderen Modus abstrakt-genereller (damit notwendig öffentlicher) Normstabilisation durch formalisierte Kommunikation zum schlichten Kriminalverwaltungsrecht mit Sicherungsfunktion zu verkommen droht, (…)“ sollte sich die eingeschlagene Entwicklung fortsetzen.[933] Bestrebungen nach der Ausdehnung des Strafmaßes im Rahmen des Strafbefehlsverfahrens auf eine Freiheitsstrafe bis

---

929 Zum umfassendsten Einstellungsrecht der StA nach § 153c StPO, *Stam,* Auslandseinsatz, S. 48 f.

930 Statistik der Erledigungen bei Staatsanwaltschaften im Jahr 2015, abrufbar unter https://www.destatis.de/DE/Publikationen/Thematisch/Rechtspflege/GerichtePersonal/Staatsanwaltschaften2100260147004.pdf, zuletzt aufgerufen am 03.10.2016.

931 Statistik der Erledigungen bei Strafgerichten im Jahr 2015, abrufbar unter https://www.destatis.de/DE/Publikationen/Thematisch/Rechtspflege/GerichtePersonal/Strafgerichte2100230157004.pdf, zuletzt aufgerufen am 03.10.2016.

932 *Sauer/Münkel,* Absprachen, S. 3, 8.

933 *Gräditz,* FS Paeffgen, S. 467.

zwei Jahre sind somit kritisch zu verfolgen.[934] Weitere Verfahrenserleichterungen, wie das Selbstleseverfahren nach § 249 Abs. 2 StPO und dessen vermehrter Einsatz, bestärken die aufgezeigte Tendenz der mittelbaren Beschränkung der Öffentlichkeit.[935]

Die Möglichkeit der Absprache im Strafprozess (§ 257c StPO) ist im Hinblick auf den Öffentlichkeitsgrundsatz ebenso kritisch zu sehen. Absprachen wurden bereits vor der Normierung des § 257c StPO im Jahr 2009, ebenfalls aufgrund der Ressourcenknappheit durchgeführt.[936] Die Absprachen erfolgten zumeist im Richterzimmer zwischen den Verfahrensbeteiligten unter Ausschluss der Öffentlichkeit und nur das Ergebnis wurde in der Hauptverhandlung bekannte gegeben. So konnte die Öffentlichkeitsmaxime durch die Absprachepraxis unterlaufen werden.[937] Die Normen rund um die Absprache, also nicht allein § 257c StPO sondern auch z.B. §§ 202, 212 StPO, dienen dazu die Öffentlichkeit des Verfahrens zu wahren und dennoch eine Möglichkeit der Teilhabe zu bieten.[938] Ob durch die Absprachepraxis tatsächlich vom Entstehen einer „Geheimjustiz" gesprochen werden kann – wie dies das Bundesverfassungsgericht ausführt – ist dennoch zweifelhaft. Denn die Kontrolle der Justiz ist anders als zur Zeit der Aufklärung längst nicht mehr „Hauptfunktion" des Öffentlichkeitsgrundsatzes.[939] Ferner ist die Mitteilungspflicht im Gesetz differenziert ausgestaltet und bezieht Absprachen im Vorfeld der Hauptverhandlung ebenso ein (§§ 202a, 212 StPO) wie Absprachen im Laufe der Hauptverhandlung (§ 243 Abs. 4 StPO). Es ist bereits bekannt zu geben, ob Gespräche, welche Gegenstand einer Verständigung sein könnten, stattgefunden haben. Die Bekanntgabepflicht soll dem Öffentlichkeitsgrundsatz in besonderem Maße dienen. Sie führt aber in der Praxis häufig zu einer formelhaften, doppelten und zumeist negativen Feststellung und Protokollierung.[940] Indes ist für die Verfahrensöffentlichkeit nach wie vor

---

934 So bereits *Müller,* AnwBl 2016, 656 (658).

935 So bereits *Müller,* AnwBl 2016, 656 (658).

936 BGH, Beschl. v. 03.03.2005 – GSSt 1/04, JR 2005, 430 (431 f.); *Gierhake,* JZ 2013, 1030 (1038); *Sauer/Münkel,* Absprachen, S. 89 f.; *Meyer-Goßner,* NStZ 2007, 425 (426).

937 BVerfG, Beschl. v. 15.01.2015 – 2 BvR 878/14, NStZ 2015, 170 (Ls. 1, 171); BGH, Urt. v. 28.08.1997 – 4 StR 240/97, BGHSt 43, 195 (205); *Roxin/Schünemann,* Strafverfahrensrecht, § 47 Rn. 5; *Gierhake,* JZ 2013, 1030 (1037); *Stutz,* Zurückdrängung, S. 119 f.; *Wagner,* FS Ekert, S. 939 f.

938 BVerfG, Urt. v. 19.03.2013 – 2 BvR 2628/10, JZ 2013, 676 (683); *Müller,* AnwBl 2016, 656 (659); *Sauer/Münkel,* Absprachen, S. 111.

939 BVerfG, Urt. v. 19.03.2013 – 2 BvR 2628/10, JZ 2013, 676 (683); vgl. Kap. B III. 1.

940 Die Protokollierungspflicht folgt aus § 273 StPO. *Altenhain/Dietmeier/May,* Absprachen, S. 145 f.; *Gierhake,* JZ 2013, 1030 (1037); *Sauer/Münkel,* Absprachen, S. 112.

problematisch, dass die Mitteilung des wesentlichen Inhalts und der Ergebnisse ausreicht. Hierdurch wird die Mitteilungs- und Protokollierungspflicht abgeschwächt.[941] Der Öffentlichkeitsgrundsatz wird so zumindest teilweise ausgehöhlt.[942] Zugleich werden die Zwecke der Strafe und des Strafverfahrens unterlaufen, da eine Wiederherstellung des Rechts durch das Verfahren zumindest erschwert, wenn nicht ganz unmöglich gemacht wird, wenn eine Absprache getroffen wird.[943]

Konsequenz aus den bisher getroffenen Feststellungen ist, dass das Ermittlungsverfahren nicht auf Öffentlichkeit angewiesen ist, da es keine dem Strafverfahren selbst vergleichbare sozialkommunikative, expressive Funktion inne hat.[944]

Im Hinblick auf das gefundene Öffentlichkeitsverständnis sind die aufgezeigten Entwicklungen zur Vereinfachung und bzgl. der Absprachen äußerst kritisch zu sehen. Das Argument der Ressourcenknappheit kann nicht eingreifen, da es um eine elementare Aufgabe des Staates geht: die Kommunikation von Recht.

c) Sonstige Regelungen

Verschiedenste andere Regelungen könnten einer Konkretisierung des Öffentlichkeitsbegriffs dienen, da sie die Öffentlichkeit des Strafverfahrens direkt oder mittelbar betreffen. Hierbei sind vor allem §§ 48, 104 Abs. 2, 109 Abs. 1 S. 4 JGG, § 63 DRiG, § 3 BDG, § 135 BRAO als gesetzliche Regelungen und die RiStBV als untergesetzliche Regelung zu nennen.

§ 47 JGG sieht einen grundsätzlichen Ausschluss der Öffentlichkeit im Verfahren gegen Jugendliche vor. Dies ist wegen der bereits erwähnten besonderen Belastung Jugendlicher durch Strafverfahren und dem das Jungendverfahren prägenden Erziehungsgedanken gesondert zu beurteilen und zu befürworten. Die einzelnen Normen genügen dem gefundenen Öffentlichkeitsverständnis nicht vollständig, sind mit diesem aber für diese speziellen Fälle, wie z.B. das

---

941 *Gierhake,* JZ 2013, 1030 (1037); *Schünemann,* ZRP 2009, 104 (106).

942 Eine empirische Erhebung zur Bekanntgabe und Protokollierung der Absprachen findet sich bei *Altenhain/Dietmeier/May,* Absprachen, S. 146 f.; vgl. *Gierhake,* JZ 2013, 1030 (1038); *Pielow,* Strafverfahren, S. 75.

943 *Gierhake,* kommt daher zu der Forderung § 257c StPO wieder abzuschaffen, JZ 2013, 1030 (1038); *Murmann,* GA 2004, 65 (72 f.); *Pielow,* Strafverfahren, S. 75; *Theile,* NStZ 2012, 666 (671).

944 *Gräditz,* FS Paeffgen, S. 467.

Verfahren vor der Rechtsanwaltskammer, in Einklang zu bringen. Generalisierbar sind die Hintergründe der Normen nicht.

Eine Ausnahme hiervon bildet § 17a BVerfGG. Er wurde im Zuge der gesellschaftlichen Entwicklung hin zur Mediengesellschaft eingeführt und betrifft das Verfahren vor dem Bundesverfassungsgericht, welchem unter Umständen auch ein Strafverfahren vorausgegangen sein kann. Diese Norm war zugleich Grundlage der Reform des § 169 GVG im Jahr 2017.

aa) Gesetzliche Regelungen: § 17a BVerfGG

Zielführend bezüglich der sonstigen gesetzlichen Regelungen scheint insbesondere § 17a BVerfGG. Nach dieser Norm *sind vor dem Bundesverfassungsgericht abweichend von § 169 S. 2 des Gerichtsverfassungsgesetzes Ton- und Fernseh-Rundfunkaufnahmen sowie Ton- und Filmaufnahmen zum Zwecke der öffentlichen Vorführung oder der Veröffentlichung ihres Inhalts zulässig*

1. *in der mündlichen Verhandlung, bis das Gericht die Anwesenheit der Beteiligten festgestellt hat,*
2. *bei der öffentlichen Verkündung von Entscheidungen.*
   Zur Wahrung schutzwürdiger Interessen der Beteiligten oder Dritter sowie eines ordnungsgemäßen Ablaufs des Verfahrens kann das Bundesverfassungsgericht die Aufnahmen nach Absatz 1 Satz 2 oder deren Übertragung ganz oder teilweise ausschließen oder von der Einhaltung von Auflagen abhängig machen.[945]

Diese Regelung hat bereits 1998 – nach vorhergehender, tatsächlicher Handhabung des Bundesverfassungsgerichts ohne Norm – Einzug in das Bundesverfassungsgerichtsgesetz gefunden.[946] Bis zur Verabschiedung des Gesetzes zur Erweiterung der Medienöffentlichkeit in Gerichtsverfahren am 22.06.2017, war die Regelung im BVerfGG eine Ausnahmeregelung für das Bundesverfassungsgericht.[947] Unübersehbar ist die Anlehnung des 2017 verabschiedeten und am 18.04.2018 in Kraft getretenen neu gefassten § 169 GVG an § 17a BVerfGG.

---

945 In der Fassung gültig bis 18.04.2018. § 17a BVerfGG wurde durch das EMöGG ebenfalls neugefasst, indem die Tonübertragung in einen Arbeitsraum normiert wurde und auch die Tonaufzeichnung von Verfahren mit herausragender zeitgeschichtlicher Bedeutung (§ 17a Abs. 3 BVerfGG).

946 BGBl I 1998, S. 1823; *Coelln*, Medienöffentlichkeit, S. 460; *Eberle*, NJW 1994, 1637 (1637).

947 Vgl. *Britz*, jm 2015, 127 (129); *Coelln*, Medienöffenlichkeit, S. 460 f.

(1) Inhalte

Es ist festzuhalten, dass allein Aufnahmen bis zur Feststellung der Anwesenheit sowie während der Urteilsverkündung nach § 17a BVerfGG zulässig sind. Neben der Öffnung ist somit zugleich eine zeitliche Begrenzung der Medienöffentlichkeit normiert.[948] Auch der Zweck – die öffentliche Vorführung oder Veröffentlichung – ist festgelegt und hierbei an § 169 S. 2 GVG angelehnt. Die Zulassung von Aufnahmen, z.B. für das Gericht oder von anderen Verfahrensbeteiligten, unterfällt indes wiederum der Sitzungspolizei des Vorsitzenden.[949] Die Aufnahmen können in den genannten Fällen des § 17a Abs. 2 BVerfGG ganz oder teilweise ausgeschlossen oder von Auflagen abhängig gemacht werden. Indes wird hieraus sehr deutlich, dass vor dem Bundesverfassungsgericht für die genannten Verfahrensabschnitte das Regel-Ausnahme-Verhältnis umgekehrt wurde.[950]

(2) Kritik

Die Öffnung des Bundesverfassungsgerichts bereits vor nahezu zwei Jahrzenten ist durchweg zu begrüßen. Leider hat sie für die Instanzgerichte lange keinen Anstoß an den Gesetzgeber bewirkt.[951] Nunmehr ist mit dem neuen Gesetz, welches § 169 GVG ändert, ein Gleichklang zwischen dem Verfassungsgericht und den obersten deutschen Gerichtshöfen angestrebt worden. Das Bundesverfassungsgericht hat trotz der Umkehr des Regel-Ausnahme-Verhältnis umfassende Befugnisse die Öffentlichkeit zu beschränken. Anders als z.B. § 171a GVG, fordert § 17a BVerfGG keine zu befürchtende Verletzung der schutzwürdigen Interessen, sondern das Bundesverfassungsgericht kann zu deren Wahrung bereits die Öffentlichkeit beschränken.[952] Es bleibt indes dabei, dass eine Abwägung im konkreten Einzelfall erforderlich ist.[953] Für den Öffentlichkeitsgrundsatz kann hieraus geschlussfolgert werden, dass es eines verfahrensspezifischen Verständnisses bedarf, da jede Gerichtsbarkeit und jede Instanz ihre Besonderheiten hat, vor allem hinsichtlich der jeweiligen Intensität des möglichen Eingriffs in das Allgemeine Persönlichkeitsrecht. Zudem kann aus der praktischen Handhabung des Bundesverfassungsgerichts und dessen Erfahrungen eine Öffnung

---

948 *Coelln,* Medienöffenlichkeit, S. 461.
949 *Coelln,* Medienöffenlichkeit, S. 461.
950 So bereits *Coelln,* Medienöffenlichkeit, S. 473.
951 Dies kritisierte bereits das BVerfG, Urt. v. 24.01.2001 – 1 BvR 2623/95, NJW 2001, 1633 (1639).
952 *Coelln,* Medienöffenlichkeit, S. 465 f.
953 *Coelln,* Medienöffenlichkeit, S. 465; *Eberle,* NJW 1994, 1637 (1638).

auch anderer Verfahren gefordert werden. Inhaltlich ist zu erwägen das Regel-Ausnahme-Verhältnis der Bild- und Tonaufnahmen umzukehren. Eine gesetzliche Regelung zur Tonübertragung oder Videoübertragung findet sich im Bundesverfassungsgerichtsgesetz nicht, indes wird dort ebenfalls seit Jahren der Ton der Verhandlung in einen Medienarbeitsraum übertragen. Das Bundesverfassungsgericht geht davon aus, dass dies nicht unter das Verbot des § 169 S. 2 GVG fällt und es daher keiner gesetzlichen Grundlage bedarf.[954] Mit dem gefundenen Öffentlichkeitsverständnis steht § 17a BVerfGG daher in Einklang, indem er die Medienöffentlichkeit voranbringt und zugleich die Eingriffsintensität berücksichtigt.

bb) Untergesetzliche Regelungen: RiStBV und Länder-Richtlinien

Untergesetzliche Regelungen können vor allem dazu beitragen das Verhältnis von Medien und Justiz sowie den Umgang miteinander auszugestalten. Kurz: die Medienarbeit der Justiz zu vereinheitlichen und zu konkretisieren.

Entscheidend ist – aufgrund des verfahrensspezifischen Verständnisses – die bundesweit geltende Richtlinie für das Strafverfahren und Bußgeldverfahren (RiStBV), welche das Verhältnis zwischen Justiz und Öffentlichkeit teilweise regelt.[955] So ist in Nr. 4a RiStBV geregelt, dass der Beschuldigte von der Staatsanwaltschaft nicht bloßgestellt werden darf. In Nr. 4c RiStBV heißt es, dass die Beeinträchtigungen für den Verletzten gering zu halten seien. Eine konkretere Vorschrift findet sich in Nr. 23 RiStBV, welche zumindest die zu beachtenden Interessen auflistet. Zudem wird die Leitlinie ausgegeben, dass grundsätzlich mit den Medien zusammenzuarbeiten und eine Namensnennung nicht erforderlich ist. Auch Nr. 129 RiStBV greift das Verhältnis von Justiz und Medien auf. Hier sind die zu beachtenden Interessen und die Gesetzeslage aufgelistet. Inzident gibt Nr. 129 RiStBV auch Hinweise, wann welchen Rechten Vorrang zu gewähren ist. Eine konkrete Handlungsanleitung für den Umgang mit den Medien können indes weder Richter noch Staatsanwälte hieraus ableiten. Ferner hat die Richtlinie als Verwaltungsvorschrift und da sie nur sehr oberflächliche Regelungen betrifft, sehr geringe Bindungswirkung.[956]

---

954 Nach BVerfG, Beschl. v. 01.05.2013 – 1 BvQ 13/13, BayVBl. 2013, 498 (499); Beschl. v. 11.11.1992 – 1 BvQ 19/92, BVerfGE 87, 331 (331), besteht hierauf indes kein Anspruch der Medien. Für die Zulässigkeit de lege lata z.B. *Hassemer*, ZPR 2013, 149 (151); SK-*Velten*, § 169 GVG Rn. 38.

955 BAnz AT 18.08.2014 B1; auch abgedr. in KK, StPO, Anhang II.

956 *Eisele*, JZ 2014, 932 (935); *Fischer*, Medienöffentlichkeit, S. 75; *Neuling*, Inquisition, S. 155; *Roxin*, NStZ 1991, 153 (156); vgl. auch die Einführung der RiStBV, KK, StPO,

Daher existieren in vielen Bundesländern zusätzliche Richtlinien der Justizministerien zum Umgang mit den Medien. Diese Regeln aber insbesondere Zuständigkeitsfragen. Bei der Frage, wie Auskunft erteilt werden soll, wiederholen sie teilweise lediglich die RiStBV. So z.B. I. 3. RLJM Brandenburg der nur auf die Kollisionslage zwischen Persönlichkeitsrecht, Unschuldsvermutung und Medienfreiheit hinweist.[957] Es werden nur die tangierten Interessen aufgeführt.[958] Dass eine konkretere Vorgabe durchaus möglich ist und mit der richterlichen Unabhängigkeit vereinbar sein kann, zeigt Art. 6 Abs. 3 RLJM NRW, der das Erfordernis einer Abwägung deutlich macht und hierfür zugleich Leitlinien gibt.[959] Einige Bundesländer haben indes keine Richtlinien erlassen.[960] Die bestehenden Richtlinien sind häufig durch die fehlende Präzisierung untauglich, einen richtigen Umgang mit den Medien durch die Justiz zu gewährleisten. Ferner ist die Richtlinie eine interne Verwaltungsvorschrift, deren Missachtung bei wenig konkreten Regelungen kaum geahndet werden kann und auf deren Einhaltung kein Anspruch besteht. Aus der verwaltungsrechtlichen Praxis kann jedoch ein Anspruch auf Gleichbehandlung entstehen.[961] Kritisch ist zu sehen, dass die auf Basis der Richtlinien geschaffenen Pressestellen hierarchisch unter dem Justizministerium eingeordnet sind. Diese Ordnung kann zu einer Kollision der Gewaltenteilung führen, denn die Koppelung ist eminent politisch und führt dazu, dass Pressestellen strategisch, parteipolitisch besetzt werden können.[962] Ebenfalls problematisch ist, dass ein Pressesprecher nicht für jedes Gericht – nicht einmal für jedes Landgericht – eingesetzt ist.[963] Die Beobachtung

---

RiStBV (Einführung); a.A. *Jahn,* Einfluß, S. 10, der die Aufnahme des Grundsatzes des fairen Verfahrens bereits als hinreichende Bestärkung ansieht.

957 Richtlinien für die Zusammenarbeit der Justizbehörden des Landes Brandenburg mit den Medien vom 13.06.2006, JMBl./06 BB, Nr. 7 S. 82.

958 So bereits *Gostomzyk,* Öffentlichkeitsverantwortung, S. 30; der beanstandet, dass keine abstrakten Abwägungskriterien normiert wurden.

959 Richtlinien für die Zusammenarbeit mit den Medien, AV d. JM vom 12.11.2007 (1271 – II. 2) – JMBl. NW S. 2; zwischen Brandenburg und Nordrhein-Westfalen kann die Richtlinie Bayerns eingeordnet werden, die zwar auf die Abwägung und die zu berücksichtigenden Belange hinweist, aber keine Abwägungsleitlinien vorgibt, 3.2 PresseRL vom 26.05.2014, JMBl/14, Nr. 5, S. 67; vgl. *Blazko,* (Medien-)Öffentlichkeit, S. 36.

960 Keine Richtlinie gibt es z.B. in Baden-Württemberg, Hamburg, Thüringen.

961 *Gostomzyk,* Öffentlichkeitsverantwortung, S. 26.

962 *Blazko,* (Medien-)Öffentlichkeit, S. 36; *Gostomzyk,* Öffentlichkeitsverantwortung, S. 33 f.

963 *Gostomzyk,* Öffentlichkeitsverantwortung, S. 34.

der Medien und Auswertung beschränkt sich zumeist auf Printmedien, soziale Medien werden kaum in die Betrachtung einbezogen.[964] Mögliche Maßnahmen bezüglich tendenziöser oder falscher Medienberichterstattung sind das informelle Hinwirken auf eine Richtigstellung evtl. auch durch Verweis auf den Pressekodex oder eine Gegendarstellung, welche durchaus auch in der Form eines Leserbriefes erfolgen kann.[965]

Wünschenswert ist daher de lege ferenda, die Schaffung einer einheitlichen Richtlinie zur Öffentlichkeitsarbeit der Justiz. Diese Regelungen können vor allem für den grundrechtssensiblen Bereich des Ermittlungsverfahrens Leitlinien bilden, um den zu wahrenden Interessen jedenfalls teilweise gerecht zu werden.[966] Langfristig und wiederum de lege ferenda ist eine Anpassung der Juristenausbildung zu fordern, in welcher bislang Öffentlichkeitsarbeit vollständig vernachlässigt wird.[967]

Die untergesetzlichen Handlungsanleitungen für die Justiz sind zu begrüßen. Es bedarf dennoch einer einheitlichen Richtlinie, um dem gefundenen Öffentlichkeitsverständnis gerecht zu werden. Denn verständlich kommunizieren müssen die Justizbehörden nicht nur das Ergebnis eines Verfahrens, sondern insbesondere den Weg dorthin.[968]

d) Fazit

In verschiedensten Teilbereichen des Prozessrechts finden sich Normen, welche direkt oder indirekt die Verfahrensöffentlichkeit betreffen. Im Rahmen des GVG gewähren die gefunden Vorschriften dem Persönlichkeitsrecht der Zeugen durch verschiedene Ausschlussmöglichkeiten der Öffentlichkeit Vorrang. Die Einführung der Ausnahmen von der grundsätzlichen Verfahrensöffentlichkeit ging einher mit der zunehmenden Fokussierung des Opfers im Strafverfahren. Der Ausschluss der Öffentlichkeit in bestimmten Einzelfällen ist notwendig und steht mit der Forderung eines moderat erweiterten Öffentlichkeitsbegriffs in Einklang. Der Wiederherstellung des Rechts dient nicht die unbeschränkte

---

964 *Gostomzyk*, Öffentlichkeitsverantwortung, S. 36.

965 *Gostomzyk*, Öffentlichkeitsverantwortung, S. 39.

966 So bereits *Altenhain*, Beil-NJW 2016, 37 (38); *Blazko*, (Medien-)Öffentlichkeit, S. 36; *Franke*, NJW 2016, 2618 (2619); für mehr Ressourcen zur Öffentlichkeitsarbeit plädiert *Limpberg*, ZRP 2016, 124 (125).

967 *Blazko*, (Medien-)Öffentlichkeit, S. 36; *Gierhake*, JZ 2013, 1030 (1034); *Hassemer*, ZRP 2013, 149 (151); *Merk*, DRiZ 2013, 234 (235); *Walther*, JZ 1998, 1145 (1192).

968 *Blazko*, (Medien-)Öffentlichkeit, S. 36; *Weigend*, ZStW 113 (2001), 271 (277).

Massenöffentlichkeit, sondern die für das Verständnis des Verfahrens notwendige Öffentlichkeit unter Beachtung der Persönlichkeitsrechte der Beteiligten. Der Wiederherstellung des Rechts würde zum Beispiel die öffentliche Vernehmung eines Kindes entgegenlaufen. Ein derartiges Verfahren würde das Recht nicht wiederherstellen können, sondern es nochmals erschüttern.

In der StPO finden sich ebenfalls viele die Öffentlichkeit betreffende Normen, wobei nur einige dargestellt wurden. Dem Öffentlichkeitsverständnis als begrenzte Medienöffentlichkeit laufen die zu erkennenden Tendenzen der Zunahme informeller Erledigungsformen entgegen. Insbesondere die Ausweitung der Einstellung und auch die Verfahrensabsprachen, sind mit dem Verständnis eines erweiterten Öffentlichkeitsbegriffs im Strafverfahren nicht in Einklang zu bringen.

Als Vorbild für das Gesetz zur Erweiterung der Medienöffentlichkeit und daher durchaus gewinnbringend ist die Betrachtung von § 17a BVerfGG. Die durch das Bundesverfassungsgericht gemachten positiven Erfahrungen seit 20 Jahren bestätigen die Annahme eines erweiterten und eines verfahrensspezifischen Öffentlichkeitsverständnisses.

Von den untergesetzlichen Regelungen ist die RiStBV maßgeblich für den Umgang der Justiz mit den Medien. Sie soll den Richtern und Staatsanwälten ermöglichen unter Beachtung aller Positionen Öffentlichkeitsarbeit zu leisten und mit den Medien richtig umzugehen. Um eine solche Handlungsleitung annehmen zu können, müsste die Richtlinie aber konkreter sein. Länderrechtlich gibt es einige zusätzliche Richtlinien, welche die offenen Lücken der RiStBV zu schließen versuchen, was aber oftmals nicht gelingt. Aufgrund dessen benötigt die Justiz eine einheitliche Richtlinie zum Umgang mit den Medien.

Alle in den Blick genommenen Normen bestätigen einerseits die Notwendigkeit eines verfahrensspezifischen Öffentlichkeitsbegriffs. Andererseits sind die Normen ohne weiteres auch mit einem erweiterten Öffentlichkeitsbegriff in Einklang zu bringen.

6. Zusammenfassung

Aus den Überlegungen de lege lata lässt sich schließen, dass die bisherigen Regelungen zum Öffentlichkeitsgrundsatz nicht genügen, um dem gefundenen Öffentlichkeitsverständnis hinreichend Rechnung zu tragen. Eine Gesamtschau der Regelungen führt zu dem Ergebnis, dass der Gesetzgeber vor allem die Beschränkung der Öffentlichkeit im Blick hatte. Das Gesetz gibt Anhaltspunkte, welche bei einer umfassenden Abwägung zu berücksichtigen sind, wie z.B. die Regelungen des KUG. Genauer Betrachtet sind die Regelungen aber wiederum häufig ausfüllungsbedürftig und es hat sich eine mannigfaltige Kasuistik entwickelt. Bereits die Grenze der Verbotsnorm des § 169 S. 2 GVG ist nicht ohne weiteres zu bestimmen. Fotografien sind trotz des Aufnahmeverbots grundsätzlich ebenso erlaubt wie Aufnahmen vor Verhandlungsbeginn oder in den Pausen. Bislang gab es keine Leitlinie für die vorzunehmende Abwägung. Aus der einschränkenden Gesetzgebung konnte die Tendenz für ein enges Öffentlichkeitsverständnis abgeleitet werden. Unter die wenig konkrete Regelung des § 176 GVG fallen sehr viele Maßnahmen zur Beschränkung der Öffentlichkeit. Regelmäßig machen die Vorsitzenden von der Möglichkeit die Öffentlichkeit einzugrenzen Gebrauch, z.B. durch ein Verbot zur Nutzung von Laptops[969]. Teilweise wird die Sitzungsgewalt hierbei sehr weit ausgedehnt, z.B. wenn es um die Frage der Anonymisierung der Berichterstattung geht. Eine Anonymisierung erfolgt nämlich regelmäßig nach der Sitzung. Die Möglichkeit im Rahmen von § 176 GVG sog. Pool-Lösungen einzurichten und die Poolführer zivilrechtlich zur Weitergabe von Aufnahmen zu verpflichten ist zwar ein Mittel, um allen Medien möglichst umfassenden Zugang zu gewähren und ein Wetteifern um das beste Bild zu unterbinden. Allerdings geht eine derart umfassende, teils zivilrechtliche Anordnung wohl über den Wortlaut des § 176 GVG hinaus.[970]

Ferner ist die Öffentlichkeitsarbeit der Justiz in der RiStBV oder den Richtlinien der Länder nicht hinreichend klar und bindend geregelt. Die bestehenden Regelungen genügen der Bedeutung der Kommunikation im Strafverfahren zur Erreichung der Zwecke des Strafverfahrens und der Strafe nicht.

Es bedarf daher legislativer Klarstellungen zum einen im formellen Recht, zum andern aber auch durch die Schaffung einer bundeseinheitlichen Richtlinie für die Öffentlichkeitsarbeit der Justiz. Dem gefundenen Verständnis einer Medienöffentlichkeit im Strafverfahren wird das bestehende Gesetzesrecht nicht gerecht, so dass sich Forderungen de lege ferenda ergeben.

II. Konsequenzen de lege ferenda

Die bestehenden Regelungen ebenso wie deren Anwendung, können dem Öffentlichkeitsverständnis auf Grundlage einer repressiv-kommunikativen Straftheorie nicht gerecht werden. Es folgt daher ein Ausblick de lege ferenda. Im Laufe der Arbeit wurde ein Gesetz zur Erweiterung der Medienöffentlichkeit

---

969 Vgl. BVerfG, Beschl. v. 03.12.2008 – 1 BvQ 47/08, NJW 2009, 352 (353).

970 Str. vergleiche *Hauth*, Sitzungspolizei, S. 48 f.

in Gerichtsverfahren beschlossen und ist in Kraft getreten, welches daher ebenfalls unter diesem Abschnitt in den Blick genommen wird.

1. Platzvergabe und Videoübertragung

Aufgrund der besonderen politischen und gesellschaftlichen Brisanz wurde in den medienträchtigen Verfahren dieser Zeit, wie dem sog. Münchner NSU-Verfahren,[971] die Diskussion über das Verhältnis von Medien und Justiz neu entfacht. Im Laufe dieses Diskurses kam die Frage nach der Möglichkeit einer Videoübertragung in einen anderen Gerichtssaal wieder auf. Problematisch war hier, dass die reservierten Plätze für die Medienvertreter bei weitem den Bedarf nicht decken konnten. Die Presseplätze wurden nach einer Akkreditierung zunächst nach dem „Prinzip der Schlange“[972] und nach einer einstweiligen Anordnung des Bundesverfassungsgerichts[973] im Losverfahren vergeben. Das „Prinzip der Schlange“ bedeutet, dass die Medienvertretern Plätze nach der Reihenfolge des Erscheinens erhalten und diese bei zwischenzeitlichem Verlassen des Saales nicht freigehalten werden.[974] Nachdem eine türkische Zeitung das Bundesverfassungsgericht angerufen hatte, wurden ausländischen Medien – insbesondere aus den Herkunftsländern der Opfer – aus dem privilegierten Kreis der Medienvertreter als noch höher privilegiert hervorgehoben. Eine Kontingentierung wurde erforderlich und vom OLG München in der Folge detailliert getroffen.[975]

Bereits die erstgenannte Privilegierung entbehrt einer einfachgesetzlichen Grundlage. Denn aus § 169 S. 1 GVG geht hervor, dass jeder – ob Journalist oder nicht – die gleiche Möglichkeit haben muss das Gerichtsverfahren im Saal zu verfolgen. Daher sind grundsätzlich die Plätze nach dem Erscheinen zu verteilen.[976] Dass eine Privilegierung der Medien berechtigt ist, soll aufgrund deren herausragenden Bedeutung im und für den demokratisch verfassten Staat als

---

971 OLG München – 6 St 3/12.

972 Dieses Vergabeprinzip wird auch „Windhundprinzip“ genannt.

973 BVerfG, Beschl. v. 12.04.2013 – 1 BvR 990/13, NJW 2013, 1293.

974 *Coelln,* AfP 2004, 193 (195); *Kujath,* AfP 2013, 269 (271).

975 BVerfG, Beschl. v. 12.04.2013 – 1 BvR 990/13, NJW 2013, 1293 (1294); *Fölster,* NK 2014, 154 (154 f.); *Kujath,* AfP 2013, 269 (269); *Muckel,* JA 2013, 476 (476 f.); *Zuck* kritisiert, dass diese weitere Privilegierung nicht ohne Weiters nachvollziehbar ist, NJW 2013, 1293 (1296).

976 So auch *Altenhain,* Gutachten C, S. 62; *Coelln,* DÖV 2006, 804 (807); *Hirzebruch,* Öffentlichkeit, S. 187; *Kujath,* AfP 2013, 269 (270); *Mitsch,* ZRP 2014, 137 (138); *Zuck,* NJW 2013, 1293 (1296).

Multiplikatoren, nicht in Frage gestellt werden.[977] Die Reservierung von Presseplätzen kann auf Art. 5 Abs. 1 S. 2 GG i.V.m. Art. 3 Abs. 1 GG bzw. die Pressefreiheit und mittelbar auf die Informationsfreiheit der Allgemeinheit zurückgeführt werden. Es darf aber nur eine teilweise Reservierung von Plätzen erfolgen, um der Allgemeinheit den Zutritt ermöglichen zu können.[978] Wie hoch der Anteil an Nicht-Journalisten zu sein hat ist nicht geregelt und hier finden sich Angaben von der Hälfte bis zu einem Viertel.[979] Erneut stellt sich die Frage, welcher Personenkreis von der Privilegierung erfasst ist, da Medienvertreter nicht zwingend nur solche namhafter Tageszeitung oder Fernsehsender sein können, sondern auch vermeidliche Privatpersonen, welche z.B. einen Blog im Internet betreiben. Die redaktionelle Aufbereitung kann hier ebenso ein Kriterium sein wie der bereits geforderte (wieder) bundeseinheitliche Presseausweis.[980] Die Möglichkeit der Kontingentierung, z.B. für verschiedene Medienarten oder aus- und inländische Medien, genauso wie das Vergabeverfahren stützen sich wiederum auf § 176 GVG und liegen somit im Ermessen des vorsitzenden Richters. Die differenzierte Einteilung von Kontingenten ist ebenso wie die Wahl des „Prinzips der Schlange“ bzgl. der Platzvergabe zulässig.[981] Es besteht daher jedenfalls ein Anspruch auf ermessensfehlerfreie Entscheidung. Gegebenenfalls kann auch eine Ermessensreduzierung auf Null in Bezug auf die Frage, ob Kontingente gebildet werden zu einer Kontingentierungspflicht führen.[982] Da in diesem Bereich viele Fragen offen sind, wäre es wünschenswert hier eine Handlungsleitlinie auszugeben, welche den Vorsitzenden die Arbeit vereinfachen würde. Eine bundeseinheitliche Richtlinie böte sich an, um eine Leitlinie festzusetzen. Eine legislative Klärung der Kontingentierung und des Ablaufs scheint indes mangels Regelungslücke nicht geboten, denn § 176 GVG ermöglicht grundsätzlich

---

977 Vgl. *Altenhain,* Gutachten C, S. 63; *Coelln,* Medienöffentlichkeit, S. 263; *ders.*, AfP 2014, 193 (194); *Eisele,* JZ 2014, 932 (934); *Kujath,* AfP 2013, 269 (271).

978 *Kujath,* AfP 2013, 269 (271); *Muckel,* JA 2013, 476 (478); *Stieper,* JZ 2014, 271 (275); *Coelln,* will bei besonders öffentlichkeitswirksamen Verfahren sogar eine Schutzpflicht annehmen, AfP 2014, 193 (194).

979 Vgl. *Altenhain,* Gutachten C, S. 63; *Bock,* jm 2014, 123 (126); *Coelln,* Medienöffentlichkeit, S. 263.

980 Das Problem der Abgrenzung der Medien und zunehmenden Medienkonvergenz wurde, wie die Frage des Presseausweises, bereits bei der Frage der Selbstregulierung relevant (D. I. 4.); vgl. hierzu *Altenhain,* Gutachten C, S. 64; *Kujath,* Laienjournalimus, S. 210 f.

981 BVerfG, Beschl. v. 30.10.2002 – 1 BvR 1932/02, NJW 2003, 500 (500 f.); *Altenhain,* Gutachten C, S. 66.

982 *Kujath,* AfP 2013, 269 (271 f.); vgl. *Coelln,* AfP 2014, 193 (195).

eine hinreichende Grundlage für alle Arten der Kontingentierung und Platzvergabe.[983]

Ebenfalls im Rahmen des „NSU-Verfahrens" kam die Diskussion um die Möglichkeiten einer Videoübertragung in einen anderen Gerichtssaal wieder auf.[984] Aus dem gefundenen verfahrensspezifischen Öffentlichkeitsverständnis als Medienöffentlichkeit folgt, dass den Medien möglichst umfassender Zugang zu gewähren ist, auch durch eine Videoübertragung in einen anderen Gerichtssaal.[985]

Zunächst stellt sich die Frage, ob es einer Reform des Gesetzes bedarf, um eine Videoübertragung innerhalb des Gerichtsgebäudes zuzulassen. Dies hängt maßgeblich davon ab, ob die Übertragung zum Zwecke der öffentlichen Vorführung erfolgt. Wiederum stellt sich das bereits erörterte Problem, was unter öffentlicher Vorführung zu verstehen ist. Hierbei kann ein unbegrenzter Zugang nicht unter § 169 GVG fallen, insbesondere da eine Verlegung der Sitzung in eine Stadthalle oder gar ein Stadion bereits nicht zulässig ist.[986] Altenhain geht davon aus, dass Übertragungen an eine überschaubare und kontrollierbare Personengruppe (Pressevertreter) nicht hiervon erfasst seien.[987] Wird mit der oben genannten Forderung indes die Zutrittsmöglichkeit in einen separaten Raum für alle Pressevertreter verlangt, ist der Personenkreis nicht überschaubar, so dass auch nach Altenhain – de lege lata – eine derartige Übertragung nicht von § 169 S. 1 GVG getragen sein dürfte. Einer Analogie bzw. entsprechenden Anwendung des § 169 S. 2 GVG bedarf es daher nicht zwingend.[988] Folglich ist eine gesetzliche Regelung erforderlich.[989]

---

983 *Altenhain,* fordert eine Ergänzung des Gesetzestextes, Gutachten C, S. 68.

984 Ein Nebenkläger hatte einen entsprechenden Eilantrag beim BVerfG gestellt, vgl. BVerfG, Beschl. v. 24.04.2013 – 2 BvR 872/13, AfP 2013, 236 (236).

985 *Blazko,* (Medien-)Öffentlichkeit, S. 36; *Coelln,* Medienöffentlichkeit, S. 271; *Gierhake,* JZ 2013, 1030 (1034); *Hassemer,* ZRP 2013, 149 (151); *Merk,* DRiZ 2013, 234 (235); *Mitsch,* ZRP 2014, 137 (138); *Walther,* JZ 1998, 1145 (1192); a.A. 65. Arbeitstagung der OLG-Präsidenten; LTO 19.06.2013 abrufbar unter http://www.lto.de/recht/nachrichten/n/olg-praesidenten-videouebertragung-aufsehenerregende-prozesse/, zuletzt aufgerufen am 14.06.2017; *Kreicker,* ZIS 2017, 85 (103).

986 Siehe hierzu bereits unter Fn. 819. KK-*Diemer,* StPO, § 169 GVG Rn. 8; *Kissel/Mayer,* GVG, § 169 Rn. 67; LK-*Wickern,* StPO, § 169 GVG Rn. 44 f.; *Meyer-Goßner/Schmitt,* StPO, § 169 Rn. 5.

987 *Altenhain,* Gutachten C, S. 96; *ders.,* DRiZ 2016, 304 (306); *ders.,* NJW-Beil. 2016, 37 (39).

988 *Roxin,* FS Peters, S. 404; vgl. KK-*Diemer,* StPO, § 169 GVG Rn. 8; *Kissel/Mayer,* GVG, § 169 Rn. 67; LK-*Wickern,* StPO, § 169 GVG Rn. 44 f.; *Meyer-Goßner/Schmitt,* StPO, § 169 GVG Rn. 5.

989 So im Ergebnis auch *Hassemer,* ZRP 2013, 149 (151); *Kujath,* AfP 2013, 269 (276); MK-*Kudlich,* StPO, Einl. Rn. 197; a.A. *Kuder,* RuP 2014, 137 (137); *Limpberg,* ZRP 2016, 124 (125).

Die Einwände gegen eine derartige Regelung müssen aufgrund der Notwendigkeit der Kommunikation der Rechtsfindung zur Wiederherstellung des Rechts zurücktreten. Finanzielle Einwände können nicht verfangen, denn es ist vorderste Aufgabe des Staates sich und seine Einrichtungen gegenüber der Allgemeinheit zu rechtfertigen. Gerade auch die finanziellen Lasten der Bürger können so verständlich gemacht werden. Zudem erfolgt aufgrund der Einführung der elektronischen Akte ohnehin eine Verkabelung und Neuausstattung der Gerichte, so dass der Mehraufwand überschaubar bleiben dürfte.[990] Ferner besteht ein besonderes Interesse zumeist nicht für das gesamte Verfahren, sondern für bestimmte Verfahrensabschnitte, wie die Verlesung der Anklage oder die Urteilsverkündung. Ein gesonderter Medienarbeitsraum wäre daher nicht erforderlich und die Funktionsfähigkeit des betroffenen Gerichts nicht erheblich eingeschränkt, indem ein Saal bereitgehalten würde.[991] Indes muss auch in einem zweiten Sitzungssaal die Möglichkeit der Ausübung der Sitzungsgewalt des Vorsitzenden bestehen. Die begrenzte menschliche Aufnahmefähigkeit führt dazu, dass die Rückübertragung des Geschehens im zweiten Saal zum Vorsitzenden nicht praktikabel ist.[992] Dies ist durch die beschränkte Zulassung allein von Medienvertretern in den zweiten Saal auch nicht erforderlich. Beeinträchtigungen aus dem zusätzlichen Raum wären wohl allein durch Mitschnitte zu befürchten.[993] Wie bereits bei der Platzvergabe bzw. -reservierung für Medienvertreter, kann die Privilegierung der Medien gegenüber der Allgemeinheit durch deren Multiplikatorfunktion und deren besonderen grundrechtlichen Schutz begründet werden. Insgesamt muss aber das Verhältnis von allgemeiner Öffentlichkeit und Medienvertretern angemessen bleiben.[994]

---

990 *Blazko,* (Medien-)Öffentlichkeit, S. 37; *Britz,* jm 2015, 127 (130); *Kutschaty* hält dies sogar für kostengünstiger, ZRP 2013, 219 (219).

991 So *Blazko,* (Medien-)Öffentlichkeit, S. 37; *Britz,* jm 2015, 127 (130); *Gostomzyk,* Öffentlichkeitsverantwortung, S. 206; *Kreicker,* ZIS 2017, 85 (103); *Stürner,* JZ 2001, 699 (703).

992 *Schumann,* DRiZ 2013, 254 (256); *Titz,* Wirtschaftsführer 2015, 2 (4); a.A. *Merk,* DRiZ 2013, 234 (235).

993 *Altenhain,* Gutachten C, S. 97; *Blazko,* (Medien-)Öffentlichkeit, S. 37; *Merk,* DRiZ 2013, 234 (235); *Rosenthal,* AnwBl 2016, 654 (655).

994 So bereits *Altenhain,* Gutachten C, S. 98; a.A. *Schumann,* DRiZ 2013, 254 (257).

Außer Frage steht, dass die Sitzungsgewalt des Vorsitzenden auch in dem zusätzlichen Saal gilt und daher kann er hierfür gesonderte sitzungspolizeiliche Verfügungen (bereits vor Beginn der Hauptverhandlung) erlassen. Gegen Verstöße könnte der Wachtmeister zunächst vorgehen und sodann die Entscheidung des Vorsitzenden herbeiführen.[995]

Freilich besteht dennoch die Möglichkeit, dass die Kapazität nicht ausreichen könnte und wiederum eine Vergabe erfolgen muss.[996] Allerdings kann so jedenfalls der weitüberwiegenden Mehrheit an Medienvertretern ein Platz gesichert werden. Bei einer Videoübertragung wäre nicht zwingend zu befürchten, dass dennoch alle im eigentlichen Sitzungssaal anwesend sein wollen, denn Gestik oder Mimik könnten die Journalisten erkennen und in ihre Berichterstattung integrieren. Unter Umständen könnte die Sicht durch die Übertragung sogar besser sein als aus dem Zuschauerraum aufgrund des dort möglicherweise eingeschränkten Sichtfeldes. Bei einer reinen Tonübertragung wäre hingegen dennoch ein großer Andrang auf die Saalplätze anzunehmen. Es würde eine Perspektive ebenso wie eine statische Kamera genügen, ein zoomen zu dem jeweils Sprechenden wäre nicht erforderlich. Es soll eine vergleichbare Perspektive möglich sein, wie aus dem Zuschauerraum. Es ist daher nicht zu befürchten, dass der Vorsitzende zusätzlich noch Regieanweisungen geben muss.[997]

Die möglichst breite Vermittlung des Strafverfahrens und dessen Inhalte sind für den Rechtsstaat und zur Erfüllung des Strafzwecks unablässig, so dass eine Videoübertragung für Medienvertreter in einen weiteren Gerichtssaal im Gerichtsgebäude in Verfahren von besonderem allgemeinem Interesse notwendig ist.[998] Da dies auf die aktuelle Gesetzeslage nicht gestützt werden kann, muss der Gesetzgeber eine Regelung treffen. Zu bedauern ist, dass in dem Gesetz zur Erweiterung der Medienöffentlichkeit in Gerichtsverfahren lediglich eine Tonübertragung vorgesehen ist, deren Nutzen zumindest fraglich ist.

---

995 So bereits *Altenhain,* DRiZ 2016, 304 (306); *ders.,* Gutachten C, S. 97; *Blazko,* (Medien-)Öffentlichkeit, S. 37. Zur derzeitigen Situation vgl. BGH, Beschl. v. 11.07.1979 – 3 StR 165/79, NJW 1980, 249 (249); KK-*Diemer,* § 176 GVG Rn. 6; *Kissel/Mayer,* GVG, § 176 Rn. 27; LK-*Wickern,* StPO, § 176 GVG Rn. 24, 43 f.; *Meyer-Goßner/Schmitt,* StPO, § 176 GVG Rn. 14.

996 *Bock,* jm 2014, 123 (129); *Schumann,* DRiZ 2013, 254 (255).

997 So im Ergebnis aber *Kuder,* RuP 2014, 137 (137).

998 So bereits *Blazko,* (Medien-)Öffentlichkeit, S. 37; *Coelln,* Medienöffentlichkeit, S. 271; *Fölster,* NK 2014, 154 (158); *Gierhake,* JZ 2013, 1030 (1034); *Hassemer,* ZRP 2013, 149 (151); *Merk,* DRiZ 2013, 234 (235); *Mitsch,* ZRP 2014, 137 (138); *Walther,* JZ 1998, 1145 (1192).

2. Das Gesetz zur Erweiterung der Medienöffentlichkeit in Gerichtsverfahren

Im Laufe dieser Arbeit wurde ein Gesetz verabschiedet, welches das unter dem ersten Kapitel aufgezeigte Missverhältnis zwischen Gesetzgebung und – gesellschaftlicher wie technischer – Entwicklung aufgreift. Das Gesetz zur Erweiterung der Medienöffentlichkeit in Gerichtsverfahren und zur Verbesserung der Kommunikationshilfen für Sprach- und Hörbehinderte (kurz EMöGG) wirkt dem gesetzgeberischen Stillstand nach zu langem Abwarten entgegen und beinhaltet eine vergleichsweise rigorose Reformierung. Anstoß für das Tätigwerden war die nationale wie internationale Kritik an der Öffentlichkeitsarbeit deutscher Gerichte durch den sog. NSU-Prozess vor dem OLG München.[999] Der Gesetzgeber hat einen durchaus zu befürwortenden Mittelweg zwischen Medienöffentlichkeit und Persönlichkeitsschutz gefunden. Indes bleiben auch im Rahmen dieses Reformvorhabens die Straftheorien und die Spezifik der Verfahren unberücksichtigt.

a) Darstellung des Inhalts

Mit der Vorlage eines Entwurfes zur Änderung des Gerichtsverfassungsgesetztes im Hinblick auf die Öffentlichkeit des Verfahrens wurde bereits im Jahr 2015 eine Expertenkommission aus Wissenschaft und Praxis beauftragt. Auf 31 Seiten versucht der Gesetzentwurf die dargestellten Rückstände aufzuarbeiten und den schwierigen Balanceakt zwischen Medien, Öffentlichkeit und Persönlichkeitsschutz zu vollziehen. Das Problem bzw. Ziel des Entwurfs wird eher knapp gehalten, indem die Divergenz zwischen dem absoluten Verbot des § 169 S. 2 GVG und der technischen wie gesellschaftlichen Entwicklung dargestellt wird. Eine Funktion der Öffentlichkeit setzt der Entwurf unmittelbar in Bezug, indem es dort heißt: „Die Justiz muss für die Bürger erfahrbar sein, um in der Breite akzeptiert zu werden."[1000] Ferner wird die Entwicklung in anderen europäischen Staaten, wie England und Frankreich, herangezogen, in welchen bereits eine Öffnung zu den Medien stattgefunden hat. Berücksichtigt wurde daneben, dass die Verfahren umfangreicher geworden sind, insbesondere aufgrund der

999 Daher prüft *Wick* zu Recht die Frage eines verfassungswidrigen Einzelfallgeseztes, Strafverfahren, S. 338 f., welche aber im Ergebnis zu verneinen ist.

1000 Entwurf über die Erweiterung der Medienöffentlichkeit – EMöGG, S. 10 abrufbar unter http://www.bmjv.de/SharedDocs/Gesetzgebungsverfahren/Dokumente/RefE_Erweiterung_Medienoeffentlichkeit_Gerichtsverfahren.pdf, zuletzt aufgerufen am 24.06.2017.

erweiterten Mitwirkungsmöglichkeiten von Dritten. Die Lösung wird in einer „moderaten Lockerung des bisherigen Verbots der Medienübertragung aus der Gerichtsverhandlung" gesehen.[1001] Im Ergebnis ist der Vorschlag in drei Punkte gegliedert:

1. Die Möglichkeit eine simultane Audioübertragung in einen Medienarbeitsraum kann durch unanfechtbare Ermessensentscheidung des Vorsitzenden zugelassen werden.
2. Der Ton von Verfahren von herausragender zeitgeschichtlicher Bedeutung können aufgrund unanfechtbarer Ermessensentscheidung des Vorsitzenden aufgezeichnet und entsprechend der Normen des ArchG archiviert werden.
3. Die Urteilsverkündungen der obersten Gerichtshöfe des Bundes können durch unanfechtbare Anordnung des Vorsitzenden zum Zwecke der öffentlichen Vorführung in Bild und Ton aufgezeichnet werden.

Das Gesetz enthält über die Erweiterung der Medienöffentlichkeit hinaus Verbesserungen der Kommunikationshilfen für hör- und sprachbehinderte Personen. Diese sind sicherlich ebenso von Bedeutung, allerdings wird hierauf im Weiteren – aufgrund des beschränkten Untersuchungsumfangs – nicht näher eingegangen.

Im Einzelnen enthält das Gesetz hinsichtlich der Erweiterung der Medienöffentlichkeit folgende Regelungen:

> *Artikel 1 Änderung des Gerichtsverfassungsgesetzes*
> *Das Gerichtsverfassungsgesetz in der Fassung der Bekanntmachung vom 9. Mai 1975 (BGBl. I S. 1077), das zuletzt durch Artikel 2 des Gesetzes vom 21. Dezember 2015 (BGBl. I S. 2529) geändert worden ist, wird wie folgt geändert:*

1. § 169 wird wie folgt geändert:

a) Der Wortlaut wird Absatz 1 und die folgenden Sätze werden angefügt:
„Die Tonübertragung in einen Arbeitsraum für Personen, die für Presse, Hörfunk, Fernsehen oder für andere Medien berichten, kann von dem Gericht zugelassen werden. Die Tonübertragung kann zur Wahrung schutzwürdiger Interessen der Beteiligten oder Dritter oder zur Wahrung eines ordnungsgemäßen Ablaufs des Verfahrens teilweise untersagt werden. Im Übrigen gilt für den in den Arbeitsraum übertragenen Ton Satz 2 entsprechend."

1001 Entwurf über die Erweiterung der Medienöffentlichkeit – EMöGG, S. 10 abrufbar unter http://www.bmjv.de/SharedDocs/Gesetzgebungsverfahren/Dokumente/RefE_Erweiterung_Medienoeffentlichkeit_Gerichtsverfahren.pdf, zuletzt aufgerufen am 24.06.2017.

b) Die folgenden Absätze 2 bis 4 werden angefügt:

„(2) Tonaufnahmen der Verhandlung einschließlich der Verkündung der Urteile und Beschlüsse können zu wissenschaftlichen und historischen Zwecken von dem Gericht zugelassen werden, wenn es sich um ein Verfahren von herausragender zeitgeschichtlicher Bedeutung für die Bundesrepublik Deutschland handelt. Zur Wahrung schutzwürdiger Interessen der Beteiligten oder Dritter oder zur Wahrung eines ordnungsgemäßen Ablaufs des Verfahrens können die Aufnahmen teilweise untersagt werden. Die Aufnahmen sind nicht zur Akte zu nehmen und dürfen nicht herausgegeben oder zu Verfahrenszwecken genutzt werden. Sie sind vom Gericht nach Abschluss des Verfahrens demjenigen zuständigen Bundes- oder Landesarchiv zur Übernahme anzubieten, das nach dem Bundesarchivgesetz oder einem Landesarchivgesetz festzustellen hat, ob den Aufnahmen ein bleibender Wert zukommt. Nimmt das Bundesarchiv oder das jeweilige Landesarchiv die Aufnahmen nicht an, sind die Aufnahmen durch das Gericht zu löschen.

(3) Abweichend von Absatz 1 Satz 2 kann das Gericht für die Verkündung von Entscheidungen des Bundesgerichtshofs in besonderen Fällen Ton- und Fernseh-Rundfunkaufnahmen sowie Ton- und Filmaufnahmen zum Zweck der öffentlichen Vorführung oder der Veröffentlichung ihres Inhalts zulassen. Zur Wahrung schutzwürdiger Interessen der Beteiligten oder Dritter sowie eines ordnungsgemäßen Ablaufs des Verfahrens können die Aufnahmen oder deren Übertragung teilweise untersagt oder von der Einhaltung von Auflagen abhängig gemacht werden“

(4) Die Beschlüsse des Gerichts nach den Absätzen 1 bis 3 sind unanfechtbar.

b) Kritik

Das Gesetz und die Initiative, die Öffentlichkeit von Gerichtsverfahren zu reformieren, sind in jedem Fall zu begrüßen. Auch die moderate Lockerung als Kern des Gesetzes entspricht im Wesentlichen dem in dieser Arbeit gefundenen Ergebnis und kann dem Balanceakte zwischen den widerstreitenden Interessen gerecht werden.

aa) Übertragungsmöglichkeit der Entscheidungsverkündung der obersten Gerichtshöfe

Einen wichtigen Schritt macht das Gesetz mit der Ermöglichung der Übertragung der Entscheidungsverkündung bei den obersten Gerichtshöfen des Bundes in § 169 Abs. 3 GVG. Das die Übertragung nicht generell bei den obersten Gerichtshöfen stattfindet, sondern das Gericht hierüber unanfechtbar entscheidet, ist im Interesse des Persönlichkeitsrechts der Beteiligten sowie der Funktionsfähigkeit der Gerichte und somit der Judikative zu befürworten. Zudem ist die Einzelfallentscheidung im Hinblick auf das fehlende Informationsbedürfnis bzgl. aller Entscheidungen der obersten Gerichtshöfe zu begrüßen. Hierdurch werden die Bedeutung der obersten Gerichtshöfe für die und deren Präsenz in der Öffentlichkeit gestärkt. Die bisher festzustellende Unterrepräsentierung hängt aber auch damit zusammen, dass die Pressestellen nicht professionell besetzt und mit hinreichenden Mitteln ausgestattet werden.[1002] Mit der Begrenzung auf die obersten Gerichtshöfe wird der Tatsache Rechnung getragen, dass insbesondere deren Entscheidungen für die Leben der Bürger bedeutend sind. Zudem wird dem Gericht selbst eine Plattform gegeben seine Entscheidung der Öffentlichkeit unmittelbar verständlich zu machen oder Kritik zu üben.[1003] Eine Beeinflussung von Zeugen oder die Beeinträchtigung von Persönlichkeitsrechten hält sich bei den obersten Gerichten zumindest in Grenzen bzw. ist nicht gegeben.[1004] Zeugen werden nur selten vernommen und in der Regel sind allein Rechtsfragen zu klären.

Bahnbrechend ist die Übertragung der Urteilsverkündung dennoch nicht. Sie schließt vielmehr die Lücke, welche durch die Einführung des § 17a BVerfGG zwischen der Medienpräsenz des Bundesverfassungsgerichts und der obersten Gerichtshöfe des Bundes, entstanden ist.[1005] Dass die Zulassung der Übertragung zu mehr Verkündungsterminen in relevanter Zahl führen wird, ist nicht zu befürchten. Zum einen sind es für jeden der obersten Gerichtshöfe des Bundes jährlich nur wenige Entscheidungen, welche überhaupt für eine Übertragung in Frage kommen. Zum anderen sind diese Entscheidungen heute bereits besonders vorbereitet und werden in einem separaten Termin verkündet. Die tragenden Gründe werden ohnehin verbreitet, so dass ein unzumutbarer Mehraufwand in der Vorbereitung nicht zu erwarten ist.[1006] Hierfür eine Gebührenziffer in das RVG einzuführen stünde außer Verhältnis. Aufgrund der geringen Zahl ist es der Anwaltschaft zuzumuten diese Termine nicht separat

---

1002 *Altenhain,* Gutachten C, S. 95; DRB, Stellungnahme 12/2016, S. 4.

1003 *Mosbacher,* DRiZ 2016, 299 (299); Zur Kritik im Rahmen der Urteilsverkündung auch an den Medien bzw. der Verfahrensberichterstattung: *Prantl,* DRiZ 2016, 298 (298).

1004 *Coelln,* AfP 2016, 491 (494). Da der Angeklagte vor dem BGH erscheinen muss und unter Umständen Details erörtert werden, kann die Aufnahme immer noch begrenzt oder ausgeschlossen werden.

1005 *Altenhain,* DRiZ 2016, 304 (304); *Kissel/Mayer,* GVG, §169 Rn. 66a; *Kreicker,* ZIS 2017, 85 (91 f.); *Wick,* Strafverfahren, S. 346. Bereits 2010 hierfür *Voßkuhle,* FH Möller, S. 10, 13.

1006 *Altenhain,* DRiZ 2016, 304 (305); *Kreicker,* ZIS 2017, 85 (104); a.A. DRB, Stellungnahme 12/2016, S. 4.

berechnen zu können.[1007] Eine mediengerechte Aufbereitung der Urteilsgründe ist nicht notwendig, da die journalisitische Umsetzung der Urteile den Medien obliegt.[1008]Beinahe unverständlich ist ferner die Sperrung gegen die Übertragung des Beginns der Hauptverhandlung bis zur Feststellung der Anwesenheit, welche § 17a BVerfGG für das Bundesverfassungsgericht vorsieht. Auch in diesem Stadium der Verhandlung sind massive Grundrechtseingriffe hinsichtlich der Beteiligten nicht zu befürchten.[1009]

Von vielen Seiten wird durch diese erste Lockerung ein gesetzgeberischer „Dammbruch" befürchtet, welcher zur Zulassung von Übertragungen auch bei den Instanzgerichten führen könnte.[1010] Die Arbeit der Gerichte könne so durch Verfassungsbeschwerden gegen die Entscheidungen des Vorsitzenden (Verstöße gegen Art. 3 oder Art. 5 GG) massiv erschwert werden.[1011] Dies könnte in der Tat eine Folge sein, aber die Hürde des „Dammbruchs" hat der Gesetzgeber durch den legislativen Stillstand erst herbeigeführt; anders gewendet hat er den „Damm" selbst aufgebaut. Der Entwurf sieht eine Evaluierung fünf Jahre nach Inkrafttreten vor, um eine eventuelle Ausdehnung auf die Instanzgerichte zu prüfen. Die Ausweitung der Medienöffentlichkeit auf die Instanzen ist erforderlich, denn der Gesetzentwurf kann den Rückstand und die Kluft zwischen Medien, Gesellschaft und Justiz nicht vollständig überwinden. Daher bietet sich die in diesem Bezug von Mosbacher geäußerte Devise an: „Begrenzt ausprobieren statt alles Neue zu verdammen (…)".[1012] Eine Ausdehnung für Amts- und Landgerichte ist zwar kritischer zu sehen, als dies am BGH als Revisionsinstanz der Fall ist, da hier in der Urteilsverkündung zumeist personenbezogene Umstände zu erörtern sind. Indes kann durch eine unanfechtbare Ermessensentscheidung des Vorsitzenden über die Zulassung der Aufzeichnung den gegenläufigen Belangen ebenfalls Rechnung getragen werden. Zugleich böte sich die Gelegenheit die Justiz der Bevölkerung wieder zugänglicher und für diese evtl. auch verständlicher zu machen. Darüber hinaus ist das Interesse der Öffentlichkeit an Verfahren der Instanzgerichte teilweise wesentlich höher als an einer Revisionsentscheidung.[1013]

1007 Mit Bedenken dahingehend BRAK, Stellungnahme 18/2016, S. 8.

1008 *Wick,* Strafverfahren, S. 348.

1009 *Altenhain,* DRiZ 2016, 304 (305).

1010 DRB, Stellungnahme 12/2016, S. 5; vgl. *Altenhain,* DRiZ 2016, 304 (305); *Coelln,* AfP 2016, 491 (495).

1011 DRB, Stellungnahme 12/2016, S. 4; *Kissel/Mayer,* GVG, §169 Rn. 66b; *Mosbacher,* DRiZ 2016, 299 (299).

1012 *Mosbacher,* DRiZ 2016, 299 (299).

1013 *Altenhain,* Gutachten C, S. 95; *Gündisch/Dany,* NJW 1999, 256 (259 f.); a.A. *Limperg,* ZRP 2016, 124 (124); *Kreicker,* ZIS 2017, 85 (105).

bb) Tonübertragung in einen Medienarbeitsraum

Die reine Tonübertragung in einen Medienarbeitsraum ist ebenso wenig ein großer Fortschritt und holt nur einen Bruchteil dessen auf, was durch den Stillstand verpasst wurde. Markant ist, dass dieser Teil des Entwurfes sogar seit 1969 Praxis des Bundesverfassungsgerichts ist.[1014] Darüber hinaus erscheint das weitere Sperren gegen Bildaufnahmen in Zeiten, in denen digitale Taschenmonster die Straßen erobern und über soziale Medien die Geburt des Kindes bis zum aktuellen Mittagessen geteilt werden, wenig zeitgemäß.[1015] Die technischen Möglichkeiten werden so nicht ansatzweise gewinnbringend eingesetzt und keineswegs der aktuellen Medienentwicklung Rechnung getragen. Die Gefahren bei Bildübertragungen sind für das Persönlichkeitsrecht der Beteiligten und für das Verfahren selbst – vor allem im Strafverfahren – sicherlich hoch,[1016] aber auch eine reine Tonübertragung würde zu Ungewissheiten und möglichen Beeinträchtigungen führen. Eine Teilnahme allein durch Tonübertragung ist zudem wenig interessant für Medienvertreter, da diese insbesondere auch Mimik und Gestik in ihre Berichte einbringen und es für das Verständnis relevant sein kann. Um einen Konflikt mit dem Gleichheitsgrundsatz aus Art. 3 GG zu vermeiden, müssten die vorhandenen Plätze im Saal nach wie vor durch ein gesondertes Verfahren vergeben werden.[1017] Das praktische Problem der Zuordnung des Tones zu Personen des Verfahrens kommt noch hinzu.[1018] Der Unterschied zu gerichtsinternen Übertragungen oder zu Verhandlungen in sehr großen Sitzungssälen ist jedenfalls nicht besonders groß.[1019] Zu Recht konstatiert Franke: „Es entbehrt nicht einer gewissen Ironie, dass der Entwurf sein erklärtes Ziel, den neuen Entwicklungen im Bereich der Medien Rechnung

---

1014 *Altenhain,* DRiZ 2016, 304 (306); *Kreicker,* ZIS 2017, 85 (89).

1015 *Altenhain,* DRiZ 2016, 304 (307); *Wick,* Strafverfahren, S. 341.

1016 Zum Allgemeinen Persönlichkeitsrecht unter C. I. 2. b)

1017 *Wick,* Strafverfahren, S. 342.

1018 *Altenhain,* DRiZ 2016, 304 (307); BRAK, Stellungnahme 18/2016, S. 5; *Coelln,* AfP 2016, 491 (493); Justizpressekonferenz Stellungnahme, S. 14 (16), abrufbar unter http://www.justizpressekonferenz.de/downloads/EM%C3%B6GG.pdf, zuletzt aufgerufen am 25.05.2018; *Kreicker,* ZIS 2017, 85 (89); *Wick,* Strafverfahren, S. 341.

1019 *Altenhain,* spricht sogar von einem „marginalen Unterschied", DRiZ 2016, 304 (307); *ders.,* Gutachten C, S. 99; *Coelln,* AfP 2016, 491 (493); DRB, Gutachten, S. 153, abrufbar unter http://www.bmjv.de/SharedDocs/Downloads/DE/Service/StudienUntersuchungenFachbuecher/Gutachten_StrafrechtskommissionRichterbund_%C2%A7169.pdf?__blob=publicationFile&v=3, zuletzt aufgerufen am 25.05.2018.

zu tragen, mit Mitteln aus dem Radio-Zeitalter erreichen will."[1020] Des Weiteren scheint die Gefahr der missbräuchlichen Verwendung bei Audio-Video-Übertragung überschaubar, solange es keine Aufzeichnung sondern allein eine leicht zeitversetzte Übertragung gibt. Die Übertragung muss selbstredend von der Justizverwaltung erfolgen und darf keinesfalls privatisiert werden. Des Weiteren wird für die reine Audioübertragung angeführt, dass die Richter weniger belastet würden und der Aufwand geringer sei, da es nur Mikrofone bedürfe und keiner wechselnden Aufnahme des jeweils sprechenden Beteiligten.[1021] Indes ist ein anonymer Medienraum, in welchen keiner der Beteiligten – nicht einmal der Vorsitzende – Einblick nehmen kann bereits an sich belastend. Der Unterschied zwischen einer reinen Ton- oder einer zeitgleiche Videoübertragung von einem festen Platz aus ist diesbezüglich vernichtend gering. Ebenso wie die Mikrofone wären Kameras statisch anzubringen und so von diesen keine Mehrbelastung des Sitzungsablaufs zu erwarten.[1022] Ferner müssten auch bei einer Audioübertragung Schalter an anzuschaffenden Mikrofonen angebracht sein, so dass nur das Wort übertragen wird, von dem derzeit (hauptsächlich) Sprechenden. Reaktionen anderer Beteiligter könnten nicht übertragen oder sonst wahrgenommen werden. Die Audioübertragung kann somit stets nur einen kleinen Ausschnitt des Verfahrens wiedergeben, nicht jedoch das Verfahren als solches. Es ist zu befürchten, dass vor allem in Strafverfahren kaum Interesse an einer Teilnahme in einem Audio-Medienarbeitsraum bestehen wird, sondern nach wie vor die Medien um die Plätze im Sitzungssaal „kämpfen" würden. Daher stellt sich die berechtigte Frage der Verhältnismäßigkeit der notwendigen finanziellen Investitionen allein für Tonübertragungen. Die Ermöglichung der Bildaufnahme erfordert freilich die Anschaffung von entsprechenden Geräten, indes wird dies nur für wenige Verfahren der Fall sein und die Geräte könnten auch unter den Gerichten verliehen werden, so dass bei weitem nicht jedes Gericht ausgestattet sein müsste.[1023]

Die Zutrittsbegrenzung ist indes gerechtfertigt. Die Medienvertreter als Multiplikatoren des Verfahrens sollten möglichst umfassend berichten können, wobei dennoch Pool-Lösungen[1024] zur Sicherung eines ordnungsgemäßen

---

1020 *Franke,* NJW 2016, 2618 (2620).

1021 DRB, Gutachten, S. 162, abrufbar unter FN. 1019.

1022 So bereits *Altenhain,* Gutachten C, S. 99; DRB, Gutachten, S. 153, abrufbar unter FN. 1019.

1023 *Altenhain,* fordert beide Varianten vorzusehen und die Entscheidung dem Gericht zu überlassen, Gutachten C, S. 100; DRB, Stellungnahme 12/2016, S. 3.

1024 Fn. 332.

Verfahrensablaufes notwendig sein werden. Der Zutritt muss sodann von einem Wachtmeister kontrolliert werden, um zu vermeiden, dass sich in einem oder mehreren Medienarbeitsräumen, keine Medienvertreter sondern unter Umständen Zeugen aufhalten und entgegen § 243 Abs. 2, 58 Abs. 1 StPO Aussagen anderer Zeugen mitverfolgen. Ferner muss auch die Sitzungspolizei ausgeübt werden.[1025] Eine Übertragung auf einen Monitor im Sitzungssaal für den Vorsitzenden ist denkbar, aber überflüssig.[1026] Wie im Sitzungssaal, kann der Vorsitzende die Kontrolle hinsichtlich etwaiger Mitschnitte auf Justizpersonal übertragen und bei Verstößen entscheiden. Störungen der Sitzung über Mitschnitte hinaus sind kaum zu erwarten.[1027] Durch die reine Tonübertragung, soll der Medienraum keine Erweiterung der Saalöffentlichkeit darstellen. Daher sei bei diesen Bereich betreffenden Störungen allein das Hausrecht des Gerichtspräsidenten einschlägig.[1028] Einer derartigen Konstruktion bedarf es aber wie gezeigt nicht, da zum einen die Sitzungspolizei ohne größere Schwierigkeiten ausgeübt werden kann und zum anderen zumeist der Gerichtspräsident das Hausrecht bei derart öffentlichkeitswirksamen Verfahren ohnehin auf den Vorsitzenden überträgt. Die ausdrückliche Klarstellung der Gesetzesbegründung, dass der Arbeitsraum für Medienvertreter keine Erweiterung des Sitzungssaals darstellt, hat ferner den Hintergrund, dass bei einem Ausfall der Technik kein absoluter Revisionsgrund nach § 338 Nr. 6 StPO einschlägig sein soll.[1029] Der Ausfall der Technik ist ein Problem, welches immer bestehen wird, da diese Möglichkeit nie auszuschließen ist. Es ist jedoch mittlerweile durchaus die Ausnahme geworden und durch die Ausbildung bzw. Fortbildung einzelner Angestellter im Bereich IT könnten die Gerichte die meisten Probleme ohne Weiteres beheben. Eine Unterbrechung der Sitzung bis zur Wiederherstellung der Übertragung ist zudem eine vom Gesetz nicht angesprochene Alternative.[1030] Die Unterbrechung führt zudem wohl kaum zu einer rechtsstaatswidrigen Verfahrensverzögerung,

---

1025 KK-*Diemer*, GVG, § 169 Rn. 11a; *Kissel/Mayer*, GVG, §169 Rn. 86b.

1026 Hierzu bereits unter D. II. 1.

1027 *Altenhain*, DRiZ 2016. 304 (306); Deutscher Richterbund, Stellungnahme 12/2016, S. 2 f.

1028 *Coelln*, AfP 2016, 491 (493); DRB, Gutachten, S. 159 f., abrufbar unter FN.1010; KK-*Diemer*, GVG, § 169 Rn. 11a; *Kreicker*, ZIS 2017, 85 (90); so auch die Gesetzesbegründung, BT-Drucks. 18/10144, S. 27.

1029 *Altenhain*, Gutachten C, S. 99; *Coelln*, AfP 2016, 491 (493); vgl. BT-Drucks. 18/10144, S. 27; DRB, Gutachten, S. 155, 158, abrufbar unter FN.1010.

1030 So bereits *Altenhain*, Gutachten C, S. 99.

da die in Frage kommenden Verfahren zumeist ohnehin Umfangsverfahren mit einer Vielzahl von Verhandlungstagen sein werden.

Auf der Zulassung von Medienvertretern baut die Frage auf, was hierunter zu verstehen ist. Im Gesetzentwurf bleibt diese Frage offen. Die Einordnung als Medienvertreter ist sicherlich eine der zentralen Fragen für die Entwicklung des § 169 S. 2 GVG im Angesicht des internetgestützten Laienjournalismus.[1031] Diese Grundsatzfrage ist in Zusammenarbeit mit dem Presserat zu prüfen. Hierbei sind die Bestrebungen eines bundeseinheitlichen Presseausweises zu begrüßen, welcher von neutraler Stelle aufgrund festgesetzter Kriterien vergeben wird.[1032]

Zu befürworten ist, dass kein reiner Medienarbeitsraum für das EMöGG erforderlich ist. Vielmehr genügt es (dies gilt im Übrigen auch bei einer Audio-Videoübertragung), dass ein nicht genutzter Sitzungssaal oder Raum im Gerichtsgebäude für die Übertragung der entsprechenden Verhandlung eingesetzt wird. Ferner ist nicht nur aufgrund des Platzmangels die Einrichtung eines Medienarbeitsraums erforderlich, denn z.B. können Medienvertreter zumindest in dem zusätzlichen Raum ihre Geräte, wie Tablets, umfänglich nutzen.[1033]

Offengeblieben ist, wer die Medienarbeitsräume einzurichten und auszustatten hat. Dies wird wohl als Aufgabe der Justizverwaltung zu sehen sein. Eine Klarstellung im Rahmen der Gesetzesbegründung wäre aber wünschenswert gewesen.[1034]

cc) Aufzeichnung von Verfahren mit historischer Bedeutung

Die Möglichkeit der Tonaufzeichnung von Verfahren mit herausragender zeitgeschichtlicher Bedeutung folgt teilweise dem französischen Vorbild.[1035] Hierdurch wird die Bedeutung von Gerichtsverfahren für die Gesellschaft, deren Geschichte und Kultur gestärkt. Die Aufzeichnung dient nicht der unmittelbaren Vorführung, sondern allein der Dokumentation für weitergehende Forschung oder nachfolgende Generationen.[1036] Durch die mit dem Verweis auf die ArchG

1031 Hierzu ausführlich *Kujath*, Laienjournalismus im Internet. *Wick*, Strafverfahren, S. 342 f.

1032 Bundesrechtsanwaltskammer, Stellungnahme 18/2016, S. 6; hierzu bereits unter Fn. 903. Die Vergabe erfolgt durch die „Ständige Kommission", welche beim Bundespresserat angesiedelt ist; *Wick*, Strafverfahren, S. 344.

1033 *Kreicker*, ZIS 2017, 85 (89).

1034 *Kreicker*, ZIS 2017, 85 (89).

1035 Die Übernahme wurde bereits seit längerem gefordert, vgl. *Fölster*, NK 2014, 154 (160); *Morsch*, RuP 2014, 136 (136).

1036 *Kreicker*, ZIS 2017, 85 (103).

einbezogenen Schutzfristen (§ 5 BArchG) von 30 Jahren nach dem Tod des Aufgezeichneten bzw. 110 Jahre nach dessen Geburt, sind auch keine gravierenden Folgen für Verfahrensbeteiligte zu befürchten. Zudem ist allein die Tonaufzeichnung zulässig und somit das Persönlichkeitsrecht weniger schwer betroffen.[1037] Ob diese Fristen tatsächlich starr sind, oder hiervon – wie § 5 Abs. 3 BArchG vorsieht – Ausnahmen erfolgen können, ist unklar. Des Weiteren gelten unter Umständen die Fristen der Landesarchivgesetze, welche teilweise unterschiedliche Fristen vorsehen und welche der Landesgesetzgeber auch ändern könnte.[1038] Bei Betrachtung des französischen Vorbildes fällt auf, dass hier die Schutzfristen stetig verkürzt wurden und nunmehr bereits – unter bestimmten Voraussetzungen – nach Rechtskraft ein Zugriff auf die Aufzeichnungen erfolgen kann.[1039] Ferner entscheidet letztlich das Bundes- oder Landesarchiv über den bleibenden Wert und die tatsächliche Archivierung, nicht das Gericht oder der Vorsitzende.[1040]

Zu Recht wird eingewandt, dass bei Aufzeichnung dieser Verfahren trotz der erst späteren Ausstrahlung Persönlichkeitsrechte betroffen sind und jedenfalls nicht auszuschließen ist, dass die Aufzeichnung Einfluss auf das Verfahren hat. Die Beeinflussung des Aussageverhaltens wird als Argument gegen die umfassende Dokumentation angeführt.[1041] Sie könnten über Beweisanträge Gegenstand von Verfahren werden und so dazu führen, dass „sich die Beweismittel auseinanderentwickeln".[1042] Nicht von der Hand zu weisen ist, dass in derartigen Verfahren (zumindest häufig) Personen agieren werden, denen ihr persönliches Geschichtsbild besonders wichtig ist.[1043] Durch Festsetzung der Aufnahmemodalitäten können mit der Aufzeichnung einhergehende Störungen der Verhandlung z.B. durch Geräusche vermieden werden.[1044] Zu Recht fordert von Coelln, dass die Aufnahmen nicht nur durch das Gericht zugelassen werden können, sondern von diesem anzufertigen sind.[1045] Dessen ungeachtet wird die Aufzeichnung bzw. die Annahme eines Verfahrens von zeitgeschichtlicher

1037 *Wick,* Strafverfahren, S. 350.

1038 *Kreicker,* ZIS 2017, 85 (104).

1039 Vgl. *Britz,* Fernsehaufnahmen, S. 168 f.; *Witzler,* Personale Öffentlichkeit, S. 67 f.

1040 BT-Drucks. 18/10144, S. 20, 28; *Coelln,* AfP 2016, 491 (493); *Kreicker,* ZIS 2017, 85 (90).

1041 Vgl. *Coelln,* AfP 2016, 491 (493).

1042 DRB, Stellungnahme 12/2016, S. 4.

1043 So bereits BRAK, Stellungnahme 18/2016, S. 6.

1044 *Coelln,* AfP 2016, 491 (493); BT-Drucks. 18/10144, S. 26.

1045 *Coelln,* AfP 2016, 491 (493); so auch BT-Drucks. 18/10144, S. 26.

Bedeutung die absolute Ausnahme sein und die Regelung daher nur sehr selten zum Tragen kommen. Angesichts der Wissenschaftsfreiheit und der Bedeutung von bestimmten Verfahren für eine Gesellschaft und deren Kultur ist diese Ausnahme in den gezogenen engen Grenzen zu befürworten. Nicht außer Acht gelassen werden darf, dass dem Ziel ein geschichtlich bedeutendes Verfahren festzuhalten auch durch eine gerichtsinterne Aufzeichnung oder eine videogestützte Protokollierung Rechnung getragen werden könnte, welche ebenfalls verfahrensinterne Zwecke erfüllen würden.[1046]

c) Unanfechtbarkeit der Gerichtsentscheidung

§ 169 Abs. 4 GVG n.F. sieht vor, dass die Ermessensentscheidung des Gerichts unanfechtbare ist.[1047] Die Unanfechtbarkeit hat den nicht von der Hand zu weisenden Vorteil, dass das Verfahren nicht durch Rechtsmittel gegen die Entscheidung verzögert wird. Allerdings ist die Ermessensentscheidung selbst bereits ein nicht zu unterschätzender Mehraufwand, in welchem der Vorsitzende eine umfangreiche Abwägung von Grundrechten vornehmen muss. Durch die Unanfechtbarkeit der Entscheidung ist zugleich der Weg zum Bundesverfassungsgericht eröffnet, was zusätzlich den Druck erhöht. Denn bereits gegen sitzungspolizeiliche Verbote von Aufnahmen in Sitzungspausen etc. ist die Verfassungsbeschwerde gegeben.[1048] Die Medien haben zwar keinen Anspruch auf die Ausnutzung der geschaffenen Möglichkeiten, aber einen Anspruch auf ermessensfehlerfreie, insbesondere dem Verhältnismäßigkeitsgrundsatz entsprechende, Entscheidung. Im Einzelfall kann ein „Quasi-Anspruch" durch eine Ermessensreduzierung auf Null bestehen.[1049] Es ist daher zu befürchten, dass das Gericht im Zweifel keine derartige Entscheidung treffen wird, da die Mehrbelastung bei der derzeitigen und sich noch weiter zuspitzenden Ressourcenknappheit – gerade bei Verfahren die ohnehin sehr umfangreich sind – schwer zu bewältigen sein wird. Die Gesetzesbegründung geht auch davon aus, dass die Nichtzulassung keiner Entscheidung bedürfe.[1050] Indes werden sodann die Kriterien der Ermessensentscheidung benannt, was widersprüchlich scheint. Sobald

1046 Hierzu bereits *Hamm*, AfP 2014, 202 (207 f.); vgl. *Kissel/Mayer*, GVG, §169 Rn. 73.

1047 BT-Drucks. 18/10144, S. 7; vgl. *Kreicker*, ZIS 2017, 85 (89).

1048 BVerfG, Beschl. v. 19. 12. 2007 – 1 BvR 620/07, NJW 2008, 977 (978 f.); BRAK, Stellungnahme 18/2016, S. 6; *Coelln*, AfP 2016, 491 (494); DRB, Stellungnahme 12/2016, S. 5.

1049 *Coelln*, AfP 2016, 491 (494); *Kreicker*, ZIS 2017, 85 (89).

1050 BT-Drucks. 18/10144, S. 27.

ein Antrag eines Medienvertreters vorliegt, wird das Gericht eine Entscheidung treffen müssen. Darüber hinaus ist bei unzulässiger Erweiterung oder Beschränkung der Öffentlichkeit ein Revisionsgrund, in letzterem Fall ein absoluter Revisionsgrund, gegeben.[1051]

d) Fazit

Bereits nach der Annahme des Gesetzgebers ist davon auszugehen, dass die Anwendung der geschaffenen Normen die (absolute) Ausnahme sein wird. So wird davon ausgegangen, dass eine Tonübertragung in einen Medienarbeitsraum etwa 30 Verfahren pro Jahr betrifft, eine Aufzeichnung eines zeitgeschichtlichen Verfahrens wird kaum vorkommen und auch die Übertragung von Urteilen oberster Gerichtshöfe soll – anders als noch im Entwurf der Bund-Länder-Arbeitsgruppe – die Ausnahme (*in besonderen Fällen*) sein.[1052]

Die Frage der Aufnahmen durch Verfahrensbeteiligte und ggf. deren Zugänglichmachung ist unbeantwortet geblieben. Eine Stellungnahme oder Regelung hierzu wäre wünschenswert gewesen. Insbesondere gerichtsinterne Aufzeichnungen zur Ergänzung der teilweise dürftigen Protokolle wurden nicht erwogen.[1053]

Es bleibt festzuhalten, dass das Gesetz zur Erweiterung der Medienöffentlichkeit in Gerichtsverfahren durchaus zu begrüßen ist und einen wichtigen Schritt hinaus aus dem gesetzgeberischen Stillstand wagt. Die Gefahr eines Dammbruchs hin zu Übertragungen aus den Instanzgerichten sollte nicht als solche gesehen werden. Vielmehr ist nach einer Bewährungszeit – und womöglich einer Bewährung der Regelung – die Öffnung durchaus zu erwägen, um dem gefundenen Öffentlichkeitsverständnis Rechnung zu tragen. Nicht nachvollziehbar ist zudem, dass die Übertragung nicht generell für letztinstanzliche Entscheidungen und somit ggf. auch für Entscheidungen der Oberlandesgerichte zugelassen wurde. Bei diesen Entscheidungen ist das Persönlichkeitsrecht ebenso kaum tangiert und es handelt sich, durchaus um bedeutsame Urteile.[1054] Zudem ist die Verbesserung der Pressearbeit für die Dritte Gewalt aufgrund oder in Ergänzung zu diesem Entwurf unumgänglich.[1055] Fundament hierzu könnte die Verbesserung der juristischen Ausbildung in Bezug auf die Öffentlichkeitsarbeit sein.

1051 BRAK, Stellungnahme 18/2016, S. 7.

1052 BT-Drucks. 18/10144, S. 24; *Kreicker,* ZIS 2017, 85 (90 f.).

1053 So auch *Hamm,* AfP 2014, 202 (207); *Kreicker,* ZIS 2017, 85 (105).

1054 Das diese nicht von bundesweiter Relevanz seien, ist zu pauschal. So bereits *Wick,* Strafverfahren, S. 347.

1055 Vgl. bereits BRAK, Stellungnahme 18/2016, S. 4.

Indes kann die legislative Änderung nicht voll überzeugen. Wesentliche Aspekte der Verfahrensöffentlichkeit, welche für eine tatsächliche Reform des Öffentlichkeitsgrundsatzes notwendig wären, wurden nur ansatzweise berücksichtigt. So ist bedauerlich, dass der Zusammenhang zur Straftheorie und den Verfahrenszwecken scheinbar ausgeblendet blieb und auch nicht zwischen den Gerichtsbarkeiten differenziert wurde, obwohl sich die Gesetzesbegründung zu den Besonderheiten bei Strafverfahren äußert.[1056] Wieder werden die Akzeptanz der Rechtsprechung durch die Bevölkerung und die Gefahr für die Resozialisierung des Angeklagten allein als Folge bzw. Aufgabe angesprochen, nicht aber zur Begründung der Öffentlichkeit herangezogen. Denn nicht nur die unterschiedliche Eingriffsintensität der verschiedenen Verfahren, von arbeits- bis strafrechtlichen Prozessen, ist entscheidend für eine Differenzierung, sondern insbesondere und über allem die unterschiedlichen Verfahrenszwecke. Im Strafverfahren ist hierbei die Straftheorie Schlüssel, auch für die Frage der Öffentlichkeit des Verfahrens. Der Öffentlichkeitsgrundsatz wird somit nicht auf ein neues, tragfähiges Fundament gestellt, auf welchem weitere Änderungen ohne Weiteres denkbar wären. Vielmehr wird – wie häufig in der jüngeren Legislative – ein weiterer Satz oder Absatz hinzugefügt, Ausnahmen werden geschaffen und diese wiederum beschränkt, anstelle einer grundlegenden Reformierung.[1057] Eine klare Linie oder klare Differenzierung der Gerichtsbarkeiten ist nicht zu erkennen.

3. Weitere Öffnungsmöglichkeit: Web 2.0

Die Öffnung des Verfahrens hin zu einer Medienöffentlichkeit sollte auch die sog. „Neuen Medien“ erfassen. Microbloggings oder Postings aus der Verhandlung sind zum einen bereits nicht vom Verbot des § 169 S. 2 GVG erfasst, zum anderen resultieren aus dem Gesetz zur Erweiterung der Medienöffentlichkeit keine weitergehenden Beschränkungen. Allerdings ist die Zulässigkeit von Textnachrichten direkt aus der Verhandlung unklar und sollte daher durch den Gesetzgeber normiert werden. Das Senden via Internet könnte nämlich ebenso als Rundfunk verstanden werden und somit könnte das Bloggen unter § 169 S. 2 GVG subsumiert werden.[1058]

Aufgrund der gefunden Präzisierungslinie, ist eine Öffnung für Microblogging-Dienste, wie Twitter oder sonstige „Neue Medien“, zu fordern. Auf Microblogging-Plattformen können mit einer stark begrenzten Zeichenzahl (bei

---

1056 BT-Drucks. 18/10144, S. 26.

1057 So auch *Wick*, Strafverfahren, S. 366.

1058 Siehe unter Fn. 912 f.

Twitter: 140) Informationen mitgeteilt werden.[1059] Der Dienst ist von jedem internetfähigen Handy aus erreichbar und seine Bedeutung machen die Nutzerzahlen deutlich. So haben im 3. Quartal 2017 330 Millionen Menschen weltweit Twitter genutzt, wobei Deutschland hier noch etwas abgeschlagen ist mit 12 Millionen Nutzern.[1060] Mit der Öffnung in diese Richtung hat sodann die grundsätzliche Erlaubnis der Nutzung von moderner Technik, wie Tablets, einherzugehen.[1061] Sollte hierdurch der äußere Ablauf der Verhandlung gefährdet sein, hat der Vorsitzende stets die Möglichkeit in Ausnahmefällen die Nutzung von Laptops und sonstigen Geräten auf den Medienarbeitsraum zu beschränken. Dies wäre stets das mildere Mittel zum vollständigen Ausschluss.

a) Gefahren

Eine Störung des äußeren Sitzungsablaufs durch Betriebsgeräusche o.ä. verfängt bei dem derzeitigen Stand der Technik nicht mehr.[1062] Tablets verursachen keinerlei Betriebsgeräusche und die Lüfter der Laptops sind kaum noch hörbar.

Da veröffentlichte Nachrichten von anderen weiterverbreitet werden können, ist zum Teil eine Art „viraler Effekt" der Verbreitung zu erkennen.[1063] Dieser Effekt stellt zugleich ein Problem einer Öffnung dar. Allerdings würden Zeitungsschlagzeilen denselben Effekt auch auf „Twitter & Co." hervorrufen, sodass gegenüber der normalen Presseberichterstattung, keine gesteigerte Gefahr erkennbar wird.[1064] Allerdings ist die Befürchtung, dass durch das „Twittern" Zeugen von vorherigen Aussagen Kenntnis erlangen durchaus gegeben. Wiederum besteht diese Gefahr aber ohnehin, da auch anwesende Zuschauer, Zeugen informieren können oder bei mehrtägigen Verhandlungen die Printmedien. Zumeist wird dies nicht kontrolliert.[1065] Sollte die Gefahr durch unmittelbares Senden von Nachrichten tatsächlich im Einzelfall erhöht sein, kann der

---

1059 *Kissel/Mayer*, GVG, §169 Rn. 67; *Krieg*, KuR 2009, 673 (674).

1060 Laut dem Unternehmen, vgl. https://about.twitter.com/de/company; http://www.zeit.de/digital/2016-03/soziale-medien-twitter-nutzerzahlen-deutschland, jeweils zuletzt aufgerufen am 28.06.2017.

1061 Für die Öffnung auch *Altenhain*, NJW-Beil 2016, 37 (40); *ders.* Gutachten C, S. 102 f.; *Hirzebruch*, Öffentlichkeit, S. 345.

1062 Siehe hierzu bereits Fn. 911.

1063 *Krieg*, KuR 2009, 673 (674).

1064 *Krieg*, KuR 2009, 673 (676).

1065 *Altenhain*, Gutachten C, S. 101, 89 f.; *Krieg*, KuR 2009, 673 (677).

Vorsitzende die Übertragung aus dem Saal untersagen. Derartige Fälle sind aber kaum denkbar bzw. würden die absolute Ausnahme sein.[1066]

Durch die Möglichkeit, dass jeder – unabhängig von journalistischer Qualifikation – über das Strafverfahren berichten kann, hat die Freiheit des Einzelnen zwar eine Dimension erfahren, die bis vor kurzem nicht vorstellbar war. Allerdings gehen hiermit auch verschiedenste Gefahren einher. Laienjournalisten kennen die rechtlichen Hintergründe oft nicht und wissen überwiegend nicht, dass eine identifizierende Berichterstattung eine sorgfältige Abwägung der Belange erfordert. Berufliche Journalisten hingegen kennen in der Regel die Problematik des Persönlichkeitsrechts und sind durch den Pressekodex zumindest angehalten, nicht vorverurteilend zu berichten.[1067] Das sowohl Rechtskenntnis als auch das Einhalten des Pressekodex nur teilweise der Realität entspricht, ist dabei nicht zu übersehen.[1068] Die fehlende Rechtskenntnis kann dazu führen, dass Fehlwahrnehmungen publiziert und allgemeinkundig werden und so die Öffentlichkeit falsch informiert wird.[1069] Aufgrund der Möglichkeit anonymisiert zu berichten, sehen sich diese Berichterstatter in der Regel weder rechtlichen oder beruflichen noch sozialen Konsequenzen ihrer Berichte ausgesetzt. Die globale Verbreitung der Beiträge und die Breitenwirkung, die diese erzielen können, kommen erschwerend hinzu. Dass Einträge im Internet den Betroffenen ein Leben lang begleiten können, ist eine – trotz der Entscheidung des EuGH – bestehende Gefahr.[1070] Seither ist ein „Recht auf Vergessenwerden" und somit ein Anspruch auf Löschung von Einträgen, vor allem bei Suchmaschinen, gegeben. Zumeist wird aus diesen Gründen die Übertragung, also das Senden von Textnachrichten, unmittelbar aus der Hauptverhandlung durch sitzungspolizeiliche Verfügung untersagt.

Die hauptsächliche Gefahr besteht indes in der Möglichkeit mit modernen Geräten entgegen des Verbots des § 169 S. 2 GVG Aufnahmen der Sitzung zu fertigen und sie zu verbreiten.[1071] Ein allgemeines Verbot geht einher mit einem generellen Misstrauen gegenüber der gesamten Medienbranche, welches sich

1066 *Altenhain,* Gutachten C, S. 101; *Coelln,* AfP 2014, 193 (202); *Krieg,* KuR 2009, 673 (677).

1067 *Kujath,* Laienjournalismus, S. 88.

1068 *Kujath,* Laienjournalismus, S. 88; *Ernst,* FS Rehbinder, S. 75 f.

1069 *Kujath,* Laienjournalismus, S. 89; *Ernst,* FS Rehbinder, S. 76.

1070 EuGH, 13.05.2014 – C-131/12; EuGRZ 2014, 320 (320 f.); OLG Celle, Urt. v. 01.06.2017 – 13 U 178/16, AfP 2017, 444 (444); vgl. *Ströbel,* Persönlichkeitsschutz, S. 122; *Boehme-Neßler,* NVwZ 2014, 825 (826).

1071 BVerfG, Beschl. v. 27.11.2008 – 1 BvQ 47/08, NJW 2009, 352 (353).

aufgrund der grundgesetzlichen Verankerung und der aufgezeigten Bedeutung der Medien für den Rechtsstaat verbietet.[1072] Zudem kann der Vorsitzende stets Anordnungen gegen den einzelnen Medienvertreter treffen, sollte er eine Aufnahme befürchten oder feststellen.[1073] Ferner bestehen verschiedenste Sanktionsmechanismen, wie strafrechtlich nach § 33 KUG, eine zivilrechtliche Klage oder eine Beschwerde beim Presserat. Darüber hinaus ist eine verbotswidrige Aufnahme auch durch sonstige Minikameras, z.B. in einem Kugelschreiber, möglich und kann vom Vorsitzenden noch weniger kontrolliert werden.[1074] Diese Gefahren können indes kein generelles Verbot begründen, da die Gewährleistung der Medienfreiheiten schwerer wiegt als das Misstrauen der Justiz gegenüber den Medien.[1075]

b) Chancen

Durch die Zulassung moderner Technik und unmittelbarer Textberichterstattung, können Eingriffe in Grundrechte, wie die Medienfreiheit, vermieden werden. Die Zulassung würde einem modernen, demokratischen Rechtsstaat Rechnung tragen. Zudem kann die Justiz den beschriebenen viralen Effekt auch für sich nutzen. Vor allem das Strafverfahren, welches zur Wiederherstellung des Rechts kommuniziert werden muss, könnte auf diese Weise seiner Aufgabe wesentlich besser gerecht werden. Darüber hinaus wäre es möglich auch die jüngeren Generationen leichter zu erreichen und diesem oft politikverdrossenen oder nicht interessierten Teil der Gesellschaft das Verfahren und dessen Bedeutung sowie den Zweck der Strafe näherzubringen. Ferner ist in der Vereinfachung des Inhalts durch nicht rechtskundige Laienjournalisten nicht lediglich eine Gefahr, sondern zugleich eine Chance auf noch verständlichere Übermittlung zu sehen. Die Vermeidung von Lynchjustiz im Netz durch die von der Justiz begründete Öffentlichkeitsarbeit, wäre ein möglicher Erfolg der weiteren Öffnung. Dies wäre z.B. durch die Erstellung von Social Media Guidelines möglich, in denen der Nutzer zur Beachtung gewisser Grenzen und Werte angehalten wird. Derartige Richtlinien haben viele Unternehmen mittlerweile

---

1072 *Altenhain*, Gutachten C, S. 102; *Pfeifle*, ZG 2010, 283 (291).

1073 BGH, Beschl. v. 11.02.1998 – 3 StE 7/94, NStZ 1998, 364 (364 f.); *Altenhain*, Gutachten C, S. 103.

1074 Insbesondere sind derartige Minikameras ohne Weiteres über das Internet für jeden erhältlich. Das Misstrauen müsste sich daher gegen jeden Zuhörer richten, nicht nur gegen die Medienvertreter.

1075 *Altenhain*, Gutachten C, S. 103.

herausgearbeitet und sie stellen eine akzeptierte Handlungsweise im Internet dar.[1076]

c) Fazit

Textnachrichten aus der Hauptverhandlung, ob als Live-Ticker oder via Microbloggings, sollten gesetzlich verankert werden und zulässig sein. Damit einhergehend sollte auch die Nutzung von Laptops, Tablets etc. zur Fertigung von Notizen oder zum Bloggen erlaubt werden. Größere Gefahren, als von der bereits erfolgenden Online-Berichterstattung in den Sitzungspausen, gehen von der Liveberichterstattung nicht aus.[1077] Social Media Guidelines der Gerichte oder bevorzugt eine einheitliche der Justiz, könnten etwaigen Gefahren der unmittelbaren Berichterstattung vorbeugen, indem sie nicht allein für Justizbedienstete, sondern allgemein ausgegeben werden. Auf diese kann bereits im Vorfeld der Hauptverhandlung verwiesen werden. Richtlinien für in der Justiz tätige Personen scheinen aufgrund der zunehmenden Befangenheitsgesuche wegen Äußerungen im Internet durch Schöffen oder Richter durchaus ebenfalls wünschenswert. Zudem können die Gerichte ihre Wahrnehmung und die des Verfahrens durch eigene „Tweeds" oder Postings verbessern.

1076 Vgl. z.B. die Richtlinie der Deutschen Post, abrufbar unter http://www.dpdhl.com/content/dam/dpdhl/presse/social_media/dpdhl_social_media_guidelines_de.pdf, zuletzt aufgerufen am 30.06.2017.

1077 *Coelln*, AfP 2014, 193 (202).

E. Schlussbetrachtung

Am Ende der Arbeit ist festzuhalten, dass es eines verfahrensspezifischen Öffentlichkeitsverständnisses bedarf. Im Strafverfahren sind die Grundlagen des Verfahrens und somit auch die Straftheorie essentiell, um den Öffentlichkeitsbegriff zu bestimmen. Die straftheoretische Fundierung des Öffentlichkeitsverständnisses hat zu verschiedenen Forderungen geführt, wie die Videoübertragung in einen Medienarbeitsraum und die Zulassung von Microbloggings. Im Ergebnis ist die Öffentlichkeit von Gerichtsverfahren heutzutage eine Medienöffentlichkeit, welcher legislative Grenzen zu ziehen sind. Grenzen des Öffentlichkeitsverständnisses in Gerichtsverfahren sind erforderlich, denn mit von Coelln ist die Medienöffentlichkeit „unentbehrlich, aber kein Selbstzweck."[1078]

Konkret können folgende Forderungen zusammengefasst werden:

1. Es konnte die Erkenntnis gewonnen werden, dass nicht zuletzt wegen der unterschiedlichen Eingriffsintensität der verschiedenen Verfahrensarten bezüglich des allgemeinen Persönlichkeitsrecht und der unterschiedlichen Interessenlagen, ein verfahrensspezifisches Verständnis der Öffentlichkeit notwendig ist. Eine generalisierende Betrachtung wird nicht möglich sein und es bliebe dabei, dass zumindest das Strafverfahren eine Sonderstellung einnimmt. Indes hat jede Verfahrensart ihre eigene Spezifik und Dynamik und verfolgt selbständige Zwecke, so dass allein die Herausnahme des Strafverfahrens langfristig nicht ausreicht.
2. Zur Umgrenzung des strafverfahrensspezifischen Öffentlichkeitsgrundsatzes bedarf es der Heranziehung der Grundlagen des Strafrechts, der Straftheorie. Ein repressiv-kommunikativer und ein moderner generalpräventiver Ansatz führen zu der Notwendigkeit der Kommunikation des gesamten Verfahrens, nicht nur des Ergebnisses. Hieraus kann wiederum geschlussfolgert werden, dass den Medien ein möglichst großer Zugang zum Strafverfahren zu gewähren ist. Der umfassende Zugang ist aber nur unter Berücksichtigung der übrigen Verfahrensgrundsätze möglich, denn eine Wiederherstellung des Rechts kann nur durch das Recht selbst, dessen Anwendung und Kommunikation erfolgen.
3. Weiterhin bedarf es einer besseren und aktiveren Öffentlichkeitsarbeit der Justiz. Eine bundesweite Richtlinie für Öffentlichkeitsarbeit könnte eine erste

1078 *Coelln,* AfP 2014, 193 (193).

kurzfristige Maßnahme sein ebenso wie die noch gezieltere Aus- und Fortbildung von Pressereferenten. In Ressourcen, um den zuständigen Personen überhaupt die Möglichkeit einer fundierten Öffentlichkeitsarbeit einzuräumen, muss investiert werden. Mit einem vollen laufenden Dezernat ist dies jedenfalls nicht möglich. Langfristig ist eine entsprechende Erweiterung der Juristenausbildung im Referendariat anzustreben, damit die Justiz eine aktive Rolle in der öffentlichen Diskussion, um ihre eigenen Belange einnehmen kann.

4. Ebenso sind im Rahmen der nach § 176 GVG durch den Vorsitzenden zu treffenden Anordnungen, Leitlinien für die Abwägung durch den Gesetzgeber oder die höchstrichterliche Rechtsprechung wünschenswert. Verfahren – insbesondere die von besonderem öffentlichen Interesse – belasten die Gerichte mittlerweile ohnehin stark und dehnen sich teilweise über Jahre hinweg aus. Eine weitere Verzögerung bzw. Erschwernis durch umfassende Grundrechtsabwägungen ohne handhabbare Handlungsleitung ist daher zu vermeiden.
5. Das Gesetz zur Erweiterung der Medienöffentlichkeit in Gerichtsverfahren ist nach dem fünf Jahrzehnte bestehenden Stillstand der Gesetzgebung sehr zu begrüßen und zeigt einen vorsichtigen ersten Schritt in die geforderte Richtung. Es bedarf jedoch einer weitergehenden Öffnung, z.B. für die Instanzgerichte und bzgl. der Mittel der Berichterstattung. Vollständig überzeugen kann das verabschiedete Gesetz nicht. Zum einen ist eine Videoübertragung in den vorgesehen Medienarbeitsraum erforderlich, um dem Interesse der Berichterstatter Rechnung zu tragen. Zum anderen hat der Gesetzgeber versäumt ausdrücklich zur Verwendung moderner Technik und zur Live-Berichterstattung mit Texten Stellung zu nehmen. Beides ist in der digitalen Welt des 21. Jahrhunderts dringend geboten und zuzulassen. Für die Berichterstattung durch Laien, sollte die Justiz online abrufbare, leicht verständliche Richtlinien entwickeln. Des Weiteren sollte eine weitere Öffnung zu den Instanzgerichten erwogen werden. Ein erster Schritt wäre indes, das Regel-Ausnahme-Verhältnis, wie es derzeit besteht, umzukehren, sodass die öffentliche Übertragung grundsätzlich zulässig ist, der Ausschluss aber im Ermessen des Gerichts liegt.
6. Eine weitergehende Öffnung hin zu einer Liveübertragung oder zeitversetzten Übertragung, wie beim ICTY in Den Haag, ist für das deutsche Strafverfahren nicht zu fordern.[1079] Hiergegen spricht bereits die gefundene Straftheorie,

1079 *Fölster*, NK 2014, 154 (160), die für das Bundesverfassungs- und Bundesverwaltungsgericht Ausnahmen für denkbar erachtet; a.A. *Morsch*, RuP 2014, 136 (136).

denn eine Wiederherstellung des Rechts ist nur durch ein rechtmäßiges – und als solches durch die Bevölkerung empfundenes – Verfahren möglich. Im Strafverfahren werden eine Vielzahl von Umständen aus dem persönlichen Lebensbereich von Angeklagten und Zeugen erörtert, was aufgrund der modernen Kommunikation ohne weiteres zu einer dauerhaften „Brandmarkung“ führen kann. Zudem ist bei einer Liveübertragung jedes Verfahrens die Funktionsfähigkeit der Rechtspflege nahezu aufgehoben, da Zeugen oder sonstige Beteiligte ein inszeniertes Verhalten an den Tag legen könnten.[1080] Die Bedenken wurden im Einzelnen benannt und führen dazu, dass lediglich eine moderate Lockerung des Verbots von Bild- und Tonaufnahmen im Strafprozess gefordert werden kann. Aufgrund des verfahrensspezifischen Verständnisses ist dies aber nicht übertragbar auf andere Verfahren oder Gerichtsbarkeiten.

7. Der Gesetzgeber sollte zudem in die Betrachtung für eine weitere Öffnung der Gerichtsverfahren zur Medienöffentlichkeit einbeziehen, dass Medien und der Umgang mit ihnen zum Alltag der Menschen gehören und diese in den Jahrzehnten des Stillstandes durchaus eine eigene Medienkompetenz erworben haben. Auch die Eigenverantwortung der Medien sollte nicht gänzlich unberücksichtigt bleiben und einem evtl. bestehenden allgemeinen Misstrauen der Justiz gegenüber den Medien entgegengewirkt werden. Ein weiteres Ergebnis der Bearbeitung ist, dass die Darstellung nur ein Topoi-Katalog (Leitlinie) sein kann und eine konkrete Abwägung im Einzelfall nicht entbehrlich werden kann.

Es bleibt abzuwarten, ob der Gesetzgeber – auch über die jeweilige Legislaturperiode hinweg – den nunmehr beschrittenen Weg der Öffnung der Gerichtsverfahren für mehr Medienpräsenz fortsetzt oder sich erneut die Stimmen durchsetzen, die Medien möglichst zu begrenzen.

1080 So auch BVerfG, Beschl. 14.03.2012 – 2 BvR 2405/11, NJW 2012, 1863 (1864 f.); *Fölster*, NK 2014, 154 (156); *Kuder*, RuP 2014, 137 (137); a.A. *Altenhain*, Gutachten C, S. 90, es fehle an einem empirischen Nachweis.

Literaturverzeichnis

Alber, Peter-Paul: Die Geschichte der Öffentlichkeit im deutschen Strafverfahren, Berlin 1974.

Altenhain, Karsten: Das Anschlußdelikt, Grund, Grenzen und Schutz des staatlichen Strafanspruchs und Verfallrechts nach einer individualistischen Strafrechtsauffassung, Tübingen 2002.

ders.: Ein halbherziger Entwurf, DRiZ 2016, 304.

ders.: Öffentlichkeit im Strafverfahren, Transparenz und Schutz der Verfahrensbeteiligten, NJW-Beil 2016, 37.

ders.: Gutachten C zum 71. Deutschen Juristentag, Öffentlichkeit im Strafverfahren – Transparenz und Schutz der Verfahrensbeteiligten, München 2016.

Altenhain, Karsten/*Dietmaier*, Frank/*May*, Markus: Die Praxis der Absprachen in Strafverfahren, 1. Auflage, Baden-Baden 2013.

Alwart, Heiner: Personale Öffentlichkeit (§ 169 GVG), JZ 1990, 883.

Arndt, Adolf: Umwelt und Recht, NJW 1960, 423.

Arnim, von, Hans Heribert: Vorteilsannahme des früheren niedersächsischen Ministerpräsidenten Christian Wulff?, NVwZ 2012, 141.

Bäumler, Helmut: Das subjektive öffentliche Recht auf Teilnahme an Gerichtsverhandlungen, JR 1978, 317.

Bamberger, Christian: Medienöffentlichkeit im Lichte der Rundfunkfreiheit, ZUM 2001, 373.

Baumann, Jürgen: Was würde uns die Strafrechtsreform bringen?, in: Kleine Streitschrift zur Strafrechtsreform, Jürgen Baumann (Hrsg.), Bielefeld 1965, S. 14.

Baumann, Jürgen/*Brauneck*, Anne-Eva/*Hanack*, Ernst-Walter/*Kaufmann*, Arthur/*Klug*, Ulrich/*Lampe*, Ernst-Joachim/*Lenckner*, Theodor/*Maihofer*, Werner/*Noll*, Peter/*Roxin*, Claus/*Schmitt*, Rudolf/*Schultz*, Hans/*Stratenwerth*, Günter/*Stree*, Walter: Alternativ-Entwurf eines Strafgesetzbuches, Allgemeiner Teil, Tübingen 1966.

Beater, Axel: Informationsinteresse der Allgemeinheit und öffentlicher Meinungsbildungsprozess, Inhaltliche und prozedurale Kriterien aus zivilrechtlicher Sicht, ZUM 2005, 602.

Beccaria, Caesare: Über Verbrechen und Strafe, in: Strafrechtsdenker der Neuzeit, Thomas Vormbaum (Hrsg.), Berlin/Heidelberg 2011.

Beck`scher Online-Kommentar: Grundgesetz, Volker Epping/Christian Hillgruber (Hrsg.), Stand 40. Edition 15.02.2019, München. Zit.: BeckOK-*Bearbeiter*, GG

Beese, Wilhelm: Der Grundsatz der Öffentlichkeit im deutschen Strafprozess, Kiel 1938.

Bender, Rolf/*Nack*, Armin/*Treuer*, Wolf-Dieter: Tatsachenfeststellung vor Gericht, 4. Auflage, München 2014.

Bernheimer, Erich: Die Öffentlichkeit der strafgerichtlichen Hauptverhandlung im bürgerlichen und militärischen Strafprozeß, ihre Geschichte und ihre Bedeutung, Karlsruhe 1914.

Bertram, Günter: Verfassungsrecht, Anmerkung zu BVerfG Beschluss vom 15. und 17.4.2002 – 1 BvR680/02, JR 2002, 409.

Beulke, Werner: Neugestaltung der Vorschriften über die Öffentlichkeit des Strafverfahrens?, JR 1982, 309.

Beulke, Werner/*Swoboda*, Sabine: Strafprozessrecht, 14. Auflage, Heidelberg 2018.

Birr, Christiane: „Kriminalstrafe ist öffentliche Rache", Beobachtungen zum Strafgedanken in der juristischen Literatur der Frühen Neuzeit, in: Der Strafgedanke in seiner historischen Entwicklung, Ringvorlesung zur Strafrechtsgeschichte und Strafrechtsphilosophie, Eric Hilgendorf/Jürgen Weitzel (Hrsg.), Berlin 2007.

Blazko, Linda-Sue: Straftheoretisch fundierte (Medien-)Öffentlichkeit, in: Einheit der Prozessrechtswissenschaft, Daniel Effer-Uhe/Elisa Hoven/Simon Kempny/Luna Rösinger (Hrsg.), Stuttgart 2016, S. 25.

Bockelmann, Paul: Öffentlichkeit und Strafrechtspflege, NJW 1960, 217.

Boehme-Neßler, Volker: Die Öffentlichkeit als Richter? Chancen und Risiken von Litigation-PR aus verfassungsrechtlicher und rechtssoziologischer Sicht, in: Die Öffentlichkeit als Richter?, Volker Boehme-Neßler (Hrsg.), 1. Auflage, Baden- Baden 2010.

ders.: Das Recht auf Vergessenwerden – Ein neues Internet-Grundrecht im Europäischen Recht, NVwZ 2014, 825.

Boksanyi, Sabine: Allgemeines Persönlichkeitsrecht, in: Medienrecht, Praxishandbuch, Artur-Axel Wandtke (Hrsg.), Band 4, 2. Auflage, Berlin/ Boston 2011.

Britz, Guido: *Fernsehaufnahmen* im Gerichtssaal, Ein rechtsvergleichender Beitrag zum Öffentlichkeitsgrundsatz im Strafverfahren, Baden- Baden 1999.

ders.: Court-TV? – Zum Stand der Diskussion um § 169 Satz 2 GVG, jM 2015, 127.

Burbulla, Frank: Die Fernsehöffentlichkeit als Bestandteil des Öffentlichkeitsgrundsatzes, Frankfurt am Main 1998.

Caesar, Peter: Wiederaufbau der Gerichtsbarkeit nach 1945, NJW 1995, 1246.

Callies, Christian: Inhalt, Dogmatik und Grenzen der Selbstregulierung im Medienrecht, AfP 2002, 465.

Callies, Rolf-Peter: Theorie der Strafe im demokratischen und sozialen Rechtsstaat, Ein Beitrag zur strafrechtsdogmatischen Grundlagendiskussion, Frankfurt am Main 1974.

ders.: Die Strafzwecke und ihre Funktion, Straftheorie oder dialogische Strafrechtstheorie als Bezugsrahmen, in: Grundfragen staatlichen Strafens, Festschrift für Heinz Müller-Dietz zum 70. Geburtstag, Guido Britz/Heike Jung/Heinz Koriath/Egon Müller (Hrsg.), München 2001, S. 99.

Campe, von, Rudolf Ernst Emil Otto: Die Öffentlichkeit eine Gefährdung der Wahrheitsfindung im Strafverfahren?, GA 1929, Band 73, 242.

Coelln, von, Christian: Zur Medienöffentlichkeit der Dritten Gewalt, Tübingen 2005.

ders.: Justiz und Medien, Rechtliche Anforderungen an das Verhältnis zwischen der Justiz und den Medien, insbesondere an die Berichterstattung über Gerichtsverfahren, AfP 2014, 193.

ders.: Mehr Medienöffentlichkeit vor Gericht? Zum Entwurf eines Gesetzes über die Erweiterung der Medienöffentlichkeit im Gerichtsverfahren, AfP 2016, 491.

Dahs, Hans: Unzulässigkeit von Bild- und Rundfunk im Gerichtssaal, NJW 1961, 1755.

Dalbkermeyer, Birgit: Der Schutz des Beschuldigten vor identifizierenden und tendenziösen Pressemitteilungen der Ermittlungsbehörden, Frankfurt am Main 1994.

Deckers, Rüdiger/*Fischer*, Thomas/*König*, Stefan/*Bernsmann*, Klaus: Zur Reform der Tötungsdelikte Mord und Totschlag – Überblick und eigener Vorschlag, NStZ 2014, 9.

Deiters, Mark: Legalitätsprinzip und Normgeltung, Tübingen 2006.

Dieckmann, Jochen: Zur Zulassung von Ton- und Fernseh-Rundfunkaufnahmen in Gerichtssälen: „Drum prüfe, wer sich ewig bindet!“, NJW 2001, 2451.

Dietrich, Nils: Caroline und die Medien, AfP 2013, 277.

Dörr, Dieter: Anmerkung zu BVerfG Beschluss vom 27.11.2008 – 1 BvQ 46/08, NJW 2009, 350; JuS 2009, 951.

Dreier, Thomas/*Schulze*, Gernot: Urheberrechtsgesetz, Verwertungsgesellschaftengesetz, Kunsturhebergesetz, Kommentar, 6. Auflage, München 2018. Zit.: Dreier/Schulze-*Bearbeiter*, UrhG

Eberle, Carl-Eugen: Gesetzwidrige Medienöffentlichkeit beim BVerfG?, NJW 1994, 1637.

Eisele, Jörg: Strafprozessführung durch Medien, Zur Weitergabe von Informationen durch Verfahrensbeteiligte zum Zwecke der Kriminalberichterstattung, JZ 2014, 932.

Engau, Herwigh: Straftäter und Tatverdächtige als Personen der Zeitgeschichte, Ein Beitrag zur Problematik identifizierender Mediendarstellungen, Frankfurt am Main 1993.

Engels, Ulfert: Rechtspflege und Massenmedien, München 1972.

Epping, Volker: Grundrechte, 8. Auflage, Berlin 2019.

Ernst, Stefan: Medien, Justiz und Rechtswirklichkeit, NJW 2010, 744.

ders.: Informations- oder Illustrationsinteresse?, NJW 2001, 1624.

Eser, Albin: Resozialisierung in der Krise?, Gedanken zum Sozialisationsziel des Strafvollzugs, in: Einheit und Vielfalt des Strafrechts, Festschrift für Karl Peters zum 70. Geburtstag, Jürgen Baumann/Klaus Tiedemann (Hrsg.), Tübingen 1974, S. 505.

ders.: Funktionswandel strafrechtlicher Prozeßmaximen: Auf dem Weg zur „Reprivatisierung des Strafverfahrens?“, ZStW 104 (1992), 361.

ders.: Rechtmäßige Tötung im Krieg: zur Fragwürdigkeit eines Tabus, in: Verbrechen – Strafe – Resozialisierung, Festschrift für Heinz Schöch zum 70. Geburtstag am 20. August 2010, Dölling, Dieter/Götting, Bert/Meier, Bernd-Dieter/Verrel, Torsten (Hrsg.), Berlin/New York 2010.

Fechner, Frank: Kurzbeitrag, Der Bundespräsident und das Medienrecht, JZ 2012, 453.

Feuerbach, von, Paul Johann Anselm: Revision der Grundsätze und Grundbegriffe des positiven peinlichen Rechts, Erfurt 1800.

ders.: Betrachtungen über die Öffentlichkeit und Mündlichkeit der Gerechtigkeitspflege, Band 1 und Band 2, Gießen 1821.

ders.: Lehrbuch des gemeinen in Deutschland gültigen peinlichen Rechts, Gießen 1840.

Fink, Michael: Bild- und Tonaufnahmen im Umfeld der strafgerichtlichen Hauptverhandlung, Berlin 2007.

Fischer, Niklas: Die Medienöffentlichkeit im strafgerichtlichen Ermittlungsverfahren, Unter besonderer Berücksichtigung der Informationsfreiheitsgesetze, Berlin 2014.

Fögen, Marie Theres: Der Kampf um Gerichtsöffentlichkeit, Berlin 1974.

Fölster, Uta: Gerichtsöffentlichkeit: Schadet oder dient ein „Mehr“ dem Recht, NK 2014, 154.

Foucault, Michel: Überwachen und Strafen, Die Geburt des Gefängnisses, Übersetzt von Walter Seitter, 3. Auflage, Frankfurt am Main 1979.

Franke, Dietmar: Die Bildberichterstattung über den Angeklagten und der Öffentlichkeitsgrundsatz im Strafverfahren, Berlin 1978.

Franke, Ulrich: Öffentlichkeit im Strafverfahren, NJW 2016, 2618.

Freder, Michael: Informationsfreiheit und Rundfunkfreiheit, Medienrechtliche Aspekte des Satellitenfernsehens in der BRD, Osnabrück 1983.

Freisler, Roland: Der Wandel der politischen Grundanschauung in Deutschland und sein Einfluß auf die Erneuerung von Strafrecht, Strafprozeß und Strafvollzug, DJ 1935, 1247.

Freuding, Stefan: Die Verlagerung von Strafverfahren in Massenmedien, ZRP 2010, 159.

Freund, Georg: Zur Legitimationsfunktion des Zweckgedankens im gesamten Strafrechtssystem, in: Straftat, Strafzumessung und Strafprozeß im gesamten Strafrechtssystem, Jürgen Wolter/Georg Freund (Hrsg.), Heidelberg 1996.

Friedrich, Jörg: Die Kalte Amnestie, NS-Täter in der Bundesrepublik, Berlin 2007.

Friedrichsen, Gisela: Zwischenruf „Kachelmann-Prozess hätte nicht geführt werden dürfen“, ZRP 2011, 246.

Friedrichsen, Gisela/*Gerhardt*, Rudolf: „Auf die Urteile haben die Medien keinen Einfluss“, Aber die mediale Aufmerksamkeit wirkt sich auf die Atmosphäre der Verhandlung aus, ZRP 2014, 92.

Frisch, Wolfgang: Das Marburger Programm und die Maßregeln der Besserung und Sicherung, ZStW 94 (1982), 565.

ders.: Feuerbachs Straftheorie und seine Strafbemessungslehre, in: Feuerbachs Bayerisches Strafgesetzbuch, Arnd Koch/Michael Kubiciel/Martin Löhnig/Michael Pawlik (Hrsg.), Tübingen 2014.

ders.: Strafe, Straftat und Straftatsystem im Wandel, GA 2015, 65.

ders.: Voraussetzungen und Grenzen staatlichen Strafens, NStZ 2016, 16.

Fröhling, Mareike: Der moderne Pranger, Marburg 2014.

Fromm, Erich: Der Staat als Erzieher, Zur Psychologie der Strafjustiz, Zeitschrift für psychoanalytische Pädagogik 1930, 5.

ders.: Zur Psychologie des Verbrechens und der strafenden Gesellschaft, IMAGO Zeitschrift für Anwendung der Psychoanalyse auf die Natur- und Geisteswissenschaften, Sigmund Freud (Hrsg.), Band 17 1931, 226.

Gärditz, Klaus Ferdinand: Verfahrensöffentlichkeit im Strafprozess, Eine Standortsuche zwischen Prozessfunktionen, Legitimationstheorie und Verfassungsrecht, in: Strafe und Prozess im freiheitlichen Rechtsstaat, Festschrift für Hans-Ullrich Paeffgen zum 70. Geburtstag am 2. Juli 2015, Carl-Friedrich Stuckenberg/Klaus Ferdinand Gärditz (Hrsg.), Berlin 2015.

Gerhardt, Rudolf: Zur Frage der Verfassungsmässigkeit des Verbots von Rundfunk- und Fernsehaufnahmen im Gerichtssaal (§ 169 Satz 2 GVG), Frankfurt am Main 1968.

ders.: Der Einfluß der Medien auf das Strafverfahren aus medialer Sicht, in: Der Einfluß der Medien auf das Strafverfahren, Hans Brack/Heinz Hübner/Dietrich Oehler/Klaus Stern (Hrsg.), München 1990.

ders.: Die Richter und das Medienklima – Welchen Einfluss hat die Gerichtsberichterstattung in den Medien auf das Strafverfahren und das Urteil?, ZRP 2009, 247.

Gerhardt, Rudolf/*Huff*, Martin: Gerichtsshows, ZRP 2003, 68.

Gierhake, Katrin: Der Zusammenhang von Freiheit, Sicherheit und Strafe im Recht, Eine Untersuchung zu den Grundlagen und Kriterien legitimer Terrorismusbekämpfung, Berlin 2013.

dies.: Zur Begründung des Öffentlichkeitsgrundsatzes im Strafverfahren, JZ 2013, 1030.

dies.: Kritik des funktional-präventiven Strafrechts – Zugleich ein Beitrag zur rechtsstaatlichen Terrorismusprävention, in: Präventionsstaat, Beatrice Brunhöber (Hrsg.), Band 27 der Reihe Staatsdiskurse, Stuttgart 2014.

dies.: Strafe, Strafverfahren und Medienöffentlichkeit, in: Strafrecht und Medien, Uwe Murmann (Hrsg.), Göttingen 2016.

Godau-Schüttke, Klaus-Detlev: Entnazifizierung und Wiederaufbau der Justiz am Beispiel des Bundesgerichtshofs, in: Kontinuität und Zäsuren, Rechtswissenschaft und Justiz im „Dritten Reich“ und in der Nachkriegszeit, Hrsg. Eva Schumann, Göttingen 2008.

Gornig, Gilbert-Hanno: Äusserungsfreiheit und Informationsfreiheit als Menschenrechte: Die Verankerung der Äußerungs-, Informations-, Presse- und Rundfunkfreiheit sowie des Zensurverbots in völkerrechtlichen Übereinkommen und in den Rechtsordnungen der KSZE-Staaten unter besonderer Berücksichtigung rechtsphilosophischer und rechtsgeschichtlicher Hintergründe, Berlin 1988.

Gostomzyk, Tobias: Die Öffentlichkeitsverantwortung der Gerichte in der Mediengesellschaft, Baden-Baden 2006.

Gottzmann, Nicole: Möglichkeiten und Grenzen der freiwilligen Selbstkontrolle in der Presse und der Werbung, Der Deutsche Presserat und der Deutsche Werberat, München 2005.

Greco, Luís: Lebendiges und Totes in Feuerbachs Straftheorie, Ein Beitrag zur gegenwärtigen strafrechtlichen Grundlagendiskussion, Berlin 2009.

Gribbohm, Günter: Buchbesprechung, Alternativ-Entwurf, Novelle zur Strafprozeßordnung, ZRP 1982, 55.

Grolmann, von, Karl: Über die Begründung des Strafrechts und der Strafgesetzgebung, in: Strafrechtsdenker der Neuzeit, Thomas Vormbaum (Hrsg.), Berlin/Heidelberg 2011, S. 47.

Grommes, Sabine: Der Sühnebegriff in der Rechtsprechung, Eine ideologiekritische Betrachtung, Berlin 2006.

Grotius, Hugo: De jure belli ac pacis; Drei Bücher vom Recht des Krieges und des Friedens, Übersetzt ins Deutsche von Walter Schätzel, Tübingen 1950.

Gündisch, Jürgen/*Dany*, Peter: Rundfunkberichterstattung aus Gerichtsverhandlungen, NJW 1999, 256.

Günther, Klaus: Die symbolisch-expressive Bedeutung der Strafe, Eine neue Straftheorie jenseits von Vergeltung und Prävention?, in: Festschrift für Klaus Lüderssen zum 70. Geburtstag, Cornelius Prittwitz/Michael Baurmann/Klaus Günther/Lothar Kuhlen/Reinhard Merkel/Cornelius Nestler/Lorenz Schulz (Hrsg.), Baden-Baden 2002.

Günzel, Stefanie: Die geschichtliche Entwicklung des Jugendstrafrechts und des Erziehungsgedankens, mit besonderer Berücksichtigung der „Erziehung in einer Einrichtung über Tag und Nacht" gem. § 12 Nr. 2 JGG, Marburg 2001.

Haas, Volker: Das Strafprozessrecht des Bayerischen Strafgesetzbuchs, in: Feuerbachs Bayerisches Strafgesetzbuch, Arnd Koch/Michael Kubiciel/Martin Löhnig/Michael Pawlik (Hrsg.), Tübingen 2014.

Haber, Günter: Strafgerichtliche Öffentlichkeit und öffentlicher Ankläger in der französischen Aufklärung – mit einem Ausblick auf die Gesetzgebung der Konstituante, Berlin 1979.

Habermas, Jürgen: Strukturwandel der Öffentlichkeit, 4. Auflage, Neuwied/Berlin 1969.

Hahn, Carl: Die gesamten Materialien zu den Reichs-Justizgesetzen, Materialien zum Gesetz betr. Aenderungen der Civilprozessordnung, Gerichtsverfassungsgesetz und Strafprozeßordnung, Berlin 1898.

Hamm, Rainer: Hauptverhandlungen in Strafsachen vor Fernsehkameras – auch bei uns?, NJW 1995, 760.

ders.: Justiz und Medien, Rechtliche Anforderungen an das Verhältnis zwischen der Justiz und den Medien, insbesondere an die Berichterstattung über Strafverfahren, AfP 2014, 202.

Hanske, Philipp/*Lauber-Rönsberg*, Anne: Gerichtsberichterstattung zwischen Kommunikationsfreiheiten und Persönlichkeitsrechten, ZUM 2013, 264.

Hassemer, Winfried: Der Einfluß der Medien auf das Strafverfahren aus strafrechtlicher Sicht, in: Der Einfluß der Medien auf das Strafverfahren, Hans Brack/Heinz Hübner/Dietrich Oehler/Klaus Stern (Hrsg.), München 1990, S. 62.

ders.: Einführung in die Grundlagen des Strafrechts, 2. Auflage, München 1990.

ders.: Grundsätzliche Aspekte des Verhältnisses von Medien und Strafjustiz, StV 2005, 167.

ders.: Warum Strafe sein muss, Ein Plädoyer, 2. Auflage, Berlin 2009.

ders.: Über die Öffentlichkeit gerichtlicher Verfahren – heute, ZRP 2013, 149.

Hassemer, Winfried/*Reemtsma*, Jan Philipp: Verbrechensopfer, Gesetz und Gerechtigkeit, München 2002.

Hauth, Anja Friederike: Sitzungspolizei und Medienöffentlichkeit, Eine verfassungsrechtliche Rekonstruktion, Berlin 2017.

Hegel, Georg Wilhelm Friedrich: Grundlinien der Philosophie des Rechts, Stuttgart 1970.

Heger, Martin: Der Grundsatz der Öffentlichkeit im deutschen Strafverfahren, in: Ein menschengerechtes Strafrecht als Lebensaufgabe, Festschrift für Werner Beulke zum 70. Geburtstag, Christian Fahl/Eckhart Müller/Helmut Satzger/Sabine Swoboda (Hrsg.), Heidelberg 2015, S. 759.

Heimann, Felix: Der Pressekodex im Spannungsfeld zwischen Medienrecht und Medienethik, Frankfurt am Main 2009.

Herbst, Leonore: Öffentlichkeit der Hauptverhandlung, Arztgeheimnis und Schutz der Menschenwürde, NJW 1969, 546.

Hillermeier, Karl: Zum Öffentlichkeitsgrundsatz im Strafverfahren, DRiZ 1982, 281.

Hirsch, von, Andreas: Warum soll die Strafsanktion existieren? – Tadel und Prävention als Element einer Rechtfertigung, in: Strafe – Warum?, Andreas von Hirsch/Ulfrid Neumann/Kurt Seelmann (Hrsg.), 1. Auflage, Baden-Baden 2011, S. 43.

Hirte, Heribert: Mitteilung und Publikation von Gerichtsentscheidungen, Zum Spannungsverhältnis von Persönlichkeitsschutz und Interessen der Öffentlichkeit, NJW 1988, 1698.

Hirzebruch, Christian: Öffentlichkeit und Neue Medien im gerichtlichen Verfahren, Reichtweite und Grenzen der Gerichtsberichterstattung im Zeitalter der Massenmedien, Berlin 2018.

Hobbes, Thomas: Leviathan; The Matter, Forme, & Power of a Common-Wealth Ecclesiastical and Civill, Aukland 2009.

Hoffmann-Riem, Wolfgang: Kommunikationsfreiheiten, Baden-Baden 2002.

ders.: Wandel der Medienordnung – Reaktionen in Medienrecht, Medienpolitik und Medienwissenschaft, 1. Auflage, Baden-Baden 2009.

Holz, Wilfried: Justizgewähranspruch des Verbrechensopfers, Berlin 2007.

Hörnle, Tatjana: Straftheorien, Tübingen 2011.

dies.: Gegenwärtige Strafbegründungstheorien: Die herkömmliche deutsche Diskussion, in: Strafe – Warum?, Andreas von Hirsch/Ulfrid Neumann/Kurt Seelmann (Hrsg.), 1. Auflage, Baden-Baden 2011, S. 11.

Huff, Martin: Fernsehöffentlichkeit im Gerichtsverfahren – Kippt das BVerfG § 169 S. 2 GVG, NJW 1996, 571.

ders.: „Kachelmann-Prozess hätte nicht geführt werden dürfen" zu Friedrichsen ZRP 2011, 246, ZRP 2012, 58.

ders.: Wie kommunikationsfähig müssen Juristenbehörden sein? Anforderungen an Fähigkeiten, Fertigkeiten und Ausbildung, in: Litigation-PR: Alles was Recht ist, Lars Rademacher/Alexander Schmitt-Geiger (Hrsg.), Wiesbaden 2012, S. 267.

Humborg, Franz-Egon: Der Ausschluß der Öffentlichkeit bei der Vorstrafenerörterung, NJW 1966, 1015.

Hunecke, Ina: Cui bono? Gerichtsberichterstattung und ihre Auswirkungen, Litigation PR und Schlagzeilenjournalismus als Gefahr für den Rechtsstaat?, NK 2011, 85.

Jahn, Friedrich-Adolf: Der Einfluß der Medien auf das Strafverfahren aus gesetzgeberischer Sicht, in: Der Einfluß der Medien auf das Strafverfahren, Hans Brack/Heinz Hübner/Dietrich Oehler/Klaus Stern (Hrsg.), München 1990, S. 5.

Jahntz, Bernhard/*Kähne*, Volker: Der Volksgerichtshof, Darstellung der Ermittlungen der Staatsanwaltschaft bei dem Landgericht Berlin gegen ehemalige Richter und Staatsanwälte am Volksgerichtshof, 3. Auflage, Berlin 1992.

Jakobs, Günther: Kriminalisierung im Vorfeld einer Rechtsgutsverletzung, ZStW 97 (1985), 751.

ders.: Das Schuldprinzip, Kleve 1993.

ders.: Staatliche Strafe: Bedeutung und Zweck, Paderborn 2004.

ders.: Norm, Person, Gesellschaft; Vorüberlegungen zu einer Rechtsphilosophie, 3. Auflage, Berlin 2011.

Jerouschek, Günter: Die Herausbildung des peinlichen Inquisitionsprozesses im Spätmittelalter und in der frühen Neuzeit, ZStW 104 (1992), 328.

Jescheck, Hans-Heinrich: Die Bedeutung der Öffentlichkeit für die moderne Kriminalpolitik, ZStW 71 (1959), 1.

Jescheck, Hans-Heinrich/*Weigend*, Thomas: Lehrbuch des Strafrechts, Allgemeiner Teil, 5. Auflage, Berlin 1996.

Jhering, von, Rudolf: Der Zweck im Recht, Band 1, 2. Auflage 1884; Band 2, 2. Auflage, Leipzig 1886. Auszugsweise abgedruckt in *Vormbaum*, Moderne deutsche Strafrechtdenker, 2011, S. 199 ff.

Jung, Heike: Das Kachelmann-Urteil im Spiegel der Presse – eine Momentaufnahme zu dem Thema „Strafjustiz und Medien", JZ 2012, 303.

dies.: (Straf-)Justiz und Medien – eine unendliche Geschichte, GA 2014, 257.

Kant, Immanuel: Metaphysik der Sitten, Erster Theil Metaphysische Anfangsgründe der Rechtslehre, Königsberg 1797 (http://data.onb.ac.at/ABO/%2BZ159328401).

Karlsruher Kommentar zur Strafprozessordnung, mit GVG, EGGVG und EMRK, Rolf Hannich (Hrsg.), 8. Auflage, 2019. Zit.: KK-*Bearbeiter*, StPO

Kaufmann, Armin: Strafrechtsdogmatik zwischen Sein und Wert, Gesammelte Aufsätze und Vorträge, Gerhard Dornseifer/Eckhard Horn/Georg Schilling/Wolfgang Schöne/Eberhard Struensee/Diethart Zielinski, Köln/Berlin/Bonn/München 1982.

Kaufmann, Carsten Noogie Thomas: Weblogs – Rechtliche Analyse einer neuen Kommunikationsform, Hamburg 2009.

Kaulbach, Ann-Marie: Moderne Medien in der Gerichtsverhandlung, Ein Plädoyer für eine neue Debatte, ZRP 2009, 236.

Kepplinger, Hans Mathias: Medieneffekte, 1. Auflage, Wiesbaden 2010.

Kepplinger, Hans Mathias/*Zerback*, Thomas: Der Einfluss der Medien auf Richter und Staatsanwälte, Art Ausmaß und Entstehung reziproker Effekte, PUB 2009, 216.

Kern, Eduard: Geschichte des Gerichtsverfassungsrechts, München/Berlin 1954.

Kerscher, Helmut: Strafjustiz contra Medien – ein Anachronismus, NJW 1997, 1350.

Kersten, Jens: Schwarmdemokratie, Veränderung des Demokratieverständnisses durch Soziale Medien, JuS 2014, 673.

Kingreen, Thorsten/*Poscher*, Ralf: Grundrechte Staaatsrecht II, 33. Auflage, begründet von Pieroth/Schlink, Heidelberg 2017.

Kirchberg, Elena: Identifizierende Altmeldungen über Strafverfahren in Online-Archiven: Beugt sich das Recht der technischen Entwicklung?, GRUR-Prax 2013, 237.

Kissel, Otto Rudolf/*Mayer*, Herbert: Gerichtsverfassungsgesetz, Kommentar, 9. Auflage, München 2018.

Klass, Nadine: Der Schutz der Privatsphäre durch den EGMR im Rahmen von Medienberichterstattungen, Zugleich Besprechung der dritten „Caroline von Hannover/Deutschland"-Entscheidung sowie der „Ruusunen/Finnland"-Entscheidung des EGMR, ZUM 2014, 261.

Klein, Ernst Ferdinand: Gedanken von der öffentlichen Verhandlung der Rechtshändel und dem Gebrauch der Beredsamkeit in den Gerichtshöfen, Göttingen 1825.

Klug, Ulrich: Skeptische Rechtsphilosophie und humanes Strafrecht: Band 2 Materielle und formelle Strafrechtsprobleme, Berlin/Heidelberg/New York 1981.

Köcher, Renate: Großes Vertrauen in die deutsche Justiz, Institut für Demoskopie Allensbach, FAZ, Nr. 192 vom 20.08.2014; Originalmanuskript unter: http://www.ifd-allensbach.de/uploads/tx_reportsndocs/FAZ_August_Justiz.pdf.

Köhler, Michael: Der Begriff der Strafe, Heidelberg 1986.

ders.: Strafrecht Allgemeiner Teil, Heidelberg 1997.

Kohlhaas, Max: Abhandlungen – Bild- und Tonberichterstattung im Gerichtsverfahren, DRiZ 1956, 2.

Kohlmann, Günter: Die öffentliche Hauptverhandlung – überflüssig, zweckmäßig oder geboten?, JA 1981, 581.

Koppenhöfer, Brigitte: Wie unabhängig von den Medien kann, darf, muß die Justiz sein?, StV 2005, 172.

Kortz, Helge: Ausschluss der Fernsehöffentlichkeit im Gerichtsverfahren, Interessenausgleich oder Verfassungsverstoß?, AfP 1997, 443.

Krausnick, Daniel: Anmerkung zum Urteil des Bundesverfassungsgerichts vom 24.1.2001 – 1 BvR 2623/95 und 622/99, ZUM 2001, 230.

Krebs, Klaus Thomas: Der kommunale Öffentlichkeitsgrundsatz, Stuttgart 2016.

Kreicker, Helmut: Medienübertragungen von Gerichtsverhandlungen im Lichte der EMRK, Zur Vereinbarkeit der geplanten Änderung des § 169 GVG mit europäischen Grundrechten, ZIS 2017, 85.

Krieg, Henning: Twittern im Gerichtssaal – The revolution will not be televised, K u. R – Kommunikation und Recht, 2009, 673.

Kriele, Martin: Zwischenruf, Die Macht der Medien, ZRP 2012, 53.

Kubiciel, Michael: Vergeltung, Sittenbildung oder Resozialisierung, Die straftheoretische Diskussion um die Große Strafrechtsreform, in: Reform und Revolte, Eine Rechtsgeschichte der 1960er und 1970er Jahre, Martin Löhnig/ Mareike Preisner/Thomas Schlemmer (Hrsg.), Tübingen 2012, S. 217.

ders.: Die Wissenschaft vom Besonderen Teil des Strafrechts, Ihre Aufgaben, Ihre Methoden, Frankfurt am Main 2013.

ders.: Strafprozessuale Verwertbarkeit digitaler Konterbande, GA 2013, 226.

ders.: Freispruch für Ex-Bundespräsident Wulff, Ein politischer Skandal, kein Justizskandal, LTO vom 28.02.2014; abrufbar unter http://www.lto.de/recht/ hintergruende/h/lg-hannover-urteil-40kls612-wulff-korruption-freispruch/.

Kuder, Uta-Maria: Keine Kameras im Gerichtssaal, RuP 2014, 137.

Kühl, Kristian: Unschuldsvermutung und Resozialisierungsinteresse als Grenzen der Kriminalberichterstattung, in: Festschrift für Heinz Müller- Dietz zum 70. Geburtstag, Guido Britz/Heike Jung/Heinz Koriath/Egon Müller (Hrsg.), München 2001, S. 401.

Kühling, Jürgen: Die Kommunikationsfreiheit als europäisches Gemeinschaftsgrundrecht, Berlin 1999.

Kühne, Hans-Heiner: Ausschluß der Öffentlichkeit im Strafverfahren, NJW 1971, 224.

Kujath, Johanna: Der Laienjournalismus im Internet als Teil der Medienöffentlichkeit im Strafverfahren, Berlin 2011.

dies.: Die Medienöffentlichkeit im „NSU-Prozess“, Zur Vergabe von Medienplätzen im Strafprozess, AfP 2013, 269.

Kuß, Matthias: Öffentlichkeitsmaxime der Judikative und das Verbot von Fernsehaufnahmen im Gerichtssaal, Berlin 1999.

Kutschaty, Thomas/Gerhardt, Rudolf: „Die Justiz ist nicht scheu, aber sie ist zurückhaltend“, ZRP 2013, 219.

Ladeur, Karl-Heinz: Anmerkung zu OLG Köln Urteil vom 14. Februar 2012 – 15 U 123/11, ZUM 2012, 336.

Langer, Margit: Informationsfreiheit als Grenze informationeller Selbstbestimmung, Verfassungsrechtliche Vorgaben der privatrechtlichen Informationsordnung, Berlin 1992.

Latour, Bruno: Versuch eines „Kompositionistischen Manifests“, aus dem Französischen übersetzt von Hagen Schölzel, ZTS 2013, 8.

Laue, Christian: „Die Öffentlichkeit des Strafverfahrens – Entwicklung und Begründungen", Strafverteidigertag Köln, 27.2.-1.3.2009; in: Strafverteidigervereinigung (Hrsg.): Strafverteidigung vor neuen Aufgaben, Dokumentation zum 33. Strafverteidigertag, Berlin 2010, S. 135

Lehr, Gernot: Pressefreiheit und Persönlichkeitsrechte – Ein Spannungsverhältnis für die Öffentlichkeitsarbeit der Justiz, NJW 2013, 728.

Leipziger Kommentar zum Strafgesetzbuch, Heinrich Wilhelm Laufhütte/Ruth Rissing-van Saan/Klaus Tiedemann (Hrsg.), Band 1, 12. Auflage 2007; Band 2, 12. Auflage 2007. Zit.: LK-*Bearbeiter*, StGB

Leyendecker, Hans: Die Verfahrensbeteiligten aus der Perspektive der Medien, StV 2005, 179.

Lijnden, Baron van, Constantin: EU-Justizbarometer 2015: Gemessene Gerechtigkeit, LTO 11.03.2015, abrufbar unter http://www.lto.de/persistent/a_id/14918/.

Lilie, Hans: Augenscheinseinnahme und Öffentlichkeit der Hauptverhandlung, NStZ 1993,121.

Limperg, Bettina: Gründe gegen Fernsehübertragungen aus dem Gerichtssaal, Die Rechtskultur würde sich unweigerlich verändern, ZRP 2016, 124.

Lippe, Bernd: Die Arbeit des Gerichtsberichterstatters, in: Justiz und Medien, Rudolf Wassermann (Hrsg.), Darmstadt 1980, S. 127.

Liszt, von, Franz: Der Zweckgedanke im Strafrecht, ZStW 3 (1883), 1.

Lodde, Stephan: Informationsrechte des Bürgers gegen den Staat, Berlin 1996.

Löwe, Ewald/Rosenberg, Werner: Die Strafprozessordnung und das Gerichtsverfassungsgesetz, Großkommentar, Volker Erb/Robert Esser/Ulrich Franke/Kirste Graalmann-Scheerer/Hans Hilger/Alexander Ignor (Hrsg.), Band 10, 26. Auflage, Berlin/New York 2010. Zit.: Löwe/Rosenberg-*Bearbeiter*, StPO

Lüderssen, Klaus: Die strafrechtsgestaltende Kraft des Beweisrechts, ZStW 85 (1973), 288.

Luhmann, Niklas: Legitimation durch Verfahren, Heinz Maus/Friedrich Fürstenberg/Frank Besler (Hrsg.), 3. Auflage, Darmstadt 1978.

Mangoldt, von, Hermann/Klein, Friedrich/Starck, Christian: Kommentar zum Grundgesetz, Band 1, 7. Auflage, München 2018. Zit.: Mangoldt/Klein/Starck-*Bearbeiter*, GG

Martens, Wolfgang: Öffentlich als Rechtsbegriff, Berlin/Zürich 1969.

Marxen, Klaus: Medienfreiheit und Unschuldsvermutung, GA 1980, 365.

ders.: Die Mediatisierung des Rechts als Gegenstand der juristischen Zeitgeschichte, in: Inszenierungen des Rechts: Schauprozesse, Medienprozesse und

Prozessfilme in der DDR, Klaus Marxen/Annette Weinke (Hrsg.), Berlin 2006, S. 19.

ders.: Veröffentlichung und Verheimlichung des Strafverfahrens, GA 2013, 99.

Maunz, Theodor/Dürig, Günther: Grundgesetz-Kommentar, Werkstand: 85. Ergänzungslieferung, München 2018. Zit.: Maunz/Dürig-*Bearbeiter*, GG

Meier, Bernd-Dieter: Strafrechtliche Sanktionen, 4. Auflage, Berlin/Heidelberg 2015.

Meyer-Goßner, Lutz: Rechtsprechung durch Staatsanwaltschaft und Angeklagten?- Urteilsabsprachen im Rechtsstaat des Grundgesetzes, NStZ 2007, 425.

Meyer-Goßner, Lutz/*Schmitt*, Bertram: Strafprozessordnung mit GVG und Nebengesetzen, 61. Auflage, München 2018.

Meyer-Ladewig, Jens: Europäische Menschenrechtskonvention, 3. Auflage, Baden-Baden 2011.

Mitsch, Wolfgang: Medienpräsenz und Persönlichkeitsschutz in der öffentlichen Hauptverhandlung, ZRP 2014, 137.

Mittermaier, Carl Joseph Anton: Die Mündlichkeit, das Anklageprinzip, die Oeffenlichkeit und das Geschworenengericht in ihrer Durchführung in den verschiedenen Gesetzgebungen dargestellt und nach den Forderungen des Rechts und der Zweckmäßigkeit mit Rücksicht auf die Erfahrungen der verschiedenen Länder, Stuttgart/Tübingen 1845.

Morsch, Anke: TV-Verbot für Gerichtsverfahren lockern?, RuP 2014, 136.

Mosbacher, Andreas: Keine Angst vor Fernsehkameras!, DRiZ 2016, 299.

Muckel, Stefan: Fernsehaufnahmen vom Angeklagten in einem Strafverfahren („Holzklotz- Fall"), JA 2009, 829.

ders.: Vergabe der Sitzplätze für Journalisten im NSU-Strafprozess, JA 2013, 476.

Müller, Eckhart: Wie viel Öffentlichkeit verträgt das moderne Strafverfahren?, AnwBl 2016, 656.

Müller, Helga: Der Begriff der Generalprävention im 19. Jahrhundert, Frankfurt am Main 1984.

Müller, Ingo: Furchtbare Juristen, Die unbewältigte Vergangenheit unserer Justiz, München 1987.

Müller-Gindullis, Dierk: Ausschluß der Öffentlichkeit, NJW 1973, 1218.

Münch, Henning: Der Schutz der Privatsphäre in der Spruchpraxis des Deutschen Presserats, Eine Analyse der Arbeit der freiwilligen Presseselbstkontrolle, AfP 2002, 18.

Münchner Kommentar zum Strafgesetzbuch, Wolfgang Joecks/Klaus Miebach (Hrsg.), Band 2, 3. Auflage, München 2016. Zit.: MK-*Bearbeiter*, StGB

Münchner Kommentar zur Strafprozessordnung, Hans Kudlich (Hrsg.), Band 1, 1. Auflage, München 2014. Zit.: MK-*Bearbeiter*, StPO

Münchner Kommentar zur Zivilprozessordnung, Wolfgang Krüger/Thomas Rauscher (Hrsg.), Band 1, 5. Auflage, München 2016. Zit.: MK-*Bearbeiter*, ZPO

Murmann, Uwe: Über den Zweck des Strafprozesses, GA 2004, 65.

Naucke, Wolfgang: Kant und die psychologische Zwangstheorie Feuerbachs, Hamburg 1962.

ders. Die Kriminalpolitik des Marburger Programms 1882, ZStW 94 (1982), 526.

Naucke, Wolfgang/*Deutsch*, Erwin: Gutachten D und E zum 51. Deutschen Juristentag, Empfiehlt es sich, in bestimmten Bereichen der kleinen Eigentums- und Vermögenskriminalität, insbesondere des Ladendiebstahls, die strafrechtlichen Sanktionen durch andere, zum Beispiel zivilrechtliche Sanktionen abzulösen, gegebenenfalls durch welche? (strafrechtliches und zivilrechtliches Teilgutachten), München 1976.

Nestler, Cornelius: Medienöffentlichkeit und die Hauptverhandlung des deutschen Strafverfahrens, in: Kriminalität in den Medien, 5. Kölner Symposium, Bundesministerium der Justiz (Hrsg.), 1. Auflage, Mönchengladbach 2000, S. 139.

Neuling, Christian-Alexander: Inquisition durch Information, Medienöffentliche Strafrechtspflege im nichtöffentlichen Ermittlungsverfahren, Berlin 2005.

Neumann, Ulfrid: Institution, Zweck und Funktion staatlicher Strafe, in: Festschrift für Günther Jakobs zum 70. Geburtstag am 26. Juli 2007, Michael Pawlik/Rainer Zaczyk (Hrsg.), Köln/Berlin/München 2007, S. 435.

Neumann-Duesberg, Horst: Bildberichterstattung über absolute und relative Personen der Zeitgeschichte, JZ 1960, 114.

ders.: Fernsehsendung „Aktenzeichen XY – ungelöst" und Persönlichkeitsrecht, JZ 1971, 305.

Neuß, Frank: Der Strafzweck der Generalprävention im Verhältnis zur Würde des Menschen, Ein unaufgelöster Konflikt, Aachen 2001.

Nietzsche, Friedrich: Zur Genealogie der Moral, Eine Streitschrift, Nachdruck Reclam, Stuttgart 2014.

Olbertz, Klaus: Fernsehöffentlichkeit von Gerichtsverfahren unter verfassungsrechtlichen Gesichtspunkten, Zur Frage der Verfassungsmäßigkeit des § 169 S. 2 GVG, Frankfurt am Main 2002.

Ory, Stephan: Rundfunkrecht, in: Medienrecht, Praxishandbuch, Band 4, Artur-Axel Wandtke (Hrsg.) Band 4, 2. Auflage, Berlin/Boston 2011, S. 1.

Ostendorf, Heribert/*Frahm*, Lorenz Nicolai/*Doege*, Felix: Internetaufrufe zur Lynchjustiz und organisiertes Mobbing, NStZ 2012, 529.

Ostermeyer, Helmut: Strafrecht und Psychoanalyse, München 1972.

Papier, Hans-Jürgen: Die richterliche Unabhängigkeit und ihre Schranken, NJW 2001, 1089.

Paschke, Marian: Medienrecht, 3. Auflage, Heidelberg 2009.

Pawlik, Michael: Person, Subjekt, Bürger, Zur Legitimation von Strafe, Regensburg 2004.

Pernice, Ina Maria: Öffentlichkeit und Medienöffentlichkeit, Die Fernsehberichterstattung über öffentliche staatliche Sitzungen am Beispiel von Bundestag und Bundesrat, Gerichten und Gemeinderäten, Berlin 2000.

Perron, Walter: Das Beweisantragsrecht des Beschuldigten im deutschen Strafprozeß, Berlin 1995.

Peters, Butz: Kriminalberichterstattung in den Medien: Wann dürfen Roß und Reiter genannt werden? – Die Medien im Spannungsverhältnis von Art. 5 GG und Art. 2 i.V.m. 1 GG, in: Kriminalität in den Medien, 5. Kölner Symposium, Bundesministerium der Justiz (Hrsg.), 1. Auflage, Mönchengladbach 2000, S. 139.

Pfeifle, Florian: Medienöffentlichkeit im Gerichtssaal – Neue Herausforderung im Informationszeitalter?, ZG 2010, 283.

Pielow, Tobias: Öffentliches Strafverfahren – Öffentliche Strafe, Tübingen 2018.

Pott, André: Rechtsprobleme bei der Anwendung von Videotechnologie im Strafprozess, Frankfurt am Main 2004.

Prantl, Heribert: Das Pfeifen des Strafrichters, DRiZ 2016, 298.

Prinz, Matthias: Justiz und Medienöffentlichkeit, in: Medienrecht im Wandel, Festschrift für Manfred Engelschall, Matthias Prinz/Butz Peters (Hrsg.), Baden-Baden 1996, S. 243.

Pufendorf, Samuel: De Jure Naturaie Et Gentium (1672), in: Texte zur Strafrechtstheorie der Neuzeit Band I: 17. und 18. Jahrhundert, Thomas Vormbaum (Hrsg.), Baden-Baden 1993.

Rademacher, Lars/*Schmitt-Geiger*, Alexander: Litigation-PR in der Diskussion: Potenziale der strategischen Rechtskommunikation, in: Litigation-PR: Alles was Recht ist, Zum systematischen Stand der strategischen Rechtskommunikation, Lars Rademacher/Alexander Schmitt-Geiger (Hrsg.), Wiesbaden 2012, S. 15.

Rando Casermeiro, Pablo/*Hoeren*, Thomas: Konturen des „Rechts auf Vergessenwerden", GRUR-Prax 2014, 537.

Ranft, Otfried: Verfahrensöffentlichkeit und „Medienöffentlichkeit" im Strafprozess, Jura 1995, 573.

Rau, Daniel: Rechtlich und ethisch verantwortungsvolle Kriminalberichterstattung, Eine Analyse anhand der Spruchpraxis des Deutschen Presserats, Baden-Baden 2013.

Rautenberg, Erardo Cristoforo: In Memoriam Nürnberger Juristenprozess: Die Auseinandersetzung mit dem NS-Justizunrecht in den beiden deutschen Teilstaaten, GA 2012, 32.

Rink, Cornelia: Leges sine Moribus Vanae?: On the Relationship Between Social Morality and Law in the Field of Foreign Bribery, GLJ 2016, 19.

Rödig, Jürgen: Die Theorie des gerichtlichen Erkenntnisverfahrens, Berlin 1973.

Roepert, Jan-Wilhelm: Medienrecht, Eine Untersuchung der medienspezifisch vorzufindenden Rechtsgutsverletzungen unter kompensatorischen Gesichtspunkten, Hamburg 2013.

Rönnau, Thomas: Grundwissen – Strafprozessrecht: Schöffen, JuS 2016, 500.

Rohde, Fritz: Die Öffentlichkeit im Strafprozess, Bochum 1972.

Rose, Gabriele: Grenzen journalistischer Recherche im Strafrecht und Strafverfahrensrecht, Frankfurt am Main 2001.

Rosenthal, Michael: Welche Öffentlichkeit benötigt das moderne Strafverfahren? Zwischen Transparenz und Schutz der Verfahrensbeteiligten, AnwBl 2016, 654.

Rousseau, Jean-Jacques: Vom Gesellschaftsvertrag oder Prinzipien des Staatsrechtes, Reinhard Brandt/Karlfriedrich Herb (Hrsg.), 2. Auflage, Berlin 2012.

Roxin, Claus: Franz von Liszt und die kriminalpolitische Konzeption des Alternativ-Entwurfs, in: Franz von Liszt zum Gedächtnis: zur 50. Wiederkehr seines Todestages am 21. Juni 1919; Hans-Heinrich Jescheck (Hrsg.), Berlin 1969, S. 69.

ders.: Aktuelle Probleme der Öffentlichkeit im Strafverfahren, in: Einheit und Vielfalt des Strafrechts, Jürgen Baumann/Klaus Tiedemann (Hrsg.), Festschrift für Karl Peters zum 70. Geburtstag, Tübingen, 1974, S. 393.

ders.: Strafrechtliche und strafprozessuale Probleme der Vorverurteilung, NStZ 1991, 153.

ders.: Wandlungen der Strafzwecklehre, in: Festschrift für Heinz Müller-Dietz zum 70. Geburtstag, Guido Britz/Heike Jung/Heinz Koriath/Egon Müller (Hrsg.), München 2001, S. 701.

ders.: Strafrecht Allgemeiner Teil, Band I, Grundlagen – Der Aufbau der Verbrechenslehre, 4. Auflage, München 2006.

Roxin, Claus/*Schünemann*, Bernd: Strafverfahrensrecht, 29. Auflage, München 2017.

Rüping, Hinrich: Strafjustiz im Führerstaat, GA 1984, 297.

Sachs, Michael: Grundgesetz, Kommentar, 7. Auflage, München 2014. Zit.: Sachs-*Bearbeiter*, GG

Sajuntz, Sascha: Der rezipientenbezogene Schutz massenmedialer Kommunikation: Zum objektivrechtlichen Gehalt der Informationsfreiheit, zur Rezipientenbezogenheit der massenmedialen Freiheit und zum massenmedialen Bezug der Telekommunikationsgewährleistung, Baden-Baden 2007.

ders.: Die Entwicklung des Presse- und Äußerungsrechts in den Jahren 2012/2013, NJW 2014, 25.

Sarstedt, Werner: Rundfunkaufnahmen im Gerichtssaal, JR 1956, 121.

Sauer, Dirk/*Münkel*, Sebastian: Absprachen im Strafprozess, 2. Auflage, Werner Beulke/Alexander Ignor (Hrsg.), Heidelberg 2014.

Scherer, Joachim: Gerichtsöffentlichkeit als Medienöffentlichkeit, Königstein/Taunus 1979.

Schild, Wolfgang: Der „entliche Rechtstag" als das Theater des Rechts, in: Strafrecht, Strafprozess und Rezeption, Peter Landau/Friedrich-Christian Schroeder (Hrsg.), Frankfurt am Main 1984.

ders.: Folter, Pranger Scheiterhaufen, Rechtsprechung im Mittelalter, München 2010.

Schmidhäuser, Eberhard: Vom Sinn der Strafe, Nachdruck der 2. Auflage 1971, Eric Hilgendorf (Hrsg.), Berlin 2004.

Schmidt, Eberhard: Die Sache der Justiz, Göttingen 1961.

ders.: Justiz und Publizistik, Tübingen 1968.

ders.: Öffentlichkeit oder Publicity?, in: Strafprozeß und Rechtsstaat, Strafprozeßrechtliche Aufsätze und Vorträge (1952 bis 1969), Göttingen 1970.

ders.: Anmerkung zu BGH Urteil vom 02.07.1969 – 4 StR 226/69, JZ 1970, 35.

ders.: Einführung in die Geschichte der deutschen Strafrechtspflege, 3. Auflage 1965, 2. unveränderter Nachdruck, Göttingen 1995.

Schmidtschen, Dieter: Prävention und Menschenwürde, Kants Instrumentalisierungsverbot im Lichte der ökonomischen Theorie der Strafe, in: Jus humanum, Grundlagen des Rechts und Strafrecht, Festschrift für Ernst-Joachim Lampe zum 70. Geburtstag, Dieter Dölling (Hrsg.), Berlin 2003, S. 439.

Schmidthals, Herbert: Wert und Grenzen der Verfahrensöffentlichkeit im Strafprozess, Bern 1977.

Schmidtmann, Karin: Die verfassungsrechtliche Einordnung konvergenter Massenmedien, Eine Analyse der Auswirkungen des Medienwandels auf Presse und Rundfunk aus verfassungsrechtlicher Sicht, Hamburg 2013.

Schönke, Adolf/Schröder, Horst: Strafgesetzbuch, Kommentar, 30. Auflage, München 2019. Zit.: Sch/Sch-*Bearbeiter*, StGB

Scholler, Heinrich: Person und Öffentlichkeit, München 1967.

Schorn, Hubert: Die Europäische Konvention zum Schutze der Menschrechte und Grundfreiheiten in strafgerichtlicher Praxis, DRiZ 1963, 339.

Schröer-Schallenberg, Sabine: Informationsansprüche der Presse gegenüber Behörden, Berlin 1987.

Schuckert, Rolf: Grundsatz der Volksöffentlichkeit im deutschen Zivil- und Strafprozess, Freiburg 1936.

Schünemann, Bernd: Zum Stellenwert der positiven Generalprävention in einer dualistischen Straftheorie, in: Positive Generalprävention, Kritische Analyse im deutsch-englischen Dialog, Bernd Schünemann/Andrew von Hirsch/Nils Jareborg (Hrsg.), Heidelberg 1998, S. 109.

Schwerdtner, Peter: Das Persönlichkeitsrecht in der deutschen Zivilrechtsordnung, Berlin 1976.

Schwetzler, Angelika: Persönlichkeitsschutz durch Presseselbstkontrolle, Unter besonderer Berücksichtigung des Ehrenschutzes, Berlin 2005.

Seidl, Ralf: Der Streit um den Strafzweck zur Zeit der Weimarer Republik, Bern/Frankfurt am Main 1974.

Selke, Stefan: Lifelogging: Wie die digitale Selbstvermessung unsere Gesellschaft verändert, Berlin 2014.

Sellert, Wolfgang/*Rüping*, Heinrich: Studien- und Quellenbuch zur Geschichte der deutschen Rechtspflege, Band 1, Aalen 1989.

Sodan, Helge/*Ziekow*, Jan: Verwaltungsgerichtsordnung, 5. Auflage, Baden-Baden 2018. Zit.: Sodan/Ziekow-*Bearbeiter*, VwGO

Specht, Heinz: Der Strafzweck bei Feuerbach und Liszt und die strafrechtliche Lage der Gegenwart, Hamburg 1933.

Sprenger, Wolfgang: Der Ausschluß der Öffentlichkeit des Strafverfahrens zum Schutz der Privatsphäre des Angeklagten, Würzburg 1975.

Stam, Fabian: Strafverfolgung bei Straftaten von Bundeswehrsoldaten im Auslandseinsatz, Berlin 2014.

Steinbuch, Karl: Über den Wert von Information, GRUR 1987, 579.

Stern, Klaus/*Becker*, Florian: Grundrechte-Kommentar, 2. Auflage, Köln 2016. Zit.: Stern/Becker-*Bearbeiter*, Grundrechte

Stieper, Malte: Bildberichterstattung über Prozessbeteiligte, Informationsinteresse der Öffentlichkeit und Persönlichkeitsrecht im Konflikt, JZ 2014, 271.

Strate, Gerhard: Der Fall Mollath, Vom Versagen der Justiz und Psychiatrie, Zürich 2014.

Streeck, Klaus: Litgation-PR als beauftragte Beeinflussungsdienstleistung, in: Die Öffentlichkeit als Richter?, Volker Boehme-Neßler (Hrsg.), Baden-Baden 2010, S. 129.

Ströbel, Lukas: Persönlichkeitsschutz von Straftätern im Internet, Neue Formen der Prangerwirkung, Baden-Baden 2016.

Stübinger, Stephan: Das „idealisierte" Strafrecht, Über Freiheit und Wahrheit in der Straftheorie und der Strafprozesslehre, Frankfurt am Main 2008.

Stürner, Rolf: Gerichtsöffentlichkeit und Medienöffentlichkeit in der Informationsgesellschaft, JZ 2001, 699.

Stutz, Henning: Zurückdrängung des Öffentlichkeitsprinzips zugunsten der Privatsphäre im Strafverfahren, Konstanz 1992.

Swoboda, Sabine: Videotechnik im Strafverfahren, Berlin 2002.

Systematischer Kommentar zur Strafprozessordnung, Mit GVG und EMRK: GVG, Band 9, Jürgen Wolter (Hrsg.), 5. Auflage, Köln 2016. Zit.: SK-*Bearbeiter*

Tag, Brigitte: Die Öffentlichkeit der Hauptverhandlung, Eine Prozessmaxime im Wandel der Zeit, Göttingen 1999.

Theile, Hans: Wahrheit, Konsens und § 257c StPO, NStZ 2012, 666.

Thym, Jörg: Augenschein und Öffentlichkeit, NStZ 1981, 293.

Tiedemann, Klaus: Auslegung des Strafprozeßrechts, in: Wahrheit und Gerechtigkeit im Strafverfahren, Festgabe für Karl Peters zum 80. Geburtstag, Klaus Wasserburg/Wilhelm Haddenhorst (Hrsg.), Heidelberg 1984, S. 131.

Tolksdorf, Klaus: Die strafrechtliche Hauptverhandlung unter Druck, in: Festheft für Karl-Dieter Möller, Zum 65. Geburtstag, München/Frankfurt am Main 2010, S. 25.

Trüg, Gerson: Medienarbeit der Strafjustiz – Möglichkeiten und Grenzen, NJW 2011, 1040.

Vacca, Thomas: »Im Namen der Medien ergeht folgendes Urteil – Pressefreiheit vs. Persönlichkeitsrecht«, jura 2013, 594.

Vietmeyer, Katja: Vor- und Nachteile von Fernsehöffentlichkeit, Eine Untersuchung der Diskussion um Fernsehkameras im Gerichtssaal vor dem Hintergrund der amerikanischen Erfahrung, Abington 2002.

Vogel, Irmela: Fernsehübertragungen von Strafverfahren in der Bundesrepublik Deutschland und in den USA, Frankfurt am Main 2005.

Volk, Klaus: Prozessvoraussetzungen im Strafrecht: zum Verhältnis von materiellem Recht und Prozessrecht, Ebelsbach 1978.

ders.: Wahrheit und materielles Recht im Strafprozess, Konstanz 1980.

Vormbaum, Thomas: Die Lex Emminger vom 4. Januar 1924, Vorgeschichte, Inhalt und Auswirkungen, Berlin 1988.

ders.: (Hrsg.), Moderne deutsche Strafrechtsdenker, Berlin/Heidelberg 2011.

Voßkuhle, Andreas: Warum Justizberichterstattung so schwierig ist und trotzdem gelingen kann!, in: Festheft für Karl-Dieter Möller, München/Frankfurt am Main 2010, S. 10.

Wagner, Heinz: Ziele des Strafprozess?, in: Gedächtnisschrift für Jörn Eckert, Andreas Hoyer/Hans Hattenhauer/ Rudolf Meyer-Pritzl/Werner Schubert (Hrsg.), Baden-Baden 2006, S. 939.

Wagner, Joachim: Strafprozessführung über Medien, 1. Auflage, Baden-Baden 1987.

Walter, Tonio: Vergeltung als Strafzweck Prävention und Resozialisierung als Pflichten der Kriminalpolitik, ZIS 2011, 636.

Walther, Susanne: Mehr Publizität oder mehr Diskretion?, Zu den Grundlagen und zum zeitgemäßen Verständnis von Gerichtsöffentlichkeit aus strafverfahrensrechtlicher Sicht, JZ 1998, 1145.

dies.: Was soll „Strafe"? Grundzüge eines zeitgemäßen Sanktionensystems, ZStW 111 (1999), 123.

Wege, Heike: Rücktritt und Normgeltung, Zum Einfluss glaubwürdiger Umkehr auf die Rechtsfolgenbestimmung, Berlin 2011.

Weigend, Thomas: Deliktsopfer und Strafverfahren, Berlin 1989.

ders.: Unverzichtbares im Strafverfahrensrecht, ZStW 113 (2001), 271.

ders.: „Die Strafe für das Opfer"? – Zur Renaissance des Genugtuungsgedankens im Straf- und Strafverfahrensrecht, RW 2010, 39.

ders: Kommentar zu Tatjana Hörnle, Gegenwärtige Strafbegründungstheorien, in: Strafe – Warum?, Andreas von Hirsch/Ulfried Neumann/Kurt Seelmann (Hrsg.), Baden-Baden 2011, S. 31.

Weitzel, Jürgen: Der Strafgedanke im frühen Mittelalter, in: Der Strafgedanke in seiner historischen Entwicklung, Ringvorlesung zur Strafrechtsgeschichte und Strafrechtsphilosophie, Eric Hilgendorf/Jürgen Weitzel (Hrsg.), Berlin 2007, S. 21.

Welzer, Harald: Das kommunikative Gedächtnis, Eine Theorie der Erinnerung, 2. Auflage, München 2008.

Wettstein, Edgar Jules: Der Öffentlichkeitsgrundsatz im Strafprozess, Zürich 1966.

Wick, Katrin: Demokratische Legitimation von Strafverfahren, Der Öffentlichkeitsgrundsatz gemäß § 169 GVG nach dem EMöGG, Berlin 2018.

Wiener, Norbert: Cybernetics: or Control and Communication in the Animal and the Machine, Massachusetts Institute of Technology, 1965.

Willies, Friedrich Wilhelm: Die Öffentlichkeit im Strafverfahren, Göttingen 1940.

Witzler, Jochen: Die personale Öffentlichkeit im Strafverfahren, Pfaffenweiler 1993.

Wolf, Jean-Claude: Verhütung oder Vergeltung?, Einführung in ethische Straftheorien, Freiburg/München 1992.

Xiong, Qi: Massenmedien und Strafurteil, Eine rechtsvergleichende normorientierte Forschung zum Phänomen „mediale Verurteilung", Berlin 2012.

Zaczyk, Rainer: Die Notwendigkeit systematischen Strafrechts – Zugleich zum Begriff „fragmentarisches Strafrecht", ZStW 123 (2011), 691.

Zentz, Frank: Das amerikanische Strafverfahren als Element der Besatzungspolitik in Deutschland, Frankfurt am Main 2005.

Zipf, Heinz: Gutachten C zum 54. Deutschen Juristentag, Empfiehlt es sich, die Vorschriften über die Öffentlichkeit des Strafverfahrens neu zu gestalten, insbesondere zur Verbesserung der Rechtsstellung des Beschuldigten weitere nicht-öffentliche Verfahrensgänge zu entwickeln?, München 1982.

Zuck, Rüdiger: Mainstream-Denken contra Medienöffentlichkeit – Zur Politik der n-tv-Entscheidung des BVerfG, NJW 2001, 1623.

ders.: Court TV: das will ich sehen!, NJW 1995, 2082.

ders.: Anmerkung zu BVerfG, Beschluss vom 12.04.2013 – 1 BvR 990/13, Vergabe von Sitzplätzen für Medienvertreter im NSU-Strafverfahren, NJW 2013, 1293.

www.ingramcontent.com/pod-product-compliance
Ingram Content Group UK Ltd.
Pitfield, Milton Keynes, MK11 3LW, UK
UKHW020712041026
15590UKWH00002B/628

9 783631 801253